ちくま学芸文庫

論語

土田健次郎 訳注

筑摩書房

目次

解説

土田健次郎

一、『論語』という本

『論語』には今でも魅力的な言葉が多数ある。既に成語になっている「故《ふる》きを温《たづ》ねて新しきを知る」、「朝《あした》に道を聞かば、夕《ゆふべ》に死すとも可《か》なり」、「君子は和《わ》して同《どう》ぜず」などの類の他にも、「徳は孤《こ》ならず、必ず隣《となり》有り」、「君子は人の美を成《な》す」、「仁《じん》に当りては、師にも譲《ゆず》らず」、等々、現代人の心にも直接訴えるものは数多く、とても紀元前の古典とは思えない。後世の名言佳句も、『論語』の語に比せば、冗長で奥行きに欠けて見える。孔子が生きた時代と現代では政治体制、社会状況、価値観は異なる点が多いが、その差の中に埋没しない言葉の数々にまず人々は魅了されるのである。

『論語』は中国に生まれ、日本や朝鮮などでも多くの読者を獲得してきた文字通り東アジアを代表する古典である。『論語』は儒教の経書《けいしよ》であるが、他の経書は現在それほど読まれているわけではない。その中で『論語』は、今でも別格の読者の量を誇っている。

中国では『論語』は様々な形で読まれた。儒教の経書として尊崇されたのは当然であるが、中世の頃は少年向きのテキストとされたこともあった。宋代になると朱子学が登場した。朱子学では万人が聖人に到達できるとし、『論語』に見える聖人（孔子）像は人々により切実なものとなっていく。朝鮮でも『論語』は読まれ続け、特に朝鮮王朝（李朝《りちょう》）時代には朱子学の盛行とあいまって文化人や官僚の基礎教養となった。

日本に『論語』が入ったのは『古事記』によって応神天皇の時代に百済《くだら》から来た和邇吉《わにき》師《し》がもたらしたものが最初と伝えられている[1]。古代から継続して読まれ続けていたが、最も普及したのは江戸時代である。今でも古本屋で『論語』の江戸時代の版本が安価で購入できるのは、その圧倒的な出版量のゆえである。いやしくも文化に関心を持つ者は必ず『論語』を読んだ。庶民向けの自習書も発達し、例えば渓百年《たにひゃくねん》の『経典余師《けいてんよし》』というシリーズの『論語』は、かなさえ読めれば『論語』全体を原文で味わえるように和文で訳をつけ、漢字には総ルビを付した自習書で、大いに売れた。民間での庶民向けの講釈でも『論語』の語句が常用された。

近代以後も『論語』は読まれ続けた。儒教を教える塾などは無くなっても、『論語』から人生の指針を読み取ろうとする人々は常に多数存在している。

この『論語』は、中国古代の思想家の孔子の語録である。細かく言えばその中の郷党篇《きょうとうへん》は語録ではなく生活様式の記録、子張篇《しちょうへん》は弟子たちの言葉の収集であり、その他の篇にも弟子の言葉が多少は混ざっているが、圧倒的に多くが孔子の語の記録なので、それゆえ孔子の語録と言って差し支えない。

二、孔子という人

孔子が生きたのは春秋《しゅんじゅう》時代である。当時まだ周《しゅう》王朝が存在したが、実質的な権力は減退していて、各諸侯が力を振るい始めていた。その中で孔子は本来の周王朝の文化や制度の復興を唱えた（一二四頁など）。それは周王朝のもともとの実態では必ずしもなく、多分に孔子によって理想化されたものであり、更に時には周以前の制度や、現行の方式の利点を採用するという柔軟なものであった。それゆえに孔子の周への復帰は、一種のルネサンス現象を引き起こし、未来に向かって新たな思想の局面を開き得たのである。

孔子が生まれたのは紀元前五五二年あるいは紀元前五五一年で、没したのは紀元前四七九年である。生年に一年の差があるのは、資料によって異なるからである[2]。

孔子は諱《いみな》は丘《きゅう》、字《あざな》は仲尼《ちゅうじ》と言った。諱は生まれた時に父がつける名、字は一人前になる時にしかるべき人が諱と関係づけてあたえる社会的通称である。「丘」という諱は、頭の形が丘に似ていたからつけられたという伝承があり、仲尼という字の「仲」は次男であることを示し、「尼」は孔子が生まれる時に母が尼丘《じきゅう》という丘に祈ったということから諱の「丘」と関係づけたと言われる。

孔子は母子家庭であった。父は叔梁紇《しゅくりょうこつ》(郰叔紇《すうしゅくこつ》)と言い、魯《ろ》の国の郰《すう》の大夫《たいふ》であり、武功もあったらしい(『春秋左氏伝《さしでん》』)。しかし孔子は母と暮らしていて、母が死んだ時に父と合葬したいと思ったが、母が父の墓所を教えるのを忌《い》んでいて、場所がわからず、車引きの母親に聞いてやっと見つけ、願いを果たした。父の墓の場所も知らないというのは常識ではありえないことで、両親が完全に別居し、正式の夫婦ではなかったことをうかがわせる。孔子のこのような話は前漢の大歴史家の司馬遷《しばせん》の『史記』の中の孔子の伝記(「孔子世家《せいか》」)に記されている。この「孔子世家」は孔子についての最古の伝記であるが、司馬遷は孔子よりも四百年も後の人なので、いわば今の人が江戸時代最初期の人の伝記を書いたようなものであり、そのまま全て信じることはできないが、他に頼る文献が多くはないので、注意しながら使用することになる。なお「孔子世家」はかなり『論語』を使用もしているのだが、肝心の『論語』の方には孔子自身の身の上話は一切出ていない。

「孔子世家」では、孔子の両親が「野合《やごう》」して孔子を生んだとある。「野」とは正式の手続きによるものではないことをうかがわせ、かくて孔子は私生児ということになる。つまり正規の妻で無かった母と同居し、父の家とは関係を持たずに孔子は育ったのである。母の名前は顔徴在《がんちょうざい》であったと言う。(3)

ともかくも孔子が貧乏な家庭で生まれたのは確かであり、『論語』の中で孔子はみずから「私は幼少の時賤《いや》しかった。それゆえ取るに足らぬ事に多能になった」（三二九頁）と言い、「孔子世家」ではそれを受けて「孔子は貧しくかつ賤しかった」と言う。ちなみに孔子が三歳の時に父は死んだと『孔子家語《こうしけご》』本姓解は伝える。父の喪《も》に服しその霊を祭ることを人間の至上の義務とする孔子自身が、墓さえ教えられておらず、それを全うできなかったのであって、その屈折は当然あったろうと思われる。

孔子がどのように学んだかは定かではない。正規の教育を受けるというよりも、先に引いた彼自身の語のように貧しい中で諸技能を習得していき、その中で文化そのものへの関心が高まったのであろう。高弟の子貢《しこう》が「先生には定まった師匠はいなかった」と言っているが、これは特定の師匠を得ることは無く、自分の役に立つことをいってくれた人はみな師匠であったということである（七〇七頁）。『論語』にも師匠の名前は出てこない。おそらく複数の長老から教えを受けることはあっても、基本的に独学に近かったのであろう。[4]

孔子はまず家老の季孫氏《きそんし》の財務吏員、次に魯の国の家畜係となり、以後次第に出世していく。最後は司寇《しこう》（司法長官）[5]にまでなった。もっとも文献によっては大司寇（法務大臣）にまでなったとあるが、偉人は後世になるほど出世させるというのが中国の文献の通例であるから、司寇までとするのが妥当かもしれない。

なお孔子は若い頃周に行き老子に会ったという話がある（「孔子世家」）。仮に老人に教えを受けたようなことがあったとしても、この老人が現存する『老子』の著者であることはありえない。現行本『老子』が作られたのは孔子の時代よりも後であるのは今となっては定説である。

孔子は官僚としての地位が上がるにともない政治にも関与していく。当時の魯の国は三《さん》桓氏《かんし》と言われる三つの家老の家（孟孫氏《もうそんし》、叔孫氏《しゅくそんし》、季孫氏）が専権を振るっていた。孔子はそれを苦々しく思っていたのだが、実際にはこれらの権力とも妥協せざるをえなかった。孔子は孟孫氏は親子代々孔子に教えを受けているし、孔子の弟子は季孫氏に仕え、孔子自身も季孫氏の当主から政治について諮問《しもん》されている。

孔子は実際に政治に関わり自分の理想を実現したいという強い欲求があった。『論語』には孔子が謀反人の誘いを受けようとし、弟子が難色を示している箇所があるが（六三五頁、六二八頁）、これがどれほど事実であったかは不明であるものの、孔子の政治への意欲からしてありえないことではなかった。

孔子は結局魯の政治的状況に幻滅し、諸国の遊歴を始める。そして自分の理想を説き採用されようとする。孔子は三十歳代の時に亡命した昭公の後を追って一時斉《せい》の国に滞在したことがあるが、本格的な遊説は五十六歳（五十五歳）からの十四年間で、回ったのは次の諸国である（資料間に齟齬《そご》があり整理のしかたはいろいろあるが、ここは木村英一による[6]）。

魯→衛《えい》→蒲《ほ》→衛→匡《きょう》→宋→陳《ちん》→蔡《さい》→葉《しょう》→陳→衛→魯

旅の途上、それなりの待遇を受けたこともあったが、宋では桓魋《かんたい》の迫害を受け、衛から陳に行くときには匡で包囲され、陳と蔡の間では苦難に陥《おちい》った。時にはその一行のみすぼらしい姿が「喪家《そうか》の狗《いぬ》（葬式が出た家で餌《えさ》をもらえず痩《や》せ細った犬）」と形容されたこともあった。吉田松陰《よしだしょういん》は「孔孟（孔子と孟子《もうし》）生国《しやうこく》を離れて他国に事《つか》へ給《たま》ふこと済《す》まぬことなり」と批判しているが（『講孟劄記《こうもうさつき》』）、孔子は単純に魯の君主に忠誠を尽くしていればよいとは考えておらず、周王朝の理想的政治や文化を実現できるのであれば誰でもよいというところがあった。『論語』には、当時まだ存在していた現実の周の王家への直接的な忠誠を唱えた孔子の語は無い。孔子の思想を敷衍《ふえん》すれば周王朝への一貫した忠誠心があるはずなのだが、少なくとも『論語』の内容から見えるのは、周の文化や制度に対する帰順である。

孔子は遊説に結局は失敗する。一時的には意見を聞いてくれても最終的には採用されなかった。あまりに理想論に過ぎたためであろう。孔子は六十九歳（六十八歳）の時に故郷の魯にもどり、そこで教育に励みながら没す。数え年で七十四歳（七十三歳）であった。

この政治への情熱は『論語』の中に散見する。孔子に言わせれば政治を説くということは、その内容の実現を目指すべきものなのである。単なる理論家として自己を売るのではなく、理論の実現を目指し奮闘するのが思想家の責任なのである。孔子が遊歴の果てに帰国し、理想を実現できなかったことを、知識人の悲劇として近代的に読み解くことも行われてきたが、孔子は痩せた知識人というより、もっと腰の強い政治家に近い思想家であった。孔子を挫折した政客と捉える見方があるのも全く理由が無いことではない。

中国で文化大革命が起こり、特にその後期に「批林批孔《ひりんひこう》」というキャンペーンがなされた。毛沢東《もうたくとう》の暗殺をたくらんだとされる人民解放軍の将軍の林彪《りんぴょう》と、古代の孔子を並べて批判するというもので、いかにも政治的な運動であったが、著名な学者連がそれに乗った。その時に孔子が少正卯《しょうせいぼう》を誅殺させたことが孔子の残虐性ということで批判の対象にされた。孔子が魯で法務大臣になった時に、世を乱していた大夫の少正卯を殺したということを俎《そ》上《じょう》にあげているのであるが、この話は『荀子《じゅんし》』宥坐《ゆうざ》よりも前の文献には見えず、「孔子世家」に出ていることにより知られている。また外交の席上で相手国の芸人を惨殺させたという話もしばしば取り上げられた。これは、魯の定公十年の「夾谷《きょうこく》の会」と呼ばれる斉《せい》と魯の会談の席上、斉側が魯に圧力をかけたのを魯の君主に従っていた孔子がはね飛ばした後、会談が一段落した時に斉側が芸人たちに余興をさせたのを、孔子が無礼であるとし、処刑で手足をばらばらにさせた件である。孔子が「夾谷の会」に出て斉側の恫喝《どうかつ》を退けたことは『春秋左氏伝』に記されているが、芸人を殺させたということが見えるのは『春秋穀梁伝《こくりょうでん》』、『史記』孔子世家である。いずれにしてもこれらの話は、派手なわりには孔子に近い時代の文献には見えない。またかかる断固たる武断性は戦国時代後期にいかにも評価されそうな話である分、孔子の活躍が増幅されていく中で出てきたフィクションではないかと疑われる。つまり時代の価値観が変われば孔子の評価も変わるのであって、それが孔子の伝記に投影されている危険があることに注意しておきたい。ちなみに孔子は無道な人間だからといってそれを殺すということには反対しているし（四五二頁）、教化もせずに死刑を行うことを否定している（七二一頁）。偉人の伝記は時代が下るにつれ、種々のエピソードが追加されていくのが常であるが、特に中国の場合はそれが甚《はなは》だしかった。孔子もその例外ではないのであり、そのうちどれが事実かを見極めるのは容易ではない。

中国では、孔子の子孫は代々孔子の地元の曲阜《きょくふ》で万世一系の扱いを受けてきた。前漢に孔子の子孫が諸侯の待遇を受けるようになってから、それが現代にまで続いたのである。直系の七十七代の孔徳成《とくせい》は台湾に移り、今はその孫が後を継承している。この孔子の子孫の家を「衍聖公《えんせいこう》家」と言う(7)。万世一系の条件を満たす条件には、血がつながっていることとともに、地位が継承されているということがある。中国では王朝の滅亡とともに皇帝の一族も失墜した。それに比せば、孔子がいかに通時的に尊崇されたかがわかろう。

三、孔子の思想

孔子が教えたのは、学問、礼の実践、徳の涵養《かんよう》であった。

まず学問と礼の実践であるが、孔子が経書として扱っているのは『書』と『詩』と『執《しつ》礼《れい》』の三つである（二六二頁）。『執礼』は「執」の字がついているのが古来問題であったが、礼の実践のための言い伝えや教則本の類であろう。ちなみに現存『書経《しょきょう》』は後世書かれた篇を多数含み、現存『詩経《しきょう》』は孔子が見たものと近いが全く同じではない。なお『易《えき》経《きょう》』を孔子は経書として扱ってはいない（二六〇頁の補説）。要するに孔子は、古代の文化を学び、礼を実践することを弟子に求めたのである。その目的は、古《いにし》えの文化や儀式を知って、それを政治や官僚の仕事に活《い》かすことであった。孔子の弟子たちの中には就職してこの知識を活用している人物も少なからずいた。

ただあくまでも徳が高い人物こそが実務にたずさわるべきだという基本線は崩れていない。孔子は「文、行、忠、信」を教えたという（二六八頁）。「文」は『書』や『詩』、礼文献、「行」は徳行（礼の実践も含むかもしれない）、それに「忠（自己の誠実さ）」と「信（他者への誠実さ）」は、心の持ち方である。これにもう一つ恕《じょ》（思いやり）を付け加えておく必要がある。弟子の子貢が一生遵守《じゅんしゅ》すべきものは何かと質問した時に、孔子は恕だと言う（五八六頁）。また弟子の曽参《そうしん》は孔子の道は忠恕《ちゅうじょ》だけだと言う（一五六頁）。つまり孔子が教えたのは、学問、礼の実践とともに徳の涵養だったのであり、忠、信、恕はその出発点の心構えであった。

ただ忠、信、恕は最高位に属するものではなく、至上の道徳はあくまで「仁」であった。孔子は弟子たちに、自己の誠実さと他者への思いやりや信義を心がけ発揮していくことで、仁の実現に近づかせようとしたのである。

それでは仁とは何かというと、意外なほど曖昧なのである。もともと仁は孔子の造語ではない。孔子以前からも使用されていた。語源については各説あるが、孔子の仁が説明される場合にそれに拘泥《こうでい》し過ぎている感があるのを否《いな》めない。重要なのは少なくとも孔子に近い時代は外貌美の表現であり、男性美の表現であったとされることである[8]。それを孔子は内面的に使用しているのである。これは孔子が常用する「君子」という語の場合と似ている。君子も、もともとは君主とか君主のお世継ぎとかいうことであったらしく、『論語』でも為政者という意味で使われる場合がある。しかし孔子はこの語を基本的には内面の優れている人の意味で使用する。つまり外形的な概念を内面化しているのであって、仁の場合と同じである。孔子は当時一般的に使用されていた語を内面化して新たな意味を付加しているのである。

『論語』に見える仁の説明は一見ばらばらである。「人を愛す」というような概括的な説明は一箇所だけで、総じて、礼を実践することだとか、自分がしたいと思う事を人にしてあげることとか、ふだんの行いや人との交わりを敬虔《けいけん》誠実にすることとか、立派な人と交わることとか、困難な事を先ず行うことだとか、取り留めが無い。口ごもることだというのさえある（五二頁の補説）。これらの語はそれぞれ誰に向かって言っているかということを合わせて考える必要がある。つまり孔子の仁の説き方は、質問者の抱えている問題点や置かれた状況を見抜いたうえで、仁に至る適切な指導をしようと試みたものなのである。

弟子の樊遅《はんち》は、『論語』中三箇所で仁について質問しているが、孔子の答えは一様ではない。

孔子は仁を抽象的理論で説くことはしない。仁の用例を帰納して出てくるのはほんの少しばかりである。さすがに江戸時代の伊藤仁斎はこのことを見抜き、「仁は無形である。であるから仁自体を論ずるより、仁者の行いに即して言うのがわかりやすい」と言っている[9]。

その中で、樊遅が仁についてたずねた時の答えの一つに「人を愛す」とあるのは（四五七頁）、珍しく概括的な言い方である。仁を「人を愛す」こととする言い方は、戦国時代の代表的な儒者の書である『孟子』や『荀子』にも見え、以後、仁を説明する時の常用的な定義の一つになっていく。この愛とは、男女の愛とか無制限な博愛とかではなく、家族間の愛情を基礎に周囲に広げていくもので、「節度ある思いやり」とでもいうものである。

仁は身近なものである。孔子は、自分がそこに立ちたいと望むなら人を立たせてあげ、自分がそこに行きたいと望むなら人を行かせてあげるのを仁を実践する方法としているのであり（二四一頁）、自己の欲求が他人と共有できる地点に見出されるものなのである。孔子は中国史上、初めて個人の内面を問題にした思想家であるが、内面で完結することはなく、常に社会との調和を求め、そこに道徳の根拠を置いていた[10]。仁が身近なものであることは、仁は遠いものではなく、自分が仁でありたいと願えば、仁はすぐにやってくるという語にも現れている（二七四頁）。

ただ一方で孔子は仁を容易に得られるものではないと言う。弟子たちになかなか仁を認めなかったし、孔子自身、仁は自分も無理だと言っている（二七八頁）。これは仁を部分的に実現することは誰でもできるが、いかなる時も仁になりきるのは至難だということである。

ところで仁は常に肯定される道徳なのだが、他にそのような道徳はあるのだろうか。例えば親孝行は儒教では絶対で、孔子とて例外ではない。ただ気をつけなければいけないのは、孝という道徳は親子という限定された人間関係の中でのみ成り立ついわゆる実践道徳で、万人に向けられる仁とはレベルが異なることである。また孝は親への絶対的献身であるが、もし親の行為に誤りがあったら、それでも親に従うべきかという問題が出てくる。むしろ仁の特質として見るべきなのは、種々の道徳のうちどれをそれぞれの場面で発揮させるかを的確に判断できるといういわば諸徳の上に立っている点である。そしてその判断の際に「人を愛す」という基本的方向が常に維持されていることなのである。

なお漢字学で有名な白川静《しずか》は、孔子を巫祝（みこ）集団から登場した存在として極めて個性的な孔子像を生み出し[11]、その斬新な議論の魅力から影響も広がり、それをふくらませた孔子像が描かれるのを時に見かけるようになった。しかし虚心に『論語』を読めば、巫祝的要素は見出し難い。そもそも白川自身、孔子は巫祝集団を出身母体としながら、そこから彼ならではの思想を構築したと言っているのであり、単純に巫祝的と割り切っているわけではない。孔子と宗教性ということでは、葬式や祭祀について孔子は霊魂の行方を描写することは無く、むしろ生き残った者の倫理的態度の方を問題にしている。また孔子に天を崇敬する姿勢があるのは確かであるが、彼にとっての天は、自分の使命の根源、どうしようもない運命という両面が渾然《こんぜん》とした天であって、自分の迷える魂の救済を願ったり、現世利《り》益《やく》を求めたりする対象ではない。そもそも天は道徳の根拠とされながらも、決して道徳を超越した指示を出すことは無く、道徳を全うすることがそのまま天に則《のっと》るとされるのであって、道徳中心主義を背後から補佐する役割を担っているのである。『墨子《ぼくし》』公孟では、儒教が葬式を重視しながら「儒は天を不明とし、鬼を不神とし、天や鬼を説《と》かない（あるいは「喜ばない」）」と宗教的要素が無いことを言っている。孔子は、葬儀を宗教から礼制の方に移行させていると言えよう。

『論語』を読めば知られることとは、仁とは孔子が重んじた諸徳を状況に応じて発揮させられる至高の徳だということである。限りなく多様な現実を生きるには観念的抽象的な準則の適用では限界がある。現実への対応能力自体を獲得した有徳者、つまり仁を体得した君子こそが、日常生活のあらゆる場面で適切で得心のゆく対応ができるのである。内面を問題にしつつ日常生活での有効性も合わせて考え、個人と社会の調和を説いたところが、一部の知識人のみならず多くの生活者を引きつけた「日常の思想」の書『論語』の魅力であ

ろう。(12)

なお孔子は強い政治志向を持っていた。その政治思想に触れておくなら、徳治主義という語に尽きる。孔子は繰り返し自分を正すことが政治の道であることを言う（四五〇頁、四七一頁、四七七頁）。徳がある人物こそが政治に参加する資格がある。徳高き人物は、民に愛情をもって接し、常に民の福利を考えることになる。社会の秩序は、法よりも礼によらねばならないという主張もこの姿勢から出ている。中国の法は刑法が軸であるが、孔子は刑で他律的に統制するのではなく、礼を染みこませて自主的に秩序を守るようにさせることを求めるのである。上位者、下位者はともになすべきことをなす使命を持ち、そこに統制と調和が実現すると孔子は考えたのである。

四、教育者としての孔子

『論語』の魅力は、孔子の思想とともに、活き活きとした弟子たちとのやりとりにある。「孔子世家」に、孔子の弟子の数は三千と言い。孔子の門人たちの伝記を記した『史記』仲尼弟子列伝《ちゅうじていしれつでん》には、孔子自身の言葉として「学業を受けて通ずるようになった者は七十七人」という語をのせるが、主な弟子だけでかなりの数になる。その身分は一定していない。家老の子息も教えを乞《こ》うている。また少年や無知な庶民も質問に来ることがあったようである。当時の人間関係は血縁と地縁が中心であるが、それらや更に階級を超えた学問を媒介にした新たな集団の形成がここに実現した（四七頁の補説）。

孔子は弟子たちの学問・修養の程度やその気質や環境を見抜いて、適宜教導した。それゆえ弟子によって言い方が変わることがある。弟子の子路《しろ》と冉有《ぜんゆう》が同じ質問をしたのに対し、人よりも前に出ようとする子路と、消極的な冉有とで孔子の答えが正反対だったり（四一一頁）、やはり子張と樊遅《はんち》がした同じ質問に対する孔子の答えが異なっていたりする（四四二頁、四五五頁）。それぞれに応じた適切な教示を行っているのである。

孔子は弟子の性格をよく見て対応している。豪傑肌で純情な子路に対しては猪突猛進《ちょとつもうしん》を戒《いまし》め、秀才で実利に通じた子貢には知性の陥穽《かんせい》に陥《おちい》らないように導き、子張のような派手な弟子には行き過ぎを戒め、子夏《しか》のような消極的な弟子には励ます。最愛の弟子の顔回《がんかい》にはその高い評価を隠さず、他の弟子が嫉妬《しっと》するほどだったのがほの見える。問題児の宰我《さいが》には厳しく叱責《しっせき》をする。ただどの弟子も孔子を敬い慕っている。『論語』を読み込んでいくと弟子たちのキャラクターや置かれた環境もわかるようになるので、孔子のアドヴァイスが実にぴったりしたものとして感じられるようになる。生きた人間指導の書としての側面は『論語』の大きな魅力となっている。また最愛の弟子の顔回が死んだ時に「天予《てんわれ》を喪《ほろぼ》せり」と嘆き（三九四頁）、我を忘れて慟哭《どうこく》したり（三九五頁）、純粋剛直の弟子の子路を時には喜ばせ時にはたしなめ、その性格が不幸な死をもたらすことを危惧《きぐ》したりするところに（三九九頁）、弟子への深い愛情を読み取ることができるのも、『論語』ならではである。窓から業病《ごうびょう》に冒された面会謝絶の弟子の手を取ったり（二一八頁）、自分は諸君の手の中で死んでいきたいのだと言う孔子の姿は（三二七頁）、昔から感動を引き起こしてきた。簡潔な文章の中で、これだけ師弟関係の豊かさが感じ取れる書物も稀《まれ》であろう。

五、『論語』研究の変遷

『論語』という書物は未完成のまま伝承されたと思われる。まず同じ語の重複が見られるので、その例をあげてみたい。なお一部分のみ重複し他の文言が異なるものは省く。（『論語』は二十篇あるので、ここでは前半と後半の対照がしやすいように各篇の番号も付した。第十までが前半である。）

① 子曰、巧言令色、鮮矣仁。（学而第一、陽貨第十七）
② 子曰、君子博学於文、約之以礼、亦可以弗畔矣夫。（雍也第六、顔淵第十二）
③ 子曰、不在其位、不謀其政。（泰伯第八、憲問第十四）
④ 子曰、［已矣乎。］吾未見好徳如好色者也。（子罕第九、衛霊公第十五）

＊［　］内は重複していない部分

同じ本の中で重複があれば普通は片方を削除するはずなのにそれがなされていない。昔の注釈者は困って、孔子が日頃特に強調した語を編纂者《へんさん》があえて二回載《の》せたとしたが、不自然である。この重複のしかたをみると前半と後半に一つずつある。そこで前半と後半をある時期にくっつけて今の二十篇にしたのではないかという疑いが出てくる。江戸時代の伊藤仁斎はこのように考えた。

『論語』上下篇は後世の正集、続集の類のようなものである。つまり『論語』を編集した者は先ず前の十篇を記録して伝え、その上で次に後の十篇で前の遺漏を補って、そこで合わせて二十篇としたのである。

仁斎があげた根拠は次のようなものであった。郷党第十は孔子の日常での振る舞いを記録した一篇で、本来なら二十篇の最後にあるべき性格のものなのに、前半最後の第十篇になっている。ということは前の十篇で成書となっていたことがわかる。また他に比して非常に長文の章や、「六言《りくげん》」、「六蔽《りくへい》」、「九思《きゅうし》」、「三戒《さんかい》」、「益者三友《えきしゃさんゆう》」、「損者三友《そんしゃさんゆう》」など数でまとめた章は、前の十篇には見られない（以上は、『論語古義』総論・叙由《じょゆう》三）。それ以外に、孔子の言葉は「子曰く」で記されるが、季氏第十六などは「孔子曰く」となっているというような表記の不統一もあげることができる。一人の編集者が一気に編集したのならこのようなことは無いはずである。以上から、現行『論語』は二つあるいはそれ以上の素材を合わせ、それを統一しきれないままにしたものであることが想像されるようになったのである。

そもそも『論語』はいつ成立したのであろうか。昔は孔子の孫弟子の曽参の弟子あたりがあげられていた。その理由は『論語』中で「子」という敬称がほぼ一貫して用いられている弟子が曽参で、曽参を「曽子」、つまり「曽先生」と呼ぶからにはその弟子たちの手になると考えたのである（四九頁の補説）。それに曽参の弟子は孔子の孫の子思《しし》、そのまた孫弟子が戦国時代を代表する儒者の孟子で、いかにも儒教の正統を継承するのにふさわしそうである。しかし孟子の思想を伝える戦国時代の『孟子』には、『論語』の書名がいっさい見えない。孟子よりもやや遅れて登場した荀子の思想を伝える『荀子』にもやはり見えない。『論語』という書名は前漢にならないと出てこないのである。また『孟子』や『荀子』には孔子の言葉が引かれているが、そのうち一部は『論語』と重なるがそうでないものもあり、それらの照合研究は既に十分なされている。要するに戦国時代の孟子や荀子は今の形の『論語』を見てはいないのである。ましてや孟子以前の曽参の弟子が編集したということなどはありえない。そこで研究者たちが考えたのは現行『論語』の成立は荀子以後、前漢までということであった。この間には秦《しん》がはさまるが、秦の始皇帝は儒教を弾圧しているので、この時期に編纂されているはずがない。そこで戦国時代末くらいということになるわけである。日本近代の『論語』研究の巨峰である武内義雄『論語之研究』（岩波書店、一九三九）も津田左右吉《そうきち》『論語と孔子の思想』（岩波書店、一九四六）も、基本的な研究方法は異なるが、この点に限ってはほぼ同意見である（渋沢栄一『論語講義』「論語総説」二松学舎大学出版部、一九二五によると、三島中洲《ちゅうしゅう》も同じ結論であったようである）。

もともと『論語』という書名の意味からして不明である。今までの訳注書は多く『漢書《かんじょ》』芸文志《げいもんし》に「孔子が没してから門人たちはともに集めて論纂《ろんさん》した。それゆえ『論語』と言う」とあるのを敷衍《ふえん》するのに止まっているが、「論纂（議論して編集）」した語だから『論語』というのでは説明になっていない。おそらく「論」は編むという意味に通じ、孔子の語を整理編集したというような意味ではないかと筆者は思っている。(13)

先に『論語』が前半と後半に分かれるという説を紹介したが、武内義雄は更にそれを進め、各篇ごとの流伝の考証を行った。後漢の王充《おうじゅう》の『論衡《ろんこう》』正説に、「斉魯二河間九篇三十篇」（武内義雄は、「斉魯二篇、河間七篇三十篇」の誤りと考証する）、「斉魯河間九篇本」などの語が出てくることから、斉、魯、河間など各地で『論語』の原本の各篇が作成され、それが集められて今の『論語』ができた具体的経緯を論証しようとしたのである。それに対して津田左右吉は篇ごとのまとまりを更に解体し、各語の内容を思想史的に検証し、歴史的に位置づけようとした。この両者の研究は結論が異なっている点が多々あるが、以後の研究はそれをふまえて進められた。

そのうちに中国での発掘が活性化して新資料が登場するようになった。現存最古の写本である定州《ていしゅう》（河北省）の前漢の墓から発見された竹簡《ちくかん》（竹の細い板に字を記したもの）などはその代表で、かなりの欠落があるが残存部分はほぼ全篇にわたっている。この墓は紀元前五十五年に没した中山懐王《ちゅうざんかいおう》劉脩《りゅうしゅう》が埋葬されたものである。なお北朝鮮平壌市の貞柏洞の墓からも一部分だけだが発見され、その墓からは紀元前四十五年記載の戸口簿が出てきたから、定州発見のものとほぼ同時代のものである。前漢時代には各種テキストがあったことは『漢書』芸文志の「論語古二十一篇」、「斉二十二篇」、「魯二十篇、伝十九篇」等という記述や、何晏《かあん》『論語集解《しっかい》』の叙《じょ》に引く前漢末の劉向《りゅうきょう》の語に「魯論語二十篇」、「斉論語二十二篇」、「古文論語……凡《およ》そ（合計）二十一篇」とあることで知られているが、つい最近も斉に伝わったテキスト（「斉論」と呼ばれている）の断簡と見られるものが発掘されたという報道もあった。これらの資料を組み込んだ『論語』研究はまだこれからの課題である。いずれにしても現在の『論語』は長い年月の間に記録された孔子の言葉が次第に集められてきたものなのである。であるから中には本当の孔子の語か疑わしいものも含まれている。ただ内容や言葉遣いから孔子の肉声に近いものがかなり多いのは確かで、その意味では孔子を語るうえでは『論語』にまさるものは無い。

　また中国古代の書物には、『論語』にのっていない孔子の語が多数引用されていて、それらを集める作業も昔から行われていた。代表的なものでは孫星衍《そんせいえん》『孔子集語』とか藤原正《ただし》『孔子全集』とかがある。道家の思想書である『荘子《そうじ》』などに見える孔子の言行などは多分に寓話としての性格が強いが、この種のもの以外には『論語』を補佐するものがある。また近年の戦国時代の墓から出てきた新資料の中にも孔子の言葉がのっているものが複数ある。今後は孔子の思想を解明するにはこれらの資料もかなり活用することになろう。

ところで先に『論語』は未完成の本であると述べたが、これは『論語』の価値を貶《おとし》めるものではない。中国の書物は、特に歴史書には顕著であるが、整えれば整えるほど潤色されて生の資料から遠ざかる傾向がある。古代の歴史書は文献の数自体が少ないが、近世になると複数のヴァージョンが残るようになり、どのような過程で手を加えられたのか察せられるケースが増える。それを見ると編者の思想や政治的党派性による内容の手直し、文体をより洗練されたものにするための誇張や枝葉《しよう》の切り落としが行われているのがわかる。完成品には歴史を忠実に伝えることを多少は犠牲にしても、文化的作品としての完成度にこだわる傾向も見られる。編者が絡《から》め取られている時代の通念によって改変されていることも多い。それに比して『論語』は生の資料をそのまま編集している分（もちろん多少の潤色の跡はあるが）、それらの規制からは相対的に抜け出ている。『論語』の中には弟子からやりこめられて孔子が頭をかかんばかりのやりとりや（六三三頁）、孔子が自分の過ちを認めるような口ぶりのところがある（二七五頁）。これなどは謹厳な儒者が渾身の力を込めて編纂した書物であれば、偽伝として除外されたかもしれない箇所である。しかし今の我々にとってはこういう箇所にこそ孔子の人格の振幅が感じられ、より身近な偉人として孔子を感じ取れるもとになっている。『論語』には様々な伝承が偶然に残ったようなところがあり、多くの名勝がそうであるように、人工と自然の合作でできた絶景のように感じられるところがある。

六、『論語』の注釈書

『論語』には多くの注釈書が作成された。まず早いものでは魏の何晏の『論語集解』がある。これは自身と複数の先行する注を集めたもので「古注」と称され、今でも『論語』を読み解く時の手がかりとされている。この『論語集解』という注に更に注をつけたものとしては（このような再注釈を「疏《そ》」と言う）、梁《りょう》の皇侃《おうがん》の『論語義疏《ぎそ》』と北宋の邢昺《けいへい》の『論語注疏《ちゅうそ》』（『論語正義』）がある。前者は日本に写本として残り、江戸時代になって刊行され、それが中国に逆輸出されたことでも知られている。なお古注には後漢の大儒・鄭玄《じょうげん》の注も引かれているが、それとは別に唐時代の卜天寿《ぼくてんじゅ》という十二歳の少年の手になる鄭玄の独立した注の写本が砂漠のオアシス都市であるトルファンのアスターナ墓地で発見され、話題になった。ちなみに同じく砂漠の敦煌《とんこう》から発見されたいわゆる敦煌文書にも若年者の手になる当時の『論語』の写本がかなりあり[14]、中世に『論語』が少年のためのテキストという面があったことを示している。近世になると南宋の朱子《しゅし》（朱熹《しゅき》）の『論語集注《ろんごしっちゅう》』が登場する。朱子の哲学を背景にした整合性の取れた完成度の高い注釈で、朱子の思想である朱子学の権威化とともに大きな影響力を持った。この注釈書は「古注」に対して「新注」と呼ばれ、おそらく最も多くの人に読まれた『論語』注釈であろう。東アジアの知識人の家には必ず所蔵されていた。ただ朱子は孔子が生まれつきの聖人であることを大前提としていて、それを貫くためにかなり強引な解釈をしているところが処々にある。ちなみに『論語』訳注書作成には昔の代表的な注釈を適宜取捨《しゅしゃ》することがよくなされるが、当時の注釈者たちは学者であるとともに思想家なのであって、その注の背景にはその注釈者の強固な思想があり、それを踏まえながら注の内容を吟味する必要がある。朱子以後も種々の注釈が出たが、清朝《しんちょう》になると考証学が盛んになり、古代の諸資料を博捜したうえで厳密な考証が行われるようになった。その成果として知られているのが劉宝楠《りゅうほうなん》の『論語正義』で、現在でも大いに参照に値する。

日本では江戸時代以前は博士家《はかせけ》の清原宣賢《きよはらのぶかた》『論語聴塵《ちょうじん》』などがあるが、個性的な注が続出したのは江戸時代である。例えば『日本名家四書註釈全書』というものがあり、そこには次のような著者の『論語』の注釈書が収められている。伊藤仁斎、荻生徂徠《おぎゅうそらい》、中井履軒《なかいりけん》、皆川淇園《みながわきえん》、豊島豊洲《としまほうしゅう》、吉田篁墩《よしだこうとん》、亀井南冥《かめいなんめい》、猪飼敬所《いかいけいしょ》、市野迷庵《いちのめいあん》、佐藤一斎、東条一堂《とうじょういちどう》、広瀬淡窓《ひろせたんそう》、照井全都。この中では日本では反朱子学の立場を取る古学者の伊藤仁斎の『論語古義』と荻生徂徠の『論語徴《ちょう》』がひときわ重要である。ともに孔子を無謬《むびゅう》の聖人とみなす朱子学の大前提を否定し、生身の人間の偉大な存在として孔子を再把握している。[15] この視点は今日本で普通に見られる『論語』観の淵源であろう。時にアクロバティックな解釈を見せる徂徠の注はおもしろすぎて採用に躊躇《ちゆうちよ》するところが多々あるが。また亀井南溟『論語語由《ごゆう》』、中井履軒『論語逢原《ほうげん》』も注目されてきたし、この叢書に入っていないが太宰春台《だざいしゆんだい》『論語古訓』、『論語古訓外伝』、宇野明霞《か》『論語考』、冢田大峯《つかだたいほう》『冢註論語《ちようちゆう》』をはじめ見逃せないものが他にも数多くあり、啓蒙的なものでも中村惕斎《てきさい》『論語示蒙句解《じもうくげ》』、毛利貞斎《もうりていさい》『四書集注俚諺鈔《しつちゆうりげんしよう》』などをはじめ数え切れない。[16]総じて江戸時代の『論語』注の全貌の解明はまだなされていない。ちなみに中国のみならず日本伝来諸本や敦煌文書の類までかき集めたものでは厳霊峰の『無求備斎論語集成』九七二巻三〇八冊というものもある。おもしろいのは『論語』注釈は儒教の範囲を超えて、儒者であるとともに本居宣長《もとおりのりなが》に入門した国学者であった鈴木朖《すずきあきら》の『論語参解』や、中国明王朝の天台宗の僧侶である蕅益《ぐうやく》智旭《ちぎよく》の『論語点睛』があったりすることである。

朝鮮の場合は朱子学の圧倒的権威のゆえ、朱子の注釈の敷衍の類が多く、『韓国経学資料集成・論語篇』などに収められている。朱子学者以外では実学者の丁若鏞《ていじやくよう》(チョン・ヤギョン)の『論語古今注』が注目される。この本は諸家の注を幅広くあげているが、その中には日本の伊藤仁斎、荻生徂徠、太宰春台のものも引かれている。

明治以降も論語の訳注は大量に刊行されてきた。たとえば漢学の伝統を継承する流れでは、桂湖村《かつらこそん》、久保天随《てんずい》、牧野謙次郎、大江文城《ふみき》、島田鈞一、諸橋轍次《てつじ》、宇野哲人《てつと》、吉田賢《けん》抗《こう》、中国思想史家では、武内義雄、内野熊一郎、山田勝美、金谷治、木村英一、吉田公平、加地《かじ》伸行《のぶゆき》、山田史生《ふみお》、中国文学・語学者では、吉川幸次郎、倉石武四郎、藤堂明保《とうどうあきやす》、平岡武夫（経学研究者でもある）、井波律子、中国史家では、貝塚茂樹、宮崎市定《いちさだ》、それ以外の中国関係では、五十沢《いざわ》二郎、久米《くめ》旺生《さかお》、新島淳良《にいじまあつよし》、安富歩《やすとみあゆみ》、中国学以外では下村湖人《しもむらこじん》、桑原武夫、齋藤孝などである。（共訳は代表者のみあげている）。あまりに数多く筆者はこれら全てを見てはいないし、また重要なものを逸《いつ》していることも恐れている。ともかくいくつかの代表的注釈書を取捨したものが多い中で、木村英一のものは、自著の『孔子と論語』などで展開した自身の中国古代研究の成果が随所に反映されていて独自性の強い解釈を見せ、同じく個性的な訳注では歴史家の貝塚茂樹、宮崎市定のものや経学研究者の加地伸行のものがあり、特に宮崎のものは知的興奮を味あわせてくれる。他に言語についてとりわけ細密なのは中国文学の吉川幸次郎のもの、古代の関連文献への目配りにすぐれているのは経学・文学両面の研究を展開した平岡武夫のものである。近代中国では程樹徳の『論語集釈』が先行する学者の考証を多数引用し、楊樹達の『論語疏証』が古代の関連文献を列挙していて、ともにかなり便利な書である。しかし、内外の膨大な中国古代研究の蓄積を網羅的かつ公平に消化し、新たに発見されつつある最新の資料をも駆使した学術的な中国古代思想の専門家の詳細な訳注はまだ現れていない。例えば津田左右吉の研究を参照した痕跡があるのは木村英一くらいで、一方の武内義雄のものにはほとんどが言及するが、それが解釈に反映しているかというとさほどではない。武内、津田以後の研究に対する目配りとなると更に不十分である。しかしこの研究蓄積を消化しての研究は口で言うほど容易な作業ではない。まず考証に考証を重ねても状況証拠の域を出ないか、あるいは複数の解釈可能性の中の相対的判断にたよらざるをえないことが容易に予想される。孔子のもとの言葉を忠実に伝えているものがどれなのかを確定することすら困難なはずである。またそこでなされる解釈は従来の『論語』愛読者の理解とはかなり異なったものになり、何よりも結晶した一冊の古典としての『論語』を享受するというよりも、『論語』を分断解体する結果になることが予想される。

学者のものではなく自己の経験や人生観をもとに『論語』を味読したものは、渋沢栄一の有名な『論語講義』をはじめ、これも各種各様ある。『次郎物語』で有名な下村湖人の『論語物語』もよく読まれ、彼には『論語』の現代語訳があり、わかりやすい。

近代以後、『論語』は聖人の書としての権威は減退し、表彰する人がいる一方で、封建思想家として否定的に扱われることもなされてきた。その中で改めて文明史的思想史的意義を論じたものでは和辻哲郎やドイツのカール・ヤスパースのものなどがある。政治的経済的成功者が自分のバックボーンとして『論語』を引き合いに出すものは引きも切らずであるが、その優良な代表は渋沢栄一『論語と算盤《そろばん》』である。儒教の理念をもとに商売する経営者を「儒商」と言い、東アジア世界では数多いが、日本での代表の名に値するのは渋沢であろう。また日本では安岡正篤《やすおかまさひろ》『朝の論語』、台湾、中国では南懐瑾《なんかいきん》『論語別裁』、于《う》丹《たん》『《論語》心得』といった人生訓的啓蒙書の類となると、これはもう数え切れない。

多くの『論語』訳注が出たが、それでも誰もがみなあげる『論語』訳注の決定版というのはなかなか見当たらない。それは『論語』が多様な読み方を可能にし、水準の高い訳注でも読者がその解釈全てになかなか賛同し難いからである。私が学生や一般人向けの講義でしばしば使用したのは岩波文庫の金谷治訳である。この書は平実であるとはいえ、書き下し文をそのまま現代語訳にしたようなところがあり、注もごく簡単であるが、それが複数の意味を暗示しているので、使いやすいのである。

それでもここであえて拙訳を提供するのは、まず『論語』によって『論語』を解釈する姿勢を徹底させ、それを補佐するものとして他の文献に傍証をさがすという訳注があってもよいと思ったからである。つまりできる限り『論語』全体の言葉の使い方や造語法や思想から訳を決めようと試みたのである。例えばあらかじめ想定された巫祝的世界とか、朱子のように自己の思想体系を軸にして、そこから外付け的になされるような『論語』解釈は、時に『論語』そのものの内容と齟齬が生ずる。また古注と新注、近現代の啓蒙的訳注書を適宜取捨する類は既に飽和状態にある。朱子を痛烈に批判した伊藤仁斎は『論語』と『孟子』を絶対的典拠としたが、筆者は『論語』をもって『論語』を語らしめたかった。

しかしかかる方法には当然限界もある。『論語』に採られている言葉は長い年月にわたって伝わってきたもので、それぞれの時代に追加されたり潤色されたりしているので、その用法を単純に帰納してすむものではないからである。ただ孔子の同時代の他の文献が乏《とぼ》しい以上、この方法を採らざるを得ず、また『論語』という古典を享受する場合、『論語』全篇から立ち上がってくる『論語』像を中心に置くことになるのは自然であろう。

そもそも孔子の同時期であると確定でき、それと対比して『論語』の内容を云々できるようなまとまった文献自体がほとんど無い。孔子や『論語』について語る時の傍証としてしばしば『春秋左氏伝』の記述が用いられる。この書については、昔言われていたような孔子の弟子の左丘明《さきゆうめい》の手になるという話を信じている人はさすがに今はいないが、それでは成立年代はと言えば、不明なのである。津田左右吉のように思い切って時代を降らせて前漢末とする説に賛同する研究者は今は少数のようで[17]、戦国時代とみる研究者が多いと見受けるが、仮にそうだとしてみても、孔子よりもかなり後の成立であるから、その記述が無条件に信じられるかは疑問である。事実『論語』と『春秋左氏伝』の内容が齟齬している場合がある。ちなみに近年中国から新たに出土された戦国時代の『春秋左氏伝』(浙江大学所蔵)なるものがあるが、一部で真作とする説もあるものの、偽作という見解が日中ともに主流である。私も本書で『春秋左氏伝』を引いたが、今は亡き私の師匠がこれを見たら、安易だと咎《とが》めたかもしれない。私の師匠お二人は津田左右吉の直弟子と孫弟子で、『春秋左氏伝』を無批判に使用することは許さなかった。ともかくも『春秋左氏伝』の記述を絶対化はできず、特に引かれている孔子の語などは注意を要するが、当然この書も古くからの伝承や資料をもとにしているので、他に決定的な文献が無い以上、注意しながら参照せざるをえないというところであろう。なお前漢にあったという『孔子家語』で解釈の肉付けをすることが一般書では時になされているが、この書は魏の王粛《おうしゆく》の偽作と言われてきたもので安易に利用できない（近年は出土文物に類似の記事があることから真作説も出ている）。ただ仮に偽作であったとしても、現在失われてしまった貴重な伝承や資料も含まれているだろうから、全面的否定もしかねるところもある。

『論語』以外の古代思想文献の使用も極めて難しい。例えば『礼記《らいき》』などは前漢の編集であるが、その一部は戦国時代の墓からも出ていて、要するに内容的には両時代に及んでいる。また『荘子』なども戦国時代から前漢までの内容が入っているし、他の多くの文献も一時に作られたものではない。いちいち年代考証を始めると、『論語』解釈の補助材料が無くなってしまう。そもそも『論語』の全ての語が春秋時代のものとは見なせないのであり、『孟子』や『荀子』に引かれている孔子の語の中に『論語』には見えないものもあるが、これらの語よりも更に時代が降る言葉も『論語』には含まれていると見られる。つまり全て『論語』優先というわけにもいかないのが苦しいところである。本書では戦国時代の書物を引用したが、決め手というよりも参考という域をなかなか出られないというところであろうか。

ともかく『論語』の正確な解釈は容易ではない。最後にもう一例をあげると、『論語』

の中の孔子の語に、韻を踏んだことわざ口調のものや、標語のような語がある。これを孔子が古語を引用したとして解釈する注釈者は多い。ただこれが古語、あるいは先人の言であるとの明示があるものが無いので、結局は推測の域を出ない。『春秋左氏伝』など他書に類似の語が見えるような場合もあるが、これらの書が戦国時代以後のものである以上、やはり用心しなければならず、可能性の高さは感じても、確証にはしかねるのである。

七、本書の方針

最後に本書の方針を箇条書きにしておく。

一、本書には筆者独自の解釈によって訳した箇所もあるが、その場合でもなるべく従来通行の解釈を併記するようにした。また解釈を決めかねる箇所では、他の訳の可能性もあげるように心掛けた。筆者なりの『論語』訳注を提示するとともに、偏《かたよ》りの無い本ともしたかったからである。また解釈の拠《よ》り所を記していないためにその説得力が減ずることを懸念し、煩瑣であるが必要のある典拠はできる限り明示した。

二、『論語』によって『論語』を解釈するようにも心掛けた。それゆえ他の箇所に同一あるいは類似の語や、参考とすべき内容は、そのページ数を網羅的にあげている（本文参照を示すページ数は、該当する書き下し文の箇所に統一した)。詳しい索引があっても該当箇所にたどりつくのは面倒なので、この方式はかなり便利なはずである。

三、漢文の現代語訳は、原文と書き下し文がついている場合、それに甘えて訳文だけ読んでも意味が取れないことが少なからずある。しかし翻訳というものは原文を見なくても意味がわからなければならない。『罪と罰』を読んでいたら意味がわからないといって、いちいちドストエフスキーのロシア語原文にあたるであろうか。本書では現代語訳はとにかく意味が通ることを心がけた。

四、書き下し文については、江戸時代では訓読方式は学派によって異なり、明治以後全国統一の文部省教育のために統一が図られたものの全く一律というわけではなく、いまだに未然形と已然形の使い分けをはじめとしてばらつきがある。本書も無理に統一せず、筆者が従来からなじんだ読み方を軸に、十人の漢学の泰斗《たいと》が十六種の訓点本を参照して読み定めた『国訳論語』(斯文会、一九二八)などを参考にして書き下し文を作成した。

五、『論語』は一面で随意にどの章を読んでもかまわないという性格を持っている。そこで注は、最初にその語に付せば後に同じ語が出てきても付さないというのではなく、同じ語であっても各章ごとに付し、説明については適宜参照ページを記した。

六、『論語』原文は、いちいち列挙しないが各種テキストを参看して校合《きょうごう》した。どのテキストを使用しても助字の有無などは意味上では大同小異の枠にとどまるし、新漢字を使用する以上異体字は問題にできないので、注記したのは解釈上特に問題になる字句の異同のみである。『論語』の各テキストや、諸文献における『論語』の引用文の異同は、程樹徳『論語集釈』が各章冒頭に設けた「考異」に、中国はもとより朝鮮や日本の諸伝本にわたってかなり詳しく記されているし、程氏未見のものも種々の形で刊行され、最古の定州写本も『定州漢墓竹簡《論語》』（文物出版社、一九九七）などで読める。

七、頻繁に引用する書物の略称は以下の通りである。

何晏『論語集解』→古注

皇侃『論語義疏』→皇侃

朱子（朱熹）『論語集注』→朱子

八、「子曰く」は「先生が言われた」とそのまま訳しているが、この類の「子」は特に注記していない限り、孔子を指す。

九、孔子の弟子の呼び方について原則として字《あざな》を用いるのは、『論語』本文にそのケースが多いのと、一般にこれが流布しているからである。ただ、顔回、曽参などは、この言い方が定着しているので、諱で表記するのを基本とする。また孔子の弟子たちについての注は、『史記』仲尼弟子列伝、古注などの記載によったが、年齢や出身地については『孔子家語』に異伝を載せているので、それにも言及した。ただこの書は魏の王粛の偽作とされてきた書なので注意を要する（偽作否定説もある）。また各弟子が孔子より何歳若いかということについて本書は主に『史記』仲尼弟子列伝によっているが、これが『史記』で孔子の誕生を紀元前五五一年にしていることと関係するのか否か、つまりもし紀元前五五二年生まれだとすると一歳ずれることになるのかが不明なことを注意しておきたい。[18] 総じて注に記した弟子の年代は目安である。

十、本書は新漢字を用いた。ただごく一部の字はあえて旧漢字を使用している（「爾」、「堯」など）。また圧倒的に多くのテキストが「修」を「脩」にしているところは「脩」を採用する（本来両字は別字である）。

十一、書き下し文とそのルビは旧かなを使っている。書き下し文とは古文の一種であり、伝統を尊重したかったということである。地の文章や目次のルビの方は新かなにしたのは、そこまで旧かなにすると読者には読みづらいと考えたからである。

注

（1）『日本書紀』では王仁《わに》。漢の高祖《こうそ》の子孫に「鸞《らん》」という人物がいて、更にその子孫の「王狗」が百済に移住し、その孫が王仁であるという言い伝えがある（『続日本紀《しょくにほんぎ》』、『新撰姓氏録《しんせんしょうじろく》』）。

（2）孔子の生誕の年を紀元前五五二年とするのは、『春秋公羊伝《しゅんじゅうくようでん》』襄公《じょうこう》二十一年、『春秋穀梁伝《しゅんじゅうこくりょうでん》』襄公二十一年、紀元前五五一年の方は、『史記』十二諸侯年表、魯周公世家、孔子世家などである。この問題については蟹江義丸『孔子研究』第一篇第二章（金港堂書籍、一九〇四）に関係諸資料をあげて考証している。この書は昔の学者らしい引用文献も豊富な実直な書物で今でも役に立つ。
(3)『礼記』檀弓《だんぐう》に「徴在」の名があり、また「孔子世家」に「顔氏の女《むすめ》」とある。なお両親については『孔子家語《けご》』本姓解に詳しい。ただこの書は今は一部で真作説もあるが、魏の王粛の偽作と疑われてきた。
(4)土田健次郎「講経「何の常師か之《これ》有らん」―孔子の師―」(『斯文』一三五、二〇二〇)。
(5)司馬遷『史記』孔子世家。これに先立つ『孟子』や『荀子』、また『春秋左氏伝』、『墨子』、『呂氏春秋』などでは司寇となったにとどめる。
(6)木村英一『孔子と論語』(創文社、一九七一)。
(7)楠山春樹「衍聖公家の発端―褒成侯と殷紹嘉侯―」(『道家思想と道教』所収、平河出版社、一九九二、初出は一九九一)。
(8)竹内照夫『仁の古義の研究』(明治書院、一九六四)。
(9)『論語古義』顔淵第十二の第三章の注。
(10)土田健次郎「仁」(廣松渉他編『岩波哲学・思想事典』岩波書店、一九九八)。
(11)白川静『孔子伝』(中央公論社、一九七二)。
(12)仁の思想が持つ日常の思想としての意味については、土田健次郎『「日常」の回復～江戸儒学の「仁」の思想に学ぶ』(早稲田大学出版部、二〇一二)。
(13)浅野裕一は、「論」はもともと「侖」で、竹簡を集めて順序立てて編集する意味であるとする(『国語教育論叢』二一、二〇一二、浅野裕一・小沢賢二『出土文献から見た古史と儒教経典』所収、汲古書院、二〇一二)。なお『論語』の「論」の解釈については邢昺《けいへい》『論語注疏』解経序序解などが鄭玄を引きつつ諸説をあげ、藤塚鄰《ちかし》『論語総説』（弘文堂、一九四九）では『論語』を「互いに論議され吟味された問答語」のことと考証する。

（14）土田健次郎「儒教典籍」（池田温編『講座・敦煌』五『敦煌漢文文献』、大東出版社、一九九二）。皇侃の『論語義疏』も敦煌文書中にある。

（15）仁斎の注は朱子の注の批判に力を費やし、徂徠の注は朱子と仁斎の両方の否定を図っている。それゆえこの朱子、仁斎、徂徠の三注を対照させるとそれぞれの思想的特徴がみごとに浮かび上がる。儒教にとって経書の注釈書の持つ思想的意味が最も先鋭的に現れた例と言えよう（この三注の対照については土田健次郎訳注『論語集注』全四巻、平凡社東洋文庫、二〇一三〜二〇一五を参照）。

（16）西岡和彦・石本道明・青木洋司『江戸期『論語』訓蒙書の基礎的研究』（明徳出版社、二〇二一）。

（17）津田左右吉『左伝の思想史的研究』（東洋文庫、一九三五）。津田以後、この大胆な学説に対する批判も含め、鎌田正『左伝の成立と其の展開』（大修館書店、一九六三）をはじめとする『春秋左氏伝』をめぐる各種論考が刊行され、近年は新たに出土された文献との関係も種々論じられている。

（18）黄宗羲《こうそうぎ》『南雷文約』「論孔子生卒」がこの問題に言及している。

論語

学而《がくじ》第一

『論語』の篇名は、最初の語をそのまま取った機械的なものである。各篇はそれぞれ若干の個性が見えるものの、郷党《きょうとう》第十や子張《しちょう》第十九のような異色の篇はともかく、一貫した編集方針が明らかに存在すると言えるほどではないものがほとんどである。以下、各篇の冒頭にその篇の特徴を記すが、これはあくまでも目安である。

まずこの篇は、『論語』劈頭《へきとう》の篇として著名である。孔子の語が主であるが、一部弟子の言葉が採録されている。その中で有若《ゆうじゃく》と曽参《そうしん》の両者に対しては「子」という敬称が付せられていて、孔子没後にそれぞれの弟子筋を中心に分派していった孔子学派の記録をバランスを考慮して選択しまとめたと言われることがある。

第一章

子曰、学而時習之、不亦説乎。有朋自遠方来、不亦楽乎。人不知而不慍、不亦君子乎。

子曰《しいは》く、学《まな》びて時《とき》に之《これ》を習《なら》ふ、亦説《またよろこ》ばしからずや。朋《とも》の遠方自《えんぱうよ》り来《きた》る有《あ》り、亦楽《またたの》しからずや。人知《ひとし》らずして慍《うら》みず、亦君子《またくんし》ならずや、と。

先生が言われた。「学んでからその内容を繰り返し復習して自分の中で熟成させる。これは心に喜びが湧き上がることではないか。そうすると志を同じくする朋友が遠方から来てくれたりする。これも楽しみが満ちあふれることではないか。ただいくら学んでも人が認めてくれないこともある。それでも憤懣《ふんまん》を持たないのは、これも君子ではないか。」

○**子**　先生。『論語』では孔子のこと。本書では特に注記していない限り孔子を指す。○**学**　新たなものを発明発見するのではなく、対象を正確に理解すること。○**時に**　「しかるべき時に」と「常に」の二つの解釈があるが、ここは後者であろう。○**習**　復習を重ねて自分に染み込ませること。○**説**　日本漢字音は「エツ」。「悦」に通ず。○**朋**　同志。○**有り**　「……という場合もある」ということ。○**慍**　「いからず」と訓読する時もある。憤懣の気持ちを持つこと。○**君子**　徳の高い人と身分の高い人の両方の意味があるが、ここでは前者。

補説　学ぶことの内容は、『論語』による限り、孔子が教えたとされる「文、行、忠、信」であり（二六八頁）、また孔子が「詩、書、執礼」を読んでいたり（二六二頁）、我が子の伯魚《はくぎょ》（鯉《り》）に対して詩や礼を学んだかとたずねたり（六二三頁）、詩、礼、楽という修養の順序を言っていることからすると（二九五頁）、『詩』や『書』などの古典や礼（音楽を含む）関係の文献（実習も含む）が中心ということになる。ただ孔子当時はこれらの古典はまだ教科になっていなかったという見解もある（津田左右吉『論語と孔子の思想』岩波書店、一九四六）。そしてそれを身につけると、遠方の朋友までも来てくれるのだが、ここでわざわざ「遠方自り」と言っていることに特別の意味がある。それは、当時の人間関係は身近な血縁と地縁が中心だったが、本章では、学問による結びつきがそれを超えてなされるとしているからである。また儒教では父子、君臣、夫婦、長幼、朋友という五つの基本的人間関係を説くが（『孟子』滕文公《とうぶんこう》上）、その中で朋友関係が唯一の平等関係であることも重要である。つまり『論語』のこの箇所には学問を媒介にして平等に広く結びつく新たな人間関係の構築が見られるのである。しかし自分が学問を積んでも人々が評価してくれない場合もある。それでも気にしないのは、学問は自分のためにするもので（五三五頁）、人の目を意識してするのではないからである（この件については七一頁の補説）。

なお「君子」とはもとは身分の高い人、あるいは為政者のことであり、『論語』にもそのような用法があるが、孔子は多くそれを内面化して「徳の高い人」の意味に用いる。例えば君子は道を心配して貧困を気にしないという語があるが（五九三頁）、ここの「君子」が身分の高い者を指していないことは明らかであろう。なお『論語』にはこの両方の意味が重なっている場合もある。

第二章

有子曰、其為人也孝弟、而好犯上者鮮矣。不好犯上、而好作乱者、未之有也。君子務本。本立而道生。孝弟也者、其為仁之本与。

有子《いうし》曰《いは》く、其《そ》の人《ひと》と為《な》りや孝弟《かうてい》にして、上《かみ》を犯《をか》すことを好《この》む者《もの》は鮮《すくな》し。上《かみ》を犯《をか》すことを好《この》まずして、乱《らん》を作《な》すことを好《この》む者《もの》は、未《いま》だ之《これ》有《あ》らざるなり。君子《くんし》は本《もと》を務《つと》む。本《もと》立《た》ちて道生《みちしやう》ず。孝弟《かうてい》なる者《もの》は、其《そ》れ仁《じん》の本《もと》為《た》るか、と。

有子が言われた。「人格が孝弟であって、尊い者を侵害したがる者は少ない。尊い者を侵害したがらないで争いたがる者はあったためしが無い。君子は根本に力を注ぐ。根本がしっかりすると道は自然に現れてくる。孝弟というものは、仁の根本であろう。」

○**有子**　有若《ゆうじやく》。姓は有、諱《いみな》は若《じやく》、字《あざな》は子有《しゆう》（『孔子家語』）。諱とは生まれた時に親がつける名。字は一人前になる時にしかるべき人がつける社会的通称である。魯の人（裴駰《はいいん》『史記集解《しつかい》』に引く鄭玄《じようげん》、『孔子家語』）。孔子の弟子で、四十三歳年少（『孔子家語』では三十六歳年少）。なお孔子の弟子についての注は基本的に『史記』孔子世家、古注に拠《よ》り、参考までに『孔子家語』などに見える異伝を付記する。〇**孝弟**　「孝悌《こうてい》」と同じ。「孝」は親孝行、「弟（悌）」は兄を尊敬して仕える道徳だが、更に家族、親族、地元の年長者に対しても使う。この二つは、儒教で最も重んずる家族道徳。〇**君子**　立派な人。〇**本為るか**　原文の「与」は詠嘆を示す。

補説　本章は、「孝弟」という家庭内道徳が、「乱を作さず」という社会の上下秩序のもとになっていることを説いているが、朱子は、「孝弟也者、其為仁之本与」を、「孝弟というものは、仁を具体的に実践する際の根本になるものであろう（孝弟なる者は、其れ仁を為《な》すの本か）」と解釈した。朱子にとっては、あくまでも「孝弟」が親子や兄弟といった具体的な人間関係の中で実践する実践道徳なのに対して、一方の「仁」は「孝弟」のような実践道徳の基底にあってそれを成立させる道徳的原理であり、そうなると「仁」こそが「孝弟」の本であるべきで、「孝弟」が仁の根本であってはまずいことになるのである。かかる解釈は多分に朱子自身の哲学的要請から来ている。「仁」についいは次章の補説を参照。

なお本章は有若の言葉であるが、『論語』の中で敬称の「子」を付けて呼ばれている孔子の弟子は、曽参《そうしん》、有若《ゆうじゃく》、冉求《ぜんきゅう》だけである。そのうち曽参は孔子の呼びかけと四〇六頁以外の十四章に「曽子」と見え、有若は「有子」が三章（ただ学而第一のみ）で「有若」が一章、冉求は「冉子」が二章で「冉有（彼の字《あざな》は子有）」が八章である（閔子騫《びんしけん》も「閔子」と記されている箇所が一章あるが、「閔子騫」の誤りではないかと言われている）。それゆえ昔、『論語』は曽参や有若の弟子が編纂したなどと言われたりしていたが、現在の『論語』の形になったのはずっと後のことである（解説参照）。有若は容貌が孔子に似ていたので、孔子没後に子夏、子張、子游《しゆう》は孔子の代わりに彼に仕えようとしたが、曽参が反対した（『孟子』滕文公《とうぶんこう》上）。また『史記』仲尼弟子《ちゆうじていし》列伝《れつでん》では、孔子の弟子が、孔子の代わりに孔子の席に座った有若に対し、孔子が物事を予知できた理由を質問したところ、彼が答えられなかったので、「あなたが座るべき席ではない」と言ったとある。これらの逸話には、孔子没後に生じた内面重視派（曽参ら）と外形重視派（有若、子夏、子張、子游ら）の対立が反映しているという見方もある。

第三章

子曰、巧言令色、鮮矣仁。

子《し》曰《いは》く、巧言令色《こうげんれいしよく》、鮮《すくな》きかな仁《じん》、と。

先生が言われた。「言葉を巧みにし表情を飾るのは、少ないね、仁が。」

○巧言　口先だけの言葉を巧みにすること。**○令色**　うわべの顔つきをよくすること。**○仁**　真心から出てくる道徳（「補説」参照）。

補説　本章と全く同じ語が六五一頁にも見える。また二〇二頁には「巧言、令色、足恭《すうきよう》（不必要にへりくだる）」という語もある。

「仁」は孔子が最も重視した語であるが、『論語』では多様な説かれ方をしている。例えば自分に打ち勝って礼にもどることとしたり（四二五頁）、具体的な道徳的実践を並べて説明したり（四二九頁）、中には難事を先に行いその結果を問うのは後回しにすることとしたり（二三二頁）、言葉が言いよどむこととするところさえあり（四三一頁）、あたかも道徳全体の総称のような観を呈している。これは、それぞれの対象に適合した価値規範はどれも「仁」することができるということであるが、一歩踏み込むと、それぞれの状況の中で複数の価値観がせめぎあう場合、どれを採用すべきかを的確に選択できる徳という意味も「仁」が持っているということである。ただ「仁」を概括的に説明したものが一つあり、それは「人を愛す」という語である（四五七頁、『孟子』離婁《りろう》下で同じ説明が見られ、『荀子《じゅんし》』議兵、子道では仁者は人を愛すると言う）。「仁」の基本にあるのは、内心からあふれ出る家族愛をもとにそれを他者に及ぼしていく姿勢なのである（廣松渉他編『岩波哲学・思想事典』の土田健次郎執筆の「仁」の項目、岩波書店、一九九八）。ともかく「仁」は心がこもっていることが必須の条件になるのであって、本章のような上辺を飾る姿勢は「仁」とは言えないわけである。この語と対応するのが「剛毅《がうき》木訥《ぼくとつ》、仁に近し」である（四九七頁）。

第四章

曽子曰、吾日三省吾身。為人謀而不忠乎。与朋友交而不信乎。伝不習乎。

曽子《そうし》曰《いは》く、吾日《われひ》に三《み》たび吾《わ》が身《み》を省《かへり》みる。人《ひと》の為《ため》に謀《はか》りて忠《ちゅう》ならざるか。朋友《ほういう》と交《まじ》はりて信《しん》ならざるか。習《なら》はざるを伝《つた》へしか、と。

曽子が言われた。「私は毎日、三回自分を反省する。その内容は、人のために誠意をもってはからってあげたか。朋友と信義をもって交わったか。学んでいないことを他人に伝授しなかったか。」

○**曽子**　曽参《そうしん》。姓は曽、諱《いみな》は参（日本漢字音でシンと読む）、字は子輿《しよ》。魯の人。孔子の弟子で、四十六歳年少。父の曽点（曽晳《せき》）も孔子の弟子。○**忠**　自己の内面の誠実さ。○**信**　他者に対する誠実さ。孔子はしばしば忠と信を並べて言い、基本的心構えとして重視する（五八頁、二〇六頁、二六八頁、三四一頁、四四二頁、五六九頁）。

補説　曽参はのろまであったものの（四〇六頁）、かなりの含蓄の深い問答を孔子とかわしている（一五六頁）。また四九頁の補説でも述べたように『論語』では「子」の敬称をもって呼ばれている（有若、冉有もその場合があるが、曽参は他の二人と異なりほとんどに「子」が付せられている）。後世、彼の学統が、孔子↓曽子↓子思（孔子の孫の孔伋《こうきゅう》）↓○↓孟子と、孟子にまで至ることもあって、朱子によって『大学』の作者とされ、孔子の道を後世に伝えた存在として別格に重視された。また親孝行の逸話が多く、『孝経』の作者に擬《ぎ》せられた。

朱子は、「吾日三省吾身」を「三回」ではなく「三項目」のこととし、「私は毎日、「人の為に謀りて忠ならざるか、朋友と交はりて信ならざるか、習はざるを伝へしか」の三点について自分を反省した（吾日に吾が身を三省す）」と解釈した。また「三」は三回ではなく、何回もという意味であるとする説もある。なお朱子は「伝不習乎」については、「先生から伝授されたことをきちんと復習しなかったか（伝へられて習はざるか）」と解釈した。

第五章

子曰、道千乗之国、敬事而信、節用而愛人、使民以時。

子《し》曰《いは》く、千乗《せんじよう》の国《くに》を道《をさ》むるには、事《こと》を敬《けい》して信《しん》、用《よう》を節《せつ》して人《ひと》を愛《あい》し、民《たみ》を使《つか》ふに時《とき》を以《もつ》てす、と。

先生が言われた。「戦車千輛《りよう》を出す諸侯の国を治めるには、物事に対して敬虔《けいけん》で信義を尽くし、事業の無駄を省《はぶ》き人々を大事にし、民を使役する場合は農閑期を選ぶことだ。」

○千乗　「乗」は、乗物。戦車を千輛出す規模で、諸侯の国を指す。**○道**　治める。「みちびくには」と訓読することも多い。**○用**　出費を伴う国家の事業。**○時**　しかるべき時の意味で、ここでは民に負担がかからない農閑期。

補説　本章は「千乗」の国の話だが、もし「万乗」とあれば天子が該当するから天下全体のことであり、「百乗」の場合は大夫《たいふ》のことである。荻生徂徠《おぎゅうそらい》は、一地域ではなく天下全体の政治を問題にするのが儒教であるとの見解から、ここを「天子が天下を巡行する時に千乗の国に立ち寄る（道《みち》す）」こととし、その国や人民に対する配慮の話として解釈したが、当時の封建制（地方分権）では、直轄地以外の領地を直接統治するのは諸侯で、王はその上に君臨するから、本章は、直接民衆に接する諸侯に、民衆へのきめの細かい配慮を求めているのであろう。なお節約主義と民の負担軽減は、後世の儒教の統治論の柱になった。

第六章

子曰、弟子入則孝、出則弟。謹而信。汎愛衆而親仁。有余力、則以学文。

子《し》曰《いは》く、弟子《ていし》入《い》りては則《すなは》ち孝《かう》、出《い》でては則《すなは》ち弟《てい》。謹《つつし》みて信《しん》。汎《ひろ》く衆《しゅう》を愛《あい》して仁《じん》に親《した》しむ。行《おこな》ひて余力有《よりよくあ》れば、則《すなは》ち以《もっ》て文《ぶん》を学《まな》ぶ、と。

先生が言われた。「若者は家庭では孝を尽くし、家庭の外では弟を尽くす。行いを慎み人には誠実を尽くす。広く人々を愛して、仁の徳を身につけた人に親しむ。それらを実践して余力があれば、そこで古典を学ぶのである。」

○**弟子**　ここではいわゆる弟子《でし》ではなく若者のこと。○**弟**　「悌《てい》」と同じ。目上への敬意。四九頁の「孝弟」の注。○**文**　古典。

補説　本章は全ての青少年にとっては身近な道徳的実践がまず必要であることを説いているのであり、「余力があれば」と言っていても学問の意義を軽く見ているのではないと荻生徂徠《おぎゅうそらい》は言う。なお「以学文」の「以」を朱子は「用」とする。それを活《い》かせば、「文を学ぶに以《もち》ふ」と訓読することになる。

第七章

子夏曰、賢賢易色、事父母能竭其力、事君能致其身、与朋友交、言而有信、雖曰未学、吾必謂之学矣。

子夏曰《しかいは》く、賢《けん》を賢《けん》として色《いろ》に易《か》へ、父母《ふぼ》に事《つか》へては能《よ》く其《そ》の力《ちから》を竭《つく》し、君《きみ》に事《つか》へては能《よ》く其《そ》の身《み》を致《いた》し、朋友《ほういう》と交《まじは》りては、言《い》ひて信有《しんあ》らば、未《いま》だ学《まな》ばずと曰《い》ふと雖《いへど》も、吾《われ》は必《かなら》ず之《これ》を学《まな》びたりと謂《い》はん、と。

子夏が言った。「賢者を賢者として敬うのを、女色を好むほど熱心にし、父母に仕える時には全力をあげ、君に仕える時には我が身をかえりみず、朋友と交わる時には言葉が誠実であるならば、まだ学んでいないと言っても、私は必ず既に十分学んでいると言うであろう。」

○子夏　姓は卜《ぼく》、諱《いみな》は商、字《あざな》は子夏。衛の人（『孔子家語』）。孔子の弟子で、四十四歳年少。「文学（学芸）」に長じ（三八五頁）、日常の作法を重視した（六九七頁）。慎重に過ぎるところがあったようである（四〇三頁）。**○賢を賢として色に易へ**　「易」は、「ごとく」とも訓読する。朱子は、先に

「現代語訳」で示した解釈と（古注も同じ）、賢者を賢者として敬って顔つきを改めるという解釈（「色を易《か》へ」と訓読）の両方をあげた上で、『論語』中に「私は徳を好むことが女色を好むほどである者を見たことがない（吾未だ徳を好むこと色を好むが如くなる者を見ざるなり）」（三三四頁、五七八頁）とあることや、顔つきを改めるだけでは外面的にすぎるという理由から、ここの「現代語訳」のような解釈を妥当とする（『朱子語類』二一）。もっとも顔つきを改めることはそう簡単なことではなく、孝について質問された時には孔子は親に対する時の「顔つきが難しい（色難《かた》し）」と言っている（八四頁）。

補説 「色に易へ」については、注にあげた二説以外にも、「色を易《あなど》る」と訓読して「好色を重んじない」と解釈することもある。「色」には、女色、顔つき、色彩など複数の意味があるから、このように多様に解釈できるのである。ちなみに「賢賢易色」を宮崎市定は「賢賢《けんけん》たるかな易《とかげ》の色《いろ》や」と訓読し、「易《とかげ》の色は賢賢として周囲に応じて変わるもの」と訳す。子夏はまず古語をあげたうえで、その解説をしたと、宮崎は解釈しているのである（『論語の新研究』岩波書店、一九七四）。確かに古代のことわざや詩は四字句が多く、同音を重ねる語をよく用いている。つまり蜥蜴《とかげ》は状況に応じて色を変えるが、君子も状況に応じ用いる道徳を変えるということとするのであり、意表をついた興味深い解釈である。

第八章

子曰、君子不重則不威。学則不固。主忠信、無友不如己者。過則勿憚改。

子《し》曰《いは》く、君子《くんし》重《おも》からざれば則《すなは》ち威《ゐ》あらず。学《まな》べば則《すなは》ち固《こ》ならず。忠信《ちゆうしん》を主《しゆ》とし、己《おのれ》に如《し》かざる者《もの》を友《とも》とすること無《な》かれ。過《あやま》てば則《すなは》ち改《あらた》むるに憚《はばか》ること勿《なか》れ、と。

先生が言われた。「君子は重厚でなければ威厳が無い。学べば頑《かたく》なでなくなる。自他への誠実を旨《むね》とし、自分以下の者を友とすることがないようにせよ。過てば改めるのに躊躇《ちゆうちよ》してはならない。」

○君子　ここでは「身分の高い者」。もし有徳者の意味に取ると、重厚でない有徳者もいることになってしまう。**○固**　堅固という意味ではなく、固執《こしつ》ということ。なおこの箇所を「学ぶ場合には頑なにならないようにする」とも解釈できる。**○忠信**　五二頁の注。

補説　「己に如かざる者を友とすること無かれ」は、自分が何の敬意も持てない人間を友とするなということで、エリート主義のように解釈され批判されることがあるがそれは当たっていない。弟子の子貢によれば、孔子は少しでも自分のためになることを言ってくれた人を全て師と見なした（七〇七頁）。なお「忠信を主とし、己に如かざる者を友とすること無かれ。過てば則ち改むるに憚ること勿れ」の語は他にも出てくる（三四一頁）。また良友と悪友の例を三つずつあげている箇所もある（六一二頁）。

ところで本章は心構えが雑然と並んでいるような感があるが、伊藤仁斎は、孔子の平生の言葉をつなぎあわせたためとし、荻生徂徠《おぎゆうそらい》は、孔子は講義する場合、順次古言（昔から伝えられている言葉）を唱えていったのでかかる現象が起こるとした。論理的展開の弱さのみならず、『論語』に同じ言葉がなぜ二箇所に出てくるのかという問題も、彼らの念頭にあったのであろう。

第九章

曽子曰、慎終追遠、民徳帰厚矣。

曽子《そうし》曰《いは》く、終《をは》りを慎《つつし》み遠《とほ》きを追《お》へば、民《たみ》の徳《とく》厚《あつ》きに帰《き》せん、と。

曽子が言われた。「親の喪《も》に謹《つつし》んで服し、祖先の祭《まつり》を誠実に行えば、民も感化されて篤実になっていくであろう。」

○**曽子** 孔子の弟子の曽参《そうしん》。五二―三頁の注と補説。○**終り** 親の死。○**遠き** 祖先の魂。○**徳** 民について徳が言われている例としては、「小人（人民）の徳」がある（四五二頁）。そちらの場合は道徳というよりも先天的あるいは後天的に獲得しているものという意味だが、こちらは既に所有しているものが厚くなるということであるから、道徳的ニュアンスも含まれていよう。

補説 「終」や「遠」を父祖の鎮魂のこととして解釈するのが普通である。なぜそうなるかというと、孝を重視する思想家として著名な曽参の語であり、ここで民の徳が向上すると言われている以上、道徳に関わる話のはずだということから、葬祭を支える道徳としての孝が考えられたからである。ちなみに曽参は数々の孝にまつわるエピソードを持ち、後に『孝経』の著者に擬《ぎ》せられた。なお伊藤仁斎などは、葬祭に特化すべきではなく、目前の効果を逐《お》わず将来を見据えることとするが、その可能性も否定できない。

第十章

子禽問於子貢曰、夫子至於是邦也、必聞其政。求之与、抑与之与。子貢曰、夫子温良恭倹譲以得之。夫子之求之也、其諸異乎人之求之与。

子禽《しきん》 子貢《しこう》に問《と》ひて曰《いは》く、夫子《ふうし》の是《こ》の邦《くに》に至《いた》るや、必《かなら》ず其《そ》の政《せい》を聞《き》く。之《これ》を求《もと》めたるか、抑〻之《そもそもこれ》を与《あた》へられたるか、と。子貢曰《しこういは》く、夫子《ふうし》は温良恭倹譲《をんりやうきようけんじやう》以《もつ》て之《これ》を得《え》たり。夫子《ふうし》の之《これ》を求《もと》むるや、其《そ》れ諸人《これひと》の之《これ》を求《もと》むるに異《こと》なるか、と。

子禽が子貢にたずねた。「先生（孔子）がある国に着くと、必ずその国の政治についてご下《か》問《もん》がありました。先生はそれを自分から求めたのですか、それとも相手から求められたのですか。」子貢が言った。「先生は温和、素直、恭敬、節度、謙譲の美徳によってその機会を得たのである。先生が求めたといっても、それは人が求めるのとはわけが違うであろう。」

○子禽　孔子の弟子の陳亢《ちんこう》のことと言われている。陳亢は、姓は陳、諱《いみな》は亢、字《あざな》は子亢また子禽（『孔子家語』）。陳の人。孔子より四十歳年少（『孔子家語』）。ただ朱子は、子貢の弟子という説もあげ、孔子と子貢のどちらの弟子か不明と言う。七一二頁でも本章と同じく陳子禽が子貢に質問しているが、そこでは孔子を「仲尼」と字《あざな》で呼んでいるから、孔子の弟子筋ではない可能性もある。また六二三頁では孔子の子の伯魚が陳亢に向かって、「対《こた》へて曰く（お答えして言った）」と、父の弟子筋とは思えない上位者に対する言い方をしているのも不自然である。**○子貢**　孔子の弟子。姓は端木《たんぼく》、諱は賜《し》、字は子貢。衛の人。孔子より三十一歳年少。**○邦**　諸侯が封ぜられた国土。段玉裁《だんぎょくさい》は『説文《せつもん》解字注』で、古《いにし》えは「邦」と「封」は通用したと言う。『周礼《しゅらい》』天官・大宰《たいさい》の鄭玄《じょうげん》の注に、「大きいのを邦と言い、小さいのを国と言い、邦のある所もまた国と言う」とあるが、ほぼ国と同じと見てよい。○其れ諸~　この箇所の原文の「其諸~与」について、吉川幸次郎は口語的口吻《こうふん》が残ったものとするが（『論語』上、朝日新聞社、一九六五）、武内義雄は斉《せい》人が伝えた『春秋公羊伝《くようでん》』に同じ語法が特徴的に見えることから斉の方言として、斉に展開した孔子学派の手になる記録とする（『論語之研究』岩波書店、一九三九）。

補説　当時、孔子が諸侯に猟官運動をしたのではないかと疑問視されたことがあった。確かに孔子は仕官することへの意欲を見せているし（三二八頁、六二九頁）、謀反人と思われる人物への招きにも応じようとしている（六三五頁、六三八頁）。それに対し子貢は、孔子の徳の高さのゆえに、向こうの方から孔子に会おうとしたと言い、その疑念を払拭《ふっしょく》しようとしたのである。

なお子貢は「言語」に優れていたと言われるように（三八五頁）頭が切れ弁が立つことで知られた。孔子への思いは深く、孔子が没した時に弟子たちは三年の喪に服しその後散っていったが、子貢だけは墓の横に庵《いおり》を結んで更に三年間とどまり計六年に及んだと言う（『孟子』滕《とう》文公《ぶんこう》上、『史記』孔子世家）。孔子が有名になったのは彼がついていたからだとも言われる（『史記』貨殖列伝）。子貢には曹《そう》と魯の間で安く買った物を高く売ったという話があり（『史記』貨殖列伝）、財産を殖《ふ》やし（四〇七頁）、実業家として成功して斉で没した。儒教精神をバックボーンにした実業家を「儒商」と言うが、その元祖とされることもある。なおここで孔子の姿勢として温、良、恭、倹、譲があがっているが、二八三頁に見える孔子の風姿の記述と響き合う。

第十一章

子曰、父在観其志、父没観其行。三年無改於父之道、可謂孝矣。

子《し》曰《いは》く、父在《ちちいま》せば其《そ》の志《こころざし》を観《み》、父没《ちちぼつ》すれば其《そ》の行《おこなひ》を観《み》る。三年父《さんねんちち》の道《みち》を改《あらた》むる無《な》きは、孝《かう》と謂《い》ふ可《べ》し、と。

先生が言われた。「父の在世中は父の志を尊重し、父が没してからは父の生前の行いを追慕する。三年間父の生前のやり方を改めないのは、孝と言える。」

補説 「父在せば其の志を観、父没すれば其の行を観る」を、朱子は「父が存命の間は、子はひたすら父に従うから、その子の志がどこにあるかだけがわかるが、父が没すれば、子は自由にふるまえるようになるから、その子の行いがどうであるかもわかる」と、志や行を子の方のこととして解釈する。なお、父が悪人であったとしても、三年間はその悪事を継承するのかという問題が昔からあった。それに対して、悪事は除外しての話だとか、父のやり方を継承するのが孝と言えるということであり、孝が絶対ではなくそれに優越する道徳もあるとか、種々の解釈がなされた。ただ父が死ぬと、子は三年の喪に服さねばならないから（例えば六五五頁、三年の喪についてはそこの注と補説）、この期間は（実際には二十五箇月あるいは二十七箇月）、子は社会活動を始め諸事控え目にせねばならず、実際には父のやり方を継承すると言っても内向きのごく限られた範囲になる。なお「三年父の道を改むる無きは、孝と謂ふ可し」という語は他にも見える（一六一頁）。

第十二章

有子曰、礼之用和為貴。先王之道斯為美。小大由之、有所不行。知和而和、不以礼節之、亦不可行也。

有子《いうし》曰《いは》く、礼《れい》は之《これ》和《わ》を用《もつ》て貴《たふと》しと為《な》す。先王《せんわう》の道《みち》、斯《これ》を美《び》と為《な》す。小大之《せうだいこれ》に由《よ》れば、行《おこな》はれざる所有《ところあ》り。和《わ》を知《し》りて和《わ》すれども、礼《れい》を以《もつ》て之《これ》を節《せつ》せざれば、亦《また》行《おこな》はる可《べ》からざるなり、と。

有子が言われた。「礼は和を尊ぶものだ。先王の道はそれを麗《うるわ》しいこととした。ただ大小にかかわらずこの姿勢によれば、立ちゆかない場合も出てくる。和の大事さを知って和しても、礼によって節度をつけなければ、立ちゆかないのである。」

○有子　孔子の弟子の有若《ゆうじゃく》。四八頁の注。○**礼は之和を用て貴しと為す**　『礼記《らいき》』儒行に「礼は之《これ》和を以て貴しと為し（礼之以和為貴）」とある。なお朱子は「礼が具体的に行われる場合には和となり、それは貴いことだ（礼の用は和を貴と為す）」と解釈した。ちなみに『礼記』燕義に「和寧は、礼の用なり」とある。○**小大之に由れば～**　この前後を「先王の道、斯を美と為し、小大之に由る。行はれざる所有り」と読み、「先王の道はそれを麗しいこととし、大小にかかわらずこの姿勢によった。ただそれだけでは立ちゆかない場合もある」という意味に取ることも多い。

補説　「和」は、「礼楽《れいがく》」という形で礼と併称される楽（音楽）の効用とされることもあった。例えば『礼記』楽記《がくき》に「楽は天地の和、礼は天地の序」とある。いずれにしても礼は節度を重んずるがゆえに堅苦しくなりがちなので、和との共存も説かれたのである。なお聖徳太子の「十七条憲法」に「一《いつ》に曰《いは》く、和《わ》を以《もつ》て貴《たふと》しと為《な》し、忤《さから》ふこと無《む》きを宗《むね》と為《な》す。（一曰、以和為貴、無忤為宗）」とあるのは有名である。

第十三章

有子曰、信近於義、言可復也。恭近於礼、遠恥辱也。因不失其親、亦可宗也。

有子《いうし》曰《いは》く、信《しん》義《ぎ》に近《ちか》づけば、言《げん》復《ふ》む可《べ》し。恭《きよう》礼《れい》に近《ちか》づけば、恥辱《ちじよく》に遠《とほ》ざかる。因《よ》ること其《そ》の親《しん》を失《うしな》はざれば、亦宗《またそう》とす可《べ》し、と。

有子が言われた。「誠実であるばかりでなくそれが道義に近づいていく場合は、その言葉は実行に値する。恭《うやうや》しいばかりではなくそれが礼の規範に近づいていく場合は、卑屈であるとの軽蔑を受けないですむ。人につき従っても相互親愛の情に裏付けられているのであれば、その人を信奉するに足る。」

○有子　孔子の弟子の有若《ゆうじやく》。四八頁の注。**○因ること**　「因」は前の「信」と「恭」と並列している。ただ伊藤仁斎は、「因」を「因りて」と読み、前二者ができたうえでという意味とした。

補説　朱子は、「その人の誠実さが道理に接近しているのであれば、その人との約束の言葉は実践してもかまわない。その人の恭しさが礼からかけ離れていないのであれば、その人と交流しても恥をかくことは無い。つきあう人が親近するに足る人であれば、その人に従っても問題は無い」と、全てをつきあう相手のこととして解釈している。

第十四章

子曰、君子食無求飽、居無求安、敏於事、而慎於言、就有道而正焉。可謂好学也已。

子曰《しいは》く、君子《くんし》は食飽《しょくあ》くことを求《もと》むる無《な》く、居安《きょやす》きことを求《もと》むる無《な》く、事《こと》に敏《びん》にして、言《げん》を慎《つつし》み、有道《いうだう》に就《つ》きて正《ただ》す。学《がく》を好《この》むと謂《い》ふ可《べ》きのみ、と。

先生が言われた。「君子は食事の満腹を求めず、住居の安楽を求めず、すみやかに物事に対応して、言葉を慎重にし、道を体得した者に師事して我が身を正す。それでこそ学を好むと言えるのだ。」

○君子 立派な人。**○有道** 「有」は「たもつ」の意。道を自分のものにした者。

補説 ここでは日常のふるまいを正すことを「学」としている。孔子の「学」とは、古典や礼の学習のみならず、時にこのような日常生活の中での実践を含む。それは学の目的が、古典や礼の習熟とともに徳の涵養《かんよう》にもあったからである。

第十五章

子貢曰、貧而無諂、富而無驕、何如。子曰、可也。未若貧而楽、富而好礼者也。子貢曰、詩云、如切如磋、如琢如磨、其斯之謂与。子曰、賜也、始可与言詩已矣。告諸往而知来者。

子《し》貢曰《こういは》く、貧《まづ》しくして諂《へつら》ふこと無《な》く、富《と》みて驕《おご》ること無《な》きは、何如《いかん》、と。子曰《しいは》く、可《か》なり。未《いま》だ貧《まづ》しくして楽《たのし》み、富《と》みて礼《れい》を好《この》む者《もの》には若《し》かざるなり、と。子貢曰《しこういは》く、詩《し》に云《い》ふ、切《せつ》するが如《ごと》く磋《さ》するが如《ごと》く、琢《たく》するが如《ごと》く磨《ま》するが如《ごと》しと、其《そ》れ斯《これ》の謂《いひ》か、と。子曰《しいは》く、賜《し》や、始《はじ》めて与《とも》に詩《し》を言《い》ふ可《べ》きのみ。諸《これ》に往《わう》を告《つ》げて来《らい》を知《し》る者《もの》なり、と。

子貢が言った。「貧しくてもへつらうこと無く、裕福でもおごることが無いのはどうでしょうか。」先生が言われた。「よいね。ただ、貧しくても楽しみ、富んでも礼を好む者には及ばないね。」子貢が言った。「『詩』にありますね。「切ったり、研《と》いだり、すりあげたり、磨いたりするように、更に質を上げる」と。このことを言うのでしょうか。」先生が言われた。「賜（子貢）よ。それでこそ初めて『詩』を語りあえるね。往《ゆ》くとさえ告げれば、帰ってくることも推測できているからね。」

○子貢　孔子の弟子。六一―二頁の注と補説。**○詩に云ふ**　『詩経』衛風の「淇奥《きいく》」の詩の語。『論語』に「詩三百」とあり（七三頁、四七〇頁）、『詩経』の現行本も三百五篇であること（篇名だけ載せているものもいれれば三百十一篇）、また『論語』に引用する「詩」のほとんどが現行本に見えることから、孔子の時に既に現行本とほぼ同類のものがあったと見なされることが多い。ただ『論語』には現在失われてしまったと思われる詩の句もあり（一一六頁、三四七頁）、当時の『詩』が現行本と一致すると即断はできない。なお孔子が三千余篇あった詩を刪修《さんしゅう》して三百五篇にしたとも言われたりした（『史記』孔子世家）。**○切、磋、琢、磨**　『詩経』の注釈の『毛伝《もうでん》』では、骨、象牙、玉、石をそれぞれ加工することと言う。**○賜**　子貢の諱《いみな》。普通は字《あざな》で呼び合う。しかし自分のことを言う場合や、先生や父や君主が弟子や子や臣下に対する場合は諱で呼ぶ。**○始めて与に詩を言ふ可きのみ**　同じ表現が一一六頁にも見える。

補説　「楽み」は、皇侃《おうがん》本、高麗《こうらい》本などでは「道を楽み（楽道）」と下に「道」があり、古注に引く孔安国《こうあんこく》注や皇侃の義疏、邢昺《けいへい》の疏《そ》（再注釈）などにもそうあることから、こちらを取る説もある（例えば阮元《げんげん》『論語注疏校勘記』）。なお五一四頁に孔子の語として「貧しくして怨《うら》むこと無きは難《かた》く、富みて驕《おご》ること無きは易《やす》し」という語があり、子貢の質問の語はかかる姿勢を踏まえたものであろう。

「切するが如く磋するが如く、琢するが如く磨するが如し」は、成語の「切磋琢磨」のもとになった。朱子の『詩経』の注ではこの語を、日夜、悪を去り善に移り、自分の持っている善なる本性を全うしようとすることと解釈しているが（『詩集伝』）、道徳的自己陶冶《とうや》に限らず、教養人として自己を磨くということが原意であろう。ただ本章では『詩経』の原義から比較的自由に、一つのことを言えば(貧しくして諂ふこと無く……)、それを敷衍《ふえん》して次の段階(未だ貧しくして楽しみ……)に高めるという意味として使用している。古典の語を本来の文脈から切り離して、その語から取れる意味だけで状況に応じて自由に使用するのを「断章取義《だんしょうしゅぎ》(章を断ち義を取る)」と言い、古代の文献には頻繁に見られる。『論語』にもそれはあり(七三頁、一一六頁、三四七頁)、本章でもその要素が認められる。孔子一門ではその古典から切り取られた句を心の中で拳々服膺《けんけんふくよう》し熟成させて、自己の修養に役立てることが推奨された。後世になって文献考証の学問が精緻《せいち》になり、原文の本来の意味が確定されるようになると、断章取義は否定されがちになったが、その一方で、このような自由な使用こそが本来の古典解釈であるという肯定論も登場した(土田健次郎「伊藤仁斎の詩経観」、『詩経研究』六、一九八一)。

第十六章

子曰、不患人之不己知。患不知人也。

子《し》曰《いは》く、人《ひと》の己《おのれ》を知《し》らざることを患《うれ》へず。人《ひと》を知《し》らざることを患《うれ》ふるなり、と。

先生が言われた。「人が自分のことを知ってくれないのを憂えない。人のことを知ってあげられないのを憂える。」

補説　テキストの中には後半の部分に「人」の字が無く、「知られるに足らないことを憂える（知られざることを患ふるなり）」となっていたものがあった（陸徳明《りくとくめい》『経典釈文《けいてんしやくもん》』）。

なお『論語』には本章と類似の内容の語が次のように多い。「自分のことを知ってくれないのを憂えない。知ってもらえるだけのことをするのを求める」（一五五頁）、「人が自分のことを知ってくれないのを憂えない。自分ができないことを憂う」（五四二頁）、「君子はできないことを苦にする。人が自分のことを知ってくれないのを苦にしない」（五八三頁）、「ただいくら学んでも人が認めてくれないこともある。それでも憤懣《ふんまん》を持たないのは、これも君子ではないか」（四六頁）。『論語』には、このような人の評価を気にすべきではないという主張が多くなされる一方で、内面の充実は結果的に人からの評価をもたらすのだから、そのような評価を得るようになるべきであるという語も次のように複数見える。「君子は亡くなるまでに名前が上がらないことを残念に思う」（五八四頁）、「もっとも四十歳、五十歳になって名が知られることが無いのであれば、畏怖《いふ》するには足りない」（三三八頁）、「四十歳になって憎まれるようでは終わりだね」（六六三頁）。つまり人の目を気にしないが、内面がすばらしくなれば、それが人に感じ取られるはずだという確信も同時にあったのである。「徳は孤独ではない。必ず寄り添ってくれる人がいる」（一六四頁）という言葉は、その確信の端的な表明である。

為《ゐ》政《せい》第二

親孝行や政治を取り上げている章がいくつかあり目立つが、それ以外にも人口に膾炙《かいしゃ》した嘉《か》言《げん》が集められている。

第一章

子曰、為政以徳、譬如北辰居其所、而衆星共之。

子《し》曰《いは》く、政《せい》を為《な》すに徳《とく》を以《もつ》てすれば、譬《たと》へば北辰《ほくしん》の其《そ》の所《ところ》に居《ゐ》て、衆星之《しゅうせいこれ》に共《きょう》するが如《ごと》し、と。

先生が言われた。「徳によって政治を行えば、それは例えば、北極星がその場所に位置して、星々が旋回しながらそれを拝礼するようなものだ。」

○**北辰**　北極星。北極点に位置して不動のものとされた（もっとも中国では早い時期から北極星は北極点から微妙にずれているということもわかっていた）。○**共**　「拱手《きょうしゅ》」、つまり両手を胸の前で組んで拝礼すること。朱子は「向かう（共《むか》ふ）」の意味とし、一般にこれによって解釈することが多い。

補説　徳による政治によってこそ人々を治められると説くのは儒教の常道である。

第二章

子曰、詩三百、一言以蔽之。曰、思無邪。

子曰《しいは》く、詩三百《しさんびやく》、一言以《いちげんもつ》て之《これ》を蔽《おほ》ふ。曰《いは》く、思邪無《おもひよこしまな》し、と。

先生が言われた。「詩三百篇を一言で言い尽くすならばこういうことだ。「気持ちに邪心が無い。」」

○**詩三百**　現在の『詩経』も三百五篇を収める。また孔子が三千余篇をこの篇数にしぼったとも言われたりした（六九頁の注）。○思邪無し　『詩経』魯頌《ろしょう》の「駉《けい》」の詩の語。「魯頌」は、『詩序』（諸説あるが漢代の作か）以来、魯の僖《き》公を史克《しこく》が誉《ほ》め称《たた》えた詩とされてきた。そのためこの語も僖公の心に邪心が無いと解釈されたりしてきた。しかし駉の詩自体は良馬が繁殖していることを詠じた詩であり、僖公の名が特に出ているわけではない。詩の方の原義は、「思」は「それ」という単なる語辞であり、「無邪」も「厭《あ》く（止《や》む）ことなく」といったことで、馬が繁殖しつづけることをことほぐことであろうと言われたりしている（目加田《めかだ》誠『詩経研究』下篇六「思無邪」、『目加田誠著作集』一、龍渓書舎、一九八五）。いずれにしろ断章取義《だんしょうしゅぎ》であろう（七〇頁の補説）。

補説　現在の『詩経』の中には男女の愛欲を歌った詩があり、特に鄭《てい》や衛《えい》の地域の詩にはその傾向が強いと言われてきた。『礼記《らいき》』楽記《がくき》には「鄭衛の音、乱世の音なり」とあり、『論語』の中でも「鄭声」を否定する語が見える（五七六頁、六五二頁）。ただ当時の詩は音楽にのせて詠じられるので、淫乱なのは詩の文句の方か音楽の方かという議論があるが、現行の『詩経』の「鄭風（鄭の国の詩）」に収められている詩句には確かに男女の愛情を詠じたものが目につく。このことからすると儒教としては詩の作者の気持ちをそのまま「邪心が無い」と肯定するわけにはいかなくなるはずで、それをめぐる議論がなされてきた。朱子は詩を作る側と読む側を分け、「詩を作る人が「思いに邪が無い」のではない。……読む者が「思いに邪が無い」だけだ」（『朱子語類』二三）と言った。なおこの問題については七〇頁の補説に引く土田健次郎論文。また荻生徂《おぎゅうそ》徠《らい》が詩を読む者はすなおな気持ちで、奇抜で不自然な解釈をしてはならないことを言っているとしたのも、読者の態度の方の問題にしたものである。ちなみに国学者の本居宣長《もとおりのりなが》はこの語を、「伊勢源氏その外あらゆる物語までも、又その本意をたづぬれば、アハレの一言にてこれをおほふべし、孔子の詩三百一言以蔽之曰思無邪との玉《たま》へるも、今ここに思ひあはすれば、似たる事也」と、『伊勢物語』、『源氏物語』と同様に、詩も「物のあはれ」に尽きると解している（『安波礼弁《あはれのべん》』）。いずれにしろ『論語』における孔子の詩の語句の引用のしかたは多くが断章取義であり、孔子は、詩から限りなく道徳的教訓を引き出せると考えていたと思われる。ということは、本章の「思邪無し」はやはりそのまま「邪心が無い」という意味ではなかろうか。

第三章

子曰、道之以政、斉之以刑、民免而無恥。道之以徳、斉之以礼、有恥且格。

子曰《しいは》く、之《これ》を道《みちび》くに政《せい》を以《もっ》てし、之《これ》を斉《ととの》ふるに刑《けい》を以《もっ》てすれば、民免《たみまぬが》れて恥《はづ》ること無《な》し。之《これ》を道《みちび》くに徳《とく》を以《もっ》てし、之《これ》を斉《ととの》ふるに礼《れい》を以《もっ》てすれば、恥《はづ》ること有《あ》りて且《か》つ格《いた》る、と。

先生が言われた。「民を政治で先導し、刑罰によって統率《とうそつ》すれば、民はそれから逃れようとし、それでも恥じることが無い。民を徳によって先導し、礼によって統率すれば、民は恥じることを知り、しかも逃れずに付き従ってくる。」

○道　みちびく。**○斉**　秩序あらしめること。朱子は「一つにまとめる（ひとしくす）」と解釈する。**○格**　至る。朱子は「善に向かう」と解釈したが、ここは前にある「免れて」という語との対応で、「免れないで付き従ってくる」の意味で訳した。なお「格」を「ただす」と読む解釈もある。

補説　「恥無し」と「恥有りて」の対置には、道徳による教化は民の廉恥《れんち》心《しん》を引き起こし、心の底から統治を受け入れるようにさせられるが、政治や法律による統治は上辺《うわべ》の服従しかもたらさないという儒教の徳治主義がよく現れている。

第四章

子曰、吾十有五而志于学、三十而立。四十而不惑、五十而知天命。六十而耳順、七十而従心所欲、不踰矩。

子《し》曰《いは》く、吾《われ》十有五《じふいうご》にして学《がく》に志《こころざ》し、三十《さんじふ》にして立《た》つ。四十《しじふ》にして惑《まど》はず、五十《ごじふ》にして天命《てんめい》を知《し》る。六十《ろくじふ》にして耳順《みみしたが》ひ、七十《しちじふ》にして心《こころ》の欲《ほつ》する所《ところ》に従《したが》へども、矩《のり》を踰《こ》えず、と。

先生が言われた。「私は十五歳で学問で身を立てる決心をし、三十歳で社会的に一人前になった。四十歳で迷わず進むようになり、五十歳で天命を自覚した。六十歳で人が言いたいことがそのままわかるようになり、七十歳で自分の望むままにしても道徳からはずれなくなった。」

○十有五　「有」は加えるという意味。十に五を加え十五のこと。**○学に志し**　孔子は幼い頃から礼のまねごとをしていたという話もあり（『史記』孔子世家）、十歳で学ぶと言われたりしているから（『礼記《らいき》』礼運《れいうん》上、内則《だいそく》）、孔子が十五歳まで学ばなかったとは思えない。ここは学者として生きる決心をしたことであろう。なお周では学校を庠《しょう》と言った（『孟子』滕文公《とうぶんこう》上）とか、古《いにし》えは十五歳で太学（大学）に入ったとか言うが（『白虎通《びゃっこつう》』辟雍《へきよう》）、幼少の時は賤《いや》しかったと述懐する孔子が（三一九頁）入れるような整備された学校制度が当時魯にあったかは疑問である。はじめて学校らしい学校ができたのは孔子からであると木村英一は言う（『孔子と論語』創文社、一九七一）。**○立**『礼記』曲礼上《きょくらいじょう》には十歳で学び、二十歳で元服し、三十歳で結婚するものだとある。それからすると家庭を持って子を作ることとも取れるが、孔子はこの年齢以前に既に結婚し子もいた。この頃までに官吏になっていたから、学者官僚としての自己の社会的地位を固めたというようなことであろう。あるいは「礼を知らなければ、自立することは無い」（七二三頁）とあることからすると、社会人としてきちんと振る舞えるようになったということか。○**惑はず**　何に惑わなくなったか不明。「立つ」と「天命を知る」の中間の段階であることからすると、全ての迷いから自由になった安心立命の境地というよりも、自分の進む方向に迷いが無くなったというようなことか。あるいは孟子が四十歳で得た「不動心（志を堅持する）」の類のことか（『孟子』公孫丑《こうそんちゅう》上）。○**天命**　「命」は天からあたえられた使命（七二三頁）、どうしようもない運命（二一八頁、四三三頁の子夏《しか》の語、五四九頁）など複数の意味がある。『孟子』に、全ては命であるがその正しいものを順受すべきであり、「その道を尽くして死ぬ者は、正命である」（尽心《じんしん》上）のに対して、危険な場所に身を置いて刑死するのは正命ではないとしているのは、「命」に「正命」とそうでない命があるのを前提にしていると見られ、「命」に本来の使命とそうではない命運という両面を見ているのであろう。孔子はこの年齢以後も政治活動に精を出しているので、ここは成否にかかわらず為さざるをえない使命といったところか。○**耳順ひ**　この頃は魯の国の現状に失望して諸国を遊説し奮闘していた最中なので、相手の言葉に感情的な反応をしなくなった、あるいは人との議論の際に相手の言葉の含意までも的確に理解できるようになったということか。○**心の欲する所に従へども、矩を踰えず**　「矩」は、ものさし。転じて規範。自分の心の望むままにしても、道徳的規範を逸脱しなくなった。つまり心の自由な発動と道徳が完全に一体となった境地。「耳順」が他人の言葉の受け取り方の問題なのに対し、こちらは自分の心の持ち方に軸が置かれている。

補説 七十歳を過ぎた孔子の一生の回顧として著名な章であるが、内容は決してわかりやすいものではなく、現代語訳も試訳である。孔子の実際の生涯と重ねてみてもうまく相応しないし、十年ごとに区切っているのも機械的であり、それぞれの語句も短く暗示的である。多分に象徴的な意味を持つ述懐なのであろう。なお朱子は、孔子を生まれつき完璧な聖人と見なしたため、本章を孔子の精神的成長記録とは解釈せず、他者に対して自己向上の指針として自分になぞらえて語ったものとした。ただ孔子自身は自分を常に未完成の人間と見なしていた（土田健次郎「孔子に学問は必要だったのか」、吹野安・石本道明『孔子全書』第三号月報、明徳出版社、二〇〇〇）。また七十歳の「心の欲する所に従へども、矩を踰えず」を普通は孔子の最後にして最高の境地として解釈するが、荻生徂徠《おぎゅうそらい》は孔子が老衰して気力の衰えを感じての語とし、宮崎市定も同方向で解釈している。

第五章

孟懿子問孝。子曰、無違。樊遅御。子告之曰、孟孫問孝於我。我対曰、無違。樊遅曰、何謂也。子曰、生事之以礼、死葬之以礼、祭之以礼。

孟懿子《まういし》孝《かう》を問《と》ふ。子曰《しいは》く、違《たが》ふこと無《な》し、と。樊遅《はんち》御《ぎよ》たり。子《し》之《これ》に告《つ》げて曰《いは》く、孟孫《まうそん》孝《かう》を我《われ》に問《と》ふ。我対《われこた》へて曰《いは》く、違《たが》ふこと無《な》し、と。樊遅《はんち》曰《いは》く、何《なん》の謂《いひ》ぞや、と。子《し》曰《いは》く、生《い》きては之《これ》に事《つか》ふるに礼《れい》を以《もつ》てし、死《し》しては之《これ》を葬《はうむ》るに礼《れい》を以《もつ》てし、之《これ》を祭《まつ》るに礼《れい》を以《もつ》てす、と。

孟懿子が孝についてたずねた。先生は言われた。「違わないようにすることです。」樊遅が御者をしていた。先生は彼にこう言った。「孟孫氏が私に孝についてたずねてきたよ。そこで私はこうお答えしておいた。「違わないようにすることです」とね。」樊遅は言った。「どういう意味なのですか。」先生は言われた。「生きては礼によって仕え、死んでは礼によって葬り、礼によって祭るということだ。」

○**孟懿子**　魯の国には、孟孫氏、叔孫氏《しゆくそんし》、季《き》孫氏《そんし》の三つの家老の家があったが、そのうち孟孫氏の出の仲孫何忌《ちゆうそんかき》。諡《おくりな》は懿。父の孟僖子《もうきし》は礼の重要さを痛感していて、臨終に際して家臣に子どもたちを孔子に弟子入りさせ、礼を学ばせるように遺言《ゆいごん》し、かくて孟懿子は孔子に礼を学んだ（『春秋左氏伝』昭公七年。ただ『春秋左氏伝』にある孔子関係の記事をどこまで信じるかは研究者によって異なる）。また彼の子の孟武伯《ぶはく》も孔子に質問している（八二頁、一七六頁）。○**樊遅**　姓は樊、諱《いみな》は須《しゆ》、字《あざな》は子遅《しち》。斉《せい》の人（邢昺《けいへい》『論語注疏』に引く『史記』、『孔子家語』では魯の人）。孔子の弟子で、三十六歳年少（『孔子家語』では四十六歳）。孔子に対して、仁と知を（一三二頁、四五七頁）、仁を（四八六頁）質問している。ただこのような根源的質問のみならず、農事についても孔子に聞いている（四六八頁）。○**御**　御者。○**対**　上位の人に答えること。孟懿子が孔子の弟子であったにしても、孔子は彼を身分が上位の者として対応していたことがわかる。

補説　魯の第十五代の桓公《かんこう》の長男は跡を継いで荘公となり、次男以下の家が順次、孟孫氏、叔孫氏、季孫氏となった。それゆえこれら三家を「三桓氏《さんかんし》」と言う。この中では季孫氏の権力がとりわけ強かったが、他の二家もそれぞれ権勢を振るった。孔子は「違ふこと無し」という自分の言葉を孟懿子が単純に受け取って、父の専横の姿勢に雷同することを懸念し、樊遅を通して間接的に自分の意図を伝えようとした（『孔子家語』七十二「弟子《ていし》解《かい》」に、樊遅は若い時に季氏に仕えたと言う）。もっともそれなら最初から丁寧に説明すべきだったという話になるが、『春秋左氏伝』を信ずれば孟懿子は孔子に礼を学んだのだから、「違ふこと無し」とだけ言ってもその目的語が礼であることが通ずると、当初孔子が考えたのかもしれない。また一方で、孔子が「違ふこと無し」とどうでも取れる言い方を敢《あえ》てしたのは、孟懿子にどのような意味であるかを考えさせ、そこで樊遅に下問《かもん》することを期待したという解釈もある。

第六章

孟武伯問孝。子曰、父母唯其疾之憂。

孟武伯《まうぶはく》 孝《かう》を問《と》ふ。子《し》曰《いは》く、父母《ふぼ》は唯其《ただそ》の疾《やまひ》を之《これ》憂《うれ》ふ、と。

孟武伯が孝についておたずねした。先生は言われた。「父母はとにかく子の病気を心配するものですよ。」

○**孟武伯**　魯の家老の孟懿子（八〇頁の注、前章に孔子との孝についての問答がある）の子。孔子の最晩年に父の後を継いだ。ここでは上位者に対する「対《こた》へる」という表現を使用していないが、家老の家の人物が相手なので孔子の答えを敬体で訳しておいた。孔子への質問が一七六頁にも見え、そこでも孔子の答えに「対」ではなく「曰」が用いられている。

補説　ここでは「父母は唯其の疾を之憂ふ」を、親に心配をかけないように自分の健康に気をつけるという意味にとったが、それ以外に「父母には子の病気だけが心配であるようにせよ」（古注）というものもある。これは病気のような不可抗力は致し方ないが、それ以外のこと、例えば素行の問題などで親を心配させるなということであり、これでも意味が通ず。また「病」を父母の病気のこととし、「父母の病気をとにかく心配せよ」（伊藤仁斎）とか、「父母には父母自身の病気だけに神経を集中できるようにせよ」とする解釈もある。

第七章

子游問孝。子曰、今之孝者、是謂能養。至於犬馬、皆能有養。不敬何以別乎。

子《し》游《いう》孝《かう》を問《と》ふ。子《し》曰《いは》く、今《いま》の孝《かう》は、是《こ》れ能《よ》く養《やしな》ふを謂《い》ふ。犬馬《けんば》に至《いた》るまで、皆《みな》能《よ》く養《やしな》ふこと有《あ》り。敬《けい》せずんば何《なに》を以《もつ》て別《わか》たんや、と。

子游が孝についておたずねした。先生は言われた。「今の孝は、養ってあげることを言っている。しかし犬や馬までも養っているではないか。敬わなければどうして区別できようかね。」

○**子游**　姓は言《げん》、諱《いみな》は偃《えん》、字《あざな》は子游。呉の人（『孔子家語』では魯の人）。孔子の弟子で、四十五歳年少。「文学（学芸）」に長じていた（三八五頁）。

補説　「犬馬に至るまで、皆能く養ふこと有り」を、「犬や馬まで人間に奉仕してくれたりする」とする解釈もある。つまりただ養うということだけでは、犬や馬が人間に対して奉仕していることと変わりがないというのである。また『礼記《らいき》』坊記《ぼうき》に「先生が言われた。小人ですらみな自分の親を養うことができている。君子は、敬わなければ何によって小人と区別がつこうか」とあるが、これをスライドさせると、「犬や馬ですら自分の親を養う。もし親に対する尊敬の念が無ければ、犬や馬と何の区別ができようか」という意味になるが、動物がその親を養うであろうか。なお『礼記』祭義に「曽子曰く、孝に三有り。大孝は親を尊ぶ。其の次は辱《はずかし》めず。其の下は能く養ふ」とあり、親を養うだけの孝を下としている。

第八章

子夏問孝。子曰、色難。有事、弟子服其労、有酒食先生饌。曽是以為孝乎。

子夏《しか》孝《かう》を問《と》ふ。子《し》曰《いは》く、色《いろ》難《かた》し。事《こと》有《あ》れば、弟子《ていし》其《そ》の労《らう》に服《ふく》し、酒食《しゆし》有《あ》れば、先生《せんせい》に饌《せん》す。曽《すなは》ち是《これ》以《もつ》て孝《かう》と為《な》さんや、と。

子夏が孝についてたずねた。先生が言われた。「顔つきが難しいね。何かあれば年少者が率先《そっせん》して汗を流し、酒とご飯があれば年配者に恭《うやうや》しくさしあげる。まさかこの程度を孝と言うのかね。」

○子夏　孔子の弟子。五六頁の注。**○弟子**　生徒ではなく年少者。**○食**　飯。日本漢字音でシと発音する。○**先生**　師匠ではなく年配者。年少者の年配者に対する一般的な奉仕のあり方をあげ、親子となるとそれだけではすまないことを言う。○**曽**　反語で「まさか」という語気を持つ。

補説　ここでは「色」を自分の顔つきのこととして訳した。つまり親が常になごむような顔つきを心がけることである。ちなみに『礼記』祭義には「孝子の（親に対して）深愛有る者は必ず和気があり、和気がある者は必ず愉色《ゆしよく》（楽しげな顔つき）があり、愉色がある者は必ず婉容《えんよう》（柔和な様子）があると言う。これに対して、親の方の顔つきのこととする説もある。つまり親の表情から親の気持ちを的確に読み取り、そのうえで親に奉仕することを説いているとするのである。ともかく子夏は学者肌で孔子にその消極性が言われているので（四〇三頁、またその補説）、表情にとぼしかったのであろう。なお朱子は「曽是以為孝乎」を「この程度のことを孝としたことなどあっただろうか（曽《かつ》て是《これ》以《もつ》て孝と為《な》すか）」と解釈する。

第九章

子曰、吾与回言終日、不違如愚。退而省其私、亦足以発。回也不愚。

子曰《しいは》く、吾《われ》回《くわい》と言《い》ふこと終日《しゆうじつ》、違《たが》はざること愚《おろか》なるが如《ごと》し。退《しりぞ》きて其《そ》の私《し》を省《かへりみ》るに、亦以《またもつ》て発《はつ》するに足《た》る。回《くわい》や愚《おろか》ならず、と。

先生が言われた。「私が一日中顔回と話していても、顔回は私の言葉にうなずくだけであたかも愚者のようである。しかし私の前から退いて一人でいる時を見ると、十分にそれを実践している。顔回は愚者ではない。」

○回　孔子の弟子。姓は顔、諱《いみな》は回、字《あざな》は子淵《えん》。それゆえ顔淵とも言う。魯の人。孔子より三十歳年少。父の顔路も孔子の弟子。**○発**　ここでは、自分（孔子）の言葉の内容を発揮していると言える、という意味に解釈した。他人を啓発することと解されることもある。

補説　顔回は三十一歳で没したというが、かくいう『孔子家語』が魏の王粛《おうしゅく》の偽作と言われ（偽作否定説もある）、また辻褄《つじつま》の合わない事が各種出てくるので異説が多々ある（三九三頁の補説）。ただ実際の没年齢が何歳であったにしろ、若死したのは確かである。顔回が死んだ時、孔子は落胆し号泣した（三九四頁、三九五頁）。顔回は徳行にすぐれ（三八五頁）、貧窮生活の中でも楽しんだ（二二〇頁）。孔子が最も嘱望《しょくぼう》した文字通りの一番弟子で、孔子はしばしば顔回を激賞し、顔回に語った言葉は特に重い意味を持つ。後世、地位の高下や貧富に関係無く、純粋に心の境地の高さにおいて際立つ存在とされ、孔子に最も近い賢人として顕彰された。

第十章

子曰、視其所以、観其所由、察其所安、人焉廋哉。人焉廋哉。

子曰《しいは》く、其《そ》の以《もつ》てする所《ところ》を視《み》、其《そ》の由《よ》る所《ところ》を観《み》、其《そ》の安《やす》んずる所《ところ》を察《さつ》すれば、人焉《ひといづくん》ぞ廋《かく》さんや。人焉《ひといづくん》ぞ廋《かく》さんや、と。

先生が言われた。「行為の内容を見つめ、その動機を看取し、その目的を推察すれば、人はどうして隠せようか。人はどうして隠せようか。」

○所以　朱子は「以」を「為す」とし、「行う内容」と解す。ここでもその意味にとる。「以す所」と訓読してもかまわない。『大戴礼《だたいれい》』文王官人にも同様の語があるが、この箇所を「其の為《な》す所を考へ（考其所為）」としている。**○視、観、察**　ともに「見る」ということだが、動詞を分けているのは、単に同語反復を避けただけでなく、意味合いあるいは深度の差があるからであろう。「視」は行いをとにかく平心に見る、「観」は内部の動機を見抜く、「察」は様子から推察する、として訳した。**○安んずる所**　落ち着き先。

補説　孔子の人間観察の極意として語られることが多い。「其の以てする所」を過去、「其の由る所」を現在、「其の安んずる所」を未来のこととし、「その人がどうしてきたか、今どうなのか、将来どうなるか」を見るという解釈もありうる。

第十一章

子曰、温故而知新、可以為師矣。

子《し》曰《いは》く、故《ふる》きを温《たづ》ねて新《あたら》しきを知《し》れば、以《もつ》て師《し》と為《な》る可《べ》し、と。

先生が言った。「古い時代のことに通達し、現在に対応できる知見を得られれば、師となれる。」

○故　古い時代のこと。古い時代の叡智《えいち》の意味に取ることも多い。○温　「温」がもとは「温《あたた》める」意味であることから、「あたためて」と訓読して、煮込むように熟成させることともされる。○新　新たに起こっている現在の状況に対応する新たな知見。

補説　ここで重要なのは、過去についての学識の延長で新知見を得るということなのか、過去の叡智の習得と新たな知見の獲得の両者を別途に並行させて行うことなのかであるが、おそらく前者であろう。また朱子は、外的状況の変化の問題ではなく、あくまでも過去に修得した内容を心の中で熟成させることとし、「以前聞いたことを反芻《はんすう》して新たに悟ることがあれば」と解釈した。なお「温故而知新」の語は、孔子の孫の子思《しし》の著作とされていた『中庸《ちゅうよう》』にも見える。

第十二章

子曰、君子不器。

子《し》曰《いは》く、君子《くんし》は器《き》ならず、と。

先生が言われた。「君子は器《うつわ》のようなものではない。」

○君子　立派な人。ただ上に立つ者とも訳せる（補説）。**○器**　うつわはそれぞれの用途に応じて作られている。そのことから一つの能力しか持っていない人。中国では一つの技能に長じるよりも、全体を見渡せ、対応できることを評価する。

補説　ここの「君子」は人の上に立つ人とも取れる。そうであれば、人の上に立つ者は、全体的視点に立って種々の職能者を使いこなさなければならない、という意味になる。なお孔子は自分が多能なのは賤しかったからだと言い、君子は多能ではないとするが、これは器としての能力（個別的能力）は君子に期待されていないからである（三一九頁）。『孟子』滕文公《とうぶんこう》上には、心を労する者は人を治め、力を労する者は人に治められ、人に治められる者は人を食わせ、人を治める者は人に食せてもらうのが天下の通義であるという古語をのせる。心を使役し民を統治する士大夫《したいふ》に求められるのは具体的技術ではなく精神的な全体的教養なのである。

第十三章

子貢問君子。子曰、先行其言、而後従之。

子貢《しこう》君子《くんし》を問《と》ふ。子曰《しいは》く、先《ま》づ其《そ》の言《げん》を行《おこな》ひて、而《しか》る後《のち》之《これ》に従《したが》ふ、と。

子貢が君子についておたずねした。先生は言われた。「先ず言おうとする事を実行し、その後で言葉がついてくる人だね。」

○**子貢**　孔子の弟子。六一―二頁の注と補説。○**君子**　立派な人。○**従**　まず実践が先にあり、次にその実践内容に従った言葉が出てくること。

補説　子貢は弁が立ったので、孔子はあえて実践の重要さを強調した。もっとも子貢に対してのみならず、孔子が弁舌よりも実践を重視した姿勢は、『論語』全篇にわたって見られる。なお君子を上に立つ者の意味に取り、「上に立つ者が率先して有言実行の範を垂《た》れてこそ、人々はそれにつき従う」とも解釈できる。

第十四章

子曰、君子周而不比、小人比而不周。

子《し》曰《いは》く、君子《くんし》は周《しう》して比《ひ》せず、小人《せうじん》は比《ひ》して周《しう》せず、と。

先生が言われた。「君子は分け隔《へだ》て無く人と接して徒党を組まない。小人は徒党を組んで分け隔て無く人に接しない。」

○君子、小人　立派な人、くだらない人。

補説 「周」と「比」は意味が重なるところもあるが、同時に異なっている部分もある。全く別々に用いられると似た意味になるが、本章のように対比して用いられると異なった部分が際立つという効果を持つ。これを「対異《たいい》散同《さんどう》（対すれば異なり散ずれば同じ）」と言う。なお「和」と「同」を対比させたほぼ同じ内容の語もある（四九三頁）。また五八五頁も内容的には類似する。

第十五章

子曰、学而不思則罔、思而不学則殆。

子《し》曰《いは》く、学《まな》びて思《おも》はざれば則《すなは》ち罔《くら》く、思《おも》ひて学《まな》ばざれば則《すなは》ち殆《あやふ》し、と。

先生が言われた。「学んでも思わなければ暗く、思っても学ばなければ危うい。」

補説 学習と思索の両立を言った語として有名である。なお孔子には、「学ぶに如《し》かざるなり」と、考えることよりも学ぶことを重視する言葉もある（五九二頁）。

第十六章

子曰、攻乎異端、斯害也已。

子《し》曰《いは》く、異端《いたん》を攻《せ》むるは、斯害《これがい》あるのみ、と。

先生が言われた。「自分の意見と対蹠的《たいしょてき》な考えに対して攻撃的になるのは、害があるだけだ。」

○**異端**　未詳。ここでは自分と正反対の端《はし》と解釈しておく。○**攻**　古注が「攻」を「治」の意味としてから、「をさめる」と訓読する方が一般的である。その場合は、「本筋ではない学を修めるのは害があるだけだ」という意味になる。

補説　この章の解釈が従来不安定だったのは、「異端」という語の用例が当時の他の文献に見られないからである。現在の意味での正統に対する異端として解釈するのは危険である。そもそも学派が乱立した戦国時代と異なり、孔子の時代に異端の学派というものがありえたかは疑問視されてきた。そこで伊藤仁斎は「異端」を「末端」と解釈した。荻生徂徠《おぎゅうそらい》は「異端」を「異心を抱く者」、「攻」を「攻撃する」という意味に取り、この語を「謀反の心を持つ者を急に攻めたてるのは害があるだけだ（かえって悪い状況を呼び寄せてしまうので、今は忍耐が必要だ)」と解釈した。徂徠は、孔子の言葉を、それが発せられた当時の状況を推察しながら理解する必要を説く。

第十七章

子曰、由、誨女知之乎。知之為知之、不知為不知。是知也。

子《し》曰《いは》く、由《いう》、女《なんぢ》に之《これ》を知《し》るを誨《をし》へんか。之《これ》を知《し》るを之《これ》を知《し》ると為《な》し、知《し》らざるを知《し》らずと為《な》す。是《これ》知《し》るなり、と。

先生が言われた。「由(子路《しろ》)よ、お前に知るということがどういうことか教えよう。知っていることを知っているとし、知らないことを知らないとする。これが知るということだ。」

○由　孔子の弟子の子路。姓は仲《ちゅう》、諱《いみな》は由、字《あざな》は子路、また季路《きろ》(『論語』にこの字で記されている箇所が複数ある)。魯の人。孔子より九歳年少。政事(政治)にすぐれていた(三八五頁)。

補説　子路は勇猛果敢であったが、その分勇み足が見られたので、孔子がこのように言ったのであろう。子路は、当初無礼粗暴な格好をして孔子をいたぶろうとして押しかけて来たが逆に孔子に導かれて忠実な弟子になった（『史記』仲尼弟子列伝）。衛の国の内戦に巻き込まれ、最後に冠の紐を切られ、「君子は死ぬ時にも冠をはずさぬものだ」と言って紐を結んでから死んだ（『史記』仲尼弟子列伝、衛康叔世家《えいこうしゆくせいか》）。その死体は塩漬けにされたが、子路を悼《いた》む儀式をしていた時にこのことを聞いた孔子は、すぐにそこにあった塩漬けを棄てさせた（『礼記《らいき》』檀《だん》弓《ぐう》上）。このようなエピソードからもうかがわれるように、純粋で剛直な性格で、孔子にもてあまされながらも愛された。子路と孔子の交情を題材にした小説に、中島敦《あつし》の『弟子』がある。

第十八章

子張学干禄。子曰、多聞闕疑、慎言其余、則寡尤。多見闕殆、慎行其余、則寡悔。言寡尤、行寡悔、禄在其中矣。

子張《しちやう》　禄《ろく》を干《もと》むるを学《まな》ぶ。子曰《しいは》く、多《おほ》く聞《き》きて疑《うたが》はしきを闕《か》き、慎《つつし》みて其《そ》の余《よ》を言《い》へば、則《すなは》ち尤寡《とがめすくな》し。多《おほ》く見《み》て殆《あやふ》きを闕《か》き、慎《つつし》みて其《そ》の余《よ》を行《おこな》へば、則《すなは》ち悔寡《くいすくな》し。言《げん》　尤寡《とがめすくな》く、行《かう》　悔寡《くいすくな》ければ、禄其《ろくそ》の中《なか》に在《あ》り、と。

子張が俸禄を得ようと学ぼうとした。先生が言われた。「たくさんの事を聞いて疑わしいことはそのままにし、慎重にそれ以外の事を行えば、とがめを受けることは少ない。たくさんの事を見て危ういことはそのままにし、慎重にそれ以外の事を行えば、悔いを残すことは少ない。言葉遣《つか》いにとがめを受けるようなことを少なくし、行いも悔いを残すようなことを少なくすれば、俸禄はもうその中にあるようなものだ。」

〇**子張**　孔子の弟子。姓は顓孫《せんそん》、諱《いみな》は師、字《あざな》は子張。陳《ちん》の人。孔子より四十八歳年少。外面は堂々としていたが内面の修養に不十分な点があったと、同門の子游《しゆう》や曽参《そうしん》は評する（七〇〇頁、七〇一頁）。このような子張に対し、本章では孔子が慎重さを求めている。〇**干**　求める。「干禄」とは官僚になって給料をもらうこと。

補説　「禄其の中に在り」の語は他の箇所にもある（五九三頁）。本章は、仕官目的に学問している子張に対して、その欲望をふまえたうえでふだんの姿勢を正すことを教えているが、この通り行えば仕官の方にも有効に作用するという現実的教訓とも読める。なお「疑はしきを闕く」とは、疑問があることはそのままにしておき、わかったふりをしないということであって、後世このような慎重かつ誠実な態度を、特に学者の姿勢として「闕疑《けつぎ》の精神」と言う。

第十九章

哀公問曰、何為則民服。孔子対曰、挙直錯諸枉、則民服。挙枉錯諸直、則民不服。

哀公《あいこう》問《と》ひて曰《いは》く、何《なに》を為《な》さば則《すなは》ち民服《たみふく》せん、と。孔子《こうし》対《こた》へて曰《いは》く、直《なほ》きを挙《あ》げて諸《これ》を枉《まがれ》るに錯《お》けば、則《すなは》ち民服《たみふく》せん。枉《まがれ》るを挙《あ》げて諸《これ》を直《なほ》きに錯《お》けば、則《すなは》ち民服《たみふく》せず、と。

哀公がたずねて言った。「どうすれば民は服するだろうか。」先生がお答えして言った。「まっすぐな者を登用し、それを曲がった者の上に置けば、民は服しましょう。曲がった者を登用し、それをまっすぐな者の上に置けば、民は服さないでしょう。」

○**哀公**　魯の君主で、孔子五十九歳（あるいは五十八歳）の時に即位した。最後は家老の三桓氏の勢力を削《そ》ごうとして失敗し、流浪の果てに没した。孔子が遊説からもどってから没するまでにかわした問答が、『論語』に複数のっている。

補説　「挙直錯諸枉」を、「直《なほ》きを挙げて諸《もろもろ》の枉《まがれ》るを錯《お》けば（まっすぐな者を登用し、多くの曲がった者を用いなければ）」、「挙枉錯諸直」を、「枉るを挙げて諸の直きを錯けば（曲がった者を登用し、多くのまっすぐな者を用いなければ）」と読むこともあるが、ここは荻生徂徠《おぎゅうそらい》の解釈に従った。材木のように、まっすぐな者を上に置くと、その圧力により曲がった者が匡正され、曲がった者を上に置くと、その圧力でまっすぐな者がたわめられるということである（この解釈は徂徠以前からある、土田健次郎訳注『論語集注』一、平凡社東洋文庫、二〇一三）。ちなみに徂徠はこの語を古言とする。なお四五七頁にも「挙直錯諸枉、能使枉者直」の語があり、そこの文脈は徂徠の読み方を支持する材料となりうる。

第二十章

季康子問、使民敬忠以勧、如之何。子曰、臨之以荘則敬。孝慈則忠。挙善而教不能、則勧。

季《き》康子《かうし》問《と》ふ、民《たみ》をして敬忠《けいちゆう》にして以《もつ》て勧《すす》ましめんには、之《これ》を如何《いかん》せん。子《し》曰《いは》く、之《これ》に臨《のぞ》むに荘《さう》を以《もつ》てすれば則《すなは》ち敬《けい》す。孝慈《かうじ》なれば則《すなは》ち忠《ちゆう》なり。善《ぜん》を挙《あ》げて不能《ふのう》を教《をし》ふれば、則《すなは》ち勧《すす》む、と。

季康子がたずねた。「民に私を敬わせ誠を尽くさせ、その気持ちで進んで働かせるにはどうしたらよいか。」先生が言われた。「威厳を持って接すれば民は敬います。親孝行で子に慈愛を注げば民は誠になります。善人を登用し、無能な者を教導すれば民は進んで働きます。」

○**季康子**　三桓氏（八一頁の補説）のうち最も権勢のあった季孫氏の一族。父の季桓子は孔子とともに政治にあたったが、季康子は孔子が遊説している時に父の後を継いだ。孔子との問答は、孔子が魯に帰還してから没するまでの間のものである。○**之を如何せん**　対象となる語を「如」と「何」の間に置き、その対象をどうしたらよいかということを表す。ただ本章のように対象を「之」で示す場合は、特に指示する対象を特定しない場合が多い。○**孝慈**　ここでは親に対する「孝」と子に対する「慈」を対比した表現と考え、民に家族を親愛する手本を示すことと解釈したが、「慈」を民に対する慈愛とも取れる。

第二十一章

或謂孔子曰、子奚不為政。子曰、書云、孝乎惟孝。友于兄弟、施於有政。是亦為政。奚其為為政。

或《ある》ひと孔子《こうし》に謂《い》ひて曰《いは》く、子奚《しなん》ぞ政《せい》を為《な》さざる、と。子曰《しいは》く、書《しょ》に云《い》ふ、孝《かう》なるかな惟孝《これかう》。兄弟《けいてい》に友《いう》に、有政《いうせい》に施《ほどこ》す、と。是《これ》も亦政《またせい》を為《な》すなり。奚《なん》ぞ其《そ》れ政《せい》を為《な》すことを為《な》さん、と。

ある人が孔子に向かって言った。「あなたはどうして政治をしないのですか。」先生は言われた。「『書』にこのように言っています、「孝こそ大事だ、孝こそは。更に兄弟とも仲よくなり、それで政治にも貢献する」と。これもまた政治をすることです。どうしてわざわざ政治をする必要がありましょうか。」

○書　『書経』。ただ孔子の時代に現行本『書経』と全く同じものがあったわけではない。現行本『書経』には明らかな偽作部分があり（いわゆる「偽古文《ぎこぶん》」、東晋《とうしん》の梅賾《ばいさく》の偽作）、それ以外の篇も全て孔子の時代にあったわけではない。いくつかの篇は既にあったが、失われた篇もある。ここの『書経』の引用もその失われた一篇からのものであろう。

補説　本章が言いたいのは、孝を尽くすことが周囲を感化し、そのこと自体は政治的行為ではないが、結果的に政治への貢献となるということである。なおここでは孔子は積極的に政治にたずさわろうとはしていないように見えるが、別の箇所では政治参画への意欲を言う（三二八頁、六二九頁）。また孔子は、謀反人の誘いにのろうとしたという話もある（六三五頁、六三八頁）。

なお朱子は原文を「書云孝乎。惟孝友于兄弟、施於有政」と点を切り、次のように解釈する。「『書』に孝についてこう言っていますよね。「孝であれば兄弟と仲よくなり、それがひいては政治にも貢献する」と（書に孝を云《い》へるか。惟孝《これ》は兄弟《けいてい》に友《いう》に、有政《いうせい》に施《ほどこ》す、と）。」また「有政に施す」の部分については、『書経』の文ではないという説もある。ちなみに『書経』周書・君陳《くんちん》に「惟孝《これ》は兄弟に友《いう》に、克《よ》く有政に施す（惟孝友于兄弟、克施有政）」という本章のこの箇所に似た語があるが、この「君陳」自体が後世の偽作のいわゆる「偽古文」であって、むしろこの『論語』の語などを利用して後から作られたものである。

第二十二章

子曰、人而無信、不知其可也。大車無輗、小車無軏、其何以行之哉。

子《し》曰《いは》く、人《ひと》として信無《しんな》くんば、其《そ》の可《か》を知《し》らざるなり。大車輗無《たいしやげいな》く、小車軏無《せうしやげつな》くんば、其《そ》れ何《なに》を以《もつ》て之《これ》を行《や》らんや、と。

先生が言われた。「人であるのに誠実さが無ければ、うまくいくわけがない。大きな車にそれを引く動物に取り付ける器具が無く、小さな車にそれを引く動物に取り付ける器具が無ければ、どうして車を動かせようか。」

○信　他者に対する誠実さ。○輗　牛などを車に取り付けるため、車の轅《えん》（ながえ）の先を家畜の軛《やく》（くびき）にわたす衡《こう》（横棒）に結びつける器具。○軏　輗の小型の器具で、馬などを車に取り付けるために使う。

補説　牛や馬などが車を引っ張る場合に輗や軏が無いと動かないということが、自己と他者を結びつける「信」の機能を示す例となっている。

第二十三章

子張問、十世可知也。子曰、殷因於夏礼、所損益可知也。周因於殷礼、所損益可知也。其或継周者、雖百世可知也。

子張《しちやうと》問ふ、十世《じつせいし》知る可《べ》きか、と。子曰《しいは》く、殷《いん》は夏《か》の礼《れい》に因《よ》り、損益《そんえき》する所《ところし》知る可《べ》きなり。周《しう》は殷《いん》の礼《れい》に因《よ》り、損益《そんえき》する所《ところし》知る可《べ》きなり。其《そ》の或《あるい》は周《しう》を継《つ》ぐ者《もの》は、百世《ひやくせい》と雖《いへど》も知《し》る可《べ》きなり、と。

子張がおたずねした。「十王朝の先までもわかるでしょうか。」先生が答えられた。「殷王朝は基本的に夏王朝の礼を踏襲していたので、それをもとに見ればどこを増減したかがわかる。周王朝は基本的に殷王朝の礼を踏襲していたので、それをもとに見ればどこを増減したかがわかる。もし基本的に周王朝の礼を踏襲する王朝が続いていけば、百王朝先の礼までもわかることができよう。」

○**子張**　孔子の弟子。九六頁の注。○**世**　夏、殷、周の各王朝の関係が敷衍《ふえん》できることを言っているから、王朝のことであろう。○**殷**　湯《とう》が開いた中国古代王朝。後に周に滅ぼされた。○**夏**　禹《う》が開いたとされる中国古代王朝。後に殷に滅ぼされた。中国では実在したと見なすが、日本では諸説ある。○**周**　武王が開いた中国古代王朝。○**百世**　どんな先の王朝でもという意味。

補説　古い時代の礼を、生活様式が変わってしまった現在にそのまま行おうとしても無理が出る。本章は礼が時代とともに変化せざるをえないという現実をふまえたうえで、その変化がきちんとした根拠を持つことを言っているのだが、後世になると、古代の礼に全て拠《よ》る必要が無いことの根拠として本章が引かれることが少なくない。

第二十四章

子曰、非其鬼而祭之、諂也。見義不為、無勇也。

子曰《しいは》く、其《そ》の鬼《き》に非《あら》ずして之《これ》を祭《まつ》るは、諂《へつら》ふなり。義《ぎ》を見《み》て為《せ》ざるは、勇無《ゆうな》きなり、と。

先生が言われた。「自分が祭るべき祖先の霊魂ではないのに祭るのは、へつらっているのだ。一方で正しさを見てもそうしないのは、勇気が無いのだ。」

○鬼　漢語の「鬼」には複数の意味があるが、ここでは霊魂を指している。○諂ふ　へつらう対象が「鬼」を祭る人なのか、祭る対象の「鬼」なのか、意見が分かれる。

補説　『礼記《らいき》』曲礼下《きよくらい》に「天子は天を祭り、四方を祭り、山川を祭り、五祀《ごし》を祭り、毎年遺漏《いろう》が無い。諸侯はそれぞれの方角を祭り、山川を祭り、五祀を祭り、毎年遺漏が無い。大夫は五祀を祭り、毎年遺漏が無い。士はその先祖を祭る」とあるように、一般士人は自分の祖先だけを祭り、それ以外に天、四方、山川、五祀《し》を祭るのは僭越《せんえつ》な行為として否定されるが、本章の場合は「諂う」という言い方からして、他家の祭祀に参加することで取り入ろうという打算に対する非難なのであろう。ただ伊藤仁斎は、祖先の祭祀を礼として行う範囲を超えて、神秘的な霊力を持つ鬼神にへつらうこととする。それは、「鬼神については崇敬しながらも遠ざける」（二三二頁）という語があることによる。孔子に過剰に巫祝《ふしゆく》的世界を見る議論があるが、仮にそのような世界が周囲にあったとしても、巫祝稼業と異なり祭る対象を倫理的に限定しようとしている方向性が孔子にはある。

本章は一見関連性の少ない二項目から成り立っているように見えるが、強《し》いて言えば、前半のしてはならぬことはせぬことと、後半のすべきことはすることとが対比されているのであろう。なお「見義不為無勇也」は、普通「義を見て為《せ》ざるは、勇無きなり」と訓読する。「義を見て為《な》さざるは勇無きなり」と読むよりも切迫感があるからであろうか。

八佾《はちいつ》第三

礼に関する語が多いのが特徴の篇である。

第一章

孔子謂季氏八佾舞於庭。是可忍也、孰不可忍也。

孔子《こうし》 季氏《きし》の八佾《はちいつ》を庭《には》に舞《ま》はしむを謂《い》ふ。是《これ》をも忍《しの》ぶ可《べ》くんば、孰《いづれ》をか忍《しの》ぶ可《べ》からざらん、と。

孔子が、季氏が八佾を庭で舞わせたことについて言われた。「これを我慢できるなら、何を我慢しろと言うのだ。」

○**季氏**　家老で専横《せんおう》の振る舞いが多かった季孫氏《きそんし》。三桓氏《さんかんし》の中でも最も権勢を誇った（八一頁の補説）。○**佾**　舞の列。天子は八列、諸侯は六列、大夫《たいふ》は四列、士は二列だった。その際の各列の人数については、八列なら八人、六列なら六人というように、それぞれ列の数に応ずるとする説と（『春秋左氏伝』隠公《いんこう》五年の杜預《とよ》の注、『春秋公羊伝』隠公五年の何休《かきゅう》の注）、等しく一列八人であったとする説がある（孔穎達《くようだつ》『春秋左氏伝注疏《ちゅうそ》』隠公五年では何休の説を挙げた後で、服虔《ふくけん》のこの説を引く）。○**忍**　我慢して容認する。朱子は、主語を季氏とし、このようなことすら平気でするのなら、平気でできないことなど無いという意味に取り、あわせてある人の説として、ここの現代語訳のように孔子が我慢できないという解釈をあげる。○**孰**　どれを。古注では「誰」と注し、この箇所を「誰が我慢できるというのか」という意味に取っている。

補説　荻生徂徠《おぎゅうそらい》は、孔子が忍耐に乏《とぼ》しい魯《ろ》の昭公に、「これを我慢することができたら、何でも耐えられるでしょう」と言って、一時の怒りにまかせ墓穴を掘らないようにさとしたと解釈した。現状を冷静に認識し時間をかけて対処していくことで、いずれは季氏の僭上《せんじょう》を正すことができ魯は治まると説いたのである。徂徠は、孔子は空理空論を振り回すのではなく、常に具体的な効果を考えていたと見る。ただやはり原意は、孔子の義憤ととるべきであろう。

第二章

三家者以雍徹。子曰、相維辟公、天子穆穆、奚取於三家之堂。

三家《さんか》の者《もの》雍《よう》を以《もっ》て徹《てっ》す。子曰《しいは》く、相《たす》くるは維辟公《これへきこう》、天子《てんし》は穆穆《ぼくぼく》たり、と、奚《なん》ぞ三家《さんか》の堂《だう》に取《と》らんや、と。

三つの家老の家では、「雍」の詩を詠じながら「徹」の儀礼を行っていた。先生が言われた。「『雍』の詩には「補佐するのは諸侯、天子は奥ゆかしい」と言う。どうしてこの三家の堂にあてはまろうか。」

○**三家**　魯公に仕えた家老の家で、権勢を振るった。孟孫《もうそん》、叔孫《しゅくそん》、季孫の三家（八一頁の補説）。○**雍**　『詩経』周頌《しゅうしょう》の雝《よう》（雍）の詩。○**徹**　祭が終わって俎《そ》を撤去すること。天子の宗廟の祭では、「雍」の詩を歌って俎を撤去する。「俎」は、神に供える犠牲を載せる台。『礼記《らいき》』仲尼燕居では、「雍」は客を送る時に歌い、徹する時は別の詩句を歌うことになっている。○**相**　助ける。○**辟公**　諸侯。○**穆穆**　深遠の意味。天子の風姿。○**奚**　何。

補説　魯の君主は諸侯であるにもかかわらず、始祖の周公（武王の弟）が建国時に格別の功績があったために、天子の礼楽で周公を祀《まつ》ってよいという特命を成王から賜《たまわ》ったという。『礼《らい》記《き》』明堂位には、「成王は周公を天下に対し勲労があるとした。それゆえ周公を曲阜《きょくふ》の七百里四方、皮車千台分の土地に封じた。そして魯公に命ずるに代々周公を天子の礼楽で祀るように命じた」と言う。これが真実であれば魯の君主は「雍を以て徹」してもよいことになるが、あくまでも魯の君主自身が宗廟で周公を祭る場合に限ったことであって、魯の君主に仕える三家がもとをただせば魯の君主の家の出であったにしても、臣下なのであるから、自分の堂ですべきことではない。

第三章

子曰、人而不仁、如礼何。人而不仁、如楽何。

子《し》曰《いは》く、人《ひと》にして仁《じん》ならずんば、礼《れい》を如何《いかん》せん。人《ひと》にして仁《じん》ならずんば、楽《がく》を如何《いかん》せん、と。

先生が言われた。「人であるのに仁でなければ、礼が何になろうか。人であるのに仁でなければ、音楽が何になろうか。」

○**如何**　対象となる語を「如」と「何」の間に置く。その対象をどうしたらよいか、どうしようもできないの意。

補説　礼と楽《がく》（音楽）は補完的な関係にあり、『論語』には「礼楽」という熟語が数箇所見える。礼の実践には上下の序列を厳守することが求められるため秩序性が強く出るのに対し、音楽の方には全体と調和する効果が期待され、それゆえ「和」という語によってその意義が語られることも多かった（例えば『礼記《らいき》』楽記《がくき》に「楽は同を為し、礼は異を為す」とある）。孔子にとって正統な音楽は礼とともに天子から発せられるものであり（六〇九頁）、王者の音楽はことのほか重要であった（一三九―四〇頁の本文と補説）。音楽は教育の最後に位置づけられるものであるとともに（二九五頁）、最初に学ぶものでもあり、『礼記』内則《だいそく》では、十三歳で音楽と詩を学ぶとしている。詩は音楽にのせて詠じられたから、最初の段階で手ほどきを受けたのであろう。孔子の音楽への造詣《ぞうけい》については一三七頁の補説。本章では、礼楽が意味を持つのはあくまでも心に仁の徳があってのこととする内面主義が示されている。

第四章

林放問礼之本。子曰、大哉問。礼与其奢也寧倹。喪与其易也寧戚。

林放《りんぽう》礼《れい》の本《もと》を問《と》ふ。子曰《しいは》く、大《だい》なるかな問《と》ひや。礼《れい》は其《そ》の奢《おご》らん与《よ》りは寧《むし》ろ倹《けん》なれ。喪《も》は其《そ》の易《をさ》めん与《よ》りは寧《むし》ろ戚《いた》め、と。

林放が礼の根本をたずねた。先生が言われた。「大きな質問だね。礼は豪奢《ごうしゃ》にするくらいならむしろ倹約にするのがよい。喪は外形を整えるくらいならむしろ心を痛めた方がよい。」

○林放　魯の人であるというが、詳細は不明。**○与りは寧ろ**　与A寧Bの構文は、AとBを比較したうえで、Bの方が落ち着き先としてより妥当であることを示す。**○易**　朱子は『孟子』尽心上の「田畑を耕させ（其の田疇《でんちう》を易《をさ》めしめ）」という用例をあげて「治める」意とする。古注は「和易（引っかかりが無い）」とする。**○戚**　悼《いた》む。

補説　「文質彬彬《ひんぴん》」（二二七頁）という語のように、礼は、文（見事な文様のような礼の外形的規定）と質（礼を成立させる内面的真意・真情）とがちょうどよく均質に混ざっているのが理想とされるが、外形重視に走りがちになるので、ここでは前章と同様に質の重要さに力点が置かれている。なお林放の質問が根源的なのに対し、孔子の回答が礼を行う際の注意事項なので、両者の間には齟齬《そご》があるように見える。荻生徂徠《おぎゅうそらい》などはその理由を、「礼は其の奢らん与りは寧ろ倹なれ」以下が古語で、孔子はあえて古語を引いて答えとし、林放自身に考えさせようとしたからだとする。

第五章

子曰、夷狄之有君、不如諸夏之亡也。

子《し》曰《いは》く、夷狄《いてき》の君《きみ》有《あ》るは、諸夏《しょか》の亡《な》きが如《ごと》くならざるなり、と。

先生が言われた。「野蛮人の地でも君主がいるのは、中華の地に君主がいないようなものではない。」

○**夷狄** 野蛮人。○**諸夏〜** 「諸夏」は、中華。世界の中心地の意味で、実質的には漢民族の支配する中国のこと。ここの意味は、周辺の異民族の地域であってもきちんと君主がいて治まっていれば、いくら中華の地であってもそれに及ばないということ。

補説 「如」は「ごとし」とも「しく」とも読め、それで文全体の意味が反対になる。本書は朱子に従い前者によったが、古注は後者で読んで、「野蛮人の地に君主がいても、中華の地にいないのには及ばない（夷狄の君有るは、諸夏の亡《な》きに如《し》かざるなり）」という意味で取っていて、普通はむしろこちらの解釈を採用することが多い。本章ではなぜ朱子によったかというと、孔子が筏《いかだ》に乗って中国から船出したいと言ったり（一七五頁）、九夷《きゅうい》（東方の夷狄の地）にいたいと願ったりするほど（三三〇頁）、中国に対する失望を見せ、特に後者では夷狄の地でもきちんと君子がいれば辺鄙《へんぴ》野蛮なことがあろうかと言っているからである。なお、中華と夷狄の区別をする議論を「華夷《かい》の弁《べん》」と言うが、これには民族で考えるか、文化で考えるかの両方があった。前者は漢民族は永遠に中華であり、異民族よりも優《すぐ》れているという民族本位の見方で、「如《し》かざるなり」と解釈するのがこれにあたる。後者は儒教の教えを実現している地こそが民族に関係無く中華であるという文化本位の見方であって、「如《ごと》くならざるなり」と読むのはこちらである。これは中国を支配した異民族王朝にとっては受け入れやすい解釈であった。

第六章

季氏旅於泰山。子謂冉有曰、女弗能救与。対曰、不能。子曰、嗚呼、曽謂泰山不如林放乎。

季氏《きし》泰山《たいざん》に旅《りよ》す。子《し》冉有《ぜんいう》に謂《い》ひて曰《いは》く、女《なんぢ》救《すく》ふこと能《あた》はざるか、と。対《こた》へて曰《いは》く、能《あた》はず、と。子《し》曰《いは》く、嗚呼《ああ》、曽《すなは》ち泰山《たいざん》の林放《りんばう》に如《し》かずと謂《おも》へるか、と。

季氏が泰山で旅の祭を行おうとした。先生は冉有に向かって言った。「お前は何とかできないのか。」お答えした。「できません。」先生は言った。「ああ、まさか礼について泰山の神が林放にすら及ばないとでも思っているのか。」

○**季氏**　魯の家老の季孫氏。八一頁の補説。本章でも専横の振る舞いが問題になっている。○**泰山**　魯にある天下の名山。○**旅**　山川を祭る祭祀。礼の規定では、山川を祭るのは諸侯と天子で（『礼記』曲礼下、一〇四頁の補説）、そのうち諸侯は自国内の山川を祭るから、魯公の場合は魯にある泰山を祭ってよいが、その家来である季氏が祭るべきではないのである。○**冉有**　孔子の弟子。姓は冉、諱《いみな》は求。字《あざな》は子有。魯の人（邢昺《けいへい》『論語注疏』に引く鄭玄《じょうげん》）。孔子より二十九歳年少。この時に季孫氏の宰《さい》（執事）であったが、孔子は季孫氏のために賦税を苛斂誅求《かれんちゅうきゅう》しその富を益したことを厳しく咎《とが》めている（四〇四頁）。「政事（政治）」に通じていたと言われ（三八五頁）、孔子はその「芸（多才）」を認めている（五一七頁）。○**女**　汝。○**救**　李孫氏が僭上《せんじょう》の罪に陥るのを救うのを言う。○**曾ち**　まさか。八五頁の注「なんぞ」とも読まれる。○**林放**　一一〇頁で林放が「礼の本《もと》」を質問していることから、歴代の注釈者たちは、彼が礼の本質を意識していたので、ここで名があげられたとする。つまり祭祀を受ける天下の泰山が、礼について質問してきたあの林放にすら及ばないとでも思っているのか、ということでこの箇所を解釈する。泰山はみなお見通しでそのような非礼は受けないということ。

補説　一一〇頁だけから礼と言えば林放とするのは無理があり、天下の霊山である泰山と一介の士である林放を比較するのも不自然の感を拭《ぬぐ》えないが、他に解釈のしようもないので、ここでは従来の注釈にそってとりあえず訳した。

第七章

子曰、君子無所争。必也射乎。揖譲而升下而飲。其争也君子。

子《し》曰《いは》く、君子《くんし》は争《あらそ》ふ所無《ところな》し。必《かなら》ずや射《しや》か。揖譲《いふじやう》して升《のぼ》り下《くだ》りして飲《の》ましむ。其《そ》の争《あらそひ》や君子《くんし》なり、と。

先生が言われた。「君子は争うことが無い。あるとしたら必ずや弓の競技であろう。礼の通りに挨拶《あいさつ》し譲りあいながら堂への階段を上り下りし、勝負がついてから罰杯を飲ませる。この争いこそが君子らしい。」

○**君子**　立派な人。○**必ずや射か**　「A、必也B」のAで一般的事象を言い、その例外があるとすれば必ずやBであるという意味になる。「射」は、弓を射る競技であるが、礼でもある。「大射《たいしや》の礼」の詳細は、『儀礼《ぎらい》』郷射礼《きようしやれい》と大射義に見える。○**揖**　手を胸の前に組んでする軽い挨拶。射る者は二人一組になり「揖」の挨拶をする。○**譲**　譲り合う。○**升り下りして**　堂（表座敷）にのぼり弓射をし、またおりること。

補説　朱子は、「揖譲而升下而飲」を、「互いに揖譲してのぼって弓射をし、終わってからおりて罰杯を飲ませる（揖譲して升り、下りて飲ましむ）」と解釈するが、荻生徂徠《おぎゅうそらい》はそれでは礼の記述に合致しないと言う。

第八章

子夏問曰、巧笑倩兮、美目盼兮、素以為絢兮、何謂也。子曰、絵事後素。曰、礼後乎。子曰、起予者商也。始可与言詩已矣。

子夏問《しかと》ひて曰《いは》く、巧笑倩《かうせうせん》たり、美目盼《びもくはん》たり、素《そ》以《もつ》て絢《あや》を為《な》すとは、何《なん》の謂《いひ》ぞや、と。子曰《しいは》く、絵《ゑ》の事《こと》は素《そ》を後《のち》にす、と。曰《いは》く、礼《れい》は後《のち》か、と。子曰《しいは》く、予《われ》を起《おこ》す者《もの》は商《しやう》なり。始《はじ》めて与《とも》に詩《し》を言《い》ふ可《べ》きのみ、と。

子夏がおたずねした。「詩に「笑顔が魅力溢れ、目元は涼しい、おしろいを塗って美しさが際立つ」とあるのは、どのような意味でしょうか。」先生が言われた。「絵を描く時は、色の間に白を入れるのを最後にするということだ。」そこでお聞きした。「礼は最後の仕上げということなのでしょうか。」先生が言われた。「私を啓発してくれるのはお前だね。それでこそはじめてともに詩を語り合えるね。」

○**子夏**　孔子の弟子。五六頁の注。○**巧笑倩たり、美目盼たり、素以て絢を為す**　「巧笑倩たり、美目盼たり」という語は『詩経』衛風の「碩人《せきじん》」の詩にあるが、そこには「素以て絢を為す」の部分のみが無い。別にこのような語句を持つ詩があった可能性があり、このように失われた詩を「逸《いつ》詩《し》」と言う。なお「碩人」は、衛公の妻の荘姜《そうきょう》の美しさを詠じた詩。○**巧笑倩たり**　巧《たく》んだ笑顔が魅力的なこと。「倩は、口（口元）輔《ほ》（頬《ほお》）がよいこと」（『詩経』衛風・碩人の『毛伝』）。○**美目盼たり**　黒目と白目がはっきりしていて、目元が涼しく魅力的なこと。「盼は、白黒が分かれていること」（『詩経』衛風・碩人の『毛伝』）。○**素以て絢を為す**　「素」は白。「絢」は彩色。荻生徂徠《おぎゅうそらい》は美しい素顔におしろいを塗って更に美麗にするのが原義ではないかと推測している。○**絵の事は素を後にす**　絵を描く際には最後に色と色の間に白を配置して、それによって五彩がさらに際立つということで、古注による。それに対して朱子は、「絵に彩色するのは、下地の白塗りの後にする（絵の事は素より後にす）」と解釈した。一方荻生徂徠は朱子を批判し、古注のように解釈してこそ、『周礼《しゅらい》』冬官・考工記に「全て布に描く場合は白を後にする（凡《およ》そ画繢《ぐわくわい》の事は素功を後にす）」とあるのと合致すると言うが、朱子は「考工記」の方も自分の解釈に合わせて「素功より後にす」と読む。○**礼は後か**　美質（彩色）を持っている人は、礼（白）を学ぶことでますますその美質が際立つということ。○**起**　啓発する。○**商**　子夏の諱《いみな》。弟子に対しては諱で呼ぶ。

補説　「与に詩を言ふ可きのみ」という言い方は六八頁にも見える。本章のように詩の語句をもとの文脈から独立させ（断章取義《だんしょうしゅぎ》、七〇頁の補説）、そこに道徳的意味を発見し、様々な問題に柔軟にあてはめていくというのが、孔子一門の詩の読み方であった。

第九章

子曰、夏礼吾能言之、杞不足徴也。殷礼吾能言之、宋不足徴也。文献不足故也。足則吾能徴之矣。

子《し》曰《いは》く、夏《か》の礼《れい》は吾《われよ》能く之《これ》を言《い》へども、杞《き》は徴《ちょう》するに足《た》らず。殷《いん》の礼《れい》は吾《われよ》能く之《これ》を言《い》へども、宋《そう》は徴《ちょう》するに足《た》らず。文献《ぶんけん》足らざるが故《ゆゑ》なり。足《た》らば則《すなは》ち吾《われよ》能く之《これ》を徴《ちょう》せん、と。

先生が言われた。「夏の礼について私は語ることができるが、夏の子孫の国である杞に残っているものではそれを証明するには足りない。殷の礼について私は語ることができるが、殷の子孫の国である宋に残っているものではそれを証明するには足りない。というのは典籍と古老が十分残っていないからである。残っていれば、私はそれを証拠として使用できようが。」

○杞　夏の後裔《こうえい》の国。夏は禹《う》が開き殷に亡ぼされたという王朝。周の武王は殷の紂王《ちゅうおう》を亡ぼした後、禹の後裔を求め、杞の地に封じた（『史記』陳杞世家《ちんきせいか》など）。○宋　殷の後裔の国。殷は湯《とう》が開き周に亡ぼされた王朝。周公は成王の命を受けて、殷の王族の微子《びし》に殷の後裔として宋の国を治めさせた（『史記』宋微子世家など）。○徴　証明する。○文　典籍。○献　賢者（古老）。

補説　孔子が生きていた春秋時代は、衰えたりといえどもまだ周の王家があった。しかも孔子の故郷の魯は、周の礼や文化を作った周公が封ぜられた国であり、「周の礼は尽《ことごと》く魯に在り」（『春秋左氏伝』昭公二年の韓宣子の語）であった。孔子は周の礼になじむ環境にあり、しかもそれを遵守すべきものと思っていたが（一二四頁）、夏、殷、周の礼の異同も理解しているという自負があった（一〇二頁）。

第十章

子曰、禘自既灌而往者、吾不欲観之矣。

子《し》曰《いは》く、禘《てい》は既《すで》に灌《くわん》せし自《よ》り往《のち》は、吾之《われこれ》を観《み》ることを欲《ほっ》せず、と。

先生が言われた。「禘の祭は、灌の儀式から後は私は見たいとは思わないね。」

○禘　王が正月に祖先を祀る祭。王でなければ行えないものであった（『礼記《らいき》』大伝）。魯は王ではないが、始祖の周公の功績により、特にこの祭が許された（『礼記』祭統）。ただ『礼記』礼運《れいうん》には「魯の禘や郊（天子が冬至に天を祭る祭祀）は、礼ではない」という語もあるが、これについては魯がこれらの礼を行うことを否定しているのではなく、礼のやり方が誤っているという解釈もある。
○灌　祭の始めに、鬱鬯《うっちょう》（黒黍《くろきび》で醸《かも》した酒に鬱金香草《うっこんこうそう》の煮汁をまぜた香り高い酒）を地にそそぎ、神を天から降すこと。祭の中では大事な区切りとなる。

補説　なぜ灌の儀式以後は見る気がしなかったかというと、緊張感が薄れたからとか（朱子）、小祭の段階に入るからとか（荻生徂《おぎゅうそ》徠《らい》）各説あるが、判然としない。また魯が禘の祭を行うことすら問題であるとか（伊藤仁斎）、位牌の並べ方が問題だったとか（古注）、灌の儀式の前後にかかわらず孔子が祭自体に否定的であったという解釈もある。次章で禘の祭について孔子が「知らず」と言っていることからすると、魯で実際に行われていた祭の手順に孔子は強い疑問を持っていたのかもしれない。

第十一章

或問禘之說。子曰、不知也。知其說者之於天下也、其如示諸斯乎。指其掌。

或《ある》ひと禘《てい》の説《せつ》を問《と》ふ。子《し》曰《いは》く、知《し》らざるなり。其《そ》の説《せつ》を知《し》る者《もの》の天下《てんか》に於《お》けるや、其《そ》れ諸《これ》を斯《ここ》に示《しめ》すが如《ごと》きか、と。其《そ》の掌《たなごころ》を指《さ》す。

ある人が禘についての解説を求めた。先生が言われた。「知りません。それを解説できる者は、天下全体の事をも、ここに示せるようなものでしょうね。」そしてご自分の手のひらを指さされた。

○**禘**　一二〇頁の注。○**諸**　これ。「之於」と同じ。○**掌**　手のひら。

補説　荻生徂徠《おぎゅうそらい》は、魯は伯禽《はくきん》の時に周の王家から禘を行うことを許されたが、恵公の時に、僭越《せんえつ》にも諸侯が祭ることができない天と后稷《こうしょく》（周王朝の始祖）を祭り始め、もとの形から変質してしまった、それゆえ本来の禘について孔子は「知らず」と答えたとする。あるいは禘が王者の祖先祭祀である以上、それを云々できる資格は天下全体を見渡せる立場にある人しかないはずで、自分ごときが訳《わけ》知り顔に言うものではないという気持ちがあったのかもしれない。

第十二章

祭如在。祭神如神在。子曰、吾不与祭、如不祭。

祭《まつ》るには在《いま》すが如《ごと》くす。神《かみ》を祭《まつ》るには神《かみ》の在《いま》すが如《ごと》くす。子《し》曰《いは》く、吾祭《われまつり》に与《あづか》らざれば、祭《まつ》らざるが如《ごと》し、と。

先生はふだんご先祖を祭る場合は、そこにご先祖がおられるかのようにされた。また神を祭るには神がおられるかのようにされた。先生が言われた。「私は自分自身が祭に参加していなければ、祭があっても無かったような気がするね。」

○**祭るには**　普通は先祖を祭ることとする。○**神を祭る**　普通は先祖以外の神を祭ることとする。なお神が霊魂を指すのか、それとも別に神格を指すのかは不明。前者であれば最初の二句は同内容の反復になる。荻生徂徠《おぎゅうそらい》は「祭るには在すが如くす」は古経の言、「神を祭るには神の在すが如くす」はその経を解釈した言、「子曰く」以下は孔子の言を引いてこれを証したものであって、門人がこのように編集したとする。この見方にはすぐに賛同できないが、最初の二句が重複のように見えるのは確かである。○**吾祭に与らざれば、祭らざるが如し**　何らかの事情で自分が参加できなかった祭は、自分が祭る対象に敬虔《けいけん》に祈れなかったのだから、祭自体が無かったのと同じだということ。

補説　「在すが如し」というのはその存在を断定していない微妙な言い方である。本当は霊魂や神格がいるのかいないのか不明としているのではないかとも疑われる。ともかく人格神的な霊魂や神の実在を棚上げし、とりあえず霊的エネルギーのみを想定し、あとは祭る側の真率さに問題を集中させているという感がある。二三二頁には「鬼神については崇敬しながらも遠ざける」という語もある。後世の朱子は衣服を着ているような神格の実在を否定しているが、このような考え方は陰に陽に古代から儒教の中にも流れている。なお儒教の宗教性を過度に強調する見方が一部にあるが、『墨子《ぼくし》』公孟では「儒は天を不明とし、鬼を不神とし、天や鬼を説かない（あるいは「喜ばない」）」と、儒教が天や神を本当は敬っていないとまで言う。

第十三章

王孫賈問曰、与其媚於奥、寧媚於竈、何謂也。子曰、不然。獲罪於天、無所禱也。

王孫賈《わうそんか》問《と》ひて曰《いは》く、其《そ》の奥《あう》に媚《こ》びん与《よ》りは、寧《むし》ろ竈《さう》に媚《こ》びよとは、何《なん》の謂《いひ》ぞや、と。子《し》曰《いは》く、然《しか》らず。罪《つみ》を天《てん》に獲《う》れば、禱《いの》る所無《ところな》きなり、と。

王孫賈がたずねた。「奥座敷に媚びるよりも、かまどに媚びた方がよいという言葉がありますが、どういう意味でしょうかね。」先生が言われた。「その言葉はまちがっています。罪を天に得れば、祈りようがありません。」

○**王孫賈**　衛《えい》の大夫。五二九頁にもその名が見え、有能な軍事担当者だったのがわかる。また『春秋左氏伝』にその名が複数箇所見える。○**奥**　室の西南の隅（『爾雅《じが》』釈宮）。○**与りは、寧ろ**　一一一頁の注。○**奥**　奥座敷。○**竈**　かまど。五祀《ごし》（季節ごとの祭）の一つで、夏に祭る（『礼記《らいき》』月令《がつりょう》）。まずここで祭り、神を尸《かたしろ》（神の代りとして拝むもの）におろして奥で祭る。

補説　孔子が衛に行き、霊公の夫人の南子に会った時の語であろうと言われている（二三八頁）。中国では竈の神は、正式の祭祀以外でも、日常生活の中で具体的な御利益《ごりやく》のある神とされてひときわ強く信仰されてきた。王孫賈は自分を竈、衛の君主を奥に譬《たと》え、暗に実質的な力を持っている自分を大事にしろと言った。それに対して孔子はそのような発想自体を天が許さないと答えたのである。

第十四章

子曰、周監於二代、郁郁乎文哉。吾従周。

子《し》曰《いは》く、周《しう》は二代《にだい》に監《かんが》みるに、郁郁乎《いくいくこ》として文《ぶん》なるかな。吾《われ》は周《しう》に従《したが》はん、と。

先生が言われた。「周は夏と殷の二代に照らしてみると、何と文化的であることか。吾は周に従おう。」

○**監**　ここでは照らしてみるという意味に取った。○**二代**　夏王朝と殷王朝。周王朝がこれら二代の礼を検討して増減して調整したことを言う。○**郁郁**　文化要素が濃厚なさま。○**文**　文化的。

補説「周は二代を監《み》て」と読み、周は夏と殷の二代の礼を検討して増減調整したので、最も文化的であったという解釈の方が多い。この三代はそれぞれ文化の増減があった（一〇二頁）。なお孔子は常に周の制度や文化のみを採用したわけではなく（五七六頁）、全体として周を尊重したということである。

第十五章

子入大廟、毎事問。或曰、孰謂鄹人之子知礼乎。入大廟、毎事問。子聞之曰、是礼也。

子《し》大廟《たいべう》に入《い》りて、事毎《ことごと》に問《と》ふ。或《ある》ひと曰《いは》く、孰《たれ》か鄹人《すうひと》の子《こ》を礼《れい》を知《し》ると謂《い》ふや。大廟《たいべう》に入《い》りて、事毎《ことごと》に問《と》ふ、と。子《し》之《これ》を聞《き》きて曰《いは》く、是礼《これれい》なり、と。

先生は大廟に入ると、いちいち質問した。ある人が言った。「あの鄹の人の子が礼に通じていると言ったのは誰だ。大廟に入ったらいちいち質問しているではないか。」先生がこれを聞いて言われた。「そうするのが礼なのだ。」

○大廟　本来は天子が祖先を祭る廟であるが、魯の周公の廟。周公は魯の初代の君主であるが天子（武王）の弟で建国の功労者だったので、このような名称が許された。これは孔子が初めて出仕した時、大廟に入って祭を補佐した時のことである。**○鄹**　魯の邑《むら》の名。孔子の父の叔梁紇《しゅくりょうこつ》はこの邑の大夫であった。「鄹人の子」という言い方には侮蔑のニュアンスがある。なお「鄹人」を「すうひと」と読むのは、「人」が国名の後にくる場合は「じん」ではなく「ひと」と訓読するのが普通だからである。**○礼を知る**　孔子は少年時代から礼の造詣が深いことで知られていた。それゆえある人が、このことで孔子を譏《そし》ったのである。孔子が「これが礼である」と言ったのは、孔子は礼に熟知していたが、出過ぎずに自分の先輩や上位者に敬意を示すのが礼の精神にかなうと認識していたからであろう。

補説　「是礼なり」という孔子の答えについて、朱子は謙虚さの極みであるとし、伊藤仁斎は、孔子は礼について熟知していたが、具体的な器物や事項については知らないこともあったから謙虚に質問したのであって、それを嘲《あざけ》った人は礼の本質がそのような点にないことをわかっていなかったとした（『朱子語類』にもとづく）。荻生徂徠《おぎゅうそらい》はこのように質問すること自体が礼としてあるのだと解釈した。なお「大廟《たいべう》に入《い》りて、事毎《ことごと》に問《と》ふ」という語は、三七四頁にも見える。

第十六章

子曰、射不主皮、為力不同科。古之道也。

子曰《しいは》く、射《しや》の皮《かは》を主《しゆ》とせざるは、力《ちから》の科《しな》を同《おな》じくせざるが為《ため》なり。古《いにしへ》の道《みち》なり、と。

先生が言われた。「礼射で皮の的《まと》を射貫くことを第一としないのは、力の程度が人によって同じではないからである。これが古えの道なのである。」

○**射は皮を主とせず**　この語は、『儀礼《ぎらい》』郷射礼にも出る。「射」は弓で射ることで、礼として行われた。「皮」は、布で作った的《まと》しろの中に皮を貼ってそれを的としたもの。○科　等級。

補説　ここの解釈は朱子によった。朱子は、古えは「射」の礼によってその人の徳を見たから、的にあたるということを重んじて、的の皮を貫くということには重きを置かなかったが、それは人の力には強弱の等級の差があるからだとした。それに対し古注では、前半を「礼射では的にあてるのを第一としない」、後半を「力を使う奉仕はその担当者の程度をみて一律にしない（力を為すは科を同じくせず）」と、二つの事と解釈する。

第十七章

子貢欲去告朔之餼羊。子曰、賜也、爾愛其羊。我愛其礼。

子貢《しこう》告朔《こくさく》の餼羊《きやう》を去《さ》らんと欲《ほつ》す。子曰《しいは》く、賜《し》や、爾《なんぢ》は其《そ》の羊《ひつじ》を愛《をし》む。我《われ》は其《そ》の礼《れい》を愛《をし》しむ、と。

子貢は告朔の犠牲の羊を廃止しようとした。先生が言われた。「賜よ、お前は羊を惜しむが、私は礼を惜しむ。」

○**子貢**　孔子の弟子。六一―二頁の注と補説。○**告朔**　天子は毎年の季冬（十二月）に、翌年の十二箇月それぞれの朔日を記した暦を諸侯に頒布《はんぷ》した。諸侯はそれを受け取り、祖廟に収め、毎月の朔日には、一頭の羊を供えて廟に告げ、この暦の実施を願った。その儀式。○**餼**　生きた犠牲。

補説　魯は文公の時から朔を行わなくなった。しかし役人は依然としてこの羊を供えていた。それゆえ合理主義の子貢はこれを廃止しようと望んだが、孔子は礼の精神を重視した。

第十八章

子曰、事君尽礼、人以為諂也。

子《し》曰《いは》く、君《きみ》に事《つか》ふるに礼《れい》を尽《つ》くせば、人以《ひともつ》て諂《へつら》ふと為《な》すなり、と。

先生が言われた。「主君に礼によって仕えれば、人はそれを諂っていると見なす。」

第十九章

定公問、君使臣、臣事君、如之何。孔子対曰、君使臣以礼、臣事君以忠。

定公問《ていこうと》ふ、君《きみ》臣《しん》を使《つか》ひ、臣《しん》君《きみ》に事《つか》ふるには、之《これ》を如何《いかん》せん、と。孔子《こうし》対《こた》へて曰《いは》く、君《きみ》は臣《しん》を使《つか》ふに礼《れい》を以《もっ》てし、臣《しん》は君《きみ》に事《つか》ふるに忠《ちゅう》を以《もっ》てす、と。

定公がたずねられた。「君が臣を使い、臣が君に仕える場合は、どうしたらよいか。」孔子がお答えして言った。「君は礼によって臣を使い、臣は誠実さによって君に仕えることです。」

○**定公**　魯の君、諱《いみな》は宋。孔子が魯の国に用いられ、官僚、政治家として活動していた時の君主。
○**之を如何せん**　どうしたらよいか。九九頁の注。○**忠**　誠実さ。君主に対する忠義というよく使われる意味は、『荀子《じゅんし》』から始まる。

第二十章

子曰、関雎楽而不淫、哀而不傷。

子《し》曰《いは》く、関雎《くわんしよ》は楽《たの》しめども淫《いん》せず、哀《かな》しめども傷《やぶ》らず、と。

先生が言われた。「「関雎」の詩は、楽しいが節度がある。悲しいが破綻《はたん》が無い。」

○**関雎**　『詩経』国風・周南の関雎の詩。『詩経』巻頭にある。孔子は六四四頁で、この詩を含む「周南」が必ず学ぶべきものであることを子の伯魚（鯉《り》）に教えている。「周南」については六四五頁の注。○**淫**　楽しみが行き過ぎて適正さを失う状態。○**傷**　哀しみが行き過ぎて調和を害《そこな》う状態。

補説　「関雎」の詩の本来の内容は、若者が乙女を求めることを詠じたものと思われる。ただ歴代、道徳的に解釈してきた。例えば朱子は、文王の后《きさき》として太姒《たいじ》というすばらしい女性を得、むつまじい中にも節度があることを喜ぶ詩とするが（『詩集伝《ししゅうでん》』）、それなら「哀しめども傷らず」の解釈が困難になる。古代の『詩経』の注である『毛伝《もうでん》』では、皇后が王のためによき側室を求めたことを詠じたもので、嫉妬しない婦徳が現れているとしており、『詩序』も、淑女を君子に配するのを楽しみ、淑女や賢才が召し出されていないのを哀しむというように、同じ方向である。このような「哀しむ」理由をよい女性を斡旋《あっせん》できないことに見る解釈は、いかにも無理がある。孔子は断章取義（七〇頁の補説）で詩の語句をかなり自由に解釈しているので、この詩をどう解釈したかは結局不明である。孔子は舜《しゅん》の音楽である韶《しょう》を絶賛し（一三九頁、二五六頁、五七六頁）、また武王の音楽である「武」にもそれなりの評価を見せていることからすると（一三九頁）、あるいは関雎も文王あたりの喜びと哀しみを詠じた詩と理解したかもしれないが、有力な証拠があるわけではない。なおこの言葉が指しているのが、詩の内容なのか、それとも荻生徂徠《おぎゅうそらい》が言うようにこの詩を詠ずる時の音楽なのか、解釈が分かれる。

第二十一章

哀公問社於宰我。宰我対曰、夏后氏以松、殷人以柏、周人以栗。曰、使民戦栗。子聞之曰、成事不説、遂事不諫、既往不咎。

哀公《あいこう》 社《しゃ》を宰我《さいが》に問《と》ふ。宰我《さいが》対《こた》へて曰《いは》く、夏后氏《かこうし》は松《まつ》を以《もつ》てし、殷人《いんひと》は柏《はく》を以《もつ》てし、周人《しうひと》は栗《りつ》を以《もつ》てす、と。曰《いは》く、民《たみ》をして戦栗《せんりつ》せしむ、と。子《し》 之《これ》を聞《き》きて曰《いは》く、成事《せいじ》は説《と》かず、遂事《すいじ》は諫《いさ》めず、既往《きわう》は咎《とが》めず、と。

哀公が社《やしろ》について宰我にたずねた。宰我がお答えして言った。「夏后氏は松を用い、殷人は柏を用い、周人は栗を用いました。」宰我は言葉を継いで言った。「栗を用いたのは、民を恐懼《きょうく》させるためです。」先生はそのことを聞いて言われた。「してしまった事をあれこれ言うまい、手遅れのことは諫めまい、過ぎ去ったことは咎めまい。」

○**哀公**　魯の君主。九七頁の注。○**宰我**　孔子の弟子。姓は宰、諱《いみな》は予、字《あざな》は子我。魯の人（『孔子家語』）。孔子の弟子。言語にすぐれていたとされる（三八五頁）。斉《せい》に仕えて田恒《でんこう》（常）の反乱に加担し一族皆殺しにされ、孔子は深くそれを恥じたと言われるが（例えば『史記』仲尼弟子列伝）、田恒に殺された字《あざな》を同じくする闞止《かんし》という別人と混同されたとの説もある（司馬貞『史記索隠』、趙翼《ちょうよく》『陔余叢考《がいよそうこう》』）。○**社**　社は、くにつかみのやしろ、三代（夏、殷、周）の社《やしろ》が同じでないのは、古えは社を立てる場合は、それぞれの土壌に合う木を植えて社の主にしたからである（古注）。夏の都は安邑《あんゆう》、殷の都は亳《はく》、周の都は豊鎬《ほうこう》で、それぞれ土壌が違う。またこの「主」については、朱子は、それぞれの木を加工して神主（位牌）を作ったのではなく、樹木をそのまま社の主としそこに神を依《よ》らせたのだと言う（『朱子語類』二五）。○柏　常緑樹でしばしば松に並べられる。ひのき、さわら、このてがしわの類。○曰　後の方の「曰」は余計なように見える。そこで哀公の語としたり、記録者が前言と区別しようとしたとかいう説もあるが（以上、洪邁《こうまい》『容斎《ようさい》五筆』）、前言を述べた後、改めて言葉を継いで言ったということであろう。○戦栗　恐懼の様子。社で死刑を行ったからで、『書経』夏書・甘誓《かんせい》に「命に従わなかったら社で誅戮《ちゅうりく》する」とある。○遂事　まだ完遂されてはいないがその趨勢はどうしようもないことを言う。

補説　宰我は、孔子の門人の中では不肖《ふしょう》の弟子として見られることが多い。本章以外でも、昼寝していて孔子から叱られたり（一八〇頁）、井戸の底に仁があったらどうするかと不可解な質問をしたり（二三六頁）、親の喪は長すぎるなどと孔子の感情を逆撫でするような言葉を発したり（六五五頁）しているからである。ただ『孟子』公孫丑《こうそんちゅう》上に「私から先生（孔子）を見れば、堯《ぎょう》や舜《しゅん》よりはるかにまさっている」という宰我の語をのせるように、孔子に対して聖王である堯や舜をはるかに超える存在として別格の賛辞を呈していることからすると、孔子に不従順なだけの弟子であったとは思えない。荻生徂徠《おぎゅうそらい》は、宰我も優秀な弟子であったと見る。ともかくも弟子の中では率直に自分の意見を言う存在であった。宰我は死刑で恐懼させると言ったが、孔子はそもそも死刑には否定的であった（四五二頁）。なお「社を宰我に問ふ」の「社」を「主」としているテキストがあったと言うが、こちらの方が正しいと荻生徂徠はする。

練の祭の時に栗で主（「神主」で位牌のこと）を作ることが『春秋公羊伝《くようでん》』文公二年に見えるからである。

第二十二章

子曰、管仲之器小哉。或曰、管仲倹乎。曰、管氏有三帰。官事不摂、焉得倹。然則管仲知礼乎。曰、邦君樹塞門、管氏亦樹塞門。邦君為両君之好、有反坫、管氏亦有反坫。管氏而知礼、孰不知礼。

子《し》曰《いは》く、管仲《くわんちゆう》の器《うつは》は小《せう》なるかな。或《ある》ひと曰《いは》く、管仲《くわんちゆう》倹《けん》なるか、と。曰《いは》く、管氏《くわんし》に三帰《さんき》有《あ》り。官事《くわんじ》は摂《か》ねず、焉《いづく》んぞ倹《けん》なるを得《え》ん、と。然《しか》らば則《すなは》ち管仲《くわんちゆう》礼《れい》を知《し》るか、と。曰《いは》く、邦君《はうくん》樹《じゆ》して門《もん》を塞《ふさ》ぎ、管氏《くわんし》も亦《また》樹《じゆ》して門《もん》を塞《ふさ》ぐ。邦君《はうくん》両君《りやうくん》の好《よしみ》を為《な》すに、反坫《はんてん》有《あ》り、管氏《くわんし》も亦《また》反坫《はんてん》有り。管氏《くわんし》にして礼《れい》を知《し》るとせば、孰《たれ》か礼《れい》を知《し》らざらん、と。

先生が言われた。「管仲の器《うつわ》は小さいですね。」ある人が言った。「管仲は倹約だったでしょうか。」先生が言われた。「管氏は三帰の台を持っていました。また家臣に役職を兼任させていませんでした。どうして倹約だったでしょうか。」「それならば管仲は礼を知っていたでしょうか。」先生が言われた。「国君は塀《へい》を建てて門を塞ぎますが、管氏もまた塀を建てて門を塞ぎました。国君は他国の君と友好関係を結ぶ際に盃《さかずき》をもどす台を用いましたが、管氏もまた盃をもどす台を用いました。管氏が礼を知っているとするならば、礼を知らない者などいるでしょうか。」

○**管仲**　姓は管、諱《いみな》は夷吾、字《あざな》は仲、敬仲。孔子が生まれる九十年ほど前（紀元前六四五年）に没した。孔子の故郷である魯の東から北にかけてあった大国の斉《せい》の宰相として桓公《かんこう》を覇者たらしめた功労者。彼に仮託して『管子』が作られた。○**三帰**　朱子は、劉向《りゅうきょう》『説苑《ぜいえん》』善説で管仲が三帰の台を築いたとあることをもとに、台の名とする。また、「三帰」自体は僭上の沙汰《さた》ではないが、贅沢品なのでここで取り上げられたとも言う（朱子『論語或問《わくもん》』）。なお古注では「帰」を「三姓の女を取る」こと、つまり三人の女性を娶《めと》ったとする。○**摂ねず**　「摂」は、兼ねること。『礼記《らいき》』礼運では、諸侯に仕える身分なのに全ての役職に専従の人間を配置するのは礼ではないとする。つまり一人に諸職を兼ねさせるべきだったのである。○**樹**　門に向かうように立て、見えないようにする塀（『爾雅《じが》』釈宮）。『荀子《じゅんし》』大略に「天子は門の外に、諸侯は門の内に屏（塀）を建てる。外に屏を建てるのは、外を見ようと望まないからであり、内に屏を建てるのは、内を見られないように望むからである」とあり、その楊倞《ようりょう》の注に、「屏を樹と言う」とある。○**塞**　蔽う。塀を門に設けて、それで家の内を外から蔽うことである。○**好**　友好の会見を言う。○**反坫**　盃を置く台。両方の柱の間にあって、盃をやりとりして飲み終われば、その盃をその上にもどすものである。これはみな諸侯の礼であって、諸侯に仕える身なのに管仲は僭越にもこれを行っているのであるから、礼をわきまえていなかった。

補説　管仲は宰相として位を極め大功があったが、桓公に仕えた臣下の身分であることには変わりない。それなのに倹約でないばかりか、僭越な振る舞いがあったことを批判したのである。孔子は管仲に対してこのような否定的な評価がある一方で、肯定的な面も見せる（五一二頁、五二四頁、五二七頁）。そこで武内義雄のような、管仲に否定的な語は魯の孔子学派の編集、肯定的な語は斉の孔子学派の編集という説もある（六二頁の注の前掲書）。斉を富強にしたのが管仲で、その斉に常に圧迫されていたのが孔子のいた魯であり、魯に近い鄒《すう》の出身で、曾参《そうしん》、子思《しし》と続いた魯の孔子学派を引き継ぐ孟子は一貫して管仲否定の姿勢を持っている。

第二十三章

子語魯大師楽曰、楽其可知也。始作、翕如也。従之、純如也、皦如也、繹如也。以成。

子《し》　魯《ろ》の大師《たいし》に楽《がく》を語《かた》りて曰《いは》く、楽《がく》は其《そ》れ知《し》る可《べ》きなり。始《はじ》め作《おこ》すに、翕如《きふじよ》たり。之《これ》を従《はな》つに、純如《じゆんじよ》たり、皦如《けうじよ》たり、繹如《えきじよ》たり。以《もつ》て成《な》る、と。

先生が魯の音楽長官に音楽を説明した。「音楽は（複雑ですが）、基本的なことはわかることができます。出だしは合奏します。展開は、調和しながらも、各音が明晰《めいせき》で、連綿と続きます。それで音楽として成り立ちます。」

○**大師**　音楽の役所の長官。三〇二頁に出てくる摯《し》という人物のことであろう。○**語**　説明する。○**楽は其れ知る可きなり**　当時から音楽は複雑な理論と技法を持っていた。孔子は音楽は複雑に見えるが、その基本型は知ることができると言ったのであろう。○**翕**　合すること。○**従**　展開すること。○**純**　調和すること。○**皦**　はっきりしていること。○**繹**　続いて絶えないこと。○**成**　音楽がひとわたり終わることとされるが、ここでは音楽としての骨格が成立することとして訳した。

補説　本章は、音楽長官に教えられるほどの孔子の音楽に対する造詣を示している。孔子は、遊説から帰国した時に魯の音楽が正されたと言うほどの音楽関係者への影響力を持っていた（三三二頁）。楽曲に対する具体的コメントもある（一三九頁、三〇二頁、六四六頁）。もともと孔子は音楽に感激する感性を持っていて（二五六頁）、正統な雅楽に限らず、気に入った曲は人と唱和することもあった（二七七頁）。なお礼と楽の関係については、一一〇頁の補説。

第二十四章

儀封人請見。曰、君子之至於斯也、吾未嘗不得見也。従者見之。出曰、二三子何患於喪乎。天下之無道也久矣。天将以夫子為木鐸。

儀《ぎ》の封人《ほうじん》見《まみ》えんことを請《こ》ふ。曰《いは》く、君子《くんし》の斯《ここ》に至《いた》るや、吾未《われいま》だ嘗《かつ》て見《まみ》ゆることを得《え》ずんばあらざるなり、と。従者之《じゅうしゃこれ》を見《まみ》えしむ。出《い》でて曰《いは》く、二三子《にさんし》何《なん》ぞ喪《うしな》ふことを患《うれ》へんや。天下《てんか》の道無《みちな》きや久《ひさ》し。天将《てんまさ》に夫子《ふうし》を以《もっ》て木鐸《ぼくたく》と為《な》さんとす、と。

儀の村の国境管理人が面会を求めた。そしてこのように言ってきた。「君子がここに来て、私はお会いできなかったことはありませんでした。」従者はそこで孔子に会わせた。その管理人は出て来て言った。「あなたがたはどうして先生が落魄《らくはく》していることを憂えるに及びましょうか。天下に道が無くなって長くたちます。天は先生を天下を教化する木鐸としようとしているのです。」

○**儀**　衛の邑《むら》。○**封人**　国境の管理をつかさどる官。賢者でありながら下位に身を潜めている者である。○**見**　社会的あるいは道徳的な上位者に会う場合は「まみゆ」、それ以外は「みる」と訓読することが多い。○君子　当時の賢者を言う。○二三子　お前たち。本章以外、計四章に見える。○喪　位を失い国を去ることを言う。○木鐸　口の部分が金属製で、舌の部分が木製の振鈴《しんれい》。政治の教化をする時に、それを振って民衆を戒めるものである。

補説　本章が天下に対して戒告し教導する人を「木鐸」ということの典拠である。

第二十五章

子謂韶、尽美矣。又尽善也。謂武、尽美矣。未尽善也。

子《し》　韶《せう》を謂《い》ふ、美《び》を尽《つ》くせり。又《また》善《ぜん》を尽《つ》くせるなり、と。武《ぶ》を謂《い》ふ、美《び》を尽《つ》くせり。未《いま》だ善《ぜん》を尽《つ》くさざるなり、と。

先生は韶の音楽について言われた。「美を尽くしている。そのうえ善を尽くしている。」武の音楽について言われた。「美を尽くしている。しかしまだ善は尽くしていない。」

○韶　聖王の舜《しゅん》の音楽と言われる。孔子はこの曲に感動して、三箇月間肉を食べても味がしなかった（二五六頁）。また歴代の音楽の中で、この曲を別格に評価している（五七六頁）。舜については、二四二頁の注。〇**武**　聖王の武王の音楽と言われる。武王については、三〇九頁の注。

補説　舜は堯《ぎょう》からその徳のゆえに位を譲られたが（「禅譲《ぜんじょう》」）、武王は非道であった殷の紂《ちゅう》を武力で討伐した（「放伐《ほうばつ》」）。武王は武力にたよった点で舜よりも劣ると見られることがあり、『孟子』尽心上では「堯や舜は生まれたままの聖人であるが、湯王と武王は自己修養でそうなった（堯舜は之《これ》を性のままにするなり、湯武は、之を身にするなり）」と言われている。それが音楽にも反映しているということであろう。ただ荻生徂徠《おぎゅうそらい》はあくまで音楽の話であるとする。孔子と音楽については一一〇頁の補説と一三七頁の補説。

第二十六章

子曰、居上不寛、為礼不敬、臨喪不哀、吾何以観之哉。

子《し》曰《いは》く、上《かみ》に居《ゐ》て寛《くわん》ならず、礼《れい》を為《な》して敬《けい》せず、喪《も》に臨《のぞ》みて哀《かな》しまずんば、吾何《われなに》を以《もっ》てか之《これ》を観《み》んや、と。

先生が言われた。「上に立っていて包容力が無く、礼を行って敬う気持ちが無く、喪にのぞんで哀しんでいなければ、私にその行いのどこを見よというのだ。」

里《り》仁《じん》第四

最初に仁についての語がまとまって並び、あとは君子や親孝行について数章があるほか際だった特徴は無いが、人生訓の名言が多い篇である。

第一章

子曰、里仁為美。択不処仁、焉得知。

子《し》曰《いは》く、仁《じん》に里《を》るを美《び》と為《な》す。択《えら》びて仁《じん》に処《を》らずんば、焉《いづく》んぞ知《ち》なるを得《え》ん、と。

先生が言われた。「仁によるのがうるわしい。仁によるという選択ができなければ、どうして知と言えようか。」

○仁に里るを美と為す　荻生徂徠《おぎゅうそらい》によれば、「里」は次に出てくる「処」と同じ意味で、それによること。ただ徂徠は、仁によればもろもろの美がやってくるという独特の解釈をする。また徂徠は「仁に里るを美と為す」を古語とし、これ以後を孔子の解説と見なした。『詩経』に「洵《まこと》に美にして且《か》つ仁」（鄭風《ていふう》の「叔于田《しゅくうでん》」）、「其《そ》の人美にして且《か》つ仁」（斉風《せいふう》の「盧令《ろれい》」）というように仁と美を並べる表現があり、詩やことわざに多い四字句であることからしても、あるいは「仁に里《を》り美為《た》り」という語が伝承されていたのかもしれない。なお古注も朱子も「里」を村の意味にとって、「里は仁なるを美と為す」と読む。それによれば、住む村は仁者が住む場所あるいは仁の風気が行き渡っているところがよいということであるが、『詩経』の用例は個人の形容なので、ここでも人のこととして訳してみた。

補説　次章もそうだが、『論語』では、しばしば仁と知を並べる。

第二章

子曰、不仁者不可以久処約、不可以長処楽。仁者安仁、知者利仁。

子《し》曰《いは》く、不仁者《ふじんしゃ》は以《もつ》て久《ひさ》しく約《やく》に処《を》る可《べ》からず、以《もつ》て長《なが》く楽《らく》に処《を》る可《べ》からず。仁者《じんしゃ》は仁《じん》に安《やす》んじ、知者《ちしゃ》は仁《じん》を利《り》とす、と。

先生が言われた。「不仁である者は長い間の貧乏な生活に耐えられないし、長い間の安楽な生活にも安住できない。仁である者は、仁の境地に安んじ、知である者は、仁の価値を知ってそれを求める。」

○約　困窮。○利　「安」と「利」を対比させたものとしては、『礼記《らいき》』中庸《ちゅうよう》の「安んじて行う場合があり、利として行う場合があり、刻苦勉励《こっくべんれい》して行う場合があるが、その成果は一つである」があり、最高の境地を「安」、次を「利」、最低を「刻苦勉励（勉強）」としている。これによれば、それを利（良いもの）と認識して獲得しようと努めることになる。ただ文字通り、仁を役立てるという意味の可能性もある。本章では仁者と知者が並列しているのか、両者に段階をつけているのかは不明であるが、『礼記』中庸では「利」を「安」より劣る段階とし、貧富は利と関係するから、利を意識している限り知者は不仁者よりもはるかに優れるが貧富を完全に超越しきれてはいないという含意もあるかもしれない。なお一九二頁では「知でもないのに、どうして仁であろうか」というように、知が前提となりその先に仁があるとする。

第三章

子曰、惟仁者能好人、能悪人。

子《し》曰《いは》く、惟仁者《ただじんしゃ》のみ能《よ》く人《ひと》を好《この》み、能《よ》く人《ひと》を悪《にく》む。と。

先生が言われた。「ただ仁である者だけが、的確に人を好むことができ、人を憎むことができる。」

第四章

子曰、苟志於仁矣、無悪也。

子《し》曰《いは》く、苟《いやしく》も仁《じん》に志《こころざ》せば、悪無《あくな》きなり、と。

先生が言われた。「少しでも仁に志しさえすれば、悪いことはしなくなる。」

〇**苟**　いやしくも。強い仮定を表す。〇**悪**　伊藤仁斎は憎むという意味にとり、もし仁に志せば憎まれないと解釈する。

補説　朱子は「苟」を「誠に」と読んだが、それを荻生徂徠は、いくら仁に志してもその仁の理解が不正確であれば悪になりうるわけだから、「正しく仁に志せば」としたと見なした。

しかしここはやはり、仁を実現しようという意志自体が尊く、その連続こそが善であるという意味であろう。

第五章

子曰、富与貴、是人之所欲也。不以其道得之、不処也。貧与賤、是人之悪也。不以其道得之、不去也。君子去仁、悪乎成名。君子無終食之間違仁、造次必於是、顚沛必於是。

子《し》曰《いは》く、富《ふ》と貴《き》とは、是人《これひと》の欲《ほっ》する所《ところ》なり。其《そ》の道《みち》を以《もっ》てせずして之《これ》を得《う》れば、処《を》らざるなり。貧《ひん》と賤《せん》とは、是人《これひと》の悪《にく》む所《ところ》なり。其《そ》の道《みち》を以《もっ》てせずして之《これ》を得《う》れば、去《さ》らざるなり。君子《くんし》は仁《じん》を去《さ》りて、悪《いづく》にか名《な》を成《な》さん。君子《くんし》は食《しょく》を終《を》ふるの間《あひだ》も仁《じん》に違《たが》ふこと無《な》く、造次《ざうじ》にも必《かなら》ず是《ここ》に於《おい》てし、顚沛《てんぱい》にも必《かなら》ず是《ここ》に於《おい》てす、と。

先生が言われた。「富と貴は人が望むものである。道によらないでそれを得たのであれば、安住しない。貧と賤は人がいやがるものである。道によらないでそれを得たのであれば、逃げようとはしない。君子が仁を捨てれば、君子の名に値しようか。君子は食べ終わるまでの間も仁からはずれることが無く、とっさの場合もここで行為し、危急の場合もここで行為する。」

○其の道を以てせずして之を得れば　朱子が「得るべきではないのにこれを得るを言う（当《まさ》に得《う》からずして之《これ》を得るを謂《い》ふ）」と注したのに従って訳した。この箇所は「其の道を以て之を得ざれば、処らざるなり」と読まれることが多い。従来から問題であったのは、「道」が仁を目してのことか、徳や才あるいは不徳不才のもたらす必然性のことかであるが、後者とすると、続く「其の道を以てせずして之を得れば、去らざるなり」の部分が「不徳不才によらないで貧賤になったのであれば、それを甘受する」という意味になり、不自然の感が拭《ぬぐ》えない。本章は、後段でいかなる場面でも仁であり続けることを説いているのだから、前段も、常に仁に依拠して富貴や貧賤に拘泥《こうでい》しないことを言うと見る方が自然であろう。**○君子**　立派な人。**○造次**　突発的で慌てる時。**○顚沛**　危急で混乱する場合。

第六章

子曰、我未見好仁者、悪不仁者。好仁者、無以尚之。悪不仁者、其為仁矣。不使不仁者加乎其身。有能一日用其力於仁矣乎、我未見力不足者。蓋有之矣、我未之見也。

子《し》曰《いは》く、我《われ》未《いま》だ仁《じん》を好《この》む者《もの》、不仁《ふじん》を悪《にく》む者《もの》を見《み》ず。仁《じん》を好《この》む者《もの》は、以《もつ》て之《これ》に尚《くは》ふること無《な》し。不仁《ふじん》を悪《にく》む者《もの》も、其《そ》れ仁《じん》を為《な》す。不仁《ふじん》なる者《もの》をして其《そ》の身《み》に加《くは》へしめざればなり。能《よ》く一日《いちじつ》其《そ》の力《ちから》を仁《じん》に用《もち》ふること有《あ》らんか、我未《われいま》だ力《ちから》の足《た》らざる者《もの》を見《み》ず。蓋《けだ》し之《これ》有《あ》らん、我未《われいま》だ之《これ》を見《み》ざるなり、と。

先生が言われた。「私は仁を好む者、不仁を憎む者を見たことがない。仁を好む者は、それ以上何もつけ加えるものが無い。一方不仁を憎む者も、仁を行っていることにはなる。それは不仁なものをその身に影響させないからである。一日でもその力を仁に用いることがあればよいのだが、私はその場合力不足の者を見たことがない。やはりいるかもしれないが、しかし私は見たことがないのだ。」

○不仁なる者　朱子は不仁な事とするが、荻生徂徠《おぎゅうそらい》は不仁な人とする。○能く一日其の力を仁に用ふること有らんか　朱子は詠嘆の語とするが、荻生徂徠は仮定の文とする。○力の足らざる　二二一頁でも、これを言い訳にすることを批判している。

第七章

子曰、人之過也、各於其党。観過斯知仁矣。

子《し》曰《いは》く、人《ひと》の過《あやま》つや、各〻《おのおの》其《そ》の党《たう》に於《おい》てす。過《あやまち》を観《み》て斯《ここ》に仁《じん》を知《し》る、と。

先生が言われた。「人が過ちを犯す場合は、それぞれの型に応じて犯す。過ち方を見ると、その人が仁であることがわかる場合もある。」

○党 類型。例えば後漢の孫性《そんせい》は親孝行であるがゆえに罪を犯し、父に言われて自首したが、その時事情を聞いた呉祐《ごゆう》がこの語を引いている（『後漢書』呉祐伝）。つまりその過ち方を見るとその人が孝行息子のタイプであることがわかる、といったこと。本来仁者なら過ちを犯さないはずだが、時にはこのようなケースもあり、むしろそういう時にその人間が仁の心を持っていたことが知られる。**○過を観て斯に仁を知る** 朱子は、過ちを犯さない限り仁かどうかがわからないということではないと念を押す。つまりこのような場合もあるということ。

補説 古注では「小人が過ちを犯しても、君子は、小人なのだからということで寛大であり、そこに君子の仁者らしさがわかる」と解釈している。また宋代の湖南学では、「過を観て斯に仁を知る」の「過」を他人の「過」ではなく自分の「過」とし、自分の過ちを認識した瞬間、そのように反省した自分の心は仁になっていることが自覚できると解釈したが、朱子はそれを否定した。

第八章

子曰、朝聞道、夕死可矣。

子《し》曰《いは》く、朝《あした》に道《みち》を聞《き》かば、夕《ゆふべ》に死《し》すとも可《か》なり、と。

先生が言われた。「朝方《あさがた》道を聞けたなら、夕方死んでもよい。」

○聞　道の本質を聞くことができ、それによって悟るということ。

補説　この章は、以下のような解釈がある。

一、孔子自身のこととして解釈する。そうなると孔子自身が「七十にして心の欲する所に従《したが》へども、矩《のり》を踰《こ》えず（七十而従心所欲、不踰矩）」と七十歳で最終的な境地に達したと言うことから（七七頁）、かかる境地に至っていない七十歳以前の語となる。

二、一般の人々のこととして解釈する。朱子は、聖人を生まれつき悟った存在としたため、孔子自身のこととはしなかった。「朝方道を聞けたなら、夕方死んでもよいはずだ」ということ。

三、「世の中に道が行われるようになったことを聞けば」という形で解釈する（古注）。晩年孔子が病み、見舞いに来た弟子の子貢《しこう》に向かって「天下には道が無くなって久しく、私の言うことを大事にしてくれる者もいない」と嘆いたことが前漢の司馬遷《しばせん》の『史記』孔子世家《せいか》に出ている。道が世に行われるのが孔子の悲願であった。

これらの解釈はいずれも孔子が完全無欠の聖人であった（あるいはそうなった）ことを前提としているが、孔子自身にはそのような自己認識は無かった（二七八頁とその補説）。そこでここでは終生学に励み自己向上を図った孔子の感慨として訳した。

第九章

子曰、士志於道、而恥悪衣悪食者、未足与議也。

子《し》曰《いは》く、士《し》 道《みち》に志《こころざ》して、悪衣《あくい》悪食《あくしよく》を恥《は》づる者《もの》は、未《いま》だ与《とも》に議《ぎ》するに足《た》らざるなり、と。

先生が言われた。「士であって道に志しているのに、粗末な衣服や食事を恥ずかしく思う者は、ともに語りあうには不足だね。」

○士　統治される民に対して、統治する側は、公、卿《けい》、大夫《たいふ》、士の段階があり、士はこれらの中では最下層に属し、貧しい場合もある。ただ官僚および官僚予備軍をまとめて士ということが多く、ここもそれであろう。本章にはいやしくも士であるのに、という語感がある。

第十章

子曰、君子之於天下也、無適也、無莫也、義之与比。

子《し》曰《いは》く、君子《くんし》の天下《てんか》に於《お》けるや、適無《てきな》く、莫無《ばくな》し。義《ぎ》に之与《これとも》に比《ひ》す、と。

先生が言った。「君子は天下に関しては選《え》り好みをして行くとか行かないとかしない。ただ義とともに歩む。」

○君子　立派な人。○適無く、莫無し　「適」と「莫」を、ここでは「行く」、「行かない」と解釈した。なお皇侃《おうがん》は范寗《はんねい》を引き「厚くする」、「薄くする」（邢昺《けいへい》『論語注疏』も同じ）、朱子は「付き従う」、「そうしようとしない」、荻生徂徠《おぎゅうそらい》はその人に「親しむ」、「疎《うと》んず」としたが、それ以外にも諸説ある。ちなみに六七八頁に隠逸《いんいつ》について「可《か》とすることも無《な》く不可《ふか》とすることも無《な》し（それがよいとも決めつけず、それがよくないとも決めつけない）」とあるのも、同じ型の言い方である。

○**義に之与に比す**　「比」を、皇侃は親しむ、朱子は従うとする。「義之与比」は、「与比義（与に義に比す）」を「之」を用いて倒置した文。

補説　劉宝楠『論語正義』では、「適無く、莫無し」には、事について言う場合と（陸徳明『経典釈文』《けいてんしゃくもん》に引く鄭玄《じょうげん》や『後漢書』の用例）、人について言う場合（『後漢書』、『白虎通』《びゃっこつう》、『風俗通』の用例）があると言う。後者であれば、「人の選り好みをしない。ただ義ある人とともに歩む」という意味になる。

第十一章

子曰、君子懐徳、小人懐土。君子懐刑、小人懐恵。

子《し》曰《いは》く、君子《くんし》徳《とく》を懐《おも》へば、小人《せうじん》土《ど》を懐《おも》ふ。君子《くんし》刑《けい》を懐《おも》へば、小人恵《せうじんけい》を懐《おも》ふ、と。

先生が言った。「君子が徳に意を用いるならば、小人はその土地で暮らし続けたいと思う。君子が刑罰に意を用いるならば、小人はお目こぼしにあこがれる。」

○**君子、小人**　為政者、庶民。○**土を懐ふ**　古注は土地を捨てて別の場所に移ることを思わないことし、『史記』や『漢書』ではこの意味で使用されている。

補説　本章は、第一句と第三句が第二句と第四句の条件になっているという荻生徂徠《おぎゅうそらい》の解釈をもとに訳した（ただ徂徠は徳を有徳の賢人の意味とする）。普通は、「君子は徳を思うが、小人は土地に執着する。君子は法を重視するが、小人は得することを思う」という四者並列で解釈する。しかし本章の君子が為政者を意味する以上、有徳者とは限らないから、為政者が徳を懐う場合と、刑を懐う場合の二者を並列させていると見るのが妥当である。そもそも孔子は刑罰重視に批判的であった（七五頁）。なお後世の偽作であるが『書経』虞《ぐ》書・大禹謨《だいうぼ》には、「刑は刑無きを期す（刑期于無刑）」という儒教の刑罰への否定的姿勢を象徴する語がある。

第十二章

子曰、放於利而行、多怨。

子《し》曰《いは》く、利《り》に放《よ》りて行《おこな》へば、怨多《うらみおほ》し、と。

先生が言われた。「利に引きずられて物事を行えば、恨まれることが多い。」

○放　依る。○怨多し　自分の心にわだかまりが残ることが多いという意味にも取れる。

第十三章

子曰、能以礼譲為国乎。何有。不能以礼譲為国、如礼何。

子《し》曰《いは》く、能《よ》く礼譲《れいじやう》を以《もつ》て国《くに》を為《をさ》めんか。何《なに》か有《あ》らん。礼譲《れいじやう》を以《もつ》て国《くに》を為《をさ》むること能《あた》はざれば、礼《れい》を如何《いかん》、と。

先生が言われた。「礼の謙譲の精神によって国を治めようか。何の困難があろうか。礼の謙譲の精神によって国を治められなければ、礼をどうしようというのか。」

○礼譲　「譲」は謙譲のことで、礼の根本精神。礼は規定であるが、ここではわざわざ「譲」の字をつけているのは、「譲」という礼の精神を強調しているのである。普通は礼の精神は「敬」とされるが、他に「恭」や「譲」もあてられる。○何か有らん　何か特に問題になることがあろうか。二一六頁、四七七頁にも同じ言い方が見える。

補説　礼は国の統治に実現されてこそ意味を持つということとともに、うわべの礼の細目の実践だけではなく、礼の精神が伴った礼によって治めてこそ礼治国家と言えるという主張も込められているのであろう。

第十四章

子曰、不患無位、患所以立。不患莫己知、求為可知也。

子《し》曰《いは》く、位《くらゐ》無きを患《うれ》へず、立《た》つ所以《ゆゑん》を患《うれ》ふ。己《おのれ》を知《し》るもの莫《な》きを患《うれ》へず、知《し》らる可《べ》きを為《な》さんことを求《もと》む、と。

先生が言われた。「位が無いことを憂えない。位につくだけのものがあるかを憂う。自分のことを知ってくれないのを憂えない。知ってもらえるだけのことをするのを求める。」

補説　本章の後半と類似の語が『論語』には数箇所に見える（七〇頁、五四二頁、五八三頁）。

第十五章

子曰、参乎、吾道一以貫之。曽子曰、唯。子出。門人問曰、何謂也。曽子曰、夫子之道、忠恕而已矣。

子曰《しいは》く、参《しん》や、吾《わ》が道《みち》は一以《いつもつ》て之《これ》を貫《つらぬ》く、と。曽子《そうし》曰《いは》く、唯《ゐ》、と。子《し》出《い》づ。門人《もんじん》問《と》ひて曰《いは》く、何《なん》の謂《いひ》ぞや、と。曽子《そうし》曰《いは》く、夫子《ふうし》の道《みち》は、忠恕《ちゅうじょ》のみ、と。

先生が言われた。「参よ、私の道は一つのことで貫かれている。」曽子が言われた。「はい。」先生がお出になられた。門人がたずねて言った。「どういう意味ですか。」曽子が言われた。「先生の道は、誠実で思いやりを持つことなのだ。」

○参　孔子の弟子の曽参《そうしん》（曽子）。五二―三頁の注と補説。**○唯**　丁寧な返事。**○子出づ**　孔子が自宅にいて外出あるいは奥に引っ込んだとも、曽参宅を訪れていた孔子が帰ったとも、両方にとれる。皇侃《おうがん》は後者。なお伊藤東涯《とうがい》は孔子が奥に引っ込んだのであれば、「子入る」とあるべきだとする（『論語古義疑問』）。**○門人**　孔子の門人とも曽参の門人ともとれる。皇侃や邢昺《けいへい》『論語注疏』は後者。**○忠恕**　自己の心の誠実さと他者への思いやり。一六頁の「解説」参照。

補説　本章は後世、孔子の思想の本質と曽参への道の伝授を示すものとして重視された。孔子が一貫して持っていた理念が忠恕という極めて日常的な心構えであるとされていることへの違和感から、朱子の注では、孔子という聖人と曽参という賢人どうしの間では渾然たる一なる理が即座に伝えられたので曽参が「はい」と応答するだけですんだが、曽参と一般の門人との間ではその微妙で奥深いところが伝えられないため、曽参が具体的な項目をあげたとする。このような解釈は、孔子のような完全無欠な聖人、曽参などの賢人のような聖人の一歩手前、その次の段階の高弟たち、普通の弟子というようにランクづけをし、それぞれどのランクどうしの対話なのかを見ることで、『論語』の理解困難な箇所を乗り切ろうとする朱子らの常套的方法である。

ところでこの「一以て之を貫く」は子貢との問答の中にも見える（五六六頁）。そこで孔子が子貢に「私のことを博学と思っているのか」と問いかけ、そう思うと言った子貢に向かってこの語を発している。また五八六頁では同じく子貢が孔子に生涯行うべき一語をたずねたのに対し、孔子は「恕」と答えている。これらのことからすると、「一以て之を貫く」は生涯一貫した姿勢ということで、本章で曽参が忠恕を持ちだしたのは孔子門下としてごく自然だったのではなかろうか。また忠恕（特に恕）は仁の思いやりの精神を端的に実現するものでもある。なお「吾道一以貫之」の「一」を「専ら」「皆」の意、「貫」を「行」「事」の意とし、「我が道はみな実践を教えとする」と解する説もある（阮元《げんげん》「論語一貫説」）。

第十六章

子曰、君子喩於義、小人喩於利。

子《し》曰《いは》く、君子《くんし》は義《ぎ》に喩《さと》り、小人《せうじん》は利《り》に喩《さと》る、と。

先生が言われた。「立派な人は義に通暁《つうぎよう》し、くだらない人は利に通暁する。」

○君子、小人　立派な人、くだらない人。○喩　古注も朱子も「暁《さと》る」とする。○義、利　道義志向と利益追求を対置させている。

第十七章

子曰、見賢思斉焉、見不賢而内自省也。

子《し》曰《いは》く、賢《けん》を見《み》ては斉《ひと》しからんことを思《おも》ひ、不賢《ふけん》を見《み》ては内《うち》に自《みづか》ら省《かへり》みる、と。

先生が言われた。「賢人を見たら、その人と同じようになりたいと思い、くだらない人を見たら、ふりかえって自分を反省する。」

第十八章

子曰、事父母幾諫。見志不従、又敬不違、労而不怨。

子《し》曰《いは》く、父母《ふぼ》に事《つか》へては幾諫《きかん》す。志《こころざし》の従《したが》はざるを見《み》れば、又敬《またけい》して違《たが》はず、労《らう》して怨《うら》みず、と。

先生が言われた。「父母に仕えてはそれとなく諫《いさ》める。それが父母の意向に沿わないことを見れば、更に敬う気持ちをはげまして父母に不快な気持ちを起こさせないようにし、また心身をすりへらしても不満に思わない。」

○**幾諫**　「幾」を古注も朱子も「微」の意味とする。直接的に諫めるのではなく、それとなく諫めること。○**違はず**　父母の気持ちを逆撫でしないこと。父母の意向に違わないようにするという解釈もある。○**労して怨みず**　普通は「父母の意向に従って苦労しても不満に思わない」と訳す。ここでは補説に引いた『礼記《らいき》』内則《だいそく》の内容をもとに訳した。

補説　本章の解釈では、あくまで諫め続けるのか、それとも結局は父母の意向にしたがって諫めるのをやめるのかが問題になる。前者の解釈を補佐するものとしては、『礼記』内則に次のような内容の語がある。「父母に過《あやま》ちがあれば態度や言葉をおだやかにして諫めよ。もし聞き入れられなければ更に親を敬って孝行を尽くし、喜べばまた諫めよ。喜ばなければ、地元で罪を得るようになるより、そうならないようにねんごろに諫めよ。父母が怒って鞭打《むちう》ち流血しても怨むことなく、更に敬い更に孝行せよ。」後者の解釈を補佐するものとしては、『礼記』曲《きょく》礼《らい》下に子が親に仕える場合、「三回諫めて聴かれなければ、号泣してそれに随《したが》う」という語がある。ただその場合は、六三頁や一六一頁と同じく父母が悪事をしている場合はどうなのかという問題が残る。

第十九章

子曰、父母在、不遠遊。遊必有方。

子《し》曰《いは》く、父《ふ》母《ぼ》在《いま》せば、遠《とほ》くに遊《あそ》ばず。遊《あそ》べば必《かなら》ず方《はう》有《あ》り、と。

先生が言われた。「父母が在世中は遠出しない。出る時は必ず決まった場所に行く。」

○**方**　古注では「常」の意味とし、出る時は必ず決まった場所に行くこととする。一方、朱子は方角のこととし、東に行くといったら東に行くというように行く方角を親に告げて変えないこととする。いずれにしても親を心配させないということである。

補説 「方」を「常」の意味とする根拠としては、『礼記《らいき》』曲礼上《きょくらい》に、そもそも子たる者は外出する時は必ず親に告げ、帰宅すれば必ず顔を出すとした後で、「外を出歩く所は必ず常に行く場所である（遊ぶ所必ず常有り）」と言っていることがあげられる。なお「親が年を取れば、外出の時に方を変えない（親老《おゆ》れば、出《いづ》るに方を易《か》へず）」（『礼記』玉藻《ぎょくそう》）という語もあるが、これは「常」とも「方角」とも取れよう。

第二十章

子曰、三年無改於父之道、可謂孝矣。

子《し》曰《いは》く、三年父《さんねんちち》の道《みち》を改《あらた》むる無《な》きは、孝《かう》と謂《い》ふ可《べ》し、と。

先生が言われた。「三年、父の道を改めないのは、孝と言うことができる。」

補説 この語がそのまま含まれている章がある（六三頁）。伊藤仁斎は、この語が重複するのは、孔子がしばしば口にしたので、門人たちがそれぞれ記録したためであるとし、荻生徂徠《おぎゅうそらい》は、この語は孔子自身の言葉ではなく古言であるとする。なお徂徠は六三頁の注の方では、この語を古言に対する孔子の補説としていて、本章の注との齟齬《そご》が見える。

第二十一章

子曰、父母之年、不可不知也。一則以喜、一則以懼。

子《し》曰《いは》く、父母《ふぼ》の年《とし》は、知《し》らざる可《べ》からず。一《いつ》には則《すなは》ち以《もつ》て喜《よろこ》び、一《いつ》には則《すなは》ち以《もつ》て懼《おそ》る、と。

先生が言われた。「父母の年齢は知っていなければならない。一つにはそれで長寿を喜び、一つにはそれで老衰を危惧《きぐ》するのだ。」

第二十二章

子曰、古者言之不出、恥躬之不逮也。

子《し》曰《いは》く、古《いにしへ》者言《げん》を之《これ》出《いだ》さざるは、躬《み》の逮《およ》ばざるを恥《は》づればなり、と。

先生が言われた。「昔、人が言葉をなかなか発しなかったのは、実践がそれに及ばないのを恥じたからだ。」

○古者　昔。○言を之出さざる　「不出言（言を出さず）」を「之」を用いて倒置にしている。

第二十三章

子曰、以約失之者鮮矣。

子《し》曰《いは》く、約《やく》を以《もつ》て之《これ》を失《うしな》ふ者《もの》は鮮《すくな》し、と。

先生が言われた。「倹約していて立ちゆかなくなる者は少ない。」

○約　倹約。荻生徂徠《おぎゅうそらい》は困窮の意味に取り、困窮のまま終わる者は少ないという意味とする。ただ困窮でたちゆかなくなるのは不仁者の場合であり（一四二頁）、本章は人全般を言っているから、倹約ということで訳した。

第二十四章

子曰、君子欲訥於言而敏於行。

子《し》曰《いは》く、君子《くんし》は言《げん》に訥《とつ》にして行《かう》に敏《びん》ならんことを欲《ほつ》す、と。

先生が言われた。「君子は、口は訥弁《とつべん》であっても実践には速やかであろうとする。」

○君子　立派な人。

補説　孔子は実践が言葉に先行すべきであることをたびたび説き、訥弁を仁とすることすらあった（四三二頁）。

第二十五章

子曰、徳不孤、必有隣。

子《し》曰《いは》く、徳《とく》は孤《こ》ならず、必《かなら》ず隣《となりあ》有り、と。

先生が言われた。「徳は孤独ではない。必ず寄り添ってくれる人がいる。」

第二十六章

子游曰、事君数、斯辱矣。朋友数、斯疏矣。

子游《しいう》曰《いは》く、君《きみ》に事《つか》へて数《しばしば》〻すれば、斯《ここ》に辱《はづか》しめらる。朋友《ほういう》に数《しばしば》〻すれば、斯《ここ》に疏《うと》んぜらる、と。

子游が言った。「君に仕えてしつこくすれば、辱めを受ける羽目になる。朋友にしつこくすれば、いやがられる羽目になる。」

○**子游**　孔子の弟子。八三頁の注。○**数**　繁多。諫言や忠告をしつこく行う。なれなれしくするという解釈もある。

補説　子貢が友達づきあいについて質問した時に、孔子が忠告して導くようにと言ったあとで、もし聞かれなければそこでやめて、辱められないようにせよと言っていることからすると（四六〇頁）、諫言とか忠告をして聞かれない場合は、それ以上しつこくしないということであろう。その先は当人の反省を待つという解釈と、そのもとを去るという解釈とがある。

公冶長《こうやちやう》第五

弟子に対するものを含めた孔子の人物評が目立つ篇である。

第一章

子謂公冶長、可妻也。雖在縲紲之中、非其罪也。以其子妻之。子謂南容、邦有道不廢。邦無道免於刑戮。以其兄之子妻之。

子《し》公冶長《こうやちやう》を謂《い》ふ、妻《めあは》す可《べ》きなり。縲紲《るいせつ》の中《なか》に在《あ》りと雖《いへど》も、其《そ》の罪《つみ》に非《あら》ざるなり、と。其《そ》の子《こ》を以《もつ》て之《これ》に妻《めあは》す。子《し》南容《なんよう》を謂《い》ふ、邦《くに》に道《みち》有《あ》るも廢《はい》せられず、邦《くに》に道《みち》無《な》きも刑戮《けいりく》を免《まぬが》る、と。其《そ》の兄《あに》の子《こ》を以《もつ》て之《これ》に妻《めあは》す。

先生が公冶長について言われた。「彼の妻にしてもよい。お縄になったが、彼の罪ではなかった。」かくて我が子を彼の妻にした。孔子が南容について言われた。「国に道が行われていても失脚させられること無く、国に道が行われていなくても刑罰を受けずにすむ。」かくて兄の子を結婚させた。

○公冶長　孔子の弟子と言われるが、はっきりしない。姓は公冶、諱《いみな》は萇《ちょう》（『孔子家語』）、字《あざな》は子長。斉《せい》の人（『孔子家語』では魯《ろ》の人）。**○妻**　その妻にする。**○縲**　黒い縄。**○紲**　つなぐこと。後のテキストは、皇帝の諱《いみな》を避けて「絏」に改めている。牢屋の中では黒縄で罪人を縛った。**○南容**　諱は縚《とう》、また适《かつ》、字《あざな》は子容《しよう》、諡《おくりな》は敬叔《けいしゅく》であったと言う。**○廃せられず**　失脚させられないこと。

補説　公冶長がいかなる人物かは不明である。老婆にその子の死体の場所を教えたことから、殺人の嫌疑をかけられたが、後に彼が鳥の言葉を理解し、鳥が子の死体をついばみに行こうと言っていたのを聞いたためであることがわかり、釈放されたという伝説があるくらいである（皇侃《おうがん》が引く『論釈』の語）。

一方南容については、彼が『詩経』の「白圭《はくけい》」の詩を復誦していたので、孔子は兄の娘を嫁がせたという（三八九頁）。また南宮适《なんきゅうかつ》と同一人物とされ（『史記』仲尼弟子列伝）、五〇六頁では、この南宮适はその質問がよかったので孔子に激賞されている。更にこの箇所の古注に「适は南容敬叔」とあることを加えれば、南容と南宮敬叔とは同一人となり、『春秋左氏伝』昭公十一年に孟僖子《もうきし》が孟懿子《いし》および南宮敬叔を泉丘の女性に産ませたとあることからすると、魯の家老の孟僖子の子ということになる。この一族は、専横の振る舞いがあった三桓氏《さんかんし》のうちの一家であるが、孟僖子は孔子を評価して子の孟懿子を弟子入りさせ、孔子と孟懿子とのやりとりが七九頁に見える。南容はこの孟懿子の兄弟だったわけで、孔子はその人柄をよく知っていたということになるのかもしれない。この南宮敬叔（南容）は孔子と周に行き、そこで孔子が老子と会見したという話までが『史記』孔子世家にある。ともかくも「邦に道有るも廃せられず」という「廃」の字を使用した言い方には、彼がこの時点で既に地位が高かったニュアンスが感じられるので、荻生徂徠《おぎゅうそらい》が言うように、魯の国が正常化されて彼の一族が権勢を削《そ》がれたとしても彼は失脚しないであろうという意味にも取れる。

ただ「南容」を南宮敬叔とすることについては既にかなりの疑問が提示されている。一例を挙げれば、敬叔のような身分であれば『論語』では諡《おくりな》で呼ぶのが普通なのに、そうではないといったことである（崔述《さいじゅつ》『洙泗《しゅし》考信余録』など）。孔子が姪《めい》を媒介にして三桓氏の親戚となるということも不自然の感は否《いな》めない。いずれにしろ歴代、自分の娘には牢屋に入れられた前科者にめあわせたのに対し、兄の娘には家老の子をめあわせたということから、孔子が自分よりも兄を尊重していたとか、娘の方によりよい相手を当てたという疑いを孔子が避けたという類の臆説もいろいろなされてきた。ともかくも南容は、本章では地位を保ち刑罰にもあわないと言われ、三八九頁では言葉を慎重にせよと詠じる詩を復誦していたとされることからすると、社会的に失敗しない人物で、無実の罪で牢獄に繋がれた公冶長との対比がこの点でも際立っているのは確かである。中国では冤罪《えんざい》であっても刑罰にあうのを恥辱とした。それからすると、孔子は驚くほど社会的通念にとらわれる人物ではなかった。

なお本章については、公冶長と南容の件を分けて二章にするテキストも多い。

第二章

子謂子賤、君子哉若人。魯無君子者、斯焉取斯。

子《し》 子賤《しせん》を謂《い》ふ、君子《くんし》なるかな 若《かくのごと》き人。魯《ろ》に君子《くんし》者無《しやな》ければ、斯焉《これいづく》にか斯《これ》を取《と》らん、と。

孔子が子賤について言われた。「君子だね、このような人は。魯に君子がいなければ、この人はどうしてこうなれただろうか。」

○**子賤**　孔子の弟子。姓は宓《ふく》、諱《いみな》は不斉《ふせい》。字《あざな》は子賤。魯の人（古注、『孔子家語』）。孔子より三十歳年少（『孔子家語』では四十九歳年少）。単父《ぜんぽ》の宰《さい》になったと諸書が伝え、そこで無為の政治（法律などで規制せず自然調和を目指す政治）を行ったと言われる。○**君子**　立派な人。○**若き人**「若」は、かくのごとし。同じ用例が五〇七頁にも見える。○**君子者無ければ**「者」を仮定を示すとし、「君子無ければ」という訓読もある。○**斯**　上の「斯」は子賤、下の「斯」は君子らしさ。
○**取**　君子らしさを身につける。

補説　君子を輩出した魯の環境のよさを言うとする解釈と、立派な先生の薫陶の結果であるという解釈がある。

第三章

子貢問曰、賜也何如。子曰、女器也。曰、何器也。曰、瑚璉也。

子貢《しこう》問ひて曰《いは》く、賜《し》や何如《いかん》、と。子《し》曰《いは》く、女《なんぢ》は器《き》なり、と。曰《いは》く、何《なん》の器《き》ぞや、と。曰《いは》く、瑚璉《これん》なり、と。

子貢がたずねて言った。「私はいかがでしょうか。」先生が言われた。「お前は器《うつわ》だ。」そこで言った。「どんな器でしょうか。」先生が言われた。「瑚璉だ。」

○**子貢**　孔子の弟子。六一―二頁の注と補説。○**賜**　子貢の諱《いみな》。自称する時は諱を用いる。○**女**　汝。○**器**　具体的用途を持つ道具。一つの能力だけを持つことのたとえ。八九頁の注。○**瑚璉**　宗廟の祭祀で穀物を盛る祭器。夏《か》では「瑚」、殷《いん》では「璉」、周では「簠簋《ほき》」と言った（古注）。ただ『礼記』明堂位では夏は四璉、殷は六瑚というように逆になっている。

補説　孔子は「君子は器ではない」としていることから（八九頁）、子貢は全体を見渡せる君子としては今一歩であるが、「器」の段階の者の中では立派ではあるという意味とするのが穏当であろう。子貢の言論、財務、外交の才能は突出していた。ただ伊藤仁斎は、瑚璉、簠簋は貴重で常用するものではないが、耒耜《らいし》、陶冶《とうや》（鋤などの農具と陶器・金属製の生活器具）の類は、貴重品ではなく人々はその価値に気づかないものの、日常欠かせぬものであると言い、そのうえで、聖人の徳は耒耜、陶冶であるとし、孔子が子貢を瑚璉、簠簋に比することで戒《いまし》めたとする。

第四章

或曰、雍也仁而不佞。子曰、焉用佞。禦人以口給、屢憎於人。不知其仁。焉用佞。

或《ある》ひと曰《いは》く、雍《よう》や仁《じん》なれども佞《ねい》ならず、と。子《し》曰《いは》く、焉《いづくん》ぞ佞《ねい》を用《もち》ひん。人に禦《あた》るに口給《こうきふ》を以《もつ》てすれば、屢〻《しばしば》人《ひと》に憎《にく》まる。其《そ》の仁《じん》を知《し》らず。焉《いづくん》ぞ佞《ねい》を用《もち》ひん、と。

ある人が言った。「雍は仁ではありますが、弁は立ちませんね。」先生は言われた。「どうして弁が立つ必要がありますか。人に対して弁舌さわやかにしていると、しばしば人にいやがられる結果になります。彼が仁であるかは知りません。ただ弁が立つ必要がありましょうか。」

○**雍**　孔子の弟子。姓は冉《ぜん》、諱《いみな》は雍、字《あざな》は仲弓。魯の人（邢昺《けいへい》『論語注疏』に引く鄭玄《じょうげん》）。冉伯牛（冉耕）の宗族と言う（『孔子家語』）。徳行で評価され（三八五頁）、孔子からは「南面させられる（人の上に立たせられる）」と言われるまでの賛辞を贈られ（二〇七頁）、赤く端正な角の牛にも喩《たと》えられる評価を受けている（二一三頁）。○**佞**　一般的には口上手でへつらうこととする。しかし補説で言うように表現能力の高さの可能性がある。○**禦**　当たること。応答すること。○**給**　弁舌。

補説　「佞」は、もとは必ずしも悪い意味ではなかったという説がある（阮元《げんげん》「釈佞《しゃくねい》」、『揅経《けんけい》室続集《しつぞくしゅう》』一）。また『春秋左氏伝』の「不佞」に西晋の杜預《どよ》が「佞は才なり」と注し（『春秋経伝集解』）、『春秋左氏伝』で自分のことを「不佞」と表現するのに対し、『論語』の本章に対する邢昺《けいへい》『論語注疏』では「不佞」を「不才」とし謙譲の語とする後漢の服虔《ふくけん》の注を引くから、「佞」は「才」であるという解釈も伝えられてきた。「佞」は口上手でへつらうというよりも、表現能力の高さを評価する語であった可能性がある。竹内照夫『仁の古義の研究』（明治書院、一九六四）でも、孔子時代には佞にはなお社交的美才・対人態度の洗練のごとき意味が保有されていたと言う。ちなみに祝鮀《しゅくだ》の「佞」と、国を混乱させた宋朝の美（美貌）とを取り上げている場合があるが、これなどは否定的なニュアンスが有るとも無いとも解釈できる（二二六頁の補説）。もちろん孔子が「へつらう」という悪い意味で使用している例もある（例えば五四四頁）。

ここで孔子は仲弓（冉雍）に対して「仁であるかは知りません」と冷めた言い方をしているが、孔子は認めていた他の弟子たちにも同じ言い方をしている（一七六頁）。最も評価していた顔回についてすら仁になりきっているのは三箇月という時間限定でしか認めず、それ以外の弟子は一日か一箇月程度しかできないと言う（二一五頁）。しかしその一方では仁は身近であって、仁であろうと望めばすぐにやってくるとする（二七四頁）。また孔子は、自分はまだ仁を好む者も不仁を憎む者も見ていないが、一日でも仁に力を用いるだけでも十分できるはずなのにとも言う（一四七頁）。そこで朱子は、仁であるかは知らないと言われている仁は、時々仁になれるということではなく、仁になりきってぶれない境地を指すと言う（本篇・第七章の『論語集注』）。もっとも孔子自身も聖や仁は、自分にとても当てはめられないと言う（二七八頁）。

第五章

子使漆雕開仕。対曰、吾斯之未能信。子説。

子《し》漆雕開《しっちょうかい》をして仕《つか》へしむ。対《こた》へて曰《いは》く、吾斯《われこれ》を之未《これいま》だ信《しん》ずること能《あた》はず、と。子《し》説《よろこ》ぶ。

先生が漆雕開を仕官させようとした。彼はお答えして言った。「私はまだ自分がそれにふさわしいか信じられません。」先生は喜んだ。

○**漆雕開**　孔子の弟子。姓は漆雕、諱《いみな》は開、字《あざな》は子開。魯の人（邢昺《けいへい》『論語注疏』に引く鄭玄《じょうげん》『孔子家語』では蔡《さい》の人）。孔子より十一歳年少（『孔子家語』）。諱は啓と記されていることもあり（『漢書』古今人表）、これが本来の名であったが、漢の景帝の諱を避けて開と記すようになったとも言われる（王応麟『漢志考証』）。ただ『史記』の中で殷の賢人の微子《びし》の諱が「開」であったり「啓」であったりしていることなどから、単に諱を開あるいは啓と言っただけだとする説もある。○**斯**　これ。仕官するにふさわしい能力。○**之**　指示している対象は無く、倒置の文であることを示している。○**信**　かくあることを認識して少しの疑いも無いのを言う。○**説**　喜ぶ。

第六章

子曰、道不行、乗桴浮于海。従我者、其由与。子路聞之喜。子曰、由也好勇過我、無所取材。

子《し》曰《いは》く、道《みち》行《おこな》はれず、桴《いかだ》に乗《の》りて海《うみ》に浮《うか》ばん。我《われ》に従《したが》ふ者《もの》は、其《そ》れ由《いう》か、と。子《し》路《ろ》之《これ》を聞《き》きて喜《よろこ》ぶ。子《し》曰《いは》く、由《いう》や勇《ゆう》を好《この》むこと我《われ》に過《す》ぎたるも、材《ざい》を取《と》る所無《ところな》し、と。

先生が言われた。「道が行われていない。いっそ筏《いかだ》に乗って海に浮かぼうか。その時私につき従ってくれる者はお前だな。」子路はそれを聞いて喜んだ。先生が言われた。「お前は勇を好むのが私以上だが、筏の材料を調達する能力は無い。」

○**桴**　筏《いかだ》。○**由**　孔子の弟子の子路。九四頁の注と補説。○**材を取る**　古注は、筏を作る材木を調達することと言う。一方程頤《ていい》（程伊川《いせん》）は「材」を「裁」とし、「取材」を「取りはかる」と解釈し、朱子はそれを採用する。

補説 純粋な情熱家である子路に対する孔子の微苦笑が見えるような章として有名である。本章や九夷《きゅうい》（東方の夷狄《いてき》の地）にいたいと願った章（三三〇頁）からわかるように、孔子は、中国の君臣秩序が乱れている現状に失望し、時に中国脱出の誘惑に駆られた。海にこぎ出すことや九夷が東方であることから孔子は日本を考えていたなどとも言われたが、孔子在世の時代からしてありえない。

第七章

孟武伯問、子路仁乎。子曰、不知也。又問。子曰、由也千乗之国、可使治其賦也。不知其仁也。求也何如。子曰、求也千室之邑、百乗之家、可使為之宰也。不知其仁也。赤也何如。子曰、赤也束帯立於朝、可使与賓客言也。不知其仁也。

孟武伯《まうぶはく》問《と》ふ、子路《しろ》は仁《じん》なるか、と。子曰《しいは》く、知《し》らざるなり、と。又問《またと》ふ。子曰《しいは》く、由《いう》や千乗《せんじよう》の国《くに》、其《そ》の賦《ふ》を治《をさ》めしむ可《べ》きなり。其《そ》の仁《じん》を知《し》らざるなり、と。求《きう》や何如《いかん》、と。子曰《しいは》く、求《きう》や千室《せんしつ》の邑《いふ》、百乗《ひやくじよう》の家《いへ》、之《これ》が宰為《さいた》らしむ可《べ》きなり。其《そ》の仁《じん》を知《し》らざるなり、と。赤《せき》や何如《いかん》、と。子曰《しいは》く、赤《せき》や束帯《そくたい》して朝《てう》に立《た》ち、賓客《ひんきやく》と言《い》はしむ可《べ》きなり。其《そ》の仁《じん》を知《し》らざるなり、と。

孟武伯がたずねた。「子路は仁ですか。」先生が言われた。「知りません。」更にたずねた。先生が言われた。「由（子路）は千輛の戦車を出す国の軍務をまかせられます。しかし仁であるかは知りません。」たずねた。「求（冉有《ぜんゆう》）はどうですか。」先生が言われた。「求は千戸ほどの村、百輛の戦車を出す家の執務長にはなれますね。しかし仁かどうかは知りません。」たずねた。「赤（公西華《こうせいか》）はどうですか。」先生が言われた。「赤は正装して朝廷に立ち、国賓の相手をすることができます。しかし仁かどうかは知りません。」

○**孟武伯**　魯の家老の家の孟孫氏の跡取り。八二頁の注。○**子路**　孔子の弟子。九四頁の注と補説。○**由**　子路の諱《いみな》。季孫氏の家宰《かさい》（執務長）になったことがある。○**千乗の国**　戦車千輛を出す規模の領地。諸侯の国。○**賦**　賦（租税）として田畑の規模に応じて兵士を出すこと。○**求**　孔子の弟子。姓は冉《ぜん》、諱《いみな》は求、字《あざな》は子有。冉有とも呼ばれる。孔子より二十九歳年少。冉雍の族（『孔子家語』）。季孫氏の家宰になったことがある。政事（政治）にすぐれ（三八五頁）、孔子は芸（多才）と評している（二一六頁）。○**千室の邑**　「邑」は村であるが、ここは千戸もある大きな町。○**百乗の家**　戦車百輛を出す規模の領地。卿大夫《けいたいふ》の家（古注）。○**宰**　都邑の長官と重臣の家の執務長の両者に対する呼称。○**赤**　孔子の弟子。姓は公西、諱は赤。字は子華。公西華とも呼ばれる。魯の人（邢昺《けいへい》『論語注疏』に引く鄭玄《じょうげん》、『孔子家語』）。孔子より四十二歳年少。○**束帯**　礼服。○**賓客**　国賓。

補説「政事（政治）には冉有（冉求）と季路《きろ》（子路）」（三八五頁）と言われ、また彼らは政治に従事できるかとの季康子《こうし》の問いに孔子が両者とも問題無いと答えているように（二一六頁）、冉有と子路は政治に長じていた。しかもともに家老の季孫氏に仕えたことがあった。季《き》子然《しぜん》が子路と冉有は大臣（りっぱな臣下）かと質問したのに対し、孔子は具臣（人数合わせの家臣）と答えている箇所もある（四一五頁）。また公西華の方は外国に使者として立っている（二一一頁）。本章における孔子の彼らについての評言は、よく彼らの事跡と符号している。

　ところでここで孟武伯がこの三人の弟子の評価を孔子に聞いているのは、彼らが孔子のかたわらにいることが多かったからであろう。それは四一九頁で孔子のもとで曽晳《そうせき》とこの三人が抱負を述べていることや、子路と冉有が「聞いたことをそのまま行うべきか」を孔子に質問したところ、孔子が子路には慌《あわ》てるなと言い、冉有にはすぐにそうせよと異なった答え方をしたことについて、その理由を公西華が孔子に聞いていることから（四一一頁）うかがえる。またそこで両者に対する孔子の答えが正反対なのは、直情径行な子路と慎重すぎる冉有という性格の差によるのであろう。なお荻生《おぎゅう》徂徠《そらい》は、ここの三人に対する評価の具体的内容が、四一九頁で彼ら自身が語る抱負とほぼ相応することから、孔子はよく弟子を見ていたし、弟子もよく自己認識をしていたとする。

　弟子たちへの評言で孔子が「其の仁を知らざるなり」を繰り返していることについては、一七三頁の補説。

第八章

子謂子貢曰、女与回也孰愈。対曰、賜也何敢望回。回也聞一以知十。賜也聞一知二。子曰、弗如也。吾与女弗如也。

子《し》子貢《しこう》に謂《い》ひて曰《いは》く、女《なんぢ》と回《くわい》と孰《いづれ》か愈《まさ》れる、と。対《こた》へて曰《いは》く、賜《し》や何《なん》ぞ敢《あへ》て回《くわい》を望《のぞ》まん。回《くわい》や一《いち》を聞《き》きて以《もつ》て十《じふ》を知《し》る。賜《し》や一《いち》を聞《き》きて二《に》を知《し》る、と。子《し》曰《いは》く、如《し》かざるなり。吾《われ》と女《なんぢ》と如《し》かざるなり、と。

先生が子貢に向かって言った。「お前と顔回のどちらが優れているかね。」お答えして言った。「私がどうして顔回を望みましょうか。顔回は一を聞いて十を知ります。私は一を聞いて二を知るだけです。」先生が言われた。「及ばないね。私もお前も顔回には及ばないよ。」

○**子貢**　孔子の弟子。六一―二頁の注と補説。○**女**　なんじ。○**回**　孔子の弟子の顔回。八六頁の注と補説。○**孰**　どちら。○**愈**　まさる。○**賜**　子貢の諱《いみな》。○**一を聞きて以て十を知る**　顔回が孔子の言った言葉を全て喜んだのが（三八七頁）これにあたると朱子は言う。○**一を聞きて以て二を**

知る　孔子は子貢を「往《ゆ》くとさえ告げれば、帰ってくることも推測できている（諸《これ》に往を告げて来を知る者）」とした（六八頁）。○**吾と女と如かざるなり**　本訳と異なり、朱子は「私は君が及ばないとするのを認めるね（吾は女の如かずとするを与《ゆる》すなり）」と解釈する。

補説　自負心のある子貢にとって、孔子最愛の弟子の顔回が気になる存在であった。孔子はそれを見越して本章のような質問をしたのかもしれない。子貢は孔子が自分を一を聞けば二を知ると評価してくれたこと（六八頁）を想起し、それをもって孔子の意に沿うように答えたところ、孔子があっさりとそれを追認した形である。

第九章

宰予昼寝。子曰、朽木不可雕也。糞土之牆不可杇也。於予与何誅。子曰、始吾於人也、聴其言而信其行。今吾於人也、聴其言而観其行。於予与改是。

宰予《さいよ》昼寝《ひるい》ぬ。子曰《しいは》く、朽木《きゅうぼく》は雕《え》る可《べ》からざるなり。糞土《ふんど》の牆《かき》は杇《ぬ》る可《べ》からざるなり。予《よ》に於《お》いてか何《なん》ぞ誅《せ》めん、と。子曰《しいは》く、始《はじ》め吾《われ》人《ひと》に於《おけ》るや、其《そ》の言《げん》を聴《き》きて其《そ》の行《かう》を信《しん》ず。今吾《いまわれ》人《ひと》に於《おけ》るや、其《そ》の言《げん》を聴《き》きて其《そ》の行《かう》を観《み》る。予《よ》に於《おい》てか是《これ》を改《あらた》む、と。

宰予が昼寝をした。先生が言われた。「朽ちた木は彫刻できない。ぼろ土で作った壁は塗ることができない。宰予に対しては責めてもしょうがない。」先生が言われた。「当初私は人に対して、言葉を聞けば行いまで信じた。今私は人に対して言葉を聞くだけでは信用ならず、行いまで観察するようになった。宰予を見て改めたのだ。」

○**宰予**　孔子の弟子。字《あざな》が子我なので「宰我」とも言う。一三三―三頁の注と補説。○**昼寝**　昼寝と解釈するのが普通である。荻生徂徠《おぎゅうそらい》は昼寝だけで責めるのは不自然だから、たぶん座敷で昼間からある行為に及んでいたのではないかと推測する。○**朽**　腐る。○**雕**　絵を彫ること。○**糞土**　堆肥《たいひ》に使うような腐った土。○**杇**　壁を塗る鏝《こて》で、それで塗ること。○**予に於てか**　原文「於予与」の「与」は、語辞。○**誅**　責める。

補説　宰予（宰我）は言語に達者であったが（三八五頁）、孔子は言行一致、また時には実践の方を重視する。「君子は、口は訥弁《とつべん》であっても実践には速やかであろうとする」というのはその一例である（一六四頁）。また宰予（宰我）は礼の解釈についての問題発言が多かった（一三三頁、六五五頁）。

なお「昼寝」の「昼」は旧字では「晝」で旧字の「畫（画）」と混同しやすいことから、「寝《しん》に画《えが》く」つまり非礼にも奥座敷に身分不相応の絵を描かせていたこととする説もある。

第十章

子曰、吾未見剛者。或対曰、申棖。子曰、棖也欲。焉得剛。

子《し》曰《いは》く、吾《われ》未《いま》だ剛《がう》なる者《もの》を見《み》ず、と。或《ある》ひと対《こた》へて曰《いは》く、申棖《しんたう》あり、と。子《し》曰《いは》く、棖《たう》や欲《よく》あり。焉《いづく》んぞ剛《がう》なるを得《え》ん、と。

先生が言われた。「私はまだ剛なる者を見たことが無い。」ある人がお答えした。「申棖がいます。」先生が言われた。「申棖には欲がある。どうして剛でありようか。」

○**剛**　堅強不屈の意。○**申棖**　魯の人（古注）。邢昺《けいへい》『論語注疏』では、申続のこととする鄭玄《じょうげん》の語を引きながら、『史記』仲尼弟子列伝に見える申棠《とう》（党）（字《あざな》は周）と、『孔子家語』七十二弟子《ていし》解《かい》にある申績《せき》（字は子周）も並べてあげる。いずれにしろ孔子の弟子であったという前提であるが、ここで孔子が諱《いみな》で彼のことを呼んでいるからその可能性が高い。○**欲**　欲望が多いこと。

補説　「剛毅木訥《がうきぼくとつ》」が仁に近いとされ（四九七頁）、「巧言令色《かうげんれいしょく》」は仁が少ないとされているように（五〇頁、六五—一頁）、孔子は「剛」の中に他者の目を気にしない姿勢を含ませているのであろう。一般に「剛」という語は、それだけで全面肯定されることは少なく、ある条件や制限のもとに美徳とされることが多い。本章では「欲」と対比させていることからすると、孔子がここで「剛」に求めたのは、無欲が条件になっている無私な剛直さであろう。

第十一章

子貢曰、我不欲人之加諸我也、吾亦欲無加諸人。子曰、賜也非爾所及也。

子貢《しこう》曰《いは》く、我《われ》人《ひと》の諸《これ》を我《われ》に加《くは》ふるを欲《ほっ》せざるや、吾《われ》も亦諸《またこれ》を人《ひと》に加《くは》ふる無《な》からんことを欲《ほっ》す、と。子《し》曰《いは》く、賜《し》や爾《なんぢ》の及《およ》ぶ所《ところ》に非《あら》ざるなり、と。

子貢が言った。「他人が自分にしてほしくないことを、自分もまた他人にしようと望みません。」先生は言われた。「賜（子貢）よ、お前にできることではない。」

〇子貢　孔子の弟子。六一—二頁の注と補説。〇諸　これ。「之於」と同じ。〇賜　子貢の諱《いみな》。

補説　この子貢の語と同内容のものでは「自分が望まないことを人にやってはならない（己《おのれ》

の欲せざる所を、人に施すこと勿《なか》れ）」があり、『論語』では二箇所に見える（四二九頁、五八七頁）。特に五八七頁の方は、本章の質問者である子貢が一生行うに足る一言を聞いたのに対して、孔子が「恕《じょ》」の語を挙げたあとで言った言葉である。おそらく子貢が以前孔子から聞いた内容をここで述べたところ、孔子はお前には無理だねとつっぱねたのであろう。また『礼記《らいき》』中庸《ちゅうよう》にも「忠恕」が道に近接していると述べた後で、「自分にしてほしくないことを、人にするな（諸《これ》を己に施して願はざるを、亦《また》人に施す勿《なか》れ）」と言っていることからすると、他者への思いやりである「恕」を端的かつ具体的に示す言葉なのであろう。子貢は孔子の教えの実践を言ったのに、孔子はそれを認めなかったのは、弟子たちが仁であるかを「知らず」としたのと同じく（一七一頁、一七六頁）、おそらく観念的あるいは一時的なものではだめで、完全に身に体することを求めていたのであろう。なお古注では、一四六頁の「不仁なる者をして其の身に加へしめざればなり」のように、「人が自分に対して不義を押しつけてほしくありませんし、私も人に不義を押しつけようとは望みません」と解釈している。

第十二章

子貢曰、夫子之文章、可得而聞也。夫子之言性与天道、不可得而聞也。

子貢《しこう》曰《いは》く、夫子《ふうし》の文章《ぶんしやう》は、得《え》て聞《き》く可《べ》きなり。夫子《ふうし》の性《せい》と天道《てんだう》とを言《い》ふは、得《え》て聞《き》く可《べ》からざるなり、と。

子貢が言った。「先生の文化ついての言葉は聞くことができる。しかし先生が人の本性と天の道について語ったのは聞くことができない。」

○**子貢**　孔子の弟子。六一―二頁の注と補説。○**文章**　目に見える文化的産物。文化的に洗練された典籍や礼楽の伝承を指す。三〇七頁の「煥乎《くわんこ》として、其《そ》れ文章有り（輝くばかりの文化制度が生み出された）」の「文章」と同じ。○**性**　人の本性。○**天道**　天の法則や秩序。

補説　古注がこれらの問題が深微であるために孔子から聞くことができないと注釈したように、後世の儒教では、性と天道が重要な哲学的論題となった。特に朱子たち道学者は性説や天道論に力を入れたが、この箇所も、性と天道が窮極の奥深い問題であるがゆえに孔子はふだん軽々しく語らず、この時に初めてそれを聞けた子貢が感嘆して発した語とした。つまりふだん聞けないということを、逆に重要な問題であることの証としたのである。しかしこの論法には無理があり、朱子を批判した伊藤仁斎らは、本章を孔子が性や天道に関心を持たずあくまでも日常道徳の問題に徹したことの根拠とした。ちなみに津田左右吉は、孔子にこの方面の議論が少ないことを孟子以後このように表現した可能性を言う（四七頁の補説前掲書）。

そもそも孔子にあっては、まだ性説が理論的に整備されてはいない。戦国時代になり、同じく儒家でありながら孟子の性善説や荀子の性悪説（単純に性を悪とする説ではない）など異なる性説が提出され、その展開の中から性善悪混説や性三品説《せいさんぴんせつ》（性に三段階あるとする説）、更には性無善悪説までが唱道されていったのである（溝口雄三・丸山松幸・池田知久編『中国思想文化事典』の「性」の項目の土田健次郎の執筆部分、東京大学出版会、二〇〇一、なお古代の性説については、栗田直躬《なおみ》「性説の一考察」『中国上代思想の研究』所収、岩波書店、一九四九、初出は一九三五）。孔子の場合は、孔子自身が「教育があるだけで、もともとの差があるわけではない」（五九九頁）、「生まれつきは似たり寄ったりである。しかし後天的に習得したもので非常な差が出る」（六三一頁）と言っているように、人間の本性如何は問題ではなく、後天的な教化や学習こそが重要だったのである。

なお銭大昕《せんたいきん》は、古代の用例から、天道を吉凶禍福のこととする（『十駕斎養新録《じゅうがさいようしんろく》』）。仮にそれをもとに考えれば、孔子は吉凶禍福や生まれつきの運命の類を語らなかったということになろう。

第十三章

子路有聞、未之能行、唯恐有聞。

子路《しろ》聞《き》くこと有《あ》りて、未《いま》だ之《これ》を行《おこな》ふこと能《あた》はざれば、唯《ただ》聞《き》くこと有《あ》るを恐《おそ》る。

子路は何か有益な言葉を聞いて、まだそれを実践できないうちは、それ以上新しいことを聞くことを恐れた。

○子路　孔子の弟子。九四頁の注と補説。

第十四章

子貢問曰、孔文子何以謂之文也。子曰、敏而好学、不恥下問。是以謂之文也。

子貢《しこう》問《と》ひて曰《いは》く、孔文子《こうぶんし》何《なに》を以《もっ》て之《これ》を文《ぶん》と謂《い》ふや、と。子《し》曰《いは》く、敏《びん》にして学《がく》を好《この》み、下問《かもん》を恥《は》ぢず。是《ここ》を以《もっ》て之《これ》を文《ぶん》と謂《い》ふなり、と。

子貢がおたずねして言った。「孔文子はなぜ「文」という名を贈られたのでしょうか。」先生が言われた。「頭が切れ学を好んだが、へりくだって質問することも恥じなかった。それゆえ「文」と言われたのだ。」

○**孔文子**　名は圉《ぎょ》。衛の大夫で、孔子はその外交の手腕を評価している（五二九頁）。○**文**　孔文子は、死後に「文」という諡《おくりな》を贈られた。諡はその人の死後に、その人の評価を端的に表すもの。そのうち「文」は特にりっぱな者にあたえられた。○**敏**　鋭敏。○**下問**　下の者にも質問すること。

補説　孔文子という人物は、『春秋左氏伝』哀公十一年によると、大叔疾《たいしゅくしつ》に妻を離婚させて自分の娘を嫁がせた。ところが疾は初めの妻の妹と関係を持った。文子は怒って彼を攻めようとして、孔子を訪ねた。孔子は答えず、乗り物を持ってこさせてそこを去った。疾は宋に出奔《しゅっぽん》した。そこで文子は、今度は疾の弟の遺《い》に彼の娘の孔姞《こうきつ》を夫人にさせた。つまりこのような横暴な人物に「文」というりっぱな諡が贈られたため、子貢は疑問に思い質問したのである。それに対する孔子の答えについて、朱子は、『逸周書《いっしゅうしょ》』諡法解《しほうかい》などによって、「文」という諡にはいくつもの種類があるが、孔文子の場合は好学を評価しての「文」に相当し、天地の道理を極めた最高の道徳者にあたえられるような「文」ではないとした。また伊藤仁斎は、五二九頁の内容から見ても、孔文子は賢人であって、『春秋左氏伝』の記事の方に問題があるとし、荻生徂徠《おぎゅうそらい》は、孔文子が具えている美徳は一部であったが、孔子は人の善い点を無視しなかったと言う。

第十五章

子謂子産、有君子之道四焉。其行己也恭、其事上也敬、其養民也恵、其使民也義。

子《し》 子産《しさん》を謂《い》ふ、君子《くんし》の道《みち》四《し》有《あ》り。其《そ》の己《おのれ》を行《おこな》ふや恭《きよう》、其《そ》の上《かみ》に事《つか》ふるや敬《けい》、其《そ》の民《たみ》を養《やしな》ふや恵《けい》、其《そ》の民《たみ》を使《つか》ふや義《ぎ》、と。

先生が子産について言われた。「君子としての四つの道を具えていた。立ち居振る舞いを謙虚に律し、上には敬意を持って仕え、民を恵《めぐみ》深く養い、民を秩序正しく使役した。」

○**子産** 姓は公孫、諱《いみな》は僑《きよう》、字《あざな》は子産。子産は鄭《てい》の政治を一新した名宰相として知られる。孔子が三十歳ごろに没した。鄭と孔子の故国の魯とはともに小国で、その分孔子は子産に関心を持っていた。子産については五一一頁、五一二頁にも見え、評価は高い。○**君子** 立派な人。○**其の民を養ふや恵** 五一二頁で孔子は子産を「恵人」と言う。○**其の民を使ふや義** 子産は法律を制定するなどして民を秩序正しく使役した。

補説 『春秋左氏伝』にある子産についての記事とこの箇所の評価は相応している。なお孔子の答えが単に「君子の道」をあげているだけで子産を直接賞賛していないことに対し、荻生徂徠《おぎゆうそらい》は君子として不十分な点があったためと推測する。

第十六章

子曰、晏平仲善与人交、久而敬之。

子曰《しいは》く、晏平仲《あんぺいちゆう》善《よ》く人《ひと》と交《まじは》り、久《ひさ》しくして之《これ》を敬《けい》す、と。

先生が言われた。「晏平仲は立派に人と交わり、久しくたっても相手への敬意を保ち続けた。」

○**晏平仲**　姓は晏、諱《いみな》は嬰《えい》、字《あざな》は仲、諡《おくりな》は平。孔子よりも年長の同時代人。斉《せい》の名宰相と言えば、先輩の管仲とこの晏嬰であり、後に『晏子春秋』という言行録が作成された。

補説　ここで孔子は晏嬰をほめているが、『史記』孔子世家によると、斉の景公が孔子を登用しようとした時に晏嬰は反対している。なお皇侃《おうがん》本の本文の中には「久而人敬之」と「人」の字が多いものがある。これだと「久しくたっても人は尊敬の念を失わなかった」という意味になり、荻生徂徠《おぎゆうそらい》はこちらの方が意味が通るとする。

第十七章

子曰、臧文仲居蔡、山節藻梲。何如其知也。

子曰《しいは》く、臧文仲《ぞうぶんちゅう》蔡《さい》を居《お》き、節《せつ》に山《やま》にし梲《せつ》に藻《そう》す。何如《いかん》ぞ其《そ》れ知《ち》ならんや、と。

先生が言った。「臧文仲は、大亀の甲羅をおさめる部屋を作り、ますがたに山を刻みこみ、短柱に藻を描いた。どうして知者と言えようか。」

○**臧文仲**　姓は姫《き》、臧孫氏、諱《いみな》は辰、字《あざな》は仲、諡《おくりな》は文。魯の大夫。孔子の生まれる六十五年前（あるいは六十六年前）に死亡。○**蔡**　大亀。占い用の大亀の甲羅で、その産地が蔡。○**居**　蔵す。○**節**　柱頭のますがた。○**梲**　梁の上の短柱。○**藻**　水草の名。

補説　臧文仲については、五七九頁でも孔子は否定的な評価をしている。本章のような装飾を施せるのは天子のみに許されていたのに、臧文仲はそれを犯した。当時臧文仲は知者とされていたので、孔子はそれを否定した。『春秋左氏伝』文公二年によると、孔子は臧文仲の「三不仁」と「三不知」をあげて攻撃した。その「三不知」とは、虚器（身分不相応の祭器）を作り、逆祀《ぎやくし》を縦《ゆる》し、爰居《えんきよ》（魯の東門に飛来した海鳥）を祭ったことで、知者らしからぬ礼にはずれた怪しげな祭祀をしたことを指している。

第十八章

子張問曰、令尹子文、三仕為令尹無喜色。三已之無慍色。旧令尹之政、必以告新令尹。何如。子曰、忠矣。曰、仁矣乎。曰、未知、焉得仁。崔子弑斉君。陳文子有馬十乗、棄而違之。至於他邦、則曰、猶吾大夫崔子也、違之。之一邦、則又曰、猶吾大夫崔子也、違之。何如。子曰、清矣。曰、仁矣乎。曰、未知、焉得仁。

子張問《しちやうと》ひて曰《いは》く、令尹子文《れいゐんしぶん》、三《み》たび仕《つか》へて令尹《れいゐん》と為《な》れども喜色無《きしよくな》し。三《み》たび之《これ》を已《や》めらるれども慍色無《うんしよくな》し。旧令尹《きうれいゐん》の政《せい》は、必《かなら》ず以《もつ》て新令尹《しんれいゐん》に告《つ》ぐ。何如《いかん》、と。子《し》曰《いは》く、忠《ちゆう》なり、と。曰《いは》く、仁《じん》なるか、と。曰《いは》く、未《いま》だ知《ち》ならず、焉《いづくん》ぞ仁《じん》なるを得《え》ん、と。崔子《さいし》 斉君《せいくん》を弑《しい》す。陳文子《ちんぶんし》馬十乗有《うまじふじようあ》るも、棄《す》てて之《これ》を違《さ》る。他邦《たはう》に至《いた》れば、則《すなは》ち曰《いは》く、猶吾《なほわ》が大夫崔子《たいふさいし》のごときなり、と、之《これ》を違《さ》る。一邦《いつぱう》に之《ゆ》けば、則《すなは》ち又曰《またいは》く、猶吾《なほわ》が大夫崔子《たいふさいし》のごときなり、と、之《これ》を違《さ》る。何如《いかん》、と。子《し》曰《いは》く、清《せい》なり、と。曰《いは》く、仁《じん》なるか、と。曰《いは》く、未《いま》だ知《ち》ならず、焉《いづくん》ぞ仁《じん》なるを得《え》ん、と。

子張がおたずねして言った。「令尹の子文は三回仕えて令尹となりましたが喜ぶ色がありませんでした。三回罷免《ひめん》されましたが、不満の色がありませんでした。前任の令尹としての自分の業務は、必ず新任の令尹に告げました。いかがでしょうか。」先生が言われた。「誠実だね。」おたずねした。「仁でしょうか。」「まだ知ではないのに、どうして仁でありえようかね。」おたずねした。「崔子が斉《せい》君を弑殺《しいさつ》した時、陳文子は馬車十輛《りょう》分の馬を所有していましたが、棄ててそこを去りました。ほかの国につくとまた「私の母国の大夫の崔子のようだ」と言ってそこを去りました。別の国に行くとまた「私の母国の大夫の崔子のようだ」と言ってそこを去りました。これはいかがでしょうか。」先生が言われた。「清廉《せいれん》だね。」おたずねした。「仁でしょうか。」「まだ知ではないのに、どうして仁でありえようかね。」

〇**子張**　九六頁の注。〇**令尹**　官名で、楚の上卿《じょうけい》、政務を執《と》る者。子文が令尹になったことは、『春秋左氏伝』荘公三十年に見える。〇**子文**　姓は闘《とう》、諱《いみな》は穀於菟《とおと》。字《あざな》は子文。孔子が生まれる百年ほど前の人。楚では「穀」（音は塗）は乳、「於菟」は虎のこと。幼児の時、虎の乳を飲んでいたところを拾われた（『春秋左氏伝』宣公四年）。その人となりは、喜怒を表に出さず、自他のへだてが無く、国を意識して、自分一身を問題にしなかったという。まことに忠（誠実）であるわけで、かくて子張は、子文が仁ではないかと思ったのである。楚王は諸侯なのに楚の武王三十七年から勝手に王を名乗り（『史記』楚世家）、また中華の諸国をたびたび攻めたが、子文がその楚を補佐した。○**忠**　誠実。「忠」が忠義という意味で使用されるのは『荀子《じゅんし》』から。○**知**　道理をわきまえること。○**崔子**　姓は崔、諱は杼《ちょ》。斉の大夫。なお「崔子」の前に「曰く」の字が無いが、これ以後「何如」までは、内容から見て子張の質問の語。○**斉君**　荘公、諱は光。○**陳文子**　姓は陳、諱は須無《しゅぶ》、謚《おくりな》は文。斉の大夫。○**乗**　五四頁の注。ここでは、乗物。「十乗」は車十輌で馬にすると四十頭である。○**違**　去る。

補説　『春秋左氏伝』に見える陳文子は、本章と異なり必ずしも「清」ではない。魯の襄公《じょうこう》二十五年に崔子が斉君を弑した。その時に陳文子は斉を出奔したが、本来は斉君の品行を正し崔子を討つべきであったのにそうしなかった。また襄公二十七年に斉の陳文子が斉の人々を説得して、宋の向戌《しょうじゅつ》の戦争をやめようという提案に同意させたとあるから、この時には斉にまたもどってきていた。伊藤仁斎はこのように言う。崔子が斉君を弑殺した時に陳文子は斉を去り身を潔く保ったはずなのに、『春秋左氏伝』にはこの事件以後も陳文子の記事がところどころ出てくる。本章で孔子が陳文子のことをはっきりと「清」と言っているのであるから、『春秋左氏伝』の方が信憑性《しんぴょうせい》が薄い。

第十九章

季文子三思而後行。子聞之曰、再斯可矣。

季文子《きぶんし》三《み》たび思《おも》ひて後《のち》に行《おこな》ふ。子之《しこれ》を聞《き》きて曰《いは》く、再《ふたた》びせば斯《これ》可《か》なり、と。

季文子は三回考えてから実行した。先生はそれを聞いて言われた。「二回すれば十分だ。」

○季文子　姓は季孫、諱《いみな》は行父、謚《おくりな》は文。魯の大夫。事ごとに必ず何度も考えてから行った。晋に使いした際に、晋侯が病気だと聞き、あらかじめ喪《も》の礼を学んでから行ったことなども、この一例である（『春秋左氏伝』文公六年および杜預《どよ》の注）。なお宣公が位を簒奪《さんだつ》した時、季文子はそれを討つことができなかったどころか、彼のために斉に使いして賄賂《わいろ》を送ることまでした（『春秋左氏伝』宣公元年および杜預の注）。程子などはこれを考えすぎの悪弊であると言う。

補説　季文子ほどの人物であれば二回で十分ということか（古注）、一般論として考えすぎはかえってよくないことか（朱子が引く程子）、解釈は分かれている。

第二十章

子曰、甯武子、邦有道則知。邦無道則愚。其知可及也。其愚不可及也。

子《し》曰《いは》く、甯武子《ねいぶし》、邦《くに》道有《みちあ》れば則《すなは》ち知《ち》なり。邦《くに》道無《みちな》ければ則《すなは》ち愚《ぐ》なり。其《そ》の知《ち》は及《およ》ぶ可《べ》きなり。其《そ》の愚《ぐ》は及《およ》ぶ可《べ》からざるなり、と。

先生が言われた。「甯武子は、国に道が行われていれば知者として活躍する。国に道が行われていなければ愚者のようである。その知者の方にはなることができる。しかし愚者の面は及ぶことができない。」

○**甯武子**　姓は甯、諱《いみな》は兪《ゆ》、諡《おくりな》は武。衛の大夫。『春秋左氏伝』の内容からすると、武子が衛に仕えた時は、文公、成公の時に当たる。○**其の知は及ぶ可しきなり**　『春秋左氏伝』僖《き》公二十五年に「衛の文公を葬す」とあるが、それより前には甯武子（寧武子）の記事は無い。つまり文公は道に沿った統治をしたが、武子については特に目立った事跡は無い。朱子はそれゆえこのような程度の智なら、人々も及ぶことができるとする。○**其の愚は及ぶ可からざるなり**　文公の次の成公は無道だった。『春秋左氏伝』僖公二十八年によると、国を逐《お》われていた衛の成公は、帰国できることになったが、甯武子はそのおりに衛の人々を納得させた。また帰国した時に叔武《しゅくぶ》を殺した問題で晋で訴訟となり、甯武子は他の人たちと成公を補佐したが勝てなかった。晋侯（文公）は他の人たちは処刑したが、甯武子はその忠誠のゆえに赦《ゆる》された。成公は周の都で幽閉されたが、甯武子は成公に衣食を差し入れた。また同書の僖公三十年の条には、晋侯が成公を毒殺しようとした時、甯武子は毒薬を薄めて成公を救ったとある。朱子は、甯武子がこの時、心と力を尽くして、艱難《かんなん》から逃げることは無かったので、このような愚直さとなると人々が及ぶところではないとする。

第二十一章

子在陳曰、帰与、帰与。吾党之小子狂簡、斐然成章。不知所以裁之。

子《し》陳《ちん》に在《あ》りて曰《いは》く、帰《かへ》らんか、帰《かへ》らんか。吾《わ》が党《たう》の小子《せうし》狂簡《きやうかん》にして、斐然《ひぜん》として章《しやう》を成《な》す。之《これ》を裁《さい》する所以《ゆゑん》を知《し》らず、と。

先生が陳にいた時に言われた。「帰ろう、帰ろう。私の故郷の若者たちは粗《あら》いが進取の気性に富み、人目を引く美質を持っている。ただそれを整える方法がわかっていない。」

○**陳**　今の河南省淮陽県《わいよう》あたりの小国。孔子は二回、この地を訪れている。○**党**　ここでは自分の地元のこと。『周礼《しゆらい》』大司徒《だいしと》によると五百の家がある規模の地域。○**小子**　若者。具体的には魯に残した若い門人。○**狂簡**　狂はバランスを欠くほど進取の気性に富むこと。簡は大まか。○**斐然**　麗《うるわ》しい様子。○**章を成す**　模様を作っている。○**裁**　きちんと整えること。

補説　「狂」は「狷《けん》（慎重すぎて融通がきかない）」と並べられることがある。四八九頁では、バランスが取れた人とともに行動できなければ、どうしても狂か狷な人組むことになると言う。そこでは狂者は進取であり、狷者は慎重であるとされているから、問題意識を持たない人間よりも熱意と真率さを持っている荒削りの方がよいとしているのである。また孟子に対する万章の質問の中で孔子が陳にいた時の次の語を引く。「どうして帰国しないでよいものか。私の地元の士は、狂簡進取で、初心を忘れてはいない（「私は彼らのことを忘れてはいない」とも訳す）」（『孟子』尽心下）。なおこの万章の質問に対する孟子の答えでは四八九頁の語をそのまま引くが、「狂狷」は「狂獧《きょうけん》」にしている。また孟子はここで狂者の例として、志が大きく古人を厚く慕《した》っているが行いがそれに伴わない琴張、曽皙《そうせき》、牧皮を挙げ、潔癖を事とする獧者を狂者よりも劣る次の段階とする。この狂者は後世、常軌を逸脱しがちだが物事の本質に直接迫る人々という意味を持たされ、しばしば儒教の硬直化を刺激する存在とされた。

「斐然として章を成す」以下の解釈は各種ある。「章」を文章の意味にとって、門人たちが華美な文章を作っているので、孔子が帰郷してそれをきちんと修訂する必要を感じたというのもその一つで、これは孔子が経書を修訂したという伝承がもとになっているが、今となっては無理な解釈である。また門人たちの素質が麗しい模様のある生地のようであって、帰郷してそれを裁断しようということだというのもある。

第二十二章

子曰、伯夷叔斉、不念旧悪。怨是用希。

子《し》曰《いは》く、伯夷《はくい》叔斉《しゆくせい》、旧悪《きうあく》を念《おも》はず。怨《うらみ》是《ここ》を用《もつ》て希《まれ》なり、と。

先生が言われた。「伯夷と叔斉は、人が犯した昔の悪行に拘泥しなかった。それゆえ怨みをあまり残さなかった。」

○伯夷叔斉 伯夷と叔斉は、孤竹君の二子。その父が臨終の時、叔斉を跡継ぎにするように遺言した。父が没し、叔斉は伯夷にゆずった。伯夷は「父の命である」と言い、すぐにそこから逃れ去った。叔斉もまた跡継ぎにならずに逃れ去った。国人たちは二人の間の兄弟を跡継ぎに立てた。その後で武王が殷《いん》の紂《ちゆう》を討伐した。伯夷と叔斉は武王の馬を止めて諫《いさ》めた。しかし武王は殷を滅ぼした。伯夷と叔斉は周の粟《ぞく》を食べるのを恥じ、去って首陽山に隠れ、その結果餓死した（以上は、『史記』伯夷列伝）。清廉潔白《せいれんけつぱく》の代表的人士。

補説 伯夷、叔斉が潔癖であったことは、互いに位を譲りあったり、周の粟《ぞく》（穀物）を食《は》むのをいさぎよしとしなかった話で有名だが、『孟子』公孫丑《こうそんちゅう》上では、伯夷が悪人のいる朝廷に立たず、悪人とは物言わず、地元の人々と一緒の時に、彼らが冠を正しくかぶっていなければ、きっぱりとそこを去り、けがされようとしているかの如くであったという日常の姿勢が言われている。朱子は、これをもとに、それでも「旧悪」についてこだわらない気質を持っていたがゆえに、自分も人も恨みを残さなかったということとする。なお、「旧悪」の「悪」を憎むという意味に取る説もある。つまり「古い怨みを引きずらなかった」と解釈するのである。

それに対して「怨是を用て希なり」を、伯夷、叔斉の事跡にからめて解釈することもあった。二五七頁に、伯夷、叔斉が怨んだかとの問いに、仁を求めて仁を得たのだからどうして怨んだろうかという孔子の答えをのせ、朱子は、伯夷が父の遺言に従い弟の叔斉に後継の地位を譲って出奔し、叔斉も後を追ったことを指すと言うが、それを本章にも適用するといった類である。しかしその場合は「旧悪」の解釈が困難になろう。また「旧悪」を紂王の悪行を指すとし、その旧悪に拘泥せずに、紂王へ忠誠という筋を全うしたのだから、後悔が無かったとする解釈もある。いずれにしろ伯夷、叔斉の事跡と無理に関係づけるよりも、筋を通しながらも人に寛容な面があったその性格をほめたということの方が自然のように思われる。

第二十三章

子曰、孰謂微生高直。或乞醯焉、乞諸其隣而与之。

子曰《しいは》く、孰《たれ》か微生高《びせいかう》を直《ちよく》なりと謂《い》ふや、と。或《ある》ひと醯《けい》を乞《こ》ふに、諸《これ》を其《そ》の隣《となり》に乞《こ》ひて之《これ》を与《あた》ふ、と。

先生が言われた。「誰が微生高を正直だと言ったのか。ある人がお酢を求めたところ、彼は隣から分けてもらいそれをその人にあげたのだよ。」

○**微生高** 姓は微生、諱《いみな》は高。魯の人という。○**醯** 酢。○**諸** これ。「之於」と同じ。

補説 普通は、孔子は微生高がお酢を持っていないのに持っているふりをする外面をつくろう人間で、正直ではないとしたと解釈する。しかし荻生徂徠《おぎゆうそらい》は、これは孔子の戯《たわむ》れの言葉であって、孔子が地元の人々と和気藹々《わきあいあい》と接していることを示そうとして門人が記録したと言う。確かにお酢を手配したこと程度を非難するのはあまりに硬直しすぎている感も拭《ぬぐ》えない。そもそも「直」は、礼や学が欠ければ「絞（硬直）」となると言われているように（二八七頁、六四一頁）、常に無条件に肯定されるわけではない。五七一頁では「直」である進む一方の史魚と「君子」である出処進退が時を得ている蘧伯玉《きよはくぎよく》を対置しているのも、「直」を「君子」よりも低く見ている感がある。また「直躬《ちよくきゆう》（正直者の躬）」のような単に嘘をつかない「直」を批判し、自分たちの「直」を打ち出している場合もある（四八四頁）。つまり本章は、「微生高は硬直した正直者だと言われているが、実際は人からお酢を求められ、持っていなければ、隣から借りてわたしてあげるなど、けっこう柔軟なところもある」という意味の可能性がある。

第二十四章

子曰、巧言、令色、足恭、左丘明恥之。丘亦恥之。匿怨而友其人、左丘明恥之。丘亦恥之。

子《し》曰《いは》く、巧言《かうげん》、令色《れいしよく》、足恭《すうきよう》するは、左丘明之《さきうめいこれ》を恥《は》づ。丘《きう》も亦之《またこれ》を恥《は》づ。怨《うらみ》を匿《かく》して其《そ》の人《ひと》を友《とも》とするは、左丘明之《さきうめいこれ》を恥《は》づ。丘《きう》も亦之《またこれ》を恥《は》づ、と。

先生が言われた。「言葉を巧みにし、顔つきをつくろい、不必要にへりくだるのは、左丘明も恥じた。私もまた恥に思う。心に怨みを潜《ひそ》ませながらその相手と交友するのは、左丘明も恥じた。私もまた恥に思う。」

〇**巧言、令色**　五〇頁の注。〇**足**　朱子は「過度」の意とする。日本漢字音は「スウ」あるいは「シュ」。「足恭」で不必要にへりくだってみせること。なお古注では、へつらうこととする。日本漢字音は「ソク」。〇**左丘明**　孔子の弟子と言われるが不詳。『春秋左氏伝』や『国語』の作者とされたりしてきたが、否定されている。これらの書は孔子の時代には無かった。朱子も、左丘が姓、明が諱《いみな》で、『春秋左氏伝』を作ったのは左が姓、丘明が諱という別人であるとする鄧世《とうせい》の説を引き、『春秋左氏伝』の作者ではないとする（『朱子語類』二九）。〇丘　孔子の諱《いみな》。自称の時は諱を用いる。

補説　「巧言令色」を仁が少ないとするのと響き合う（五〇頁、六五一頁）。

第二十五章

顔淵季路侍。子曰、盍各言爾志。子路曰、願車馬衣軽裘、与朋友共、敝之而無憾。顔淵曰、願無伐善、無施労。子路曰、願聞子之志。子曰、老者安之、朋友信之、少者懐之。

顔淵季路《がんえんきろ》侍《じ》す。子曰《しいは》く、盍《なん》ぞ各〻《おのおの》爾《なんぢ》の志《こころざし》を言《い》はざる、と。子路曰《しろいは》く、願《ねが》はくは車馬《しやば》　衣《き》る軽裘《けいきう》、朋友《ほういう》と共《とも》にし、之《これ》を敝《やぶ》るも憾《うら》むこと無《な》からん、と。顔淵曰《がんえんいは》く、願《ねが》はくは善《ぜん》に伐《ほこ》ること無《な》く、労《らう》を施《ほどこ》すこと無《な》からん、と。子路曰《しろいは》く、願《ねが》はくは子《し》の志《こころざし》を聞《き》かん、と。子曰《しいは》く、老者《らうしや》は之《これ》を安《やす》んじ、朋友《ほういう》は之《これ》に信《しん》あり、少者《せうしや》は之《これ》に懐《なつ》かれん、と。

顔淵（顔回）と季路（子路）が侍《はべ》っていた。先生が言われた。「みなそれぞれ自分の志を言わないかね。」子路が言った。「車馬や着るための薄手の皮衣を友人と一緒に使って、友人がそれを破損しても恨まないようにしたいと願っております。」顔淵が言った。「善行を自慢せず、功績を誇らないようにと願っております。」子路が言った。「先生の志をお聞きしたいものです。」先生が言われた。「老いた者には安心され、朋友には信じられ、幼少の者にはなつかれたいね。」

○**顔淵**　孔子の弟子の顔回。八六頁の注と補説。○**季路**　孔子の弟子の子路。九四頁の注と補説。○**盍ぞ**　どうして……しないのか。「なんぞ……ざる」と訓読する。○**衣**　着ること。あるいは衣。「衣軽裘」は二一一頁にもあり、その場合は「軽裘を衣る」。ここはそれをもとに訳した。「衣」か「軽」が後で混入したか、「衣」の前に一字あった可能性もある。○**裘**　上等な皮の上着。○**敝**　やぶる。○**憾**　恨む。○**善**　能力があること。○**伐**　誇る。「功を誇ることを伐と言う」（邢昺《けいへい》『論語注疏』）。○**労**　功労があること。『易経』繫辞《けいじ》上伝に「労して伐《ほこ》らず」とある。古注は「労」を面倒な事とし、それを人にさせようとも思わないこととする。○**施**　誇示する。○**老者は之を安んじ**～　朱子は一説として、「安んず」とは自分に安心感を持たせること、「信ず」は自分を信頼させること、「懐く」は自分になつかせることという解釈をあげる。つまり誰からも慕われ信じられる人になりたいということ。

補説　孔子が子路、曽晳《そうせき》、冉有《ぜんゆう》、公西華にそれぞれの志を問い、曽晳以外の弟子たちが力が入った答えをした中で、曽晳のみが肩の力が抜けた希望を言ったのに対し孔子がそれに賛同したのと同じ味わいがある章である（四一九頁）。事実朱子はその箇所の注で本章を引いている。ともかくも日常生活の場で人との関わりを重視する日常の思想の持ち主が孔子であった。

第二十六章

子曰、已矣乎。吾未見能見其過、而内自訟者也。

子《し》曰《いは》く、已《や》んぬるかな。吾《われ》未《いま》だ能《よ》く其《そ》の過《あやまち》を見《み》て、内《うち》に自《みづか》ら訟《せ》むる者《もの》を見《み》ざるなり、と。

先生が言われた。「どうしようもないね。私はまだ、人の過ちを見てそこから反省して自分の心を責める者を見たことがないね。」

○已んぬるかな　嘆きの言葉。三二三頁、五七八頁にも見える。○過　これを自分の過ちと見る解釈もある。「自分の誤りに気づいて自分の心を責める者を見たことがないね」の意味。

第二十七章

子曰、十室之邑、必有忠信如丘者焉。不如丘之好学也。

子《し》曰《いは》く、十室《じつしつ》の邑《いふ》、必《かなら》ず忠信《ちゆうしん》の丘《きう》が如《ごと》き者有《ものあ》り。丘《きう》の学《がく》を好《この》むに如《し》かざるなり、と。

先生が言われた。「十軒の家があるくらいの村でも、必ず私くらい誠実さの徳を持っている者はいるものだ。しかし私が学問を好むのに及ぶ者はいないね。」

○十室　十軒。小さな村。○焉　朱子は文末の断定の助字とするが、荻生徂徠《おぎゆうそらい》は「いづくんぞ」の意味として後文に接続させ、孔子は、小さい村でも自分のように忠信である者がいるはずだから、自分のように学を好む者がいないことがあろうか、と言ったとする。

補説　孔子は自慢をしない人であったが、唯一自負していたのが好学であった。本章にはそれが端的にあらわれている。

雍也《ようや》第六

前半は孔子の弟子たちに関わる語が多く、後半になると孔子の教えが中心となっている。

第一章

子曰、雍也可使南面。

子《し》曰《いは》く、雍《よう》や南面《なんめん》せしむ可《べ》し、と。

先生が言われた。「雍は南に向かって座らせられるね。」

○**雍**　孔子の弟子の仲弓の諱《いみな》。一七二頁の注。○**南面**　君主は南に向かって座ることから、統治者になれるという意。

補説　仲弓（冉雍《ぜんよう》）は口べたで（一七一頁）、むしろ徳行で知られ（三八五頁）、政治には向いていないように見えるが、実は為政者になる素質があると孔子は見抜いたということなのであろう。次章に、彼の政治への見識が見える。

第二章

仲弓問子桑伯子。子曰、可也簡。仲弓曰、居敬而行簡、以臨其民、不亦可乎。居簡而行簡、無乃大簡乎。子曰、雍之言然。

仲弓《ちゅうきゅう》子桑伯子《しさうはくし》を問《と》ふ。子曰《しいは》く、可《か》なり簡《かん》なり、と。仲弓曰《ちゅうきゅういは》く、敬《けい》に居《ゐ》て簡《かん》を行《おこな》ひ、以《もっ》て其《そ》の民《たみ》に臨《のぞ》むは、亦可《またか》ならずや。簡《かん》に居《ゐ》て簡《かん》を行《おこな》はば、乃《すなは》ち大簡《たいかん》なること無《な》からんか、と。子曰《しいは》く、雍《よう》の言然《げんしか》り、と。

仲弓が子桑伯子についておたずねした。先生が言われた。「まあよいね、自然にまかせる姿勢があるからね。」仲弓が言った。「敬虔《けいけん》な気持ちでいて自然にまかせる政治を行い、それで民に臨《のぞ》むのはけっこうでしょう。しかし緊張感無く自然にまかせる政治を行うのであれば、あまりに放恣《ほうし》にすぎませんか。」先生が言われた。「お前の言はあたっているね。」

○仲弓　孔子の弟子の冉雍。一七二頁の注。**○子桑伯子**　魯の人。朱子が引く胡寅《こいん》（胡致堂）は、『荘子《そうじ》』大宗師に出てくる「子桑戸《こ》」ではないかと言う。そこには子桑戸が死んだ時に子貢《しこう》を弔問使《ちょうもんし》に行かせた説話が見え、子桑戸は、孟子反、子琴張と、世俗を超越した交わりを結んでいたことになっている。また『荘子《そうじ》』山木では「子桑雽《こ》」（「雽」、「虖」の字に作るテキストもある）という名が出てくる。いずれにしても道家的な無為《むい》の姿勢があったのであろう。**○可**　よいことはよいが不十分である時の言葉。**○簡**　ことさらな作為をせず自然にまかせること。「其の民に臨む」とあるので、ことさらな作為をしない無為の姿勢による統治を言うのであろう。無為というと道家的であるが、儒家も政治の窮極を無為の統治に見ることもある。**○大**　「太」と同じで日本漢字音は「タイ」であり、意味も「はなはだ（度を過ぎている）」。**○雍**　仲弓の諱《いみな》。

補説　朱子は前章と合わせて一章とする。そうすると、前章の統治者になれるという孔子の仲弓に対する評価と、本章に見える仲弓の政治に対する見識が連続して関係づけられるからであろう。

第三章

哀公問、弟子孰為好学。孔子対曰、有顔回者。好学、不遷怒、不弐過。不幸短命死矣。今也則亡。未聞好学者也。

哀公《あいこう》問《と》ふ、弟子《ていし》孰《たれ》か学《がく》を好《この》むと為《な》す、と。孔子《こうし》対《こた》へて曰《いは》く、顔回《がんくわい》なる者有《ものあ》り。学《がく》を好《この》み、怒《いかり》を遷《うつ》さず、過《あやまち》を弐《ふたたび》せず。不幸《ふこう》にして短命《たんめい》にして死《し》す。今《いま》や則《すなは》ち亡《な》し。未《いま》だ学《がく》を好《この》む者《もの》を聞《き》かざるなり、と。

哀公がたずねた。「弟子の中で誰が学を好むと言えるかね。」孔子がお答えして言った。「顔回という者がおりました。学を好み、八つ当たりせず、過ちを繰り返しませんでした。しかし不幸にも若死にしました。今はもうこのような者はおりません。学を好む者のことを聞くことはなくなりました。」

○**哀公**　魯の君主。九七頁の注。○**顔回**　孔子の弟子の顔淵《がんえん》。八六頁の注と補説。○**過を弐せず**　同じ過ちを二度としない。○**短命**　顔回は三十一歳で亡くなったと『孔子家語』では言うが疑いも持たれている（三九三頁の補説）。いずれにしても夭折《ようせつ》した。

補説　三九〇頁では、本章とほぼ同文が哀公ではなく季康子《きこうし》との問答になっている。

第四章

子華使於斉。冉子為其母請粟。子曰、与之釜。請益。曰、与之庾。冉子与之粟五秉。子曰、赤之適斉也、乗肥馬、衣軽裘。吾聞之也。君子周急、不継富。原思為之宰。与之粟九百。辞。子曰、毋。以与爾隣里郷党乎。

子華《しくわ》斉《せい》に使《つかひ》す。冉子《ぜんし》其《そ》の母《はは》の為《ため》に粟《ぞく》を請《こ》ふ。子曰《しいは》く、之《これ》に釜《ふ》を与《あた》へよ、と。益《ま》さんことを請《こ》ふ。曰《いは》く、之《これ》に庾《ゆ》を与《あた》へよ、と。冉子《ぜんし》之《これ》に粟五秉《ぞくごへい》を与《あた》ふ。子曰《しいは》く、赤《せき》の斉《せい》に適《ゆ》くや、肥馬《ひば》に乗《の》り、軽裘《けいきう》を衣《き》る。吾之《われこれ》を聞《き》く。君子《くんし》は急《きふ》なるを周《すく》ひて、富《とみ》を継《つ》がず、と。原思《げんし》之《これ》が宰《さい》と為《な》る。之《これ》に粟九百《ぞくきうひやく》を与《あた》ふ。辞《じ》す。子曰《しいは》く、毋《な》かれ。以《もつ》て爾《なんぢ》の隣里《りんり》郷党《きやうたう》に与《あた》へんか、と。

子華（公西華）が斉の国への使者となった。冉子（冉有）は彼の母のために生活費の穀物を先生に申請した。先生が言われた。「母親には釜の分量を与えなさい。」冉子は増やしてほしいと願い出た。先生が言われた。「それなら母親には庾の分量を与えなさい。」ところが冉子は彼の母に穀物を五秉の分量をあたえてしまった。先生が言われた。「赤（子華）が斉に赴く時には肥えた馬に乗り、上等な軽い皮の上着を着ていた。私はこう聞いている。君子は窮迫している者を救済するが、富める者に更に足すことをしない。」原思が執事長となったことがあった。先生はそこで彼に俸給の穀物九百斗の分量をあたえた。しかし彼は辞退した。先生が言われた。「そうするには及ばぬ。それをお前の隣りの地や地元の人々にあたえたらよいではないか。」

○子華　孔子の弟子。姓は公西、諱《いみな》は赤。字《あざな》は子華。公西華とも言う。魯の人（邢昺《けいへい》『論語注疏』に引く鄭玄《じょうげん》『孔子家語』）。孔子より四十二歳年少。**○使**　使者としてたつこと。**○冉子**　孔子の弟子の冉有。一一四頁の注。**○粟を請ふ**　「粟」は「あわ」であるが同時に穀物の総称で、俸給、手当を指す。子華が孔子のために斉に使者としてたったので、冉子が、国元に残る子華の母のための留守手当の額をいくらにするか孔子に意見を求めたのである。**○釜**　六斗四升（古注）。なお升は斗の十分の一。**○庾**　十六斗（古注）。**○秉**　十六斛《こく》（古注）。斛は十斗（『儀礼《ぎらい》』聘礼《へいれい》、またそれを引く邢昺《けいへい》『論語注疏』）とあるのをもとにすると、「五秉」は八百斗になる（この箇所は別の数字にも読める）。これらをもとにすれば、孔子は子華の母に最初は六斗四升あたえよと言い、次に十六斗に増やしたが、それにもかかわらず冉子の方は大幅に増やして八百斗をあたえたということになろう。**○肥馬に乗り、軽裘を衣る**　富裕であることを言う。「裘」は、上等な皮の上着で、軽い方が高価。**○君子**　立派な人。**○急**　貧窮切迫。**○周**　足りないのを補うこと。**○継がず**　余裕があるのをさらに足すことをしない。**○原思**　孔子の弟子。諱は憲、字は子思《しし》。魯の人（邢昺『論語注疏』に引く鄭玄《じょうげん》『孔子家語』では宋の人）。孔子より三十六歳年少（『孔子家語』）。貧困で隠者的風貌を持つ者として知られる（『荘子《そうじ》』譲王など）。**○宰**　家宰《かさい》、つまり孔子の家の執務長。**○九**

百　九百斗（古注）。〇毋　禁止の辞。〇郷党　地元。

補説　古注本では「原思」以下を独立した一章とする。ここでは朱子のようにまとめて、孔子が相手の状況に応じて柔軟に経済的援助を考えていたことを示す章とした。

子華が斉に向かったのは、孔子が派遣した使者か、魯の国が派遣した使者か、解釈が分かれる。最後に出てくる原思の話が、古注が言うように孔子が魯の司寇《しこう》（司法長官）になったおりに原思を自分の家の執務長にした時のことだとすると、前の子華の方も孔子の使者として斉に向かったのかもしれない。なお注に記したように原思は貧しく隠逸志向があったので、孔子は九百斗を受け取れと言ったと想像される。

第五章

子謂仲弓曰、犂牛之子、騂且角。雖欲勿用、山川其舎諸。

子《し》仲弓《ちゆうきゆう》を謂《い》ひて曰《いは》く、犂牛《りぎう》の子《こ》、騂《あか》くして且《か》つ角《かく》なり。用《もち》ふること勿《な》からんと欲《ほつ》すと雖《いへど》も、山川其《さんせんそ》れ諸《これ》を舎《す》てんや、と。

先生が仲弓について言われた。「まだら牛の子は、赤い色で立派な角《つの》だ。祭祀に用いようとしなくても、山川の神は捨て置かないであろう。」

○仲弓　孔子の弟子の冉雍。一七二頁の注。**○犂牛**　まだら文様のありふれた耕作用の牛。**○騂**　赤色。周人は赤を尊んだので、犠牲には騂の色の牛を用いた。**○角**　朱子は角が無傷端正で、犠牲に適切であることと言う。**○用**　祭に使用すること。**○山川**　山川の神。人はこれを用いなくても、神の方が捨ててはおかないということ。**○諸**　「之乎《しこ》」と同じで、文末にあると疑問、反語、詠嘆を表す。**○舎**　捨てる。

補説　『史記』仲尼弟子列伝では、仲弓（冉雍《ぜんよう》）の父は賤《いや》しい人であったとし、『論語』のこの語を引いている。孔子はこの父を耕作用のありふれた牛に、子の仲弓を祭祀用の特別な牛に譬《たと》えた。孔子の仲弓に対する評価が概して高い。ただ仲牛は賤しい人の子であったから、天を祭る南郊や先祖を祭る宗廟よりも下の山川の祭で譬えたとも言われる（黄式三《こうしきさん》『論語後案』）。もっとも『礼記』曲礼下《きよくらい》などに山川の祭祀は天子のみならず諸侯もするとあるので、ここでは諸侯の祭祀が意識されているのかもしれない。なお仲弓自身は季氏の家宰（執務長）になって、孔子に人材登用について質問している（四六三頁）。

第六章

子曰、回也、其心三月不違仁。其余則日月至焉而已矣。

子曰《しいは》く、回《くわい》や、其《そ》の心《こころ》三月《さんげつ》仁《じん》に違《たが》はず。其《そ》の余《よ》は則《すなは》ち日《ひ》に月《つき》に至《いた》るのみ、と。

先生が言われた。「回は、心が三箇月の間も仁に違わない。それ以外の弟子となると、一日か一箇月の間だけ仁に到達できるだけだ。」

○回 孔子の弟子の顔回（顔淵《がんえん》）の諱。八六頁の注と補説。ここは普通は顔回についての評価と捉えるが、荻生徂徠《おぎゅうそらい》は顔回に向かって「回よ」と言ったとする。**○三月** 三箇月。朱子は、三箇月に限らず長い時間のこととする。**○其の余** それ以外の弟子。**○日** 一日。**○月** 一箇月。

補説　朱子は、孔子のような聖人であれば永遠に仁と一体であるが、顔回は長い期間とはいえ期限付きである点、聖人に一歩及ばない賢人であったとする。なお「其の余」以下について、伊藤仁斎や荻生徂徠《おぎゅうそらい》は、この箇所も顔回について、あるいは顔回に向かって言った言葉とする。仁斎は、孔子が顔回を「心と仁の一体化が三箇月もできるのだから、文学や政事のことなどは日に月に到達できる」と評価したと解釈し、徂徠は、孔子が顔回に対し「顔回よ、仁に久しく依《よ》れば、仁以外のいろいろな徳はおのずと集まってくる」と教えたとする。

第七章

季康子問、仲由可使従政也与。子曰、由也果。於従政乎何有。曰、賜也可使従政也与。曰、賜也達。於従政乎何有。曰、求也可使従政也与。曰、求也芸。於従政乎何有。

季康子《きかうし》問《と》ふ、仲由《ちゆういう》は政《せい》に従《したが》はしむ可《べ》きか、と。子曰《しいは》く、由《いう》や果《くわ》なり。政《せい》に従《したが》ふに於《おい》てか何《なに》か有《あ》らん、と。曰《いは》く、賜《し》や政《せい》に従《したが》はしむ可《べ》きか、と。曰《いは》く、賜《し》や達《たつ》なり。政《せい》に従《したが》ふに於《おい》てか何《なに》か有《あ》らん、と。曰《いは》く、求《きう》や政《せい》に従《したが》はしむ可《べ》きか、と。曰《いは》く、求《きう》や芸《げい》なり。政《せい》に従《したが》ふに於《おい》てか何《なに》か有《あ》らん、と。

季康子がたずねた。「仲由（子路《しろ》）に政務を取らせせられようか。」先生が言われた。「由は果断です。政務を取らせるのに何の問題がありましょうか。」更にたずねた。「賜（子貢）に政務を取らせられようか。」先生が言われた。「賜は物事に通じています。政務を取らせるのに何の問題がありましょうか。」更にたずねた。「求（冉有）に政務を取らせせられようか。」先生が言われた。「求は多才です。政務を取らせるのに何の問題がありましょうか。」

○**季康子**　魯の家老。九九頁の注。○**仲由**　孔子の弟子の子路。九四頁の注と補説。○**政に従はし**

む　政治に従事させることだが、特に大夫として政治に関わることを目して言っている。〇果　決断力に富む。〇何か有らん　何か問題になることがあろうか。一五四頁の注。「政に従ふに〜何か有らん」は四七七頁にも見える。〇賜　孔子の弟子の子貢。六一―二頁の注と補説。〇達　事理に通じている。〇求　孔子の弟子の冉有。一一四頁の注。〇芸　多才である。

補説　季康子が季孫氏の長として孔子に接するのは、孔子が諸国遊歴を終え魯に帰国してからである。既に子路や冉有は久しく季氏の家宰（執務長）を勤め、子貢は魯の国に仕えていたが、ここで季康子は、魯の国の大夫として登用するに足るかどうかを孔子にたずねたのである。

第八章

季氏使閔子騫為費宰。閔子騫曰、善為我辞焉。如有復我者、則吾必在汶上矣。

季氏《きし》　閔子騫《びんしけん》をして費《ひ》の宰《さい》為《た》らしめんとす。閔子騫曰《びんしけんい》はく、善《よ》く我《わ》が為《ため》に辞《じ》せよ。如《も》し我《われ》に復《ふたたび》する者有《ものあ》らば、則《すなは》ち吾必《われかなら》ず汶《ぶん》の上《ほとり》に在《あ》らん、と。

季氏が閔子騫を費の長官にしようとした。閔子騫が言った。「私のためにきちんと辞退してください。もし私にこの件を繰り返すのなら、私はもう汶水《ぶんすい》のほとりに逃げましょう。」

○**季氏**　魯の家老の三桓氏《さんかんし》のうちの季孫氏（八一頁の補説）一族のことで、ここの人物は季桓子《きかんし》ともその子の季康子とも言われている。木村英一は、公山弗擾《こうざんふつじょう》が費を拠点にして謀反を起こし（木村は定公八年より若干年前と考証する）、孔子を招聘《しょうへい》しようとしたが（六三五頁）失敗して斉に逃げた。そこで欠員となった費の長官に子路が子羔《しこう》を任命しようとしたが孔子が反対したので（四一六頁）実現せず、季氏が今度は閔子騫を任命しようとしたのが本章であると推測する（七七頁の注の木村英一前掲書）。もしそうだとすれば時期的に季桓子のこととなる。○**閔子騫**　孔子の弟子。姓は閔、諱《いみな》は損、字《あざな》は子騫。魯の人（『孔子家語』）。孔子より十五歳年少。○**費**　魯の国都の曲阜《きょくふ》の東方にあり、季氏の領地。いかなる土地かは四一七頁の注。○**宰**　長官。○**汶**　川の名、斉の南で、魯の北の国境にある。○**上**　ほとり。

補説　閔子騫は、徳行で知られた人物で（三八五頁）、季氏の専横に批判的であった。汶水のほとりというのは、斉へ行ってしまうことを示唆している。

第九章

伯牛有疾。子問之。自牖執其手、曰、亡之。命矣夫、斯人也而有斯疾也、斯人也而有斯疾也。

伯牛《はくぎう》疾《やまひ》有《あ》り。子《し》之《これ》を問《と》ふ。牖《まど》自《よ》り其《そ》の手《て》を執《と》りて、曰《いは》く、之《これ》亡《な》からん。命《めい》なるかな、斯《こ》の人《ひと》にして斯《こ》の疾《やまひ》有《あ》るや、斯《こ》の人《ひと》にして斯《こ》の疾《やまひ》有《あ》るや、と。

伯牛に病気があった。先生は彼を見舞いに行った。そして窓から彼の手を取って言われた。「あってはならないことだ。天命なのだろうか、このような人にこのような病気があるとは。このような人にこのような病気があるとは。」

○**伯牛** 孔子の弟子。姓は冉、諱《いみな》は耕、字《あざな》は伯牛。魯の人（邢昺《けいへい》『論語注疏』に引く鄭玄《じょうげん》、『孔子家語』）。徳行で知られた（三八五頁）。○**疾有り** ハンセン氏病の類ではなかったかと言われる。「冉伯牛、厲《れい》と為《な》る」（『淮南子《えなんじ》』精神訓）。○**牖** 南の窓。業病で隔離されていたため、孔子は窓からその手を握ったのであろう。ちなみに朱子などは、『礼記《らいき》』喪大記《そうたいき》に、病人は北牖《ほくゆう》（北側の窓）の下で頭を東に向けて寝るとあり、そこの孔穎達《くようだつ》の疏《そ》（再注釈）で、病者は北の窓の下に居るが、君主が訪れれば、南の窓の下に移動し、君主が南に向かう位置から自分に対することができるようにするとしていることから（『礼記注疏』）、この時、伯牛の家ではこの礼によって孔子を迎えようとしたが、孔子はそれを受けようとせず、入室しないで、窓からその手を取ったと考えた。○**之亡からん** 安定した解釈は無い。ここでは朱子が「之亡《これな》からん」と読んで、「本来はあるはずがない」と解釈したのを採用する。もうおしまいだという意味に取る解釈もある。○**命なるかな** 「命」は、天命。「夫」は詠嘆を表す。

補説　弟子を思う孔子の姿を伝える章として有名である。

第十章

子曰、賢哉回也。一箪食、一瓢飲、在陋巷。人不堪其憂。回也不改其楽。賢哉回也。

子《し》曰《いは》く、賢《けん》なるかな回《くわい》や。一箪《いつたん》の食《し》、一瓢《いつぺう》の飲《いん》、陋巷《ろうかう》に在《あ》り。人《ひと》は其《そ》の憂《うれひ》に堪《た》へず。回《くわい》や其《そ》の楽《たの》しみを改《あらた》めず。賢《けん》なるかな回《くわい》や、と。

先生が言われた。「賢だな、回は。一かご分の食べ物、一瓢分の飲み物だけで満足し、路地裏に住んでいる。普通の人だったら我慢できない。だが回はこの生活の楽しみを改めない。賢だな、回は。」

○回　孔子の弟子の顔回（顔淵《がんえん》）。八六頁の注と補説。○箪　竹の器。○食　飯。日本漢字音は「シ」。○瓢　瓠《ひさご》。○陋巷　路地裏。

補説　後世顔回が聖人に最も近い賢人として称揚され、その境地が目指されるようになると、本章の清貧ぶりが、富貴や身分と関係なく心の問題こそが重要であることの象徴となった。

第十一章

冉求曰、非不説子之道、力不足也。子曰、力不足者、中道而廢。今女画。

冉求《ぜんきゅう》曰《いは》く、子《し》の道《みち》を説《よろこ》ばざるに非《あら》ず、力《ちから》足《た》らざるなり、と。子《し》曰《いは》く、力《ちから》足《た》らざる者《もの》は、中道《ちゅうどう》にして廃《はい》す。今女画《いまなんぢかぎ》れり、と。

冉求（冉有）が言った。「先生の道を喜ばないわけではありませんが、力不足なのです。」先生が言われた。「力不足とは、努力しても道半ばで力尽きることだ。今お前は最初から自分の限界を設定している。」

○**冉求**　孔子の弟子の冉有。一一四頁の注。○**説**　喜ぶ。日本漢字音は「エツ」。○**力足らざるなり**　いくら進もうという意欲があっても、力が尽きてしまうこと。孔子は仁について「力足らざる者」を見たことが無いという（一四七頁）。○**女**　汝。○**画る**　努力もしないで、最初から勝手に自分の限界を決めてしまうこと。

第十二章

子謂子夏曰、女為君子儒、無為小人儒。

子《し》 子夏《しか》に謂《い》ひて曰《いは》く、女君子《なんぢくんし》の儒《じゅ》と為《な》れ、小人《せうじん》の儒《じゅ》と為《な》ること無《な》かれ、と。

先生が子夏にむかって言った。「お前は君子の儒になりなさい。小人の儒とはならないように。」

○子夏　孔子の弟子。五六頁の注。○君子の儒、小人の儒　「儒」とは、知識や技術を請け負う者であったらしい。「君子の儒」とは学識を蓄えるとともに徳を積む儒で、「小人の儒」とは知識や技術の切り売りにとどまる儒なのであろう。子夏は文学（学芸）で評価され（三八五頁）、弟子に礼儀作法などについて細かく指導していた（六九七頁）。つまり礼の規定に詳しく古典についての学識もあるという面が目立っていた人物だったわけであるが、徳の修養については物足りない点があったので、それゆえ孔子がこのように忠告したのであろう。なお白川静のように儒を宗教的な巫祝《ふしゅく》とする説もあるが、仮にもとはそのような要素があったとしても、ここにそれがそのままあてはまるとは思えない。もともと孔子の言動には神秘的なものを敬遠する傾向があるし、まして本章の

「儒」は、学芸に長じ俗信的なものとはおよそ縁の無い子夏に対する忠告の中に出てくるからなおさらである。ちなみに『論語』で「儒」の字が出てくるのはここだけである。

第十三章

子游為武城宰。子曰、女得人焉爾乎。曰、有澹台滅明者。行不由径。非公事、未嘗至於偃之室也。

子游《しいう》武城《ぶじやう》の宰《さい》と為《な》る。子《し》曰《いは》く、女《なんぢ》人《ひと》を得《え》たるか、と。曰《いは》く、澹台滅明《たんだいめつめい》なる者《もの》有《あ》り。行《ゆ》くに径《こみち》に由《よ》らず。公事《こうじ》に非《あら》ざれば、未《いま》だ嘗《かつ》て偃《えん》の室《しつ》に至《いた》らざるなり、と。

子游が武城の長官となっていた。先生が言われた。「お前は、人材を得たかね。」お答えした。「澹台滅明という者がおります。狭い間道《かんどう》を通ることをしません。公務でなければ、私の部屋を訪れることもありません。」

○**子游**　孔子の弟子。八三頁の注。○**武城の宰**　武城は、魯の君主が直轄する邑《ゆう》（地方都市）で、大夫の邑ではない。「宰」は、長官。○**女**　なんじ。○**澹台滅明**　孔子の弟子。姓は澹台、諱《いみな》は滅明、字《あざな》は子羽。武城の人。孔子より三十九歳年少（『孔子家語』では四十九歳年少）。ここでの言い方からすると、当時は孔子の弟子ではなかったのであろう。○行くに径に由らず　「径」は、狭い近道。子夏が莒父《きょほ》の宰となった時に政を問うたのに対し、孔子が「速くしようとばかり望まないようにしなさい、小さな利益ばかりを見ないようにしなさい」（四八三頁）と答えたことからすると、姑息《こそく》な手段で成果や利益を追求することか。○公事　公務。○偃　子游の諱。

補説　子游は武城の宰であった時に礼楽に力を入れていて、そのことについての孔子とのやりとりがある（六三三頁）。

第十四章

子曰、孟之反不伐。奔而殿。将入門、策其馬曰、非敢後也。馬不進也。

子《し》曰《いは》く、孟之反《まうしはんほこ》伐らず。奔《はし》るに殿《でん》す。将《まさ》に門《もん》に入《い》らんとするや、其《そ》の馬《うま》に策《むちう》ちて曰《いは》く、敢《あ》へて後《おく》るるに非《あら》ざるなり。馬進《うますす》まざればなり、と。

先生が言われた。孟之反は自慢しなかった。退却の時にしんがりをつとめた。門に入ろうとする時に、馬を鞭打って言った。「あえて遅れたのではない。馬が進まなかったのだ。」

○孟之反　諱《いみな》は側。魯の大夫。『春秋左氏伝』哀公十一年に「孟之側は後《おく》れてやって来て殿《しんがり》となった。矢を抜き取ってその馬に策《むちう》ちして言った。「馬が進まないのだ」」と同様の事が記されている。また『荘子《そうじ》』大宗師には「孟子反」という人物が出てくる。○伐　功を誇ること。○奔　敗走。○殿　軍のしんがり。○策　鞭打つ。

補説　戦いに敗れて退却する場合、しんがりをするのが功績である。伊藤仁斎は、孟之反は進んでしんがりを務めたわけではなく、人々が孟之反の功績にすることが無いように事実を述べたまでで、もし孟之反が自分でしんがりになったのであれば、孟之反の言葉は偽りであり、孔子は評価はしなかったはずとする。それに対して荻生徂徠《おぎゅうそらい》は、「伐《ほこ》らず」というのは美徳であって、功績があるのに誇らなかったとし、仁斎の解釈を否定する。「殿《しんがり》す」というのは孟之反の意志のように読めるので、やはり進んでしんがりを務めながら誇らなかったのであろう。

第十五章

子曰、不有祝鮀之佞、而有宋朝之美、難乎免於今之世矣。

子《し》曰《いは》く、祝鮀《しゆくだ》の佞《ねい》有《あ》らずして、宋朝《そうてう》の美《び》有《あ》らば、難《かた》きかな今《いま》の世《よ》に免《まぬが》れんこと、と。

先生が言われた。「祝鮀のような弁舌の才が無く、宋朝のような美貌だけが有るようでは、難しいね、今の世で災厄から免れるのは。」

○**祝**　宗廟の官。○**鮀**　字《あざな》は子魚。衛の大夫。「祝鮀は宗廟を治む」（五二九頁）として孔子は評価を見せている。また祝鮀（祝佗）が弁が立ったことの具体例は、皐鼬《こうゆう》の会盟の所に見える（『春秋左氏伝』定公四年）。○**佞**　弁舌の才があること。一七二頁の補説。○**朝**　宋の公子、美貌の持ち主。衛の霊公の夫人である南子（宋公の娘）のもとの恋人。『春秋左氏伝』定公十四年に、霊公が南子のために彼を衛に召《め》したとある。なお同名の人物が他に二人いて、時に混乱している。

補説　本書の解釈は古注によったが、朱子は「不」の字を「祝鮀の佞」と「宋朝の美」の両方にかかるものとし、「祝鮀のような弁舌の才や、宋朝のような美貌が無くては」という意味であるとした。荻生徂徠《おぎゅうそらい》は古注と同じく「不」は前者にのみかかるとし、更に「佞」は古《いにし》えは口才を言い、後世のように姦悪の意味は無いとした。そして孔子はふだんは行動が言葉に及ばないことから「佞」を嫌っていたが、人の才能を無視することは無く、「佞」に対してもそうであったと言う。ただここの「佞」はへつらうというような意味ではないものの、孔子は「佞」を肯定しているわけではなく、祝鮀の安泰と宋朝の没落を下敷きに、今の世をわたることの困難さを事実認識として言っているまでであろう。

第十六章

子曰、誰能出不由戸。何莫由斯道也。

子曰《しいは》く、誰《たれ》か能《よ》く出《い》づるに戸《こ》に由《よ》らざらん。何《なん》ぞ斯《こ》の道《みち》に由《よ》ること莫《な》きや、と。

先生が言われた。「人は居間から出る場合には戸を通らないですもうか。同様に道によらないですもうか。」

○戸　屋敷の居間から表座敷に出る戸。○斯の道　「斯の文」（三一七頁）と同じく孔子の説く道。

第十七章

子曰、質勝文則野。文勝質則史。文質彬彬、然後君子。

子曰《しいは》く、質《しつ》、文《ぶん》に勝《か》てば則《すなは》ち野《や》。文《ぶん》、質《しつ》に勝《か》てば則《すなは》ち史《し》。文質彬彬《ぶんしつひんぴん》、然《しか》る後《のち》に君子《くんし》たり、と。

先生が言われた。「実質が文飾よりまされば粗野な人、文飾が実質よりまされば記録係、実質と文飾が調和してこそ君子だ。」

○**質**　実質。○**文**　文飾。表面的な麗美。○**野**　粗野。ここでは粗野な人。○**史**　記録係。『周礼《しゅらい》』天官・序の「史は十二人いる」の鄭玄《じょうげん》の注に「史は書を掌《つかさど》る者」とある。整理修飾した文章で記録することから文飾を指すことになったのであろう。○**彬彬**　物がちょうどよく均質に混ざっている姿。○**君子**　立派な人。

補説　文と質の平等な調和が目標だが（四三八頁の子貢の語も参照）、そうしてもとかく文に流れがちになる。それゆえ『論語』では質にあたるものを重視する文言が多い。三八一頁で先学の「野人」と後学の「君子」を対置したうえで前者を用いると言い、一一〇頁では礼は豪奢《ごうしゃ》にするよりも倹約であれと言う。

第十八章

子曰、人之生也直。罔之生也、幸而免。

子曰《しいは》く、人《ひと》の生《う》まるるや直《ちょく》なり。之《これ》を罔《しひ》て生《い》くるは、幸《さいはひ》にして免《まぬが》るるなり、と。

先生が言われた。「人はまっすぐに生まれついている。それをゆがめて生きていくのは、運よく破滅を免れているだけだ。」

○直　素直、正直、あるいはあたえられた生命にまかせてすくすくと生きていく意味か、未詳。**○之を罔て**　「之《これ》罔《な》くして」とも読む。それをゆがめること。

補説　出だしを「人《ひと》の生《い》くるや直《ちょく》なり」と読んで、人間本来の「直」という生き方をすれば人はそれに好意を持ってくれ、スムーズに生きられるという意味にも解しうる。また持ち前の生命力にそって自然に生きていくという生命のあり方を言っているだけかもしれない。いずれにしろ決定的な解釈は無い。

第十九章

子曰、知之者、不如好之者。好之者、不如楽之者。

子曰《しいは》く、之《これ》を知《し》る者《もの》は、之《これ》を好《この》む者《もの》に如《し》かず。之《これ》を好《この》む者《もの》は、之《これ》を楽《たの》しむ者《もの》に如《し》かず、と。

先生が言われた。「知る者は好む者に及ばない。好む者は楽しむ者に及ばない。」

補説　孔子自身、楽しむ人間であった（二六三頁）。その楽しみとは学問をする楽しみであり（四六頁、二〇六頁）、本章も学問について言っているのであろう。また孔子が最も評価した弟子の顔回も楽しむ人間であり（二二〇頁）、学問を好む者であった（二一〇頁、三九〇頁）。

第二十章

子曰、中人以上、可以語上也。中人以下、不可以語上也。

子《し》曰《いは》く、中人以上《ちゆうじんいじやう》には、以《もつ》て上《じやう》を語《かた》る可《べ》きなり。中人以下《ちゆうじんいか》には、以《もつ》て上《じやう》を語《かた》る可《べ》からざるなり、と。

先生が言われた。「普通の人以上には、上の段階のことを語ることができる。普通の人以下には上の段階のことを語ることはできない。」

○中人　普通の人。○以上、以下　文脈からすれば、「以上」と「以下」には中人自体は含まれないことになる（補説参照）。

補説　「上知《じょうち》」と「下愚《かぐ》」は移らないという語があるが（六三二頁）、これとあわせると、孔子は「上知」、「中人」、「下愚」の三段階で人の生まれつきの賢愚を分類しているように見える。これは一見後世の性三品説《せいさんぴんせつ》と同じ構造である。後世の儒教では性説は重要な思想的主題で、その中でこの性三品説は、人間の本性には「性善（上知）」と「性善悪混（中人）」と「性悪（下愚）」の三つの品（段階）があるとし、圧倒的多数を占める中人に向上の可能性を認め、教化の最も主要な対象とするものである。しかし本章は中人自体には向上の可能性があるとしているわけではないから、この点がかかる性三品説と異なる。それに孔子においては、後世のような性説が理論的に整備されていたわけではない。孔子は人の生まれつきよりも、後天的な学習を重視していたし、子貢も孔子から性の話を聞けなかったと述懐している（以上については一八五頁の補説）。ともかくも本章は、上の段階のことを語ることができる人々が限られている現実に対する感慨を述べたものであろう。

第二十一章

樊遅問知。子曰、務民之義、敬鬼神而遠之。可謂知矣。問仁。曰、仁者先難而後獲。可謂仁矣。

樊遅《はんち》知《ち》を問《と》ふ。子曰《しいは》く、民《たみ》の義《ぎ》を務《つと》めて、鬼神《きしん》を敬《けい》して之《これ》を遠《とほ》ざく。知《ち》と謂《い》ふ可《べ》し、と。仁《じん》を問《と》ふ。曰《いは》く、仁者《じんしゃ》は難《かた》きを先《さき》にして獲《う》ることを後《のち》にす。仁《じん》と謂《い》ふ可《べ》し、と。

樊遅が知について質問した。先生が言われた。「普通の生きている人間としての義を務めて、（理解が困難な）霊魂などについては崇敬しながらも遠ざける。知と言えるね。」仁について質問した。先生が言われた。「仁者は難事を先に行いその結果を得るのは後回しにする。仁と言えるね。」

○**樊遅**　孔子の弟子。八〇頁の注。○**民**　ごく一般の生きている人間のことと思われる。「人」でなく「民」の語を用いたのは、民衆をも含めた人一般というニュアンスを出すため。○**義**　生きている人間が果たすべき日常的な責務。もし「民」が民衆に限定されるなら、民衆に対して果たすべき責務の意味になろう。「民」に対置されている。○**鬼神**　霊魂など祭祀の対象となる神秘的なもの。生きている人間である「民」に対置されている。孔子は神秘的なものや死とは何かを語ろうとしなかった（二六五頁、三九七頁）。○**難きを先にして獲ることを後にす**　難事を先に行いその結果を得るのは後回しにするという解釈と、行いを選択する時点で、（知の場合と逆に）困難な事の方を容易に結果を得られることよりも優先するという解釈とがあるが、両者はつきつめれば重なり合う。四五五頁に同じく樊遅の質問に対して、孔子は「実践を先にし結果を得るのを後にするのは、徳を高めることではないかね」と答えている。『易経』繫辞《けいじ》下伝に、損の卦《か》は「先は困難だが後には容易になる（先に難《かた》くして後に易《やす》し）」という語もあるが、これは物事の推移を言っているだけであるから、仁の説明には活《い》かせない。

補説　「難きを先にして獲ることを後にす」がなぜ仁なのかわかりづらく、朱子が言うように、一般論というよりも樊遅に合わせて説いている可能性もある。知については理解が困難な鬼神にかかずりあうよりも、容易に了解できる日々の勤めを重視するのに対し、仁の方は逆に、実践が困難な物事こそ優先させ、容易に獲得できるものを後回しにするという、困難と容易との軽重関係が知と仁では逆であるという対比がなされていると考えて訳してみたが、あくまでも試訳の域を出ない。なお『論語』では、『孟子』のように仁に並ぶものは義ではなく、むしろ知が関連して出てくる。

第二十二章

子曰、知者楽水、仁者楽山。知者動、仁者静。知者楽、仁者寿。

子《し》曰《いは》く、知者《ちしや》は水《みづ》を楽《たの》しみ、仁者《じんしや》は山《やま》を楽《たの》しむ。知者《ちしや》は動《うご》き、仁者《じんしや》は静《しづか》なり。知《ち》者《しや》は楽《たの》しみ、仁者《じんしや》は寿《いのちなが》し、と。

先生が言われた。「知者は水を楽しみ、仁者は山を楽しむ。知者は活動的で、仁者は平静である。知者は楽しんで暮らせ、仁者は長く安定して生きられる。」

○楽 最初の二つの「楽」を、朱子は「ねがふ」と読む。水でありたい、山でありたいということだが、とりあえず楽しむとして解釈しておく。**○寿** 長寿という意味だが、解釈が困難である。心身が安定していて結果的に長寿となるということかもしれないが、決定的根拠は無い。

補説 水の流動と山の堅固を知の融通性と仁の安定性にふりわけている。それ以上の解釈は困難で、イメージを味わう語である。

第二十三章

子曰、斉一変、至於魯。魯一変、至於道。

子《し》曰《いは》く、斉一変《せいいっぺん》すれば、魯《ろ》に至《いた》らん。魯《ろ》一変《いっぺん》すれば、道《みち》に至《いた》らん、と。

先生が言われた。「斉が一たび変われば、魯のようになるであろう、魯が一たび変われば、道に到達するであろう。」

○斉　周の功臣の太公望呂尚を始祖とする国。○魯　孔子の祖国で、周王朝の制度や文化を作った周公が封じられた国。それゆえ文化の面では富国強兵の大国であり、いつも魯を圧迫していた斉よりも上だと孔子は認識していた。

補説　朱子は「道に至らん」を「先王の道に到達するであろう」と解釈するが、古注では「昔大道が行われていた時の魯のようになる」とした。魯が容易に理想国家になるとも思われないので、古注のような解釈も出てくるのであろう。

第二十四章

子曰、觚不觚。觚哉。觚哉。

子《し》曰《いは》く、觚《こ》觚《こ》ならず。觚《こ》ならんや。觚《こ》ならんや、と。

先生が言われた。「これは觚なのに、本当の觚ではない。これが觚であろうか。これが觚であろうか。」

○觚　さかずき。觚は礼器で、一升を爵《しゃく》と言い、二升を觚と言う（古注）。朱子は、「觚ならず」とは、当時きまりが守られなくなって、あるべき角《かど》を作らなくなったこととする。

第二十五章

宰我問曰、仁者雖告之曰井有仁焉、其従之也。子曰、何為其然也。君子可逝也。不可陥也。可欺也。不可罔也。

宰我《さいが》問《と》ひて曰《いは》く、仁者《じんしゃ》は之《これ》に告《つ》げて井《せい》に仁有《じんあ》りと曰《い》ふと雖《いへど》も、其《そ》れ之《これ》に従《したが》はんか、と。子《し》曰《いは》く、何為《なんす》れぞ其《そ》れ然《しか》らん。君子《くんし》は逝《ゆ》かしむ可《べ》きなり。陥《おとしい》る可《べ》からざるなり。欺《あざむ》く可《べ》きなり。罔《し》ふ可《べ》からざるなり、と。

宰我がおたずねした。「仁者に井戸の底に仁がありますよと言っても、それを鵜呑《うの》みにしましょうか。」先生が言われた。「どうしてそうなるかね。君子は井戸までは行かせられるが、下に落とすことはできないよ。だますことはできる。しかし混乱はさせられないよ。」

○宰我　孔子の弟子。一三二―三頁の注と補説。問題発言が多く、ここでの質問も常軌を逸しているようで、意味がはっきりしない。○仁有り　「仁者が井戸にいる」と解されることもある。朱子は劉勉之《りゅうべんし》の語を引いて、この仁を人のこととする。そうなると「井戸に人が落ちている」ということになる。○君子　立派な人。○逝　古注は、往くこととし、朱子は往《い》って救わせることとする。○陥　朱子は、井戸に陥れることとする。○欺、罔　「欺」は、だます。「罔」は、暗ます。仁者は道理に則《のっと》って行動するので、一時的にだませても、その姿勢をくずすことはできないので、最終的には的確な判断をする。

第二十六章

子曰、君子博学於文、約之以礼、亦可以弗畔矣夫。

子曰《しいは》く、君子《くんし》は博《ひろ》く文《ぶん》を学《まな》び、之《これ》を約《やく》するに礼《れい》を以《もっ》てすれば、亦以《またもっ》て畔《そむ》かざる可《べ》きかな、と。

先生が言われた。「君子は広く学芸を学んで、礼によって引き締めれば、道にそむかないですもう。」

○君子　立派な人。○文　『書』や『詩』などの古典を中心とする学芸。○約　「博く」が遠心的であるのに対して求心的に引き締めて秩序立てること。『孟子』公孫丑《こうそんちゅう》上の「曽子の守ることが約」は、曽参《そうしん》は自分の制御のしかたが極めて適切であったということ。○畔　背《そむ》く。

補説　学問と礼の実践の両輪の必要性を説く。同文が四四八頁にも見えるが、「君子」二字が無い。また顔回は、孔子が「私の視野を学芸で広げてくださり、私の行動を礼によって引き締めてくださる（我を博むるに文を以てし、我を約するに礼を以てす）」と言う（三二六頁）。

第二十七章

子見南子。子路不説。夫子矢之曰、予所否者、天厭之、天厭之。

子《し》南子《なんし》に見《まみ》ゆ。子路《しろ》説《よろこば》ず。夫子《ふうし》之《これ》に矢《ちか》ひて曰《いは》く、予《われ》の否《ひ》なる所《ところ》の者《もの》は、天之《てんこれ》を厭《た》たん、天之《てんこれ》を厭《た》たん、と。

先生が南子に会われた。子路はそれを喜ばなかった。先生は子路に誓って言った。「もし私が誤っていたならば、天は私を見捨てるであろう。天は私を見捨てるであろう。」

○南子　衛の霊公の夫人で、愛人の宋朝を国に連れ込むなど淫行《いんこう》があり、衛の国の混乱の一因となっていた。孔子が衛に着いたところ、南子は会見を請《こ》うた。孔子は謝絶したが、結局はやむをえず会見した。古えはその国に仕えれば、そこのお后《きさき》に会見する礼があったという話がある。『史記』孔子世家に、南子が孔子との会見を望んだ時、「四方の君子で寡君《かくん》（諸侯、つまり自分の夫）と兄弟となることを望むことをいとわない者は、必ず寡小君《かしょうくん》（諸侯の夫人、つまり自分）にお目見えをするものです」と使者に言わせたとある。なお『春秋左氏伝』成公九年に、季文子が宋まで伯姫《はくき》を送り届け帰国した時に、成公は彼をねぎらった。その時に穆姜《ぼくきょう》（成公の母、宣公の夫人）も部屋から出てきて再拝して礼を述べた。明末清初の顧炎武《こえんぶ》はこのことから、古えの卿大夫《けいたいふ》が小君（諸侯の夫人）に見《まみ》ゆるという礼があったと言う（『日知録』「君之母妻」）。○矢　誓う。子路に誓うというのが普通の解釈であるが、天に誓ったとも解しうる。そうであれば「もし私が誤っているのでしたら、天よ、どうぞ私を断罪してください」という意味になる。○所　誓いの語では「所……」という表現を用いる。ここに具体的例をあげておく。斉の崔杼《さいちょ》が荘公を弑殺《しいさつ》して景公を立て、自分は宰相になり更に慶封《けいほう》を左相《さしょう》として、大宮《たいきゅう》で国人に盟《ちか》って「崔杼と慶封に味方しない者があれば（崔慶に与《くみ》せざる所の者あれば［所不与崔慶者］）」と言った。そこで晏嬰《あんえい》は天を仰ぎ歎じて「私が君に忠を尽くし国家のために働く者に味方しないことがあったら、天の神がお出ましになろう（嬰唯《えいただ》君に忠に社稷《しゃしょく》に利する者に是与《これくみ》せざる所あれば、上帝の如き有らん［嬰所不唯忠於君利社稷者是与、有如上帝］）と言い、血を歃《すす》った（『春秋左氏伝』襄公二十五年）。

補説 傾国の美女南子と聖人孔子の会見は後世話柄《わへい》として用いられた。例えば谷崎潤一郎は小説「麒麟《きりん》」の種にしている。

第二十八章

子曰、中庸之為徳也、其至矣乎。民鮮久矣。

子《し》曰《いは》く、中庸《ちゆうよう》の徳《とく》為《た》るや、其《そ》れ至《いた》れるかな。民鮮《たみすくな》きこと久《ひさ》し、と。

先生が言われた。「中庸の徳は究極だね。民が実践することが減ってから久しい。」

○**中庸** 過不及の無いバランスが取れた状態。「庸」は常で、恒常ということ。状況に応じてバランスをとりながら、一貫性も維持した状態。

補説 本章は「中庸」の語の初出とされるものであるが、孔子の孫の子思《しし》の書と伝えられる『礼記《らいき》』中庸にも「子曰く、中庸は其れ至れるかな。民能《よ》くすること鮮きこと久し、と」と、ほぼ同文がある。中庸は仁ほど重い徳目ではないのにここでは「至れるかな」とまで言われていることから解釈が過剰になりがちな章である。ただ日常的な心得を示す徳なので、本章のように「民」が出てくる時には重視されてもおかしくはない。後に『礼記』中庸は独立した一篇として思想史的に重きをなし、哲学的解釈が様々になされた。

第二十九章

子貢曰、如有博施於民、而能済衆、何如、可謂仁乎。子曰、何事於仁。必也聖乎。堯舜其猶病諸。夫仁者、己欲立而立人、己欲達而達人。能近取譬。可謂仁之方也已。

子貢《しこう》曰《いは》く、如《も》し博《ひろ》く民《たみ》に施《ほどこ》して、能《よ》く衆《しゅう》を済《すく》ふこと有《あ》らば、何如《いかん》、仁《じん》と謂《い》ふ可《べ》きか、と。子《し》曰《いは》く、何《なん》ぞ仁《じん》を事《こと》とせん。必《かなら》ずや聖《せい》か。堯舜《げうしゅん》も其《そ》れ猶諸《なほこれ》を病《や》めるか。夫《そ》れ仁者《じんしゃ》は、己立《おのれた》たんと欲《ほっ》して人《ひと》を立《た》て、己達《おのれたつ》せんと欲《ほっ》して人《ひと》を達《たっ》す。能《よ》く近《ちか》く譬《たとへ》を取《と》る。仁《じん》の方《はう》と謂《い》ふ可《べ》きのみ、と。

子貢が言った。「もし広く民に施して、民衆を救済することがあれば、どうでしょうか。仁と言うことができますか。」先生が言われた。「どうして仁に従事することになろうか。もし言うとすれば必ずや聖であろう。堯や舜ですらもこのことに悩んだではないのか。そもそも仁者は、自分が立とうと望めば人を立たせてあげ、自分がそこに行こうと望めば人を行かせてあげるものだ。身近な状況になぞらえることができる。それが仁を実践する方法と言えるね。」

○**子貢**　孔子の弟子。六一―二頁の注と補説。○**博**　広い。○**事**　「請《こ》ふ斯《こ》の語を事《こと》とせん」（四二五頁、四二九頁）の「事」であれば、常に佩服《はいふく》して従事する意。○**必ずや聖か**　この言い方については一一五頁の「必ずや射か」の注。○**堯舜**　堯と舜は伝説上の古えの聖人王者。儒教における最高の帝王。五五八頁でも「自己修養して民を安寧《あんねい》にするのは、堯や舜ですらもこのことに悩んだではないか（己を脩《おさ》め以て百姓を安んずるは、堯舜も其れ猶諸《なほこれ》を病めるか）」と言う。堯は、姓は伊《い》祁《き》、諱《いみな》は放勲《ほうくん》。陶《とう》、唐に封じられたので陶唐氏とも言う。理想的な統治を行い、最後は臣下の舜に位を譲った。舜は、姓は姚《よう》、諱は重華《ちょうか》、虞氏《ぐし》。父の瞽叟《こそう》や弟の象《しょう》に迫害されるが、政治的功績をあげて堯から天子の位を譲り受けた。理想的な統治を行い最後は臣下の禹《う》に位を譲った。このような堯、舜、禹と続く帝位の譲渡は「禅譲《ぜんじょう》」と呼ばれ、理想化された。なお堯舜の道を儒教が持ちだすのは孔子より後という説もある。○**諸**　これ～か。二一四頁の注。

補説　子貢の質問内容は天下統治である。それゆえ孔子は「聖」の事とした。もともと聖人は聖なる王者のことであり、聖には政治的意味が含まれていた。儒教で堯、舜、禹、湯、文王、武王のような王者や王者に準ずる周公のような存在ではない初めての聖人は孔子なのであり、しかも孔子は聖人を自認したことはなく、弟子たちが孔子を聖人としたのである。聖に対して仁の方は一般人も従事すべき道徳であった。であるから本章では聖との対比で末尾に天下統治とは次元の異なる日常的な教えが仁として説かれているのである。ここで「立ちたい」、「達したい」という自己の内的欲求を、そのまま「立たせてあげる」、「達しさせてあげる」という他者への思いやりに移行させているところに、孔子の思想の基本的モチーフがよく現れている。これは「自分が望まないことを人にやってはならない（己の欲《ほっ》せざる所を、人に施すこと勿《なか》れ）」（四二九頁、五八七頁）と表裏の内容で、孔子は、自己の内的欲求と同じものを他人も所有していると想像できるところに、人間の道徳能力を認めているのである。孔子にとって道徳の存立基盤は、かかる他者に対する想像力にあると言えよう。

述而第七《じゅつじ》

ほとんどが孔子の語だが、ふだんの孔子の姿勢や風姿の記述もはさまれている。

第一章

子曰、述而不作、信而好古、竊比於我老彭。

子《し》曰《いは》く、述《の》べて作《つく》らず、信《しん》じて古《いにしへ》を好《この》む、竊《ひそか》に我《わ》が老彭《らうはう》に比《ひ》す、と。

先生が言われた。「祖述して勝手に創作せず、ただ信じて古《いにし》えの文化や制度を好む。私は、私のこの姿勢を私が敬愛する老彭になぞらえている。」

○我　親しむことをあらわす語と言う。日本に伝わった皇侃《おうがん》のテキストでは「竊比於我於老彭」というように「於」の字の位置が通行本と異なるものがあり、その他のテキストなどもともとにして「窃比我於老彭（窃かに我を老彭に比す）」が正しいという説もある。○**老彭**　殷《いん》の賢大夫、『大戴《だたい》礼《れい》』虞《ぐ》戴徳《たいとく》にその名が見える。なお老子と彭祖《ほうそ》の二人を指すという注もあるが、これは一人のことで、「老」は長老という意味。『老子』の著者とされた老耼《たん》も同じ呼び方で、「×長老」ということを「老×」と言うのであろう。中国に「老」という姓は無い。

補説　老彭が殷で行ったようなことを、孔子は周でしようとしたのであろう。『大戴礼』虞戴徳によると、殷の老彭と仲傀《ちゅうかい》は「政を大夫に教え、官を士に教え、技を庶人に教えた」と言う。

第二章

子曰、黙而識之、学而不厭、誨人不倦。何有於我哉。

子《し》曰《いは》く、黙《もく》して之《これ》を識《し》り、学《まな》びて厭《いと》はず、人《ひと》を誨《をし》へて倦《う》まず。何《なん》ぞ我《われ》に有《あ》らんや、と。

先生が言われた。「だまって心に悟り、学んでいやがらず、人に教えて飽きない。私にとって何の困難なことがあろうか。」

○**黙して之を識る**　朱子は、言葉に出さず心に記憶することと、言葉に出さずに理解することの二説を挙げたうえで前者を採用したが、次に出てくる「学ぶ」と「教える」との対比からして、内面の悟得を言うのであろう。○**何ぞ我に有らんや**　朱子は、「私はこれらを持っていようか」と解釈し謙虚の極であるとしたが、今ではそれと逆に本訳のように「私にとっては特に問題になるものではない」と解釈することが多い。

補説　「何有於我哉」という言い方は他の箇所にも見え（三三二頁）、そこの内容は本章以上に身近な事柄である。それゆえ「自分には無理だ」というよりも「自分にとっては問題無くできる」と解釈すべきであろう。ちなみに「何有（何か有らん）」という語も「何か特に問題になることがあろうか」という意味である（一五四頁の注）。なお二七八頁でも孔子は「之《これ》を為《な》して厭はず、人を誨へて倦まず」を自認し、『孟子』公孫丑《こうそんちゅう》上には「聖は則《すなは》ち吾能《よ》くせず、我は学びて厭はず教へて倦まざるなり」という孔子の語を引くが、そこでも孔子は聖となると無理だが、本章と同じ内容のことなら自分でもできるとしている。

第三章

子曰、徳之不脩、学之不講、聞義不能徙、不善不能改、是吾憂也。

子《し》曰《いは》く、徳《とく》の脩《をさ》めざる、学《がく》の講《かう》ぜざる、義《ぎ》を聞《き》きて徙《うつ》る能《あた》はざる、不善《ふぜん》を改《あらた》むる能《あた》はざる、是《これ》吾《わ》が憂《うれひ》なり、と。

先生が言われた。「徳を修めない、学を研鑽《けんさん》しない、道義を聞いてもそれになりきれない、不善を改められない、これが私の悩みだ。」

○講　一方的な講義ということではなく、みなで切磋《せっさ》琢磨《たくま》しながら学ぶということ。『易経』兌卦《だか》の大象《だいしょう》に「君子以て朋友講習す」とあるのも、朋友とともに研鑽することである。

補説　素直に読めば、孔子がこれらのことを完遂《かんすい》できないのを悩んでいたということになり、およそ聖人らしくないのだが、他の箇所を見ても、孔子は意外なほど自分が道徳的になりきれていないことを正直に述べている。ただそれではあまりに謙虚すぎるというので、荻生徂徠《おぎゅうそらい》などは、孔子が門人たちの怠慢を憂えたとする。

第四章

子之燕居、申申如也、夭夭如也。

子《し》の燕居《えんきょ》するや、申申如《しんしんじょ》たり、夭夭如《えうえうじょ》たり。

先生がくつろいでおられる時は、のびやかで、活《い》き活きとしておられた。

○**燕居**　「燕」は「宴」に通じる。公務から離れ、くつろいでいる時。○**申申**　のびのびしていること。○**夭夭**　若々しいことから、おだやかな活力があること。

補説　孔子は決していかめしいばかりではなかった（二八三頁）。

第五章

子曰、甚矣、吾衰也。久矣、吾不復夢見周公。

子《し》曰《いは》く、甚《はなは》だしきかな、吾《われ》の衰《おとろ》へたるや。久《ひさ》しきかな、吾復夢《われまたゆめ》に周公《しうこう》を見《み》ず、と。

先生が言われた。「甚だしいね、私が衰えたのは。長いことだね、私が昔のように周公を夢に見なくなってからは。」

○復　もとのように。○周公　文王の子で、周王朝を開いた武王の弟の周公旦《たん》。武王が天下取るのを助け、武王没後はその子の成王の摂政をし、後に成王に政権を返した。周の制度や文化を整備し、孔子の故国の魯《ろ》の国に封ぜられその祖となった。

補説　孔子は廃《すた》れつつあった周の文化や制度の再興を夢見た。それゆえそれを作った周公にはとりわけ深い想いを持った。もちろん自分の故国の始祖という面もその想いを強めたであろう。荻生徂徠《おぎゅうそらい》は、それに加えて周公が王ではなく臣下であったことが、同じく臣下の身であった孔子のあこがれの対象になりやすかったとする。なお『荘子《そうじ》』大宗師刻意《こくい》には「真人《しんじん》」や「聖人」は夢を見ないとあり、そのことと本章の孔子が夢を見たこととの関係についての議論もなされてきた。また『周礼《しゅらい》』春官・宗伯《そうはく》には占いの対象として六種類の夢をあげる。

第六章

子曰、志於道、拠於徳、依於仁、游於芸。

子《し》曰《いは》く、道《みち》に志《こころざ》し、徳《とく》に拠《よ》り、仁《じん》に依《よ》り、芸《げい》に游《あそ》ぶ、と。

先生が言われた。「道の修得に志し、自己に内在する徳にもとづき、ふだんから仁にたがわないようにし、教養も深めたいね。」

○**芸** 古注では六芸《りくげい》のことと言う。六芸は、「礼」、「楽《がく》（音楽）」、「射（弓射）」、「御《ぎょ》（乗馬）」、「書（書写）」、「数（算数）」の六つの教養。○**游** 自分をそこに浸《ひた》して味わう。

補説 仁は本来は徳のはずであるが、ここで徳を言った後で仁を持ち出しているのは、学問修養の際は特に仁に沿うかどうか気をつけるということなのであろう。

第七章

子曰、自行束脩以上、吾未嘗無誨焉。

子《し》曰《いは》く、束脩《そくしう》を行《おこな》ふ自《よ》り以上《いじやう》は、吾《われ》未《いま》だ嘗《かつ》て誨《をし》ふること無《な》くんばあらず、と。

先生が言われた。「入門の礼をとりさえすれば、私は教えなかったことはないよ。」

○**束脩** 「脩」は、ほじし（塩づけの乾し肉）。十本を一束とする。古《いにし》えは師に見《まみ》える時に、必ず進物を送るのが礼であり、「束脩」は、そのうちの最も簡単なもの。ここでは、最低限でもかまわないから入門の礼をしさえすれば、ということ。○以上　以後。

補説　孔子は入門したての人間であっても弟子たちにまかせるのではなく、必ずみずから教えたのであろう。これは異例のことである。孔子は意欲のある人間であれば誰にでも教えた（二七二頁、三二二頁）。

第八章

子曰、不憤不啓。不悱不発。挙一隅、不以三隅反、則不復也。

子《し》曰《いは》く、憤《ふん》せざれば啓《けい》せず。悱《ひ》せざれば発《はつ》せず。一隅《いちぐう》を挙《あ》ぐるに、三隅《さんぐう》を以《もつ》て反《はん》せざれば、則《すなは》ち復《ふたたび》せざるなり、と。

先生が言われた。「意欲が盛り上がっていなければ啓発しない。心があまって言葉にならないくらいでなければ言えるように導かない。一つの隅《すみ》を指し示せば他の三つの隅まで見通して返事してこなければ、ふたたび指し示さない。」

○憤　強い意欲を持つこと。○啓　啓発すること。○悱　口で何とか表現しようとするが、それができていず言いよどんでいる様子。○発　言葉で表現できるように導くこと。○復　ふたたびすること。もう一度、一隅を指し示すこと。

補説　孔子は弟子に問題意識を持つことを求めた（五八一頁）。また後半で一を聞いて四を知ることを求めているが、孔子は一を聞いて二以上をわかることを求めていたし、弟子もそれを心懸けていた（六八頁、一七九頁）。なお孔子は思い余って口で表現しきれない人間を評価する（四三一頁）。

第九章

子食於有喪者之側、未嘗飽也。子於是日哭、則不歌。

子《し》　喪《も》有《あ》る者《もの》の側《かたはら》に食《しよく》すれば、未《いま》だ嘗《かつ》て飽《あ》かざるなり。子《し》　是《こ》の日《ひ》に於《おい》て哭《こく》すれば、則《すなは》ち歌《うた》はず。

先生は喪に服している者の横で食事をする時は、味わい尽くさなかった。また先生は死者を弔《とむら》った日には歌を歌わなかった。

○飽　満腹というよりも食べ物を味わい尽くすということ。○哭　死者を悼《いた》んで哭泣《こくきゅう》する礼。

補説　『礼記《らいき》』によると、礼としては「哭する日は歌はず」（曲礼上《きょくらい》）であり、「喪有る者の側に食すれば、未だ嘗て飽かざるなり」（檀弓上《だんぐう》）であった。つまり孔子は礼の規定を忠実に実践していたということかもしれないし、孔子がこうだったから礼の規定になったのかもしれない。

第十章

子謂顔淵曰、用之則行、舎之則蔵。惟我与爾有是夫。子路曰、子行三軍、則誰与。子曰、暴虎馮河、死而無悔者、吾不与也。必也臨事而懼、好謀而成者也。

子《し》顔淵《がんえん》に謂《い》ひて曰《いは》く、之《これ》を用《もち》ふれば則《すなは》ち行《おこな》ひ、之《これ》を舎《す》つれば則《すなは》ち蔵《かく》る。惟我《ただわれ》と爾《なんぢ》と是有《これあ》るかな、と。子路《しろ》曰《いは》く、子《し》三軍《さんぐん》を行《や》らば、則《すなは》ち誰《たれ》と与《とも》にせん、と。子《し》曰《いは》く、暴虎《ばうこ》馮河《ひようか》、死《し》すとも悔《く》ゆる無《な》き者《もの》は、吾《われ》は与《くみ》せざるなり。必《かなら》ずや事《こと》に臨《のぞ》みて懼《おそ》れ、謀《はかりごと》を好《この》みて成《な》す者《もの》なり、と。

先生が顔淵に対して言われた。「登用されれば活動し、罷免《ひめん》されれば静かに暮らす。私とお前だけがそうできるね。」子路が言った。「先生が大軍の総指揮をとれば、誰と一緒にしますか。」先生が言われた。「虎と素手で戦い大河を無理やり押し渡り、死んでも後悔しない者とは、私は一緒に行動しないよ。そうするとしたら必ずや物事に対して慎重を極め、計画を好んでその上で成し遂《と》げる者とだね。」

○顔淵　孔子の弟子の顔回。八六頁の注と補説。**○舎**　捨てるという意味で、罷免されること。**○子路**　孔子の弟子。九四頁の注と補説。**○三軍**　『周礼』夏官・司馬に、一万二千五百人を軍とし、王は六軍、大国は三軍、次国は二軍、小国は一軍とする。**○暴虎**　素手で虎を撃つ。**○馮河**　徒歩で大河を渡る。**○必ずや**　一一五頁の「必ずや射《しゃ》か」の注。

補説　孔子最愛の優等生顔回に張り合い軍事となれば自分だという子路の気負いと、それを微苦笑しながら受け止める孔子の気持ちがよく現れている章である。

第十一章

子曰、富而可求也、雖執鞭之士、吾亦為之。如不可求、従吾所好。

子曰《しいは》く、富《とみ》にして求《もと》む可《べ》くんば、鞭《むち》を執《と》るの士《し》と雖《いへど》も、吾亦之《われまたこれ》を為《な》さん。如《も》し求《もと》む可《べ》からずんば、吾《わ》が好《この》む所《ところ》に従《したが》はん、と。

先生が言われた。「富というものを追求すべきであるのならば、鞭をふるう小吏の仕事であっても私はするだろう。しかしもし求むべきでないのならば、自分が好ましいと思うことをやるだけだ。」

〇鞭を執るの士 賤《いや》しい者の仕事。鞭で道をあけさせる役。『周礼《しゅらい》』秋官・司寇《しこう》に條狼氏《てきろうし》が鞭を取って趨辟《すうへき》をつかさどるとあり、そこの鄭玄《じょうげん》の注では本章を引き、「趨辟」は、走って道行く人を避けさせることで、今の卒《そつ》が車を避けさせる仕事のようなものだと言う。

第十二章

子之所慎、斉戦疾。

子《し》の慎《つつし》む所《ところ》は、斉《さい》戦《せん》疾《しつ》。

先生が慎重に対処されたのは、祭の時の斎戒《さいかい》と、戦争と、病気だった。

○斉　この「斉」は「斎」と同じ。日本漢字音は「サイ」。四季の祭の時に斎戒をし、思慮を集中して神明と交わる。『礼記《らいき》』祭統に、「四季の祭の時期になると祭ろうとして君子は斎戒する。「斉」の言葉の意味は斉《ととの》えるということである。（心身が）斉っていないのを究極まで斉えるのである。……斉とは精明の至極である。それを行って後に神明と交わることができるのである」とある。

第十三章

子在斉聞韶、三月不知肉味。曰、不図、為楽之至於斯也。

子《し》　斉《せい》に在《あ》りて韶《せう》を聞《き》くに、三月肉《さんげつにく》の味《あぢ》を知《し》らず。曰《いは》く、図《はか》らざりき、楽《がく》を為《な》すことの斯《ここ》に至《いた》らんとは、と。

先生が斉にいて韶の音楽を聞いてから三箇月の間は肉を食べても味がわからないほどであった。そして言われた。「予想しなかったよ、音楽を演奏することがここまでになるとは。」

○韶　舜《しゅん》の音楽。孔子はこの音楽をことのほか重視している（一三九頁の本文と注）。○三月　ここでは三箇月を感動して肉の味がわらなかった期間としたが、朱子の引く范祖禹《はんそう》は「韶を聞くこと三月」と読み、韶を聞いた期間とし、荻生徂徠《おぎゅうそらい》は、『史記』孔子世家をもとに韶を学んだ期間とする。

補説　孔子は音楽に感動する感性を持っていた。また音楽は孔子にとって特別の意味があった（一三七頁の補説）。

第十四章

冉有曰、夫子為衛君乎。子貢曰、諾、吾将問之。入曰、伯夷叔斉何人也。曰、古之賢人也。曰、怨乎。曰、求仁而得仁。又何怨。出曰、夫子不為也。

冉有曰《ぜんいういは》く、夫子《ふうし》衛《ゑい》の君《きみ》を為《たす》けんか、と。子貢曰《しこういは》く、諾《だく》、吾将《われまさ》に之《これ》を問《と》はんとす、と。入《い》りて曰《いは》く、伯夷《はくい》叔斉何人《しゆくせいなんぴと》ぞや、と。曰《いは》く、古《いにしへ》の賢人《けんじん》なり、と。曰《いは》く、怨《うら》みたるか、と。曰《いは》く、仁《じん》を求《もと》めて仁《じん》を得《え》たり。又何《またなん》ぞ怨《うら》みん、と。出《い》でて曰《いは》く、夫子《ふうし》は為《たす》けざらん、と。

冉有が言った。「先生は衛の君主をお助けになるでしょうか。」子貢が言った。「よし、私がそれを聞いてみよう。」そこで先生の部屋に入って申し上げた。「伯夷、叔斉はいかなる人でしょうか。」先生が言われた。「古えの賢人だ。」申し上げた。「怨んだでしょうか。」先生が言われた。「仁を求めて仁を得たのだ。それ以上何を怨んだであろうか。」そこで出て言った。「先生は助けないね。」

○**冉有** 孔子の弟子。一一四頁の注。○**衛の君** 出公《しゅつこう》の輒《ちょう》。霊公は跡継ぎの蒯聵《かいかい》を放逐《ほうちく》した。公が没して、国人は蒯聵の子の輒を即位させた。そこで晋《しん》は蒯聵を送り返そうとしたところ、輒はそれを拒絶した。その時、孔子は衛に居た。衛の人々は、蒯聵は父から罪せられたのに対し、輒は嫡孫《ちゃくそん》であるから、即位すべきであると見なしていた。そこで冉有は疑問に思ってそのことをたずねた。○**為** 助ける。○**子貢** 孔子の弟子。六一―二頁の注と補説。○**諸** 応ずる。○**伯夷 叔斉** 清廉《せいれん》の士として著名な兄弟。一九九頁の注と補説。国君の位を譲りあった。

補説 「怨みたるか」については伯夷と叔斉が武王を諫《いさ》めて餓死するまでの一連の行為が想起されるが、朱子はこの語を「後悔したか」と解釈し、この二人が国君の地位を捨てたことの方を指すとした。この方が父と君位を争う衛君の事と関係づけられるかもしれない。ただ七二一頁に「使役すべき事を選択して使役する。そうすれば民は誰を怨むであろうか。仁を求めて、その仁を実現するまでだ。どうして民に対して貪る気持ちを持とうか（労《ろう》す可《べ》きを択《えら》びて之《これ》を労す、又誰《またたれ》をか怨《うら》まん。仁を欲《ほっ》して仁を得《え》たり。又焉《またいづくん》ぞ貪《むさぼ》らん）」という語もあり、この言い方を参考にすると、生涯全般を振り返って、仁であることを全うしたのだから、何の後悔も無いという意味の可能性もある。

第十五章

子曰、飯疏食飲水、曲肱而枕之。楽亦在其中矣。不義而富且貴、於我如浮雲。

子《し》曰《いは》く、疏《そ》食《し》を飯《くら》ひ水《みづ》を飲《の》み、肱《ひぢ》を曲《ま》げて之《これ》を枕《まくら》とす。楽《たのしみ》も亦《また》其《そ》の中《なか》に在《あ》り。不《ふ》義《ぎ》にして富《と》み且《か》つ貴《たふと》きは、我《われ》に於《おい》て浮雲《うきぐも》の如《ごと》し、と。

先生が言われた。「粗食を食べ水を飲み、肱を曲げてこれを枕とする。楽しみもまたその中にある。不義であるのに富みまた貴いのは、私にとっては浮雲のようなものだ。」。

○疏食　精白していない米。粗食。○飯　食べる。

第十六章

子曰、加我数年、五十以学、易可以無大過矣。

子《し》曰《いは》く、我《われ》に数年《すうねん》を加《くは》へて、五十《ごじふ》にして以《もつ》て学《まな》べば、易《また》以《もつ》て大過《たいくわ》無《な》かる可《べ》し、と。

先生が言われた。「私があと数年の年を重ねて、五十歳になっても学び続けるのなら、大きな過ちはなくなるだろうね。」

○加　「仮」ではないかという説もある。『史記』孔子世家では、「天が私に数年を仮《か》し（あたえ）、このように学問できれば、私は易について彬彬《ひんぴん》（充実した理解）となろう」とある。**○五十にして以て学べば**　五十歳でも学び続けていればとも、五十歳で学び直せばともとれる。ここでは前者で訳してみた。**○易**　「亦」と同じで、「また」。ただここの「易」は、従来は多く『易経』のことと解釈されてきた（本章の補説参照）。

補説　「易」を『易経』のこととして「五十にして以て易《えき》を学べば、以て大過無かる可し（五十以学易、可以無大過矣）」と読まれることが少なくなかったが、現存最古の『論語』写本である「定州漢墓竹簡《ちくかん》」では「五十にして以て学べば、亦《また》大過毋《な》かる可し（五十以学、亦可以毋大過）」と、「易」が「亦」になっている。「亦可以……」という文型は『論語』に頻出する（一三七頁、四四八頁、四七六頁、四八七頁、四九八頁、五一六頁）。この竹簡は、中山懐王《かいおう》劉《りゅう》脩《しゅう》の墓と思われるところから出土、それゆえ紀元前五五年以前の写本と推定されている。そもそも『論語』では『書』と『詩』と『礼』が学問の対象であり、『孟子』では『易経』が全く出てこない。『荀子《じゅんし》』では引用は見えるが、『書』、『詩』、『礼』ほど経書として重んぜられてはいない。『論語』には現在の『易経』と同文が二箇所あるが（四九〇頁は恒卦《こうか》の九三の爻《こう》辞《じ》、五三七頁は艮卦《ごんか》の大象《だいしょう》）、ともに『易経』の語ということで引かれているわけではなく、後者などは曽子（曽参《そうしん》）の語とされている（大象は孔子の作と伝えられた十翼《じゅうよく》の一つの象伝《しょうでん》であるが、孔子の手になるということは今では完全に否定されている）。なお朱子は、「加」は音が似る「仮」であり、「五十」は形が似る「卒」であるとし、「我に数年を仮《か》し、以て易を学ぶを卒《を》へしめば」と読んだ。ただ湖北省の郭店《かくてん》の墓地から発見された『語叢一』、『六徳』と名づけられた文献に、『易』が他の経書と並称されていること、これらの文献が埋められたのが孟子の活動時期に重なることから、本章も『易経』と考えてよいとする見解もある（野間文史『五経入門――中国古典の世界』研文出版、二〇一四）。しかし仮に『易経』だとしても、占いや神秘的事象に慎重な孔子の立場からして、「五十歳になって『易』を学ぶのであれば、既に学問の基礎ができているから、大きな過ちに陥らないですむ」と解釈するのが自然で、『易経』が深淵だから五十歳まで待つ必要があるという意味にはならない。孔子が晩年に『易経』を学び「十翼」を整備し、その熟読のゆえに竹簡（文字が書いてある竹の札）をとじた韋（皮紐）が三回も切れたという「韋編三絶《いへんさんぜつ》」の話は『史記』孔子世家にのっていて有名であるが、戦国時代に一部の儒教の学派が現行『易経』の前身を取り込んでいたことが仮にあったとしても、孔子や孟子が『易経』を経書として尊重していたとはとても見なし難い。ちなみに平安時代には本章をもとに、五十歳以前は『易経』を読むと災いがあるとされたりした（太田晶二郎《しょうじろう》「周易に関する迷信」、史学会第五十二回プログラム、一九五三）。

第十七章

子所雅言、詩書執礼。皆雅言也。

子《し》の雅言《がげん》する所《ところ》は、詩《し》書《しょ》執礼《しつれい》。皆《みな》雅言《がげん》なり、と。

先生が正しい発音で読まれたのは『詩』と『書』と『礼の実践』であり、これらはみなもともと正しい発音で読む書である。

○雅言　ここでは、正しい発音と解釈した。これらの書物は周王朝が編集した古典であると孔子は見なしていた。つまり各国の方言の発音ではなく、周王朝の正しい発音に従って読むべき本ということではなかろうか。ちなみに朱子は「常」とし、古注に引く鄭玄《じょうげん》は、経書についても王者の諱《いみな》と同じ語はそれを避けて別字を用いることが行われてきたことから、あくまでももとの本文そのままで読めということとする（『礼記』曲礼《きょくらい》上に「詩書には諱《い》まず、文に臨みては諱まず」とある）。なお「雅言」が重複しているように見える件については不明。**○執礼**　なぜ「執」の字がついているのかは不明。おそらく諸注が言うように、礼を実践するための書ではなかろうか。荻生徂徠《おぎゅうそらい》は礼を教える官のこととし、孔子のみならず、その役職の官吏も諱を避けないで読んだと解釈する。

補説 経書は、国の別を超えた存在であり、当時各国の間の会談の時に『詩経』の一節が賦されて意思の疎通が図られたりした（例えば李思敬『五経四書説略』商務印書館、一九九一）。つまり経書には、国を超えて天下全体にわたる一種の共通語的要素があったと思われる。なおここでも『詩』、『書』、『礼』があげられていて、孔子にとっての経書はこの三点であったことが確認できる。

第十八章

葉公問孔子於子路。子路不対。子曰、女奚不曰、其為人也、発憤忘食、楽以忘憂、不知老之将至云爾。

葉公《せふこう》孔子《こうし》を子路《しろ》に問《と》ふ。子路《しろ》対《こた》へず。子曰《しいは》く、女奚《なんぢなん》ぞ曰《いは》ざる、其《そ》の人《ひと》と為《な》りや、憤《いきどほり》を発《はつ》して食《しよく》を忘《わす》れ、楽《たの》しみて以《もつ》て憂《うれひ》を忘《わす》れ、老《おい》の将《まさ》に至《いた》らんとするを知《し》らずと爾云《しかい》ふ、と。

葉公が孔子のことを子路にたずねた。子路はお答えしなかった。先生が言われた。「お前はどうして言わなかったのか。孔子という人物は、発憤すると食事を忘れ、楽しむと憂いを忘れ、老いが近寄ってくるのにも気がつかないといった具合だとね。」

○葉公　楚の葉県の長官の沈諸梁《しんしょりょう》で、字《あざな》は子高。ひとかどの人物であったとも言われるが、僭称《せんしょう》して公と名乗るなど問題があったので子路は答えなかったという解釈もある。四八二頁、四八四頁にも孔子との問答が見える。なお「葉」は、姓や地名の時は日本漢字音で「せふ（しょう）」と発音する。**○子路**　孔子の弟子。九四頁の注と補説。

補説　孔子が発憤し、楽しんだのは学問に対してである。孔子は学問好きを自負していた（二〇六頁）。また楽しむのは、知ることや好むことよりも上であるとされた（二二九頁）。

第十九章

子曰、我非生而知之者。好古、敏以求之者也。

子《し》曰《いは》く、我《われ》生まれながらにして之《これ》を知《し》る者《もの》に非《あら》ず。古《いにしへ》を好《この》みて、敏《びん》にして以《もつ》て之《これ》を求《もと》むる者《もの》なり。

先生が言われた。「私は生まれつきわかっている者ではない。古いことを好んで、神経を研《と》ぎ澄ましてそれを求めている者なのだ。」

補説 孔子は「生まれつきわかっている者」を最上とした（六一七頁）。つまり孔子は自己を最高の段階にあるとは自認していなかったのである。

第二十章

子不語怪力乱神。

子《し》怪《くわい》力《りよく》乱《らん》神《しん》を語《かた》らず。

先生は、怪《あや》しげな力や、日常を乱す神秘を語らなかった。

○力 日本では伝統的に「りょく」と読む。

補説 怪、力、乱、神と四つの事柄とする説もある。いずれにしても孔子が日常性を重視する姿勢を持ったことには変わりは無い。

第二十一章

子曰、三人行、必有我師焉。択其善者而従之、其不善者而改之。

子《し》曰《いは》く、三人《さんにん》行《ゆ》けば、必《かなら》ず我《わ》が師《し》有《あ》り。其《そ》の善《ぜん》なる者《もの》を択《えら》びて之《これ》に従《したが》ひ、其《そ》の不《ふ》善《ぜん》なる者《もの》にして之《これ》を改《あらた》む、と。

先生が言われた。「三人いっしょに歩けば、その中には必ず自分の先生がいるものだ。そのうちの善い者を選んで従い、そのうちの善からぬ者を見て自分を戒める。」

○行　「行《おこな》へば」とも読める。

補説　子貢は、孔子にとっては有益なことを言ってくれる人はみな師で、固定した師はいなかったと言う（七〇七頁）。

第二十二章

子曰、天生徳於予、桓魋其如予何。

子《し》曰《いは》く、天《てん》徳《とく》を予《われ》に生《しやう》ぜり、桓魋《くわんたい》其《そ》れ予《われ》を如何《いかん》せん、と。

先生が言われた。「天は私に使命を果たす能力をあたえた。桓魋ごときが私をどうできるというのだ。」

○徳　道徳そのものというよりも生得の能力ということであろう。○桓魋　宋の司馬向魋《しようたい》。桓公《かんこう》の子孫なので、桓氏と称す。孔子が曹《そう》から宋に行き、弟子と大樹の下で礼を講習していた時に、桓魋が孔子を殺そうとしたと言う（『史記』孔子世家）。○予を如何　私をどのようにできるというのか。できないという意味。「如何」の対象を言う時は「如」と「何」の間に置く。匡《きよう》の人々に襲われた時も「匡人《きやうひと》其れ予を如何せん」と言っている（三一七頁）。

第二十三章

子曰、二三子以我為隠乎。吾無隠乎爾。吾無行而不与二三子者、是丘也。

子《し》曰《いは》く、二三子《にさんし》我《われ》を以《もつ》て隠《かく》すと為《な》すか。吾《われ》隠《かく》すこと無《な》きのみ。吾《われ》行《おこな》ふとして二三《にさん》子《し》と与《とも》にせざる者《もの》無《な》し、是丘《これきう》なり、と。

先生が言われた。「お前たちは私が隠していることがあると思うのか。私は隠していることなど無い。あらゆる行いをお前たちと共有しているのが、私なのだ。」

○二三子　お前たち。○吾隠すこと無きのみ　「爾」を荻生徂徠が「のみ」とするのによる。なお「吾爾《われなんぢ》に隠《かく》すこと無《な》し（私は諸君に隠してなぞいない）」と読むことも多い（例えば亀田鵬斎《ぼうさい》『善身堂一家言』一）。○与　共にす（古注）。朱子は「示す」と解釈し、行いを通して全てを開示していることとする。

第二十四章

子以四教、文行忠信。

子《し》四《し》を以《もつ》て教《をし》ふ、文《ぶん》行《かう》忠《ちゆう》信《しん》。

先生は四つのことを教えられた。古典と徳行と誠意と信義である。

○文　『詩』、『書』、『礼』の類。四六頁、二六三頁の補説。○行　徳行。礼の実践も含むかもしれない。〇忠　自己に誠実であること。〇信　他者に誠実であること。

補説　孔子の教えた内容を端的に整理した語として知られる。

第二十五章

子曰、聖人吾不得而見之矣。得見君子者、斯可矣。子曰、善人吾不得而見之矣。得見有恒者、斯可矣。亡而為有、虚而為盈、約而為泰。難乎有恒矣。

子曰《しいは》く、聖人《せいじん》は吾《われ》得《え》て之《これ》を見《み》ず。君子者《くんししゃ》を見《み》るを得《え》ば、斯《これか》可なり、と。子曰《しいは》く、善人《ぜんじん》は吾《われえ》得て之《これ》を見《み》ず。恒有《つねあ》る者《もの》を見《み》るを得《え》ば、斯《これか》可なり。亡《な》けれども有《あ》りと為《な》し、虚《むな》しけれども盈《み》てりと為《な》し、約《やく》なれども泰《ゆたか》なりと為《な》す。難《かた》きかな恒有《つねあ》ること、と。

先生が言われた。「聖人を私は見ることができない。せめて君子を見られれば、それでよい。」先生がまた言われた。「善人を私は見ることができない。せめてぶれない姿勢をしている者を見ることができれば、それでよい。持っていないのに持っているとしたり、空っぽなのにいっぱいだとしたり、貧乏なのに豊かだとする。こういう人たちを見ると、ぶれない姿勢を維持するのはむずかしいね。」

○**君子** 立派な人。○**善人** 四九九頁の注。この語は四〇九頁、四七六頁、四九九頁、七一五頁にも見える。○**恒** 『孟子』梁恵王《りようけいおう》上に言う「恒心」であれば、安定した心構えを持つ者のこと。○**子曰** 後の「子曰」を、朱子は衍文《えんぶん》とする。○**亡** 無。○**約** 貧困。

第二十六章

子釣而不綱。弋不射宿。

子《し》釣《てう》すれども綱《かう》せず。弋《よく》すれども宿《しゆく》を射《い》ず。

先生は釣りはしても、はえなわは使わなかった。いぐるみはしても、ねぐらの鳥を射なかった。

○**釣** 一本の釣り竿で魚を釣る。○**綱** 大縄に針をつけた小さい縄を多数結びつけ、流れを横断して一気に多くの魚を取る。荻生徂徠《おぎゆうそらい》は「綱」の誤りとする。○**弋** 生糸《きいと》を矢に結びつけて射ること。○**宿** 夜木にとまって寝ている鳥。

補説　孔子は無駄な狩猟はしなかったという内容である。ただ『孟子』万章下に「魯《ろ》の人《ひと》が猟較《りょうかく》したので、孔子もまた（それに合わせて）猟較した」とあるように、孔子も猟較したという話がある。そこの注で朱子は、「猟較は未詳」とし、狩で得た禽獣を比べそれから祭の供物《くもつ》にするという趙岐《ちょうき》の解釈と、猟をして獲物の数を比較するという張鎰《ちょういつ》の説を並列して挙げたうえで、「二説のうちどれが正しいかはわからない」と言う（『孟子集注《しっちゅう》』）。いずれにしても『孟子』本文の文脈からは「猟較」はあまりよい事とはされていない。なお荻生徂徠《おぎゅうそらい》は、古えの礼では、狩は天子や諸侯が祭祀や賓客《ひんきゃく》のもてなしのためにするもので、士は狩はできず、祭祀や賓客のもてなしのためには「釣」や「弋」をしたと言う。

第二十七章

子曰、蓋有不知而作之者。我無是也。多聞択其善者而従之、多見而識之、知之次也。

子《し》曰《いは》く、蓋《けだ》し知《し》らずして之《これ》を作《な》す者《もの》有《あ》らん。我《われ》是《これ》無《な》きなり。多《おほ》く聞《き》きて其《そ》の善《よ》き者《もの》を択《えら》びて之《これ》に従《したが》ひ、多《おほ》く見《み》て之《これ》を識《し》るは、知《し》るの次《つぎ》なり、と。

先生が言われた。「知ってもいないのに物事をやろうとする者はいるものだろう。私にはこういうことはない。たくさんのことを聞いて善いものを選択してそれに従ったり、たくさんのものを見て識別したりするというのは、もともと知っているということに次ぐものだ。」

○蓋　従来から機械的に「思うに」と訳すが、実際には種々の意味がある。例えば、やはり、つまり、たぶん、など。○作　「知」に対する「行」ということで訳した。「作る」とする解釈も多い。○識　多数の中から識別するということであろう。ちなみに朱子は「しるす（記憶する）」という意味とする（日本漢字音は「シ」）。

第二十八章

互郷難与言。童子見。門人惑。子曰、与其進也。不与其退也。唯何甚。人潔己以進、与其潔也。不保其往也。

互郷《ごきやう》与《とも》に言《い》ひ難《がた》し。童子《どうじ》見《まみ》ゆ。門人《もんじん》惑《まど》ふ。子曰《しいは》く、其《そ》の進《すす》むに与《くみ》するなり。其《そ》の退《しりぞ》くに与《くみ》せざるなり。唯何《ただなん》ぞ甚《はなは》だしきや。人己《ひとおのれ》を潔《きよ》くして以《もつ》て進《すす》まば、其《そ》の潔《きよ》きに与《くみ》せん。其《そ》の往《わう》を保《ほ》せざるなり、と。

互郷の地の人間はともに話しあえるような連中ではない。そこの童子が孔子に会いに来た。門人はとまどった。先生が言われた。「前に進もうという姿勢を評価したのだ。後退するようなのは認めないまでだ。彼らを嫌うのがあまりに極端にすぎないかね。人が純粋な気持ちで前に進もうとするのであれば、その誠意を認めよう。ただ私から去ってしまわないとは保証できないがね。」

○互郷　村の名。ここの村人は他地域の人と意思疎通が難しかったと言われる。**○与**　認めるということ。朱子は「ゆるす（許容する）」と読む。**○唯何ぞ甚しきや**　古注以来の解釈によったが、今ひとつ意味が不明。朱子はこの前後に欠文があるとする。**○己を潔くして**　「育った互郷という特殊な地域環境の影響を捨て、自分の心をまっさらにして」という意味か。**○往**　去っていってもけっこうの意味。『孟子』尽心下に、私（孟子）は学科を設け、「往く者を追はず、来る者を拒《こば》まず」であるから、少なくともしかるべき心掛けでここに来るのであればそれを受けるまでだと言う（この部分のテキストの冒頭は「夫子」だが、趙岐の注によって「夫《そ》れ予《われ》」と改めて解釈する）。なお朱子は本章の「往」を先日のこと、つまり「以前のことは別だが」と解釈している。

補説　孔子は純粋に質問して来る者には誰にでも応対した（三二二頁）。なお朱子は「人潔」から「往也」までの十四字は、「与其進也」の前にあるはずとする。

第二十九章

子曰、仁遠乎哉。我欲仁、斯仁至矣。

子《し》曰《いは》く、仁遠《じんとほ》からんや。我仁《われじん》を欲《ほっ》すれば、斯《ここ》に仁至《じんいた》る、と。

先生が言われた。「仁は遠いものであろうか。私が仁でありたいと望めば、すぐに仁はやってくる。」

補説　仁に志《こころざ》せば悪は無いとも言う（一四四頁）。荻生徂徠《おぎゅうそらい》は天下を安定させるのを仁の働きとした。その立場から本章を「仁は遠きかな」と読み、仁が極めて遠いものであることとした。そして孔子は天下安定の能力があったので、もし王侯になれれば、仁は実現に向かうとした。なお孔子はなかなか自分にも弟子にも仁を認めなかった一方で（一七三頁の補説）、本章のように仁は達成しやすいものであるとも言う。

第三十章

陳司敗問。昭公知礼乎。孔子曰、知礼。孔子退。揖巫馬期而進之曰、吾聞、君子不党。君子亦党乎。君取於呉、為同姓、謂之呉孟子。君而知礼、孰不知礼。巫馬期以告。子曰、丘也幸。苟有過、人必知之。

陳《ちん》の司敗《しはい》問《と》ふ。昭公《せうこう》礼《れい》を知《し》れるか、と。孔子《こうし》曰《いは》く、礼《れい》を知《し》れり、と。孔子《こうし》退《しりぞ》く。巫馬期《ふばき》を揖《いふ》して之《これ》を進《すす》めて曰《いは》く、吾《われ》聞《き》く、君子《くんし》は党《たう》せず、と。君子《くんし》も亦党《またたう》するや。君《きみ》呉《ご》に取《めと》るに、同姓《どうせい》なるが為《ため》に、之《これ》を呉孟子《ごまうし》と謂《い》ふ。君《きみ》にして礼《れい》を知《し》らば、孰《たれ》か礼《れい》を知《し》らざらん、と。巫馬期《ふばき》以《もつ》て告《つ》ぐ。子《し》曰《いは》く、丘《きう》や幸《さいはひ》なり。苟《いやしく》も過《あやまち》有《あ》れば、人《ひと》必《かなら》ず之《これ》を知《し》る、と。

陳の司法長官がたずねた。「昭公は礼をわきまえていますか。」孔子が言った。「礼をわきまえています。」孔子が退いた。そこで巫馬期に一礼して前に寄らせて言った、「私は聞いています、君子は身びいきをしないと。君子もまた身びいきをするのですか。主君が呉の国から娶《めと》ったところ、同姓だったので、呉孟子と呼んでごまかしました。この君が礼をわきまえているというのならば、礼をわきまえていない者などいましょうか。」巫馬期はこのことを孔子に告げた。先生が言われた。「私は幸いだね。少しでも過失があれば、必ず気づいてくれる人がいる。」

○**陳**　今の河南省にあった小国。○**司敗**　官名で、司寇（司法長官）。○**昭公**　魯の君主、諱《いみな》は稠《ちゅう》。礼の具体的な細目を習っていたので、当時礼がわかっていたと言われていた。○**巫馬期**　孔子の弟子。姓は巫馬、諱は施《し》、字は子旗《しき》（『孔子家語』は子期）。魯の人（邢昺《けいへい》『論語注疏』に引く鄭玄《じょうげん》、『孔子家語』は陳の人）。孔子より三十歳年少。○**揖**　両手を組んで上げ下げする挨拶《あいさつ》。○**君子**　立派な人。○**党**　徒党。○**取**　「娶」と同音で、「めとる」の意。○**同姓**　『礼記《らいき》』坊記《ぼうき》に「妻は同じ姓から娶《めと》らない。区別を遠くまで及ぼすのである」とある。魯は周の周公の子孫、呉は周の泰伯《たいはく》の子孫の国で、姓はともに「姫《き》」。○**呉孟子**　呉から女子を娶れば姓が姫なので「呉孟姫（呉公の家の「姫」姓の女性）」と称すべきだが、それでは同姓と結婚したことが露見するので、昭公は姓が「子」である宋から娶ったようによそおって、その女子を「呉孟子（呉にいる「子」姓の女性）」と称した。『春秋』哀公十二年に「孟子が没した」とあり、そこの『春秋左氏伝』に「昭夫人（昭公夫人）の孟子が没した。昭公は呉から娶った。それゆえ姓を記さなかった。没しても諸侯に知らせなかった。それゆえ夫人と称さなかった」とある。また『礼記』坊記に、「魯の『春秋』に、夫人の姓を除いて呉と言い、死するに及んで「孟子が没した」と記した」と言う。○**孰**　だれ。

補説　古注は国君批判を避けるのは礼であるとし、朱子も孔子があえて自分の過ちとして引き受けたとするが、伊藤仁斎は、孔子はその時その時に偽りなく正直に応答しているだけであって、自分の過誤も過誤として率直に認めただけとする。おそらく孔子は純粋に知らなかったのであり、それを率直に認めたのであろう。

第三十一章

子与人歌而善、必使反之、而後和之。

子《し》人《ひと》と歌《うた》ひて善《よ》ければ、必《かなら》ず之《これ》を反《はん》せしめて、而《しか》る後《のち》に之《これ》に和《わ》す。

先生は人と歌ってそれが良ければ、必ず繰り返させて、その後で唱和した。

補説　荻生徂徠《おぎゅうそらい》は、唱和するのが礼であるとするが、孔子の音楽愛好からして、単に日常がこのようであったのであろう。

第三十二章

子曰、文莫吾猶人也。躬行君子、則吾未之有得。

子《し》曰《いは》く、文莫《びんぼ》は吾猶人《われなほひと》のごときなり。君子《くんし》を躬行《きゅうかう》するは、則《すなは》ち吾未《われいま》だ之《これ》を得《う》ること有《あ》らず、と。

先生が言われた。「努力することについては、私は人並みである。君子としての実践となると、私はまだできていない。」

○文莫　荻生徂徠《おぎゅうそらい》は、楊慎《ようしん》、陳騤《ちんき》らの論をもとに「文莫」を努めることとする。そこにも挙げられているが、欒肇《らんちょう》『論語駁《ばく》』では、燕や斉の方言でむりに勤めるのを「文莫」と言い、揚雄《ようゆう》『方言』では、北燕の外郊で、苦労して務めることを「侔莫《ぼうばく》」と言う。劉台拱《りゅうだいきょう》『論語駢枝《べんし》』では、これに加えて更に許慎《きょしん》『説文《せつもん》解字』をもとに「文莫」は「忞慔《びんぼ》」の仮借字《かしゃじ》と言う（程樹徳『論語集釈』所引）。ここではとりあえずこれによって訳してみたが、確信があるわけではない。今までは「文《ぶん》は吾猶人《われなほひと》のごときこと莫《な》からんや（学問教養については、私は人並みでないことがあろうか）」と読まれることが多かった。**○君子**　立派な人。**○躬行**　躬は身。身をもって実践する。

第三十三章

子曰、若聖与仁、則吾豈敢。抑為之不厭、誨人不倦、則可謂云爾已矣。公西華曰、正唯弟子不能学也。

子《し》曰《いは》く、聖《せい》と仁《じん》との若《ごと》きは、則《すなは》ち吾豈敢《われあにあへ》てせんや。抑〻之《そもそもこれ》を為《な》して厭《いと》はず、人《ひと》を誨《をし》へて倦《う》まざるは、則《すなは》ち爾云《しかい》ふと謂《い》ふ可《べ》きのみ、と。公西華《こうせいくわ》曰《いは》く、正《まさ》に唯《ただ》弟子《ていし》学《まな》ぶ能《あた》はざるなり、と。

先生が言われた。「聖と仁などは、私にはとてもできないね。その教えを実践する際に嫌がらず、人にそれを教える際に飽きないということなら、そうだと言ってもよいがね。」公西華が言った。「それこそまさに我々が学ぶことができないものなのです。」

○爾云ふ　このように言う。「爾云ふと謂ふ可きのみ」は、「このように言う」と言うだけであり、それ以外には無いということ。**○公西華**　孔子の弟子。諱《いみな》は赤。一七七頁の注。

補説　孔子は二四五頁でも自分が「学びて厭はず、人を誨へて倦まず」であることを自負している。

なお本章で孔子が自分のことを聖人と自認していない件であるが、『孟子』公孫丑《こうそんちゆう》上にも孔子についての類似の内容があり、そこでも孔子は「聖は、私にはできない（聖は、則ち吾は能《よ》くせず）」と言っている。また孔子自身は自分のことを、本章のように聖人はおろか仁人とも認めず、知であるとも言わず（三二二頁）、更に君子であるとも思っていなかったふしすらある（五三九頁）。孔子は自分が誤ることがあることを認め（二七五頁）、最高の素質の持ち主ではないと言い（二六四頁）、自分の未熟を憂いている（二四七頁）。しかし弟子の子貢は、孔子を聖人と見なそうとした（三一九頁、『孟子』公孫丑上）。

第三十四章

子疾病。子路請禱。子曰、有諸。子路対曰、有之。誄曰、禱爾于上下神祇。子曰、丘之禱久矣。

子《し》の疾病《やまひへい》なり。子路《しろ》禱《いの》らんことを請《こ》ふ。子《し》曰《いは》く、諸《これあ》有りや、と。子路《しろ》対《こた》へて曰《いは》く、之《これあ》有り。誄《るい》に曰《いは》く、爾《なんぢ》を上下《しやうか》の神祇《しんぎ》に禱《いの》る、と。子《し》曰《いは》く、丘《きう》の禱《いの》ること久《ひさ》し、と。

先生の病気が重くなった。子路は祈禱《きとう》したいと申し出た。先生が言われた。「そのようなことをする意味はあるのかね。」子路がお答えした。「あります。死者を追悼する文に「なんじを天地の神々に祈る」とあります。」先生が言われた。「私はずっと祈っているのだよ。」

○**疾**　病気。○**病**　病気が重いこと。○**子路**　孔子の弟子。九四頁の注と補説。○**諸**　二一四頁の注。「有諸」で「之有《これあり》り乎《や》」と同じ。○**誄**　死者を追悼する文。『周礼《しゆらい》』春官・宗伯に「卿大夫《けいたいふ》の喪は、諡《おくりな》を賜《たま》わり、誄を読む」とあるから大夫の扱いであったと思われる孔子が逝去《せいきよ》すれば、誄を読まれることになる。ちなみに『礼記《らいき》』檀弓《だんぐう》上に魯の哀公の孔子に対する誄の語を引く。「天はこの長老をこの世に留めてくれず、私の位を補佐してくれる者がいなくなった。ああ悲しいかな、尼父《じほ》（孔子）よ（天、耆老《きろう》を遺《のこ》さず、予《われ》の位を相《たす》くる莫《な》し、嗚呼《ああ》哀しいかな、尼父《ぢほ》）。」国君が大夫よりも下位の士のために誄をおくることも、魯の荘公から始まっていた（『礼記』檀弓上）。○**爾**　なんじ。○**上下の神祇**　天地の神々。

補説　子路が誄を持ち出していることから孔子の逝去を想定して死後に天地の神に祈る許可を求めたのか、それとも礼の規定をもとに臨終の孔子の病気治癒のために祈ったのか定かではない。後者が普通であるが、孔子が重病になった時に子路が葬儀の準備をしたというから（三二七頁）、前者の可能性も皆無ではない。それに対して孔子は特定の効果を期待し祈るということに意味を認めず、常に自分は天下や人々のために祈っていた、あるいは神々があたかもいるかのごとく感ずる敬虔《けいけん》さを維持し続けていたと言ったのであろう。ちなみに臨終の時に祈ることについては、『儀礼《ぎらい》』既夕《きせき》礼の「記」に臨終の時には「そこで禱を五祀《ごし》に行う」とあり、この箇所の鄭玄《じょうげん》の注に「孝子の情を尽くす」と親子の間のこととしつつ、「五祀」については「博く言っているのであり、士は二祀で門と行（道路）である」と言う。「五祀」については、『礼記』祭法では、王は民のためと自分のために七祀を立て、諸侯は国のためと自分のために五祀を立て、大夫は三祀を立て、適士（上士）は二祀を立て、庶士と庶人は一祀を立てるとある。孔子が大夫扱いであったとすると、族厲《ぞくれい》（古えの大夫の跡継ぎの無い者）、門、行の神の三祀となる。

第三十五章

子曰、奢則不孫。倹則固。与其不孫也寧固。

子《し》曰《いは》く、奢《しや》なれば則《すなは》ち不孫《ふそん》なり。倹《けん》なれば則《すなは》ち固《こ》なり。其《そ》の不孫《ふそん》なる与《よ》りは寧《むし》ろ固《こ》ならん、と。

先生が言われた。「おごれば不遜になる。倹約であれば融通がきかなくなる。しかし不遜よりは融通がきかない方がまだよいね。」

○孫　従順。○固　固陋《ころう》。○与りは寧ろ　一一一頁の注。

補説　孔子が豪奢《ごうしや》よりも倹約を求めたことは他にも見える（一一〇頁）。

第三十六章

子曰、君子坦蕩蕩。小人長戚戚。

子《し》曰《いは》く、君子《くんし》は坦蕩蕩《たんたうたう》たり。小人《せうじん》は長戚戚《ちやうせきせき》たり、と。

先生が言われた。「君子はゆったりひろびろしている。小人はずっとこせこせしている。」

○君子、小人　立派な人、くだらない人。○坦蕩蕩　「坦」は、平らか。「蕩蕩」は、広々とした様子。○長戚戚　心の不安がずっと続いていること。

第三十七章

子温而厲、威而不猛、恭而安。

子《し》は温《をん》にして厲《はげ》し、威《ゐ》ありて猛《まう》ならず、恭《きよう》にして安《やす》し。

先生はおだやかだが厳粛であり、威厳があるが獰猛《どうもう》ではなく、謙虚であるがのびやかである。

○厲　厳粛。

補説　子貢が子禽《しきん》に対して、孔子は温、良、恭、倹、譲によって政治についての諮問の機会を得たと言う（六一頁）。また孔子自ら君子たるものは「威ありて猛ならず」であるとし、「衣冠を正しくつけ、まなざしを厳粛に保ち、荘重で人々はそれを望んで畏敬の念を持つ」のがそれに相当すると言っている（七二〇―一頁）。

泰伯《たいはく》第八

孔子の語が中心だが、曽参《そうしん》の語も五章まとまって収められている。また最後の方には古《いにし》えの聖王ついての孔子の語が四章並ぶ。

第一章

子曰、泰伯其可謂至徳也已矣。三以天下譲。民無得而称焉。

子《し》曰《いは》く、泰伯《たいはく》は其《そ》れ至徳《しとく》と謂《い》ふ可《べ》きのみ。三《み》たび天下《てんか》を以《もつ》て譲《ゆづ》る。民《たみ》得《え》て称《しよう》する無《な》し、と。

先生が言われた。「泰伯は究極の徳の持ち主と言えるね。三回も天下を譲った。（しかし秘《ひそ》かに行ったので、）民はそれを称《たた》えることができなかった。」

○泰伯　周の大王（古公亶父《ここうたんぽ》）の長子は泰伯、その弟は仲雍《ちゅうよう》と季歴《きれき》。季歴はまた子の昌《しょう》を生んだが、昌には聖徳があった。大王はそこで位を季歴に伝え、更に孫の昌に継がせようとした。泰伯はそれを知り、弟の仲雍と逃れて南方の呉《ご》の地に赴き、もう二度と中原にもどらないと決心し南方の風俗に従い髪を切り入れ墨をした。そこで大王は季歴を跡継ぎに立てた。周の国は更に昌に伝えられ、天下の三分の二を領有することになった。これが文王である。文王が崩じ、その子の発が立った。その結果殷《いん》に打ち勝ち天下を得た。これが武王である。なお『春秋左氏伝』僖公《きこう》五年に「大伯（泰伯）虞仲《ぐちゅう》（仲雍）は大王の昭（子）であった。大伯は従わなかった。それゆえ位を嗣《つ》がなかった」とある。朱子はそこで、大王の時、殷は次第に衰え、周が強大になりつつあり、大王は殷を滅ぼそうと志したが、泰伯が従わなかったので、大王は季歴から昌へと位を嗣がせようとしたと言う。**○三たび**　「断固として」という解釈と、文字通り「三回」という解釈がある。**○天下を以て譲る**　泰伯の時、周はまだ天下を取っていなかったのに、本文では「天下を以て譲る」とあることについて、古注では、天下を得る徳を持つ文王の血筋の方に国を譲ったのであるから、泰伯は天下を譲ったことになると解釈している。それに対して朱子は、泰伯自身が殷周交代期に生きたとしたら天下を得るほどの徳を持っていたのに位を譲ったからこのように言うとしている。また荻生徂徠《おぎゅうそらい》は天下のために譲ったと解釈している。**○民得て称する無し**　ひそかに譲ったので、人々はその形跡を見ることができなかった。

補説　伊藤仁斎は、『詩経』大雅の「皇矣《こうい》」の詩によると、泰伯は大王の意向ではなく、自分の意志で天下のために譲位したのであり、結果的に文王や武王が位を継ぎ、両者の道が天下に行き渡り、民はその恩恵を受けた、これが、孔子が泰伯を「至徳」とした理由であるとする。

第二章

子曰、恭而無礼則労、慎而無礼則葸。勇而無礼則乱。直而無礼則絞。君子篤於親、則民興於仁。故旧不遺、則民不偸。

子《し》曰《いは》く、恭《きよう》にして礼無《れいな》ければ則《すなは》ち労《らう》す。慎《しん》にして礼無《れいな》ければ則《すなは》ち葸《し》す。勇《ゆう》にして礼無《れいな》ければ則《すなは》ち乱《みだ》す。直《ちよく》にして礼無《れいな》ければ則《すなは》ち絞《かう》す。君子《くんし》親《しん》に篤《あつ》ければ、則《すなは》ち民《たみ》仁《じん》に興《おこ》る。故旧《こきう》遺《わす》ざれば、則《すなは》ち民《たみ》偸《うす》からず、と。

先生が言われた。「うやうやしくても礼が無ければ、人に気持ちが伝わらず徒労になる。慎しみ深くても礼が無ければ、萎縮するばかりである。勇気があっても礼が無ければ、乱すばかりになる。正直であっても礼が無ければ、頑《かたく》なになる。君子が親族に手篤《てあつ》ければ、民の間に仁道が興起する。昔なじみの人々を忘れなければ、民は薄情ではなくなる。」

○労　相手に気持ちが伝わらず努力が無駄になる。○葸　萎縮する。○絞　ゆとりがなく性急になること。「急切」（朱子の注）、「絞刺」（古注）、「切」（杜預《どよ》『春秋経伝集解《けいでんしっかい》』昭公元年）の意味とされる。○君子　ここでは為政者の意味。○故旧　古くからの知りあい。

補説　六四一頁に「直を好みて学を好まざれば、其の蔽《へい》や絞《かう》、勇を好みて学を好まざれば、其の蔽や乱」という似た語が出てくる。この箇所と本章を合わせると、「恭」、「慎」、「勇」、「直」といった通常は誉《ほ》められる心のあり方も、無条件に絶対的に肯定されるべきではなく、学や礼に通じるようになってこそ、適切に発揮されるということになる。

なお朱子は、呉棫《ごよく》が「君子」以下は独立させて一章とすべきで曽参《そうしん》（曽子）の語であるという論をあげて、この一節は、上文と連結せず、むしろ五九頁の「親の喪《も》に謹《つつし》んで服し、祖先の祭を誠実に行えば、民も感化されて篤実《とくじつ》になっていくであろう」という曽参の語の意と類似しているから呉氏の説がたぶん正しいとする。ここで曽参が持ち出されたのは次章以降、曽参の語が続くからでもある。

第三章

曽子有疾。召門弟子曰、啓予足、啓予手。詩云、戦戦兢兢、如臨深淵、如履薄冰。而今而後、吾知免夫、小子。

曽子《そうし》疾《やまひ》有《あ》り。門弟子《もんていし》を召《め》して曰《いは》く、予《わ》が足《あし》を啓《ひら》け、予《わ》が手を啓《ひら》け。詩《し》に云《い》ふ、戦戦《せんせん》兢兢《きようきよう》として、深淵《しんえん》に臨《のぞ》むが如《ごと》く、薄氷《はくひよう》を履《ふ》むが如《ごと》し、と。而今《いま》よりして後《のち》、吾免《われまぬ》がるるを知るかな、小子《せうし》、と。

曽子が病気になった。門弟たちを召して言われた。「私の足を開いて調べよ、私の手を開いて調べよ。『詩』にこう詠じている、「戦々兢々として、深い淵に臨むようであり、薄い氷の上を歩くようである。」今からは、私はこのような緊張から解放されるのがわかったよ、お前たち。」

○**曽子**　孔子の弟子の曽参《そうしん》。五二一三頁の注と補説。○**疾**　病気であるが、実際には臨終の時。○**啓**　開く。ふとんをめくったとも、手足を開いて調べさせたとも解釈されている。いずれにしろ手足に傷が無いか点検したのである。曽参は平生、自分の身体は父母から受けたのであるから、それを傷つけないように細心の注意をしていた。それゆえ臨終の時になって弟子に自分の身体を見させた。○**詩**　『詩経』小雅の「小旻《しようびん》」。○**戦戦**　恐懼《きようく》する。○**兢兢**　戒《いまし》め慎む。○**而今而後**　「而今」で今の意味。今より後。○**吾免がるるを知るかな**　今まで身体を傷つけないように緊張し自制していたが、臨終に際してこれからはそれから解放されることがわかったということ。○**小子**　年少者。

要するに若い弟子たちのこと。

補説 曽参の作と伝えられた『孝経』（実際には戦国時代の書）に「身体髪膚《しんたいはつぷ》之《これ》を父母に受く。敢《あへ》て毀傷《きしやう》せざるは、孝の始《はじめ》なり」、つまり自分の身体や髪や肌は父母から受けたのだから、それを傷つけないように注意するのが孝の始めだという有名な語がある。また『礼記《らいき》』祭義にも曽参が子の体は親の遺《のこ》したものだから大事にすることを説いたという記事が見える。中国では、身体刑を受けることは屈辱の極みとされ、入れ墨なども忌避され、頭髪も髭《ひげ》もなるべく残すようにされたが、このような風習と曽参に帰された孝の思想は結びついた。また後には仏教の僧侶の剃髪《ていはつ》が、このことから批判されたりもした。

第四章

曽子有疾。孟敬子問之。曽子言曰、鳥之将死、其鳴也哀。人之将死、其言也善。君子所貴乎道者三。動容貌、斯遠暴慢矣、正顔色、斯近信矣、出辞気、斯遠鄙倍矣。籩豆之事、則有司存。

曽子《そうし》疾《やまひ》有《あ》り。孟敬子《まうけいし》之《これ》を問《と》ふ。曽子《そうし》言《い》ひて曰《いは》く、鳥《とり》の将《まさ》に死《し》せんとするや、其《そ》の鳴《な》くや哀《かな》し。人《ひと》の将《まさ》に死《し》せんとするや、其《そ》の言《い》ふや善《よ》し。君子《くんし》の道《みち》に貴《たふと》ぶ所《ところ》の者三《ものさん》。容貌《ようぼう》を動《うご》かせば、斯《ここ》に暴慢《ぼうまん》に遠《とほ》ざかり、顔色《がんしよく》を正《ただ》せば、斯《ここ》に信《しん》に近《ちか》づき、辞《じ》気《き》を出《いだ》せば、斯《ここ》に鄙《ひ》倍《ばい》に遠《とほ》ざかる。籩豆《へんとう》の事《こと》は、則《すなは》ち有司《いうし》存《そん》す、と。

曽子が病気になられた。孟敬子が見舞いに来ておたずねした。曽子がそれに対して言われた。「鳥は、死のうとしている時には、その鳴くのは哀しいものです。人が死のうとしている時には、その言葉は意味があるものです。（そこであなた様に申し上げますが、）君子の道について大切な事は三点あります。動作をきちんとすれば、粗暴粗野な振る舞いをしなくなり、顔つきを整えれば、信義を全うするのに近づき、言葉をきちんとすれば、卑俗で反道徳的な言動から遠ざかるようになります。祭の際の供え物などについては、それを担当する役人にまかせればよいのです。」

○**曽子**　孔子の弟子の曽参。五二―三頁の注と補説。○**孟敬子**　魯《ろ》の権力者であった孟懿《い》子（八〇頁の注）の孫で、孟武伯（八二頁の注）の子。諱《いみな》は捷《しょう》。家老の家の若様だった。○**問**　病気見舞いしたこと。○**君子**　ここでは家老の家の孟敬子が相手なので、人の上に立つ者のことであろう。○**貴**　重んじる。○**容貌**　身体全体について言う。○**暴**　粗暴。○**慢**　放恣《ほうし》。○**顔色**　顔つき。○**信**　人との信頼関係であろう。○**辞**　言語。○**気**　声の雰囲気。○**鄙**　卑俗。○**倍**　背《そむ》く。○**籩豆**　籩は、祭器である竹製のたかつき。豆は、祭器である木製のたかつき。『爾雅《じが》』釈器に、木豆を「豆」と言い、竹豆を「籩」と言うとある。○**有司**　役人。

補説 「暴慢」、「信」、「鄙倍」を古注では相手側の反応のこととするが（つまり相手からそのような振る舞いを受けるようになる）、朱子は自分のこととする。

第五章

曽子曰、以能問於不能、以多問於寡、有若無、実若虚、犯而不校、昔者吾友嘗従事於斯矣。

曽子《そうし》曰《いは》く、能《のう》を以《もつ》て不能《ふのう》に問《と》ひ、多《た》を以《もつ》て寡《くわ》に問《と》ひ、有《あ》れども無《な》きが若《ごと》く、実《み》つれども虚《むな》しきが若《ごと》く、犯《をか》さるるも校《かう》せず。昔吾《むかしわ》が友《とも》嘗《かつ》て斯《ここ》に従事《じゆうじ》せり、と。

曽子が言われた。「能力があるのに無能な者にたずね、多くの知識を持っているのに無知な者にたずね、持っていても持っていないようであり、充実しているが虚しいようであり、相手から無礼を働かれてもあらがわない。昔私の友がこれに努めていた。」

○**曽子** 孔子の弟子の曽参。五二一三頁の注と補説。○**校** あらがう。

補説 「吾が友」について、古注は孔子最愛の弟子の顔回のことと見なし、朱子も同意する。

謙虚さを身上とする内容と、「嘗て」と過去の事になっていることから、夭折《ようせつ》した顔回がふさわしいとされたのであろうが、果たして孔子の後年の弟子である曽参が孔子の第一の高弟であり夭折した十六歳年長の顔回のことを「吾が友」と呼ぶであろうかという疑問が残る。伊藤仁斎は当時の孔子門下の諸賢のこととし、荻生徂徠《おぎゆうそらい》は顔回以外の誰か特定の人を指しているとするが、おそらく徂徠あたりが正しいであろう。

第六章

曽子曰、可以託六尺之孤、可以寄百里之命、臨大節而不可奪也。君子人与、君子人也。

曽子《そうし》曰《いは》く、以《もつ》て六尺《りくせき》の孤《こ》を託《たく》す可《べ》く、以《もつ》て百里《ひやくり》の命《めい》を寄《よ》す可《べ》く、大節《たいせつ》に臨《のぞ》みて奪《うば》ふ可《べ》からず。君子人《くんしじん》なるか、君子人《くんしじん》なり、と。

曽子が言われた。「六尺の幼君を託すことができ、百里四方の国の政令をゆだねられ、重大事に臨んでも動揺しない。君子だろうか、君子だろうね。」

○**曽子**　孔子の弟子の曽参。五二―三頁の注と補説。○**六尺の孤**　背丈が六尺しかない孤児のことだが（この尺は中国古代の長さで後の尺よりも短い）、ここでは父が没してしまった幼君のこととするのが普通である。十五歳以下を指すとも言う（邢昺《けいへい》『論語注疏』に引く鄭玄《じょうげん》）。〇**大節**　国の重大事。〇**君子人なるか、君子人なり**　普通は訳のように問いかけと応答として解釈するが、荻生《おぎゅう》徂徠《そらい》は、「君子だね、君子だね」と反復して賞賛した語とする。なお「君子」は立派な人のこと。

第七章

曽子曰、士不可以不弘毅。任重而道遠。仁以為己任。不亦重乎。死而後已。不亦遠乎。

曽子《そうし》曰《いは》く、士《し》は以《もつ》て弘毅《こうき》ならざる可《べ》からず。任重《にんおも》くして道遠《みちとほ》し。仁以《じんもつ》て己《おの》が任《にん》と為《な》す。亦重《またおも》からずや。死《し》して後已《のちや》む。亦遠《またとほ》からずや、と。

曽子が言われた。「士は心に包容力があり強固でなくてはならない。任務は重く、道のりは遠い。仁を自分の任務とする。何と重いことではないか。死してそこでやっと終わる。何と長い道のりではないか。」

〇**曽子**　孔子の弟子の曽参。五二―三頁の注と補説。〇**士**　広義では官僚全体、狭義では下級官僚のことであるが、ここではごく一般の官僚および官僚予備軍のことであろう。〇**弘毅**　「弘」は、広々と寛大。「毅」は、堅忍不《けんにんふ》抜《ばつ》。仁は広く人々を愛す道徳であるから「弘」であり、それを死ぬまで維持しつづけるから「毅」なのであろう。

第八章

子曰、興於詩、立於礼、成於楽。

子《し》曰《いは》く、詩《し》に興《おこ》り、礼《れい》に立《た》ち、楽《がく》に成《な》る、と。

先生が言われた。「詩の学習から始まり、礼の講習で一人前になり、音楽の修得で完成する。」

○**興**　起こる。詩によって学問や礼儀の基礎となる情操を磨くことから出発することであろう。なお「詩は、以て興《きょう》す可し」（六四三頁、この語の解釈の問題についてはそこの注を参照）という語もあるが、ここの「興」と同義であるかは問題である。○**立**　社会人として一人前になること。礼が学習と関係する例としては、「礼を学ばざれば以て立つこと無し」（六二四頁）とか、「礼を知らざれば、以て立つこと無きなり」（七二三頁）などがある。○**成**　礼を身につけて秩序正しい人物になるとともに、音楽を学習して人々と調和する。

補説 孔子の門では、『書』と『詩』と『礼』が中心に学ばれていた（二六二頁）。「礼楽《れいがく》」と熟語化されるように礼と音楽は一体なので、必然的に音楽の兼修も求められた。ここに『書』が無いのは、『書』が政治道徳の書という性格が強く、音楽までを学んでいちおう自己確立した後でこそ学ぶものだからであろうか。孔子は息子の伯魚（鯉《り》）に『詩』や礼を学んだかと問うているが、『書』は出てこない（六二三頁）。『礼記《らいき》』内則《だいそく》では、十歳で幼儀（子どもの作法）を、十三歳で音楽と詩を、二十歳の成人で初めて礼を学ぶとするが、『論語』のこの本章の方は実際の幼少時の教育課程を順序よく述べたというよりも、理念的な話であろう。それに対して「内則」の方は、まず子どもに詩を読詠し覚えさせることが教育の最初の段階で行われていて、その際に詩を詠唱するための音楽も教えたということかもしれない。

第九章

子曰、民可使由之。不可使知之。

子《し》曰《いは》く、民《たみ》は之《これ》に由《よ》らしむ可《べ》し。之《これ》を知《し》らしむ可《べ》からず、と。

先生が言われた。「民は導けば何とか従わせることはできる。しかしわからせることまではできない。」

補説　本章の「可」を「……すべし」という要求の意味に取り、「民には従わせるべきで、わからせるべきではない」というように愚民政策を言うものとするのをよく見かける。しかし本章の現代語訳のように「……できる」という可能の意味に取ることができ、その解釈をした注も実は多い。朱子などもいかにも要求の意味に取りそうな先入観を持たれているが、実際には可能の意味で解釈している。なお要求の意味に取る場合でも、伊藤仁斎などは、王者の教化は自然に行われるべきであり、その恩が王者から出ていることを知らせるようではいけないと解釈する。また荻生徂徠《おぎゅうそらい》は、天下には智者も愚者もいるから、教えに由らせることはできるが教えの根拠をわからせられないこともあり、もしわからせるのを教えとするならば、天下には教化の恩恵を受けない者がでてきてしまうと言う。

第十章

子曰、好勇疾貧、乱也。人而不仁、疾之已甚、乱也。

子《し》曰《いは》く、勇《ゆう》を好《この》みて貧《まづ》しきを疾《にく》めば、乱《みだ》るるなり。人《ひと》にして不仁《ふじん》なるを、之《これ》を疾《にく》むこと已甚《はなはだ》しければ、乱《みだ》るるなり、と。

先生が言われた。「勇を好んでも貧しさを憎むようでは、その人は混乱を引き起こす。不仁の人をあまりに憎みすぎれば、その相手は混乱を引き起こす。」

補説 荻生徂徠《おぎゆうそらい》が前半は自分が乱をなすこと、後半は人に乱をさせることとするのにならって訳した。ただ徂徠はいずれにしろ乱の原因は自分にあるとする。

第十一章

子曰、如有周公之才之美、使驕且吝、其余不足観也已。

子《し》曰《いは》く、如《も》し周公《しゆうこう》の才《さい》の美《び》有《あ》りとも、驕且《けうか》つ吝《りん》ならしめば、其《そ》の余《よ》は観《み》るに足《た》らざるのみ、と。

先生が言われた。「もし周公のような優《すぐ》れた能力があっても、驕慢《きようまん》で吝嗇《りんしよく》であれば、その能力以外は見るに足らない。」

○周公 周の武王の弟で、武王の子の成王を補佐し、魯に封ぜられた周公旦《たん》。二四九頁の注。**○才の美** 智能技芸の優秀さ。**○驕** 驕慢。**○吝** 吝嗇。**○しめば** 「使」もその前の「如」も共に仮定を表す。

【補説】孔子が最も崇敬した周公（二四八頁）をわざわざ挙げていることから、孔子が驕慢と吝嗇をことのほか嫌っていたのがわかる。

第十二章

子曰、三年学不至於穀、不易得也。

子《し》曰《いは》く、三年《さんねん》学《まな》びて穀《こく》に至《いた》らざるは、得易《えやす》からざるなり、と。

先生が言われた。「三年も学んで俸禄《ほうろく》をもらうようにならないのは、なかなかあることではないね。」

○**穀**　俸禄。比較的薄いもの。○**至らざるは**　俸禄を得るようにならないのは。

【補説】訳は皇侃《おうがん》『論語義疏』に引く孫綽《そんしゃく》による。五九三頁に「学ぶや禄其《そ》の中に在《あ》り」という語があるように、孔子は無償の学の意義を言う一方で、学が俸禄に結びつくことも否定しない。なお朱子は、「至」を志すということとし、「三年学んでも俸禄を求めないのは、得難い人材である」と解釈する。また古注は「穀」を「善」とし、「三年学んでも善にならないのは」という意味とする。

第十三章

子曰、篤信好学、守死善道。危邦不入、乱邦不居。天下有道則見、無道則隠。邦有道、貧且賤焉、恥也。邦無道、富且貴焉、恥也。

子《し》曰《いは》く、学《がく》を好《この》むを篤《あつ》く信《しん》にし、善《ぜん》なる道《みち》を守《まも》りて死《し》す。危邦《きはう》には入《い》らず、乱邦《らんはう》には居《を》らず。天下《てんか》道有《みちあ》れば則《すなは》ち見《あらは》れ、道無《みちな》ければ則《すなは》ち隠《かく》る。邦《くに》に道有《みちあ》るに、貧《まづ》しく且《か》つ賤《いや》しきは、恥《はぢ》なり。邦《くに》に道無《みちな》きに、富《と》み且《か》つ貴《たふと》きは、恥《はぢ》なり、と。

先生が言われた。「学を好む姿勢を忠実に維持し、善なる道を守ったまま死す。道が危《あや》うくなっている国には入らず、道が乱れた国には滞在しない。天下に道が行われていれば活動し、道が行われていなければ身を隠す。国に道が行われているのに、貧しくまた身分が低いのは恥である。国に道が行われていないのに、富みまた身分が高いのは恥である。」

〇学を好むを篤く信にし　学を好む姿勢を「信（それにふさわしい実質を伴わせるように）」にすること。「信を篤くし、学を好む」と読み、信の気持ちを深くして学を好む意味とすることが多いが、次の語句との対比で訳した。**〇善なる道を守りて死す**　善なる道を守ったまま死ぬこと。「死を守りて道を善《よ》くす」と読まれることが多いが、「守りて死するも道を善くす」と読むことも可能である。いずれにしても「守死」は、死ぬまでか、死んでもか解釈が分かれる（荻生徂徠《おぎゅうそらい》は後者）。ここでは並列の文型であることをもとに、学を好み、道を守る姿勢を終生貫くことを意味するものとして訳してみた。**〇危邦**　単に危険な邦というよりも、道が危機に陥っている邦という意味であろう。**〇乱邦**　乱れた邦のことで、「危邦」と同義であろう。ただ仁斎は、危よりも乱の方が程度が重いと言う。

補説　道が行われていれば活動するのは当然として、道が行われていなくとも積極的に政治の立て直しに身命をかけるべきなのに、それに反して身を隠すというのは一見道家思想のようであるが、本章のように『論語』ではしばしば称揚されている姿勢である（一九六頁、五〇一頁、五〇五頁、五七一頁）。『論語』に見える隠者の孔子批判に対して、孔子側がはぎれが悪い理由をここに見る説もある（楠山春樹「論語に見える隠者」『道家思想と道教』所収、平河出版社、一九九二、初出は一九八八）。

第十四章

子曰、不在其位、不謀其政。

子《し》曰《いは》く、其《そ》の位《くらゐ》に在《あ》らざれば、其《そ》の政《せい》を謀《はか》らず、と。

先生が言われた。「しかるべき地位にいないのであれば、政務をあれこれ議することはしない。」

補説　五三七頁にも同文がある。

第十五章

子曰、師摯之始、関雎之乱、洋洋乎盈耳哉。

子《し》曰《いは》く、師摯《しし》の始《はじめ》、関雎《くわんしよ》の乱《らん》は、洋洋乎《やうやうこ》として耳《みみ》に盈《み》てるかな、と。

先生が言われた。「音楽長官の摯の奏《かな》でる出だしと、最後に歌われる関雎の終章は、美しくひろびろと耳に満ちあふれるね。」

○師摯の始、関雎の乱　「師摯」は、魯《ろ》の音楽長官（師）の摯。後に魯を去って斉《せい》に行った（六八一頁）。「関雎」は、『詩経』の冒頭に置かれた詩で、当時詩は音楽にのせて詠じられた。孔子はこの詩を讃《たた》えている（一三〇頁）、その賛美の理由については一三一頁の補説。「乱」は、音楽の終章、あるいは最後に付される短い歌。ここでは文型からするとこの二句は並列なので、「師摯」を、師摯が演奏する音楽の始まり部分、「関雎の乱」を、音楽の最後にうたわれる歌唱部分の「関雎」の終章として訳してみた。ちなみに朱子は「始」を「当初」の意味に取り、孔子が衛から魯に帰り楽曲を復元した時は（三三一頁）、ちょうど楽師の摯が音楽の長官になったばかりで、それゆえその演奏はこのように美しく盛大であった、と解釈する。**○洋洋乎**　美しく盛んなこと。

補説　孔子は魯の音楽長官（摯のことと見られる）に音楽の蘊蓄《うんちく》を傾けたことがあった（一三六頁）。孔子と音楽の関わりについては、一三七頁の補説。

第十六章

子曰、狂而不直、侗而不愿、悾悾而不信、吾不知之矣。

子《し》曰《いは》く、狂《きやう》にして直《ちよく》ならず、侗《とう》にして愿《げん》ならず、悾悾《こうこう》にして信《しん》ならざるは、吾《われ》之《これ》を知《し》らず、と。

先生が言われた。「つき進むうえに率直ではなく、愚かなうえにまじめではなく、空っぽである上に誠実ではない者は、私は知ったことではない。」

○狂　バランスを欠くほど進取の気性に富むこと。一九七―八頁の注と補説。そこでは悪い状況を指す語ではないが、ここでは負の面が言われているように見える。**○直**　すなお。**○侗**　愚か。**○愿**　謹厳篤実。**○悾悾**　「空空如《こうこうじょ》」（三二二頁）と同義。空っぽで無能無知ということ。**○知らず**　朱子は厳しい拒絶と取り、仁斎は教えられないということとする。また「進取の気性に富むが率直ではなく、愚直ではあるが篤実ではなく、先入観は無いが誠実ではない者を、私は見たことが無い」と訳せると言われるかもしれないが、「狂」が必ずしも悪い意味ではないとはいえ、「侗」や「悾悾」と並ぶことからすると無理があろう。

補説　孔子は意欲さえあれば誰でも分け隔て無く教える人間であったが、ここでは突き放した言い方をしている。『孟子』告子下では「私が教えるのをいさぎよしとしないのも、一つの教え方なのだ」と言い、朱子が「知らず」を拒絶とする解釈にはこれが念頭にあった。

第十七章

子曰、学如不及、猶恐失之。

子《し》曰《いは》く、学《がく》は及《およ》ばざるが如《ごと》くして、猶之《なほこれ》を失《うしな》はんことを恐《おそ》る、と。

先生が言われた。「学ぶ場合は、その対象に追いつかないのではないかという気持ちを持つとともに、一方で既に学んだことを失わないように心配するものだ。」

○之を失はんこと　ここでは既に学んだ内容を失うということで訳したが、朱子は、追いつこうとしている対象を見失うこととし、この文全体を、追いつかないのではないかという気持ちを持ちつつ、更にそれを見失わないかと心配すること、と解釈した。

第十八章

子曰、巍巍乎、舜禹之有天下也、而不与焉。

子《し》曰《いは》く、巍巍乎《ぎぎこ》たり、舜《しゆん》禹《う》の天下《てんか》を有《たも》つや、而《しか》して与《あづか》らず、と。

先生が言われた。「高く広大だ、舜や禹の統治は。天下を統治しても、直接関与しなかった。」

○**巍巍**　高く大きい様子。○**舜**　伝説上の聖王。二四二頁の注。○**禹**　伝説上の聖王。名は文命、姓は姒《じ》。夏王朝の祖とされる。舜の治世の時、父の鯀《こん》が失敗した黄河の治水に成功したという。舜から帝位を譲られ、理想的な統治を行った。○**与らず**　直接命令しまくらず統治した。それは適切な人材登用によって得た優れた臣下にある程度まかせたからであるが（三〇八頁、四五七頁）、本来このような意味であったものが、次第に道家的な無為（何も作為しない）の思想で解釈しなおされていった。五六八頁に「無為にして治まる者は、其れ舜なるか」という語も、臣下にまかせるという本来の意味であるという（楠山春樹「儒家における無為の思想」『道家思想と道教』所収、平河出版社、一九九二、初出も一九九二）。なお朱子は帝位を享受しなかったことと解釈する。舜に位を譲った聖王の堯《ぎょう》についての語であるが、前漢の董仲舒《とうちゅうじょ》は「堯は天命を受けて帝位につき、天下のことを憂《うれ》えたが、位にいるのを楽しみとはしなかった」と言う（『漢書』董仲舒伝）。

補説　『孟子』滕文公《とうぶんこう》上では本章とほぼ同文の孔子の語を引いてから、「堯や舜は天下を統治するのにどうして意を用いなかったことがあろうか。ただ直接農耕には関与しなかっただけだ」と言う。儒教の無為の治とは、統治に対して無関心であるわけではなく、人事を適材適所に的確に行い、一度登用した臣下の行う具体的な政策にはいちいち介入しないのである。

第十九章

子曰、大哉、堯之為君也。巍巍乎、唯天為大、唯堯則之。蕩蕩乎、民無能名焉。巍巍乎、其有成功也。煥乎、其有文章。

子《し》曰《いは》く、大《おほい》なるかな、堯《げう》の君為《きみた》るや。巍巍乎《ぎぎこ》として、唯天《ただてん》のみ大為《おほいな》るに、唯堯《ただげう》のみ之《これ》に則《のつと》る。蕩蕩乎《たうたうこ》として、民《たみ》能《よ》く名《な》づくること無《な》し。巍巍乎《ぎぎこ》として、其《そ》れ成功《せいこう》有《あ》るなり。煥乎《くわんこ》として、其《そ》れ文章《ぶんしやう》有《あ》り、と。

先生が言われた。「偉大であることか、君主としての堯は。高く広いということでは、天だけが偉大だが、堯だけがその天に則っていた。その結果、あまりに広遠で人々はそれを表現できなかった。高く広く統治の成果があがった。輝くばかりの文化制度が生み出された。」

○**堯**　伝説上の聖王。二四二頁の注。○**巍巍乎**　高く大きい。三〇六頁の注。○**蕩蕩乎**　広遠。○**民能く名づくること無し**　広遠で無為なので、人々は言葉で形容できなかった。○**煥乎**　明らか。

○**文章**　麗《うるわ》しい文化制度。一八五頁の注。

補説　『孟子』滕文公《とうぶんこう》上に、ほぼ同文の孔子の語をのせる。

第二十章

舜有臣五人而天下治。武王曰、予有乱臣十人。孔子曰、才難、不其然乎。唐虞之際、於斯為盛。有婦人焉、九人而已。三分天下有其二、以服事殷。周之徳、其可謂至徳也已矣。

舜《しゅん》に臣五《しんご》人有《にんあ》りて天下《てんか》治《をさ》まる。武王曰《ぶわういは》く、予《われ》に乱臣十人有《らんしんじふにんあ》り、と。孔子曰《こうしいは》く、才《さい》難《かた》しとは、其《そ》れ然《しか》らずや。唐虞《たうぐ》の際《のち》、斯《ここ》に於《おい》て盛《さかん》なりと為《な》す。婦人有《ふじんあ》り、九人《くにん》のみ。天下《てんか》を三分《さんぶん》して其《そ》の二《に》を有《たも》ち、以《もつ》て殷《いん》に服事《ふくじ》す。周《しう》の徳《とく》は、其《そ》れ至徳《しとく》と謂《い》ふ可《べ》きのみ、と。

舜には優れた臣下が五人いて天下が治まった。武王は言われた。「私には統治の助けになる臣下が十人もいる。」孔子が言われた。「『人材は得がたい』というのは、その通りであろう。堯《ぎょう》や舜より後では、この時代（周）が盛んであった。もっとも婦人がまざっているから九人だが。（武王の父の文王は）天下の三分の二を領有しながらも殷に仕えた。周の徳は最高であると言えようか。」

○舜　古えの聖王。二四二頁の注。**○臣五人**　古注では、禹、稷《しょく》、契《せつ》、皐陶《こうよう》、伯益をあげる。**○武王曰く**　武王は、姓は姫、諱《いみな》は発。文王の子。暴虐な天子であった殷の紂王を武力で討伐し、周王朝を開いた。儒教が重んずる聖王の一人。『書経』周書・泰誓中にこの語が出てくるが、この部分はいわゆる偽古文《ぎこぶん》（後世の偽作）。**○乱臣**　「乱」は、乱れるの反対の治まる。一字が正反対の意味を持つのを反訓《はんくん》と言う。十人は、古注では周公旦（武王の弟の周公）、召公奭《せき》、太公望、畢公《ひつこう》、栄公、大顚《だいてん》、閎夭《こうよう》、散宜《さんぎ》生《せい》、南宮适《かつ》、文母（武王の母の太姒《たいじ》）をあげる。女性が一人あげられているのは表向きの政治ではなく家内を立派に治めたからだとされる。ただ母を臣下に数えるのはおかしいから邑姜《ゆうきょう》（武王の妻で太公望の娘）ではないかという説もある（劉敞《りゅうしょう》『七経小伝』）。なお荻生《おぎゅう》徂徠《そらい》は、『春秋左氏伝』襄公《じょうこう》二十八年に「武王に乱十人有り」とあり（テキストによっては「臣」の字がある）、日本の明経家《みょうぎょうか》が「臣」を読まなかったこと、また「文母」は臣と言えないことから、「臣」を誤って混入したとする。**○孔子曰く**　なぜ他と同じように「子曰く」ではないかということが問題になるが、朱子はその前の武王の君臣関係に続いているので、記録者が特に丁寧に記したからであるとする。なお「孔子曰く」と一貫して表記するのは季氏篇。**○才難し**　この語は古語であるとされる。「才」は、能力有る人材。**○唐虞の際、斯に於て盛なりと為す**　唐は堯を（二四二頁の注）、虞は舜を指す。「際」については、劉宝楠《りゅうほうなん》が他の用例から「下」とか「後」という意味にとるのに従って訳した（『論語正義』）。なお最後の周についての記述が武王から文王への移行の時代を指すから、ここの「際」を移行期として訳すと、堯から舜にかけての時代はその人材を得たがゆえに立派だったという意味になる。〇**天下を三分して其の二を有ち、以て殷に服事す**　文王が天下の三分の二を領有しながらも、臣下の分をわきまえ、暴虐の王であった殷の紂《ちゆう》王に忠実に仕えたことを言う。〇**周の徳**　文王と武王の二代をまとめて周と言っているのであろう。

第二十一章

子曰、禹吾無間然矣。菲飲食、而致孝乎鬼神、悪衣服、而致美乎黻冕、卑宮室、而尽力乎溝洫。禹吾無間然矣。

子《し》曰《いは》く、禹《う》は吾間然《われかんぜん》すること無《な》し。飲食《いんしよく》を菲《うす》くして、孝《かう》を鬼神《きしん》に致《いた》し、衣服《いふく》を悪《あ》しくして、美《び》を黻冕《ふつべん》に致《いた》し、宮室《きゆうしつ》を卑《いやし》くして、力《ちから》を溝洫《こうきよく》に尽《つ》くす。禹《う》は吾間然《われかんぜん》すること無《な》し、と。

先生が言われた。「禹は非難のしようが無いね。普段の食事を粗末にしても、父祖の霊魂へのお供えは十分にし、普段の衣服は粗末にしても、父祖の祭の祭服やかぶりものは麗《うるわ》しくし、普段の住居は粗末にしても、田の水道の整備には力を尽くした。禹は非難のしようが無いね。」

○禹　伝説上の聖王。三〇六頁の注。○間然　隙間が無いことから、欠陥を指摘する余地が無いという意味になる。○菲　薄くする。○孝を鬼神に致す　ここの鬼神は父祖の霊魂のことで、祭祀を手厚くすること。○黻冕　「黻」は、膝おおいで、韋《い》（なめし皮）で作る。「冕」は、冠。ともに祭服。○宮室　宮殿ではなく、単なる住居のこと。『易経』繋辞《けいじ》下伝に、大昔聖人が穴居《けっきょ》野宿していた人民に屋根や柱がある「宮室」をあてがって風雨をしのげるようにしたとある。○溝洫　田の間の水路のことで、小さいのが「溝」、大きいのが「洫」。それによって境界を定め、旱魃《かんばつ》や大水の備えにもする。古注に、一里四方の区画を井《せい》とし、井の間には溝があり、その広さと深さは四尺、十里四方の区画を成《せい》とし、成の間には洫があり、その幅と深さは八尺、と言う。

子罕《しかん》第九

孔子のふだんの姿勢と風姿を語る章もあるが、ほとんどが孔子の言葉を記録した篇である。

第一章

子罕言利与命与仁。

子《し》罕《まれ》に利《り》と命《めい》と仁《じん》とを言《い》ふ。

先生は、利と命と仁については稀《まれ》にしか語られなかった。

〇利　孔子は功利的発想を否定する（一五三頁、一五八頁）。〇命　天命の類であろう。孔子は天命を畏怖《いふ》してはいたが（六一六頁）、天道を語らなかった（一八四頁）。ただ君子の条件に「命を知る」こともあげていて（七二三頁）、どこまで語らなかったは微妙である。

補説　孔子は仁に数多く言及しているのに、ここでは稀に言うとしている。朱子は仁があまりに広大だからだとするが、不自然な感は否《いな》めない。荻生徂徠《おぎゅうそらい》は、「子は罕に利を言ふ。命と与《とも》にし仁と与《とも》にす」と読むべきであるとしたが、苦しい解釈である。本文に乱れがあると考えざるをえない一章である。

第二章

達巷党人曰、大哉孔子。博学而無所成名。子聞之、謂門弟子曰、吾何執。執御乎、執射乎。吾執御矣。

達巷《たつかう》の党人《たうじん》曰《いは》く、大《おほい》なるかな孔子《こうし》。博《ひろ》く学《まな》びて名《な》を成《な》す所無《ところな》し、と。子之《しこれ》を聞《き》きて、門弟子《もんていし》に謂《い》ひて曰《いは》く、吾何《われなに》をか執《と》らん。御《ぎよ》を執《と》らんか、射《しや》を執《と》らんか。吾《われ》は御《ぎよ》を執《と》らん、と。

達巷の村人が言った。「偉大ですね孔子という方は。学ばれた領域があまりに広大で特定の分野で名声を博しておられません。」先生はそれを聞いて門人に向かって言われた。「それなら私は何を専門にしようか。馬術にしようかね。弓射にしようかね。私は馬術にしよう。」

○達巷　村の名。○党　村。○執　専門職として行うこと。○御　馬や馬車を操《あやつ》ること。朱子は主人に仕える御者のこととし、このような卑《いや》しい仕事をあえてあげたところに孔子の謙譲の精神を見るとしたが、選択肢にあげられている射と御の両方とも六芸のうちに含まれているので、君子のたしなみの御の方を指すのであろう。○射　弓を射ること。君子のたしなみの六芸《りくげい》（礼、楽《がく》〈音楽〉、射、御《ぎょ》、書、数）のうちの射。

補説　「君子は器ならず」（八九頁）という語があるように、君子は一つの技能にのみ精通するものではない。孔子はまことの君子であったから、特定の技能で名をなさなかったのである。孔子の答えはユーモアをまじえている。

第三章

子曰、麻冕礼也。今也純倹。吾従衆。拝下礼也。今拝乎上泰也。雖違衆、吾従下。

子《し》曰《いは》く、麻冕《まべん》は礼《れい》なり。今《いま》や純《じゅん》なるは倹《けん》なり。吾《われ》は衆《しゅう》に従《したが》はん。下《しも》に拝《はい》するは礼《れい》なり。今上《いまかみ》に拝《はい》するは泰《たい》なり。衆《しゅう》に違《たが》ふと雖《いへど》も、吾《われ》は下《しも》に従《したが》はん、と。

先生が言われた。「麻冕の冠をかぶるのは礼の規定である。ところが今は絹糸だけを用いているのは倹約のためである。私は今の人々のやり方に従おう。堂の下で臣下が君主に拝礼するのは礼である。今堂の上で拝礼しているのは驕慢《きょうまん》な態度である。人々のやり方とは異なっていても、私は下でするやり方に従おう。」

○**麻冕**　赤黒い布の冠。三十の升（縦糸を編み込んだひとはば）がある布で作る。升は八十本の麻糸で作るから、その縦糸は二千四百本となる。細密で作るのは難しい。○**純**　絹糸。○**倹**　倹約。○**下に拝する**　臣下が堂の下におりて拝礼すること。○**上に拝する**　臣下が堂の上にいたままで拝礼すること。○**泰**　驕慢。○**吾は下に従はん**　君臣の分を重んじたことを示す。

補説　孔子は礼の規定を固守したのではなく、その精神を優先し、時には世俗のやり方にまで従った。儒者としては驚くほど柔軟な態度である。

第四章

子絶四。毋意、毋必、毋固、毋我。

子《し》 四《し》を絶《た》つ。意《い》毋《な》かれ、必《ひつ》毋《な》かれ、固《こ》毋《な》かれ、我《が》毋《な》かれ。

先生は次の四つを絶たれた。身勝手さが無いように、頑《かたく》なさが無いように、執着が無いように、自己本位が無いように。

○絶　絶つように求めた。自戒とも一般論とも解釈できるが、両方が重なっているのであろう。**○意**　身勝手な思い。**○毋**　そうしないようにすること。**○必**　義のあるところに柔軟かつ適切に合わせていくのではなく、言ったとおりに果たすことに頑なにこだわること。四八七頁に「言えば必ず誠実、行えば必ず果断。堅実だが融通のきかない庶民みたいだがね（言必《げんかなら》ず信《しん》、行《かう》必ず果《くわ》。硜硜《かうかう》然《ぜん》として小人《せうじん》なるかな）」という孔子の語がある。また『孟子』離婁《りろう》下にも、「大人《たいじん》は、言えば誠実に固執せず、行えば果たすことに固執せず、ただ義のあるところのままに従う（大人なる者は、言は信を必《ひつ》せず、行は果《くわ》を必せず、唯《ただ》義の在《あ》る所のままなり）」という孟子の語をのせる。**○固**　執着。**○我**　自己中心。

補説　朱子は「先生には次の四項が全く無かった。意、必、固、我が無かったのである」と解釈した。まず「絶」を徹頭徹尾無いという意味とし、続く一連の「勿」は禁止の意味ではなく「無」と同義とした。孔子を生まれつき完全無欠な存在としたため、続く四項に意を用いる必要は無いはずだと考えたからである。なお朱子も引く『史記』孔子世家では、「勿」を「無」としている。ただ孔子は自分を完全無欠とは思っていなかったから、ここではかくあることを求める意味とした。

第五章

子畏於匡。曰、文王既没、文不在茲乎。天之将喪斯文也、後死者不得与於斯文也。天之未喪斯文也、匡人其如予何。

子《し》匡《きやう》に畏《ゐ》す。曰《いは》く、文王既《ぶんわうすで》に没《ぼつ》すれども、文茲《ぶんここ》に在《あ》らざらんや。天《てん》の将《まさ》に斯《こ》の文《ぶん》を喪《ほろ》ぼさんとするや、後《おく》れて死《し》する者《もの》斯《こ》の文《ぶん》に与《あづか》ることを得《え》ざるなり。天《てん》の未《いま》だ斯《こ》の文《ぶん》を喪《ほろ》ぼさざるや、匡人其《きやうひとそ》れ予《われ》を如何《いかん》せん、と。

先生が匡の地で恐ろしい状況に陥った。そこで言われた。「文王は没しているが、文王が制作した学芸は私のもとにあるではないか。天がこの学芸を滅ぼそうとしているなら、文王よりもはるか後に没すこの私が、これにあずかることはできなかったはずだ。天がこの学芸を滅ぼそうとしていないのなら、匡の連中が私をどうこうできるわけはない。」

○匡　衛《えい》と宋《そう》の間の地。衛にあったとも、鄭《てい》にあったとも、宋にあったとも言う。『史記』孔子世家に、各地を渡っていた政客の陽虎（陽貨）が以前匡で狼藉《ろうぜき》を働いたが、孔子の容貌は陽虎に似ていたので、匡の人たちが先生一行を包囲したとある。孔子が衛から陳《ちん》に行く道中のことと言う。**○畏**　正当な理由も無いのに、死を予想させるような恐怖すべき目にあう。『礼記《らいき》』檀弓《だんぐう》上には死んでも弔《とむら》わない場合を三つあげ、そのうちの一つを「畏」とし、その箇所の鄭玄《じょうげん》の注では、罪が無いのに自分が攻撃された時に、弁解できずに死ぬことと言い、この章を引く。**○文王**　殷《いん》王朝を武力討伐し周王朝を開いた武王の父。天下の三分の二を領有しながらもあくまでも殷の紂王《ちゅうおう》に忠誠を尽くし王位にはつかなかったが、その高徳と実力のゆえに王と同等に扱われた。周の政治、文化の象徴的存在でもある。**○斯の文**　「斯文《しぶん》」という語で定着している。道徳や文化や制度についての学芸で、孔子はそれを体しているという自負があった。**○茲**　ここ。孔子が自分を指して言う。**○後れて死する者**　古注や朱子は孔子が文王に対して自分のことを言ったとする。ただこの語を後世の人々のこととし、「天がこの学芸を滅ぼそうとしているのなら、後世の人たちはこれにあずかることはできなくなる」と解釈することも可能であろう。なお「後れて生まるる」ではなく「後れて死する」としているのは、文王の「没す」をふまえているのであろう。**○喪**　滅ぼす。中国語のイントネーションは、死者に対する「も」の時が上声であるのに対し、去声。**○如何せん**　どのようにできるというのか。できないという意味。曹《そう》から宋に行った際に桓魋《かんたい》に襲われた時も、孔子は「桓魋其《そ》れ予を如何せん」と同じことを言っている（二六七頁）。

補説　孔子の高弟の子貢は、孔子の時代は「文武（文王、武王）の道、未だ地に墜《お》ちず」であったから、孔子は広くそれを収集し学んだと言う（七〇七頁）。

第六章

大宰問於子貢曰、夫子聖者与。何其多能也。子貢曰、固天縦之将聖、又多能也。子聞之曰、大宰知我乎。吾少也賤。故多能鄙事。君子多乎哉、不多也。

大宰《たいさい》子貢《しこう》に問《と》ひて曰《いは》く、夫《か》の子《し》は聖《せい》なる者《もの》か。何《なん》ぞ其《そ》れ多能《たのう》なるや、と。子貢《しこう》曰《いは》く、固《まこと》に天之《てんこれ》に縦《ゆる》して将《まさ》に聖《せい》ならんとし、又《また》多能《たのう》なり、と。子之《しこれ》を聞《き》きて曰《いは》く、大宰我《たいさいわれ》を知《し》れるか。吾少《われわか》かりしとき賤《いや》しかりき。故《ゆゑ》に鄙事《ひじ》に多能《たのう》なり。君子多《くんした》ならんや、多《た》ならざるなり、と。

大宰が子貢にたずねて言った。「あの方は聖なのですか。それなのになぜ多才なのですか。」子貢が言った。「まことに天は孔子に聖になれる素質をあたえたうえに、孔子は多才なのです。」先生は、それを聞いて言われた。「大宰は私を理解しているね。私は幼少の時卑しかった。であるから、どうでもよいことに多才なのだ。君子は多才であろうか。多才ではないよ。」

○大宰　「大」は「太」と同じで、日本漢字音は「タイ」。本来は長官のことで、『周礼《しゅらい》』などに出てくる。呉《ご》と宋の国だけが上級士大夫《したいふ》を大宰と称するが、どちらの国なのかは未詳とされてきた。更に宋や陳の説もある。ただ『春秋左氏伝』哀公七年（孔子六十五、あるいは六十四歳）と同十二年に呉の大宰であった嚭《ひ》と子貢は会っていることから、呉の大宰とする説がある（毛奇齢『論語稽求篇《けいきゅうへん》』など。ただ本書には一部年代の誤りがある）。**○子貢**　孔子の弟子。六一―二頁の注と補説。**○夫の子**　異国の大宰の言葉なので、先生という意味よりも、「あのお方（彼《か》の子《し》）」ということであろう。**○縦**　「ゆるす」と読む。それを認めることに全く条件を設けないこと。「ほしいままにす」とも読むことがある。**○将**　やがてはそうなるであろうということ。「ほとんど」と読んで、断言はしないがほぼそれに相当するということともされる。つまりこの箇所を「固に天之《これ》を縦《ほしひまま》にし将《ほとん》ど聖にして」と読み、「天は孔子を無条件に聖人であることを認め、実際にほとんど聖人であった」という意味にするのである。**○賤**　『史記』孔子世家でも本章をもとにして「孔子貧しく且《か》つ賤《いや》し」と言う。**○鄙事**　どうでもよい事。**○君子**　立派な人。

補説　孔子は自分を聖人とは思っていなかったが、子貢は孔子を聖人と見なそうとしていた（二七九頁の補説）。ここで孔子が「多能」を言うのは、君子は具体的な能力が目立つべきではないからである。君子はあらゆることを見渡し、それを統轄《とうかつ》できる存在である（九〇頁の補説)。なお孔子は母子家庭であり、貧困の中で育ったため全て自分でやらねばならず、必然的に多能になったと思われる。

第七章

牢曰、子云、吾不試、故芸。

牢曰《らういは》く、子《し》云ふ、吾《われもち》試ひられず、故《ゆゑ》に芸《げい》あり、と。

牢が言った。「先生は「私は登用されなかったから、多才になったのだ」と言われた。」

○牢 孔子の弟子の子牢《しろう》(古注)。子牢は、琴牢のことと言う(邢昺《けいへい》『論語注疏』)。琴牢は、字《あざな》は子開、また子張《しちよう》で、衛の人(以上は、『孔子家語』)。なお朱子も琴牢のこととし『孔子家語』の記載を用いているが、『史記』仲尼弟子列伝にはその名が見えない。○試 用いる。

補説 内容が前章と類似していることから、朱子は、本章を前章の後ろに接続させている。なおここに「牢曰く」とあるが、「牢」というような諱《いみな》を記すのは自分が書いた文章の時である。そこで荻生徂徠《おぎゆうそらい》は『論語』の前半は琴牢の編集とし、後半にある憲問第十四では

「憲 恥を問ふ」と原憲（前半の二一一頁では「原思」と字《あざな》で出ている）の諱が記されていることから（五〇一頁）、『論語』の後半は原憲の編集と推測した（『論語徴《ろんごちょう》』題言）。ここまで断定するのには無理があるが、この章に限っては琴牢自身の記録がもとになっているとされる場合もある。この問題については五〇二頁の補説。

第八章

子曰、吾有知乎哉、無知也。有鄙夫、問於我、空空如也。我叩其両端而竭焉。

子《し》曰《いは》く、吾《われ》知《し》ること有《あ》らんや、知《し》ること無《な》きなり。鄙夫《ひふ》有《あ》り、我《われ》に問《と》ふ、空空如《こうこうじょ》たり。我《われ》其《そ》の両端《りやうたん》を叩《たた》きて竭《つ》くす、と。

先生が言われた。「私は物事を知っていようか、知っているわけではない。しかし無教養な人がいて私に質問をして本当に何も知らずに空《から》っぽであったとしよう。その場合でも私は隅から隅まで教え尽くしてあげるがね。」

○鄙夫　無知な民。**○空空如**　「空空」は、三〇三頁の「悾悾」と同じとされる。無能なさまだが、無知ということであろう。**○両端を叩きて竭くす**　問われている内容の隅から隅まで懇切に尽くす。

自分の知っていることの隅から隅まで尽くすとも解釈される。

補説 孔子は弟子に知を認めなかったこともあるが（一九二頁）、ここでは自分が知であることも否定している。いずれにしても本章には、孔子が自分を万能としていなかったこと（二七八頁とその補説）、分け隔て無く懇切に教えたこと（二七二頁もその例）が現れている。

第九章

子曰、鳳鳥不至、河不出図。吾已矣夫。

子《し》曰《いは》く、鳳鳥《ほうてう》至《いた》らず、河《か》図《と》を出《いだ》さず。吾《われ》已《や》んぬるかな、と。

先生が言われた。「鳳がやってこない。黄河からは図面が出てこない。私はどうしようもないね。」

○**鳳** 霊鳥。聖王の御代《みよ》の瑞祥《ずいしよう》の現れ。『書経』虞書《ぐしよ》・益稷《えきしよく》に「簫韶《しようしよう》の楽を九回演奏すると、鳳《ほう》皇《おう》が飛来しておごそかに舞った（簫韶九成すれば、鳳皇来儀す）」、『礼記《らいき》』礼運《れいうん》に「黄河からは龍馬が図を背負って現れ、鳳皇、麒麟《きりん》がともに郊外に出現する（河 馬図《ばと》を出《いだ》し、鳳皇麒麟皆《みな》郊に在り）」とある。なお六七〇頁では狂接輿《きょうせつよ》が鳳で孔子を形容したうえでその徳が衰えたと言っている。
〇図　黄河から浮かび出てきた神秘的な図、洛水《らくすい》から出てきた書とともに瑞祥の現れ。後に『易経』がらみで河図《かと》と洛書《らくしょ》の図が伝えられるようになるが、これは孔子の時代のものではない。『易経』繋辞上伝《けいじじょうでん》に「河図を出し、洛書を出す」とあるが、この文献も後代の作である。ちなみに「繋辞上伝」は孔子の作とされていたが、今では完全に否定されている。

補説　瑞祥が現れないとは聖王不在を言う。孟子が孔子の作とした『春秋』には、孔子の死の二年前の魯の哀公十四年に「西に狩をしたら麒麟が捕獲できた（西に狩して麟を獲《え》たり）」という記事があるが、これは聖王の御代でもないのに霊獣である麒麟が出現したことの異常さを言ったということになっている。いずれにしろかかる記述が象徴的な意味であるのか、神秘的事象を孔子が信じていたのかは不明。本章が後世作られた語である可能性も否定できない。

第十章

子見斉衰者、冕衣裳者、与瞽者、見之雖少必作、過之必趨。

子《し》斉衰《さい》の者《もの》と、冕衣裳《べんいしやう》の者《もの》と、瞽者《こしや》とを見《み》、之《これ》を見《み》れば少《わか》しと雖《いへど》も必《かなら》ず作《た》ち、之《これ》を過《よぎ》れば必《かなら》ず趨《はし》る。

先生は斉衰の喪に服している者と、冠をつけ上衣と袴《はかま》をつけて正装している者と、目が見えない者に出会い、その姿を見ればいくら相手が年少であっても、必ず起立し、その前を通り過ぎる時は必ず慎ましく小走りした。

○斉衰 袖をかがってある喪服。「斉」の日本漢字音は「シ」。五段階の喪服の中で二番目に重い。最も重い喪服は、袖をかがっていない斬衰《ざんさい》。なおここで斬衰を言っていないのは、斉衰をいうことで当然斬衰が含まれるからであるとされる。**○冕** 大夫以上がかぶる冠。**○衣** 上着。**○裳** 下にはくもの。冕をつけて衣裳を着るのは、貴い者の正装で、大礼に参加していることを意味する。荻生徂徠《おぎゅうそらい》は、孔子も大夫だから、相手が普段着であればこのような動作をわざわざしないと言う。**○瞽者** 目が見えない者。荻生徂徠が言うように祭祀で音楽などを担当していた視覚障害者のことであれば、本章は葬礼や重要な儀礼に従事している者への粛意や敬意を説いたことになる。三七六頁でも冕衣裳者と瞽者を見れば「ふだんであっても礼儀正しくした（褻《せつ》と雖《いへど》も必ず貌《ぼう》を以《もつ》てす）」とあるから、単なる視覚障害者ではないのかもしれない。**○見** 二つの「見」が重複しているように見える。三七六頁に「斉衰の者を見れば、狎《な》れたりと雖《いへど》も必《かなら》ず変《へん》ず」とあり、その後に「冕者と瞽者とを見ては」と続くことから、猪飼敬所《いかいけいしょ》はもとは「斉衰の喪に服している者を見れば（見斉衰者）」の後に「気安い関係であっても必ず容貌を厳粛に改めた（雖狎必変）」があったと推測する（『論語考文』）。**○少** 若い。朱子は、「坐」の字とすべきで、「座っていても必ず立つ」意味だとい

う ある人の説を引く。○作 起《た》つこと。○趨 足早に行くこと。恐縮して歩く動作。

第十一章

顔淵喟然歎曰、仰之弥高、鑽之弥堅。瞻之在前、忽焉在後。夫子循循然善誘人。博我以文、約我以礼、欲罷不能。既竭吾才、如有所立卓爾、雖欲従之、末由也已。

顔淵喟然《がんえんきぜん》として歎《たん》じて曰《いは》く、之《これ》を仰《あふ》げば弥ゝ高《いよいよたか》く、之《これ》を鑽《き》れば弥ゝ堅《いよいよかた》し。之《これ》を瞻《み》るに前《まへ》に在《あ》れば、忽焉《こつえん》として後《うしろ》に在《あ》り。夫子《ふうし》循循然《じゆんじゆんぜん》として善《よ》く人《ひと》を誘《いざな》ふ。我《われ》を博《ひろ》むるに文《ぶん》を以《もつ》てし、我《われ》を約《やく》するに礼《れい》を以《もつ》てし、罷《や》めんと欲《ほつ》すれども能《あた》はず。既《すで》に吾《わ》が才《さい》を竭《つく》せども、立《た》つ所有《ところあ》りて卓爾《たくじ》たるが如《ごと》く、之《これ》に従《したが》はんと欲《ほつ》すと雖《いへど》も、由末《よしな》きのみ、と。

顔淵が詠嘆して言った。「先生は仰げば仰ぐほどますます高く、切れば切るほどますます堅く、前にあるかと見れば、いつの間にか後ろにおられる。先生は懇切に人を導かれる。私の視野を学芸で広げてくださり、私の行動を礼によって引き締めてくださり、やめようとしてもできない。もう私は自分の能力を出し尽くしてしまったのに、先生は更に目の前にお立ちになり高々とそびえておられるようであり、そこにたどりつこうとしても手立てが得られない。」

○顔淵　孔子の弟子の顔回。八六頁の注と補説。○喟　歎声。○鑽　錐《きり》状のもので穴をあけたり切り込んだりする。○瞻　見る。○忽焉　不意にそうなること。○循循然　順序正しく。○誘　教化誘導する。○我を博むるに文を以てし、我を約するに礼を以てし　二三七頁に「君子は博く文を学び、之《これ》を約するに礼を以てすれば」の語が、四四八頁に「博く文を学び、之を約するに礼を以てすれば」の語がある。○卓爾　屹立《きつりつ》する様子。○末　無いこと。

第十二章

子疾病。子路使門人為臣。病間曰、久矣哉、由之行詐也。無臣、而為有臣。吾誰欺、欺天乎。且予与其死於臣之手也、無寧死於二三子之手乎。且予縦不得大葬、予死於道路乎。

子《し》疾《やまひ》病《へい》なり。子路《しろ》門人《もんじん》をして臣《しんた》為らしむ。病間《へいかん》に曰《いは》く、久《ひさ》しきかな、由《いう》の詐《いつは》りを行《おこな》ふや。臣無《しんな》けれども、臣有《しんあ》りと為《な》す。吾誰《われたれ》をか欺《あざむ》かん、天《てん》を欺《あざむ》かんや。且《か》つ予《われ》其《そ》の臣《しん》の手《て》に死《し》せん与《よ》りは、無寧《むし》ろ二三子《にさんし》の手《て》に死《し》せん。且《か》つ予縦《われたと》ひ大葬《たいさう》を得《え》ずとも、予《われ》は道路《だうろ》に死《し》せんや、と。

先生の病気が重くなった。そこで子路は門人に臣下のかっこうをさせた。先生の病状が小康《しよう》を得た時、先生は言われた。「ずっとだな、お前が偽りを行っていたのは。私には臣下がいないのに、いるようにした。私は誰を欺くのか。天を欺くとでもいうのか。それに私は臣下の手の中で君主のように死ぬよりも、お前たちの手の中で死んでいきたいのだ。また私は立派な葬式をあげられなくても、道路で野垂れ死にすることはあるまい。」

○**疾病**　「疾」は病気で、「病」は病気が重いこと。二八〇頁でも「子《し》の疾病《やまひへい》なり」とあり、そこでも子路との問答がある。○**子路**　孔子の弟子。九四頁の注と補説。○**病間**　病気が小康になったこと。○**由**　子路の諱《いみな》。師匠が弟子を呼ぶ時は諱を用いる。○**無寧**　「寧《むし》ろ」と同義。ここは「……与《よ》りは寧《むし》ろ……」の文型と同じ。一一一頁の注。○**道路に死す**　遺骸を道に放置され葬られないこと。

第十三章

子貢曰、有美玉於斯。韞匵而蔵諸。求善賈而沽諸。子曰、沽之哉。沽之哉。我待賈者也。

子貢《しこう》曰《いは》く、斯《ここ》に美玉《びぎよく》有《あ》り。匵《とく》に韞《をさ》めて諸《これ》を蔵《ざう》せんか。善《よ》き賈《か》を求《もと》めて諸《これ》を沽《う》らんか、と。子曰《しいは》く、之《これ》を沽《う》らんかな。之《これ》を沽《う》らんかな。我《われ》は賈《か》を待《ま》つ者《もの》なり、と。

子貢が言った。「ここに美玉があったとします。それを箱に入れて保存しておきますか。よい値段がつくのを待って売りますか。」先生が言われた。「売ろうか。売ろうか。私はよい値段がつくのを待っているのだよ。」

○**子貢**　孔子の弟子。六一―二頁の注と補説。○**匱**　箱。○**韞**　おさめる。○**諸**　「これ～か」。二一四頁の注。○**賈**　この場合は値段の意味で、日本漢字音は「カ」。日本漢字音で「コ」の時は、商《あきな》うとか仲買人の意味。仲買人の意味でも通じる。○**沽**　売る。

補説　子路が美玉にたとえて孔子の仕官への意欲の有無を探った章である。孔子は理論家で終わるのを潔《いさぎよ》しとせず、常に政治の場での活動を望む実践の人であった。『孟子』滕文公《とうぶんこう》下では「伝に曰く」として「孔子は三箇月君主を持たなかったら、落ち着かなかった。国境を出るときは必ず君主への贈り物を載《の》せた（孔子は三月君無《さんげつきみ》ければ、則ち皇皇如《くわうくわうじよ》たり。疆《さかひ》を出《いづ》れば、必ず質《し》を載《の》す）」という語を引く。

第十四章

子欲居九夷。或曰、陋、如之何。子曰、君子居之、何陋之有。

子《し》九夷《きゅうい》に居《を》らんと欲《ほっ》す。或《ある》ひと曰《いは》く、陋《ろう》なり。之《これ》を如何《いかん》せん、と。子《し》曰《いは》く、君《くん》子《し》之《これ》に居《を》らば、何《なん》の陋《ろう》なることか之有《これあ》らん、と。

先生が九夷の蕃地に住みたいと望んだ。あるひとが言った。「辺鄙《へんぴ》野蛮な地ですよ。それをどうされるのですか。」先生が言われた。「君子が住めば、辺鄙野蛮なことなどありましょうか。」

○九夷　東の未開の地の総称（東夷《とうい》）。中国を取り囲んで四方に東夷、北狄《ほくてき》、西戎《せいじゅう》、南蛮《なんばん》と、野蛮な土地があるとされていた。『爾雅《じが》』釈天には、「九夷、八狄《てき》、七戎《じゅう》、六蛮を四海と言う」とある。九夷について具体的には、『後漢書』東夷伝に「夷には九種がある。畎夷《けんい》、于夷《うい》、方夷、黄夷、白夷、赤夷、玄夷、風夷、陽夷である」と列挙されている。**○陋**　辺鄙で野蛮なこと。莒《きょ》の君主が、自国は「辟陋《へきろう》にして夷に在り」であるから誰が我々をあれこれしようと思おうかと言ったという（『春秋左氏伝』成公八年）。**○之を如何せん**　どうするのかという対処を問う。文型については九九頁の注。○**君子**　孔子は夷狄の地でも道徳的であることを求めたが（四八六頁）、ここは孔子が自分のことを言っていることから、野蛮に対して中華文明を身につけた文化人という意味か。

補説　孔子が筏《いかだ》に乗って海に行きたいと言ったのと内容的に応じあう（一七五頁）。海は中国の東方にある。

第十五章

子曰、吾自衛反魯、然後楽正、雅頌各得其所。

子《し》曰《いは》く、吾《われ》衛《ゑい》自《よ》り魯《ろ》に反《かへ》りて、然《しか》る後《のち》に楽《がく》正《ただ》しく、雅頌《がしよう》各〻《おのおの》其《そ》の所《ところ》を得《え》たり。

先生が言われた。「私は衛から魯に帰国して、その後で音楽が正しくなり、雅と頌はそれぞれ本来の姿を獲得した。」

○**魯に反りて**　魯の哀公十一年の冬に、六十九歳（六十八歳）の孔子は衛から魯にもどった。『春秋左氏伝』哀公十一年に、「魯の人たちが進物を贈って召したので、そこで（孔子は）帰国した」とある。○**雅頌**　「雅」は、宮廷で詠じられる詩。「頌」は、宗廟（天子のみたまや）などの宗教的場所で詠じられる詩。現在の『詩経』は「国風（各地で詠じられた詩）」、「雅」、「頌」の三部仕立てになっている。荻生徂徠《おぎゅうそらい》は孔子が正したのは詩の語句だけではなく、詩を詠ずる時の音楽も指しているとするが、本章は音楽の話なので、詩を含めた楽曲を言うのであろう。

補説 孔子は魯の音楽長官に音楽について講釈しているが（一三六頁）、これは孔子が帰国して音楽を正した時のこととされている。

第十六章

子曰、出則事公卿、入則事父兄。喪事不敢不勉。不為酒困。何有於我哉。

子《し》曰《いは》く、出《い》でては則《すなは》ち公卿《こうけい》に事《つか》へ、入《い》りては則《すなは》ち父兄《ふけい》に事《つか》ふ。喪事《さうじ》には敢《あへ》て勉《つと》めずんばあらず。酒《さけ》に困《みだ》さ為《れ》ず。何《なん》ぞ我《われ》に有《あ》らんや、と。

先生が言われた。「出仕しては上官に仕え、家庭の中では父兄に仕える。喪に服す時はそれに一所懸命に務め、酒には乱されない。私にとって何の困難なことがあろうか。」

○公卿 役人は上から公、卿、大夫、士の順だが、ここで孔子は大夫の地位から公卿に仕えることを言っている。○困　乱す。○何ぞ我に有んや　文章からすれば、「私にとっては特に問題になるものではない」とも、「私はこれらを持っていようか」とも意味が取れるが、おそらく前者であろう。同じ文章は二四五頁にもあり、そこでも解釈が分かれ、朱子などは後者を取っている。

第十七章

子在川上曰、逝者如斯夫。不舍昼夜。

子《し》川《かわ》の上《ほとり》に在《あ》りて曰《いは》く、逝《ゆ》く者《もの》は斯《かく》の如《ごと》きかな。昼夜《ちうや》を舎《お》かず、と。

先生が川のほとりで言われた。「過ぎ去るものはこのようなものか。昼も夜もやむこと無く。」

○上　ほとり。○かな　「夫」は詠嘆を表す。○舎　やめる、とどまるの両方の意味で解しうる。

補説　「川上《せんじよう》の嘆《たん》」として有名である。過ぎ去った歳月がもどらない慨嘆の語と見るのは、古注にその傾向があり、荻生徂徠《おぎゆうそらい》もその方向で解釈している。それに対して朱子は、道の永劫《えいごう》のありかたを言うとしながら、そこから学ぶことの限りない持続を説き、王陽明（王守仁）は

「良知《りょうち》を致《いた》す」という修養法のこととする（『伝習録』下）。なお『孟子』離婁《りろう》下に、孔子はなぜしばしば水に言及するのかという徐子《じょし》の質問に、孟子が「源泉から滾々《こんこん》と湧き出て、昼夜止《や》むことが無い（原泉混混として、昼夜を舎かず）」、つまり源泉があるからこそ水が限りなく湧《ゆう》出《しゅつ》するように、大本が確立していることが重要だと言ったという問答を載せ、同じく尽心上には流水がくぼみを満たしながら流れていくように、君子が道を志す場合もそうあらねばならぬと言う。また『荀子』宥坐《ゆうざ》には、大水が東に流れるのを見ながら孔子が子貢に向かって水の様態に諸徳を見ると言っている。要するに種々に解釈しうる語であるが、思想的含意を読み取らずに、ただ滔々《とうとう》たる大河を見ての純粋な感慨として読むと感銘を受ける語である。

第十八章

子曰、吾未見好徳如好色者也。

子曰《しいは》く、吾《われ》未《いま》だ徳《とく》を好《この》むこと色《いろ》を好《この》むが如《ごと》くなる者《もの》を見《み》ざるなり、と。

先生が言われた。「私は徳を好むことが女色《じょしょく》を好むほどである者を見たことがない。」

○色　女色のことであろう。

補説　孔子が衛にいた時、霊公《れいこう》は夫人の南子《なんし》と車に同乗し、孔子を供の車に乗らせ、それを市中に見せびらかしながら乗り回した。孔子はこれを嫌悪した。それゆえこの言が発せられたと『史記』孔子世家には記す。荻生徂徠《おぎゅうそらい》は、ここで女色ほど徳を好む者がいないと言っているが、徳を好む人については、孔子が南宮适《なんきゅうかつ》（南容《なんよう》）が徳を好んだことを称揚しているようにその存在を認めていることから（五〇七頁）、本章の語は特に傾国の美女の南子にふりまわされている状況を嘆いた言葉であろうという朱子の意見に同意する。ただ別の時に一般論として述べただけかもしれない。

五七八頁には、「已矣乎」の三字以外は全く同じ語がある。

第十九章

子曰、譬如為山。未成一簣、止吾止也。譬如平地。雖覆一簣、進吾往也。

子曰《しいは》く、譬《たと》へば山《やま》を為《つく》るが如《ごと》し。未《いま》だ成《な》さざること一簣《いつき》なるも、止《や》むは吾《わ》が止《や》むなり。譬《たと》へば地《ち》を平《たひら》かにするが如《ごと》し。覆《くつがへ》すこと一簣《いつき》なりと雖《いへど》も、進《すす》むは吾《わ》が往《ゆ》くなり。

先生が言われた。「例えば山を築くようなものだ。完成するのにあじか一簣分足りなくても、やめたのは自分がやめたのだ。例えば地面を平らにするようなものだ。あじか一簣分だけ土をあけても、仕事を進めたのは自分が進めたのだ。」

○**簣**　あじか。竹や草を編んで作った土などを運ぶ籠。

補説　『書経』周書・旅獒《りょごう》に類似の語があるが、この部分は後世の偽作で、むしろ『論語』の本章から取ったものである。

第二十章

子曰、語之而不惰者、其回也与。

子曰《しいは》く、之《これ》に語《つ》げて惰《おこた》らざる者《もの》は、其《そ》れ回《くわい》なるか、と。

先生が言われた。「私が言ったことを守って怠《おこた》らないのは、回だね。」

○**惰**　怠る。○**回**　孔子の弟子の顔回（顔淵《がんえん》）。八六頁の注と補説。

補説　顔回が孔子の言うことをひたすら忠実に守っていたことは他箇所にも見える（八五頁、三八七頁）。

第二十一章

子謂顔淵曰、惜乎、吾見其進也。未見其止也。

子《し》顔淵《がんえん》を謂《い》ひて曰《いは》く、惜《を》しいかな、吾其《われそ》の進《すす》むを見《み》るなり。未《いま》だ其《そ》の止《や》むを見《み》ざるなり、と。

先生が顔淵についてこう言われた。「亡《な》くなったのは残念だ。私は彼が前進したのを見たが、止まったのを見たことはなかった。」

○**顔淵**　孔子の弟子の顔回。八六頁の注と補説。○**惜しいかな**　孔子が顔回の死を惜しんでいると解釈されてきた。

第二十二章

子曰、苗而不秀者有矣夫。秀而不実者有矣夫。

子《し》曰《いは》く、苗《なへ》にして秀《ひい》でざる者有《ものあ》るかな。秀《ひい》でて実《みの》らざる者有《ものあ》るかな、と。

先生が言われた。「苗で花が咲かないものもあるね。花が咲いても実らないものもあるね。」

○秀　朱子は「華を吐くを秀と曰《い》ふ」という語があることから（徐幹《じよかん》『中論』考偽《こうぎ》、葛洪《かつこう》『抱朴子《ほうぼくし》』交際、李白「古風」など）、花が咲くこととする。単に伸びることとも取れる。○かな「夫」は、詠嘆を表す。

第二十三章

子曰、後生可畏。焉知来者之不如今也。四十五十而無聞焉、斯亦不足畏也已。

子《し》曰《いは》く、後生畏《こうせいおそ》る可《べ》し。焉《いづくん》ぞ来者《らいしや》の今《いま》に如《し》かざるを知《し》らんや。四十五十《しじふごじふ》にして聞《き》こゆること無《な》きは、斯亦畏《これまたおそ》るるに足《た》らざるのみ、と。

先生が言われた。「次の世代に対しても畏怖《いふ》すべきである。どうしてこれから来る者が今に及ばないことがわかろうか。もっとも四十歳、五十歳になって名が知られることが無いのであれば、畏怖するには足りない。」

○**畏**　畏怖する。侮《あなど》れないこと。○**後生**　後《おく》れてうまれてきた次の世代。若者。

補説　「四十五十にして聞こゆること無きは」とは、単に有名になることではない。六六三頁に「四十歳になって憎まれるようでは終わりだ」と言っていることからすると、他者から好意的な評価を得られることであろう。『大戴礼《だたいれい》』曽子立事に「五十にして善を以て聞こえず」とあるように、善行による評価が軸であるのは当然だが、社会的信用を得るという意味が強いように思われる。孔子は人の目を気にする学問を否定する一方で（五三五頁）、人格の陶冶《とうや》は必ずそれに呼応してくれる他人を引き寄せるともする（一六四頁）。なお王陽明は「無聞」を「（道）を聞かない」という意味に取る（『伝習録』上）。

第二十四章

子曰、法語之言、能無従乎。改之為貴。巽与之言、能無説乎。繹之為貴。説而不繹、従而不改、吾末如之何也已矣。

子《し》曰《いは》く、法語《はふご》の言《げん》は、能《よ》く従《したが》ふこと無《な》からんや。之《これ》を改《あらた》むるを貴《たふと》しと為《な》す。巽与《そんよ》の言《げん》は、能《よ》く説《よろこ》ぶこと無《な》からんや。之《これ》を繹《たづ》ぬるを貴《たふと》しと為《な》す。説《よろこ》べども繹《たづ》ねず、従《したが》へども改《あらた》めざるは、吾之《われこれ》を如何《いかん》ともすること末《な》きのみ、と。

先生が言われた。「規範とすべき語は、従わないですもうか。それで改めるのがたいせつだ。こちらにあわせてくれる語は、気持ちがよくないことがあろうか。それの中身を吟味するのがたいせつだ。気持ちよくなるばかりで検証せず、従ってみせるばかりで中身を改めないのは、私はどうすることもできないね。」

○**法語**　規範とすべき語。真正面から言われた語ともされる。○**巽与**　「巽」は、ゆずること。「与」は、くみすること。朱子は、婉曲《えんきょく》に言われた語とする。○**説**　喜ぶ。日本漢字音は「エツ」。○**繹**　たずねる。もとはどういう意図から発せられたかを追求すること。本来の趣旨を求めていくこと。○之を如何ともすること末き「末」は、無い。「之を如何」は、どう対処するかということで、ここでは否定の「末」がついて、どうしようもないという意味。この文型については九九頁の注。

補説 伊藤仁斎は、「法語の言」は礼に則《のっと》った語、「巽与の言」は人の気持ちに合わせて導く言とする。前者が従うべきことを前提としているのは確かであるが、後者が有益か否かはともかく単に耳に心地よい語なのか、婉曲に言われた有益な語なのかは不明。

第二十五章

子曰、主忠信、毋友不如己者。過則勿憚改。

子曰《しいは》く、忠信《ちゅうしん》を主《しゅ》とし、己《おのれ》に如《し》かざる者《もの》を友《とも》とすること毋《な》かれ。過《あやま》てば則《すなは》ち改《あらた》むるに憚《はばか》ること勿《なか》れ、と。

先生が言われた。「自他への誠実を旨《むね》とし、自分以下の者を友とすることがないようにせよ。過《あやま》てば改めるのに躊躇《ちゅうちょ》してはならない。」

補説　本章は、五八頁の語の後半部分と同じで、前半部が無い。

第二十六章

子曰、三軍可奪帥也。匹夫不可奪志也。

子《し》曰《いは》く、三軍《さんぐん》も帥《すゐ》を奪《うば》ふ可《べ》きなり。匹夫《ひつぷ》も志《こころざし》を奪《うば》ふ可《べ》からざるなり、と。

先生が言われた。「大軍が相手でも将軍を捕獲することができる。しかし取るに足らない者でもその志は奪うことはできない。」

○三軍　大軍。二五四頁の注。

補説　後半については、普通は志を持つことの重要さを言う語として訳すが、荻生徂徠《おぎゅうそらい》が「庶民もその志向を変えられない」という君主への戒《いまし》めだとしたり、別に君子でなくて匹夫であっても志である以上それを奪えないのが人生だという解釈もある（小林秀雄「匹夫不可奪志」）。

第二十七章

子曰、衣敝縕袍、与衣狐貉者立、而不恥者、其由也与。不忮不求、何用不臧。子路終身誦之。
子曰、是道也、何足以臧。

子《し》曰《いは》く、敝《やぶ》れたる縕袍《うんぱう》を衣《き》て、狐貉《こかく》を衣《き》る者《もの》と立《た》ちて、恥《は》ぢざる者《もの》は、其《そ》れ由《いう》なるか。忮《そこな》はず求《もと》めず、何《なに》を用《もつ》てか臧《よ》からざらん、と。子路《しろ》身《み》を終《を》ふるまで之《これ》を誦《しよう》す。子《し》曰《いは》く、是《こ》の道《みち》や、何《なん》ぞ以《もつ》て臧《よ》しとするに足《た》らん、と。

先生が言われた。「破れた麻の綿入れを着ているのに、皮製品の立派な上着を着た者と一緒に立っても恥じないのは由（子路）だね。詩にいう「人を損なわず貪り求めなければ、どうしてよくないことがあろうか」にあたるね。」子路は生涯この詩句を唱えようとした。先生が言われた。「このやり方くらいでは、どうしてよいとするのに十分だろうか。」

○敝　破れる。**○縕**　麻を詰めたもの。**○袍**　綿入れだが、綿ではなく麻が中に入っている粗末なもの。**○狐貉**　狐や貉《むじな》の皮で作った皮衣。立派な衣のこと。**○由**　孔子の弟子の子路の諱《いみな》。九四頁の注と補説。**○忮はず求めず、何を用てか臧からざらん**　『詩経』邶風《はいふう》の「雄雉《ゆうち》」の詩の語。「忮」

は、害《そこな》う。「求」は、貪《むさぼ》り求める。「何を用てか（何用）」は「何を以てか（何以）」と同じで、ここは「どうして〜か」。「臧」は、善《よ》し。○道　詩句の語のようなやり方。「是《これ》道なり」と読み、「これはこれで道なのだが、それだけでよしとしてはならぬ」と言っているとする解釈もある。

補説　詩句の引用から後の部分を一章と見なす説もあるが（荻生徂徠《おぎゅうそらい》）、一連のやりとりと取ると、孔子の自分に対する評価に子路が喜び、それをまた孔子がたしなめるという一七五頁の話と同じ味わいになる。なお富貴に心を取られないということをいちおう肯定しながら、最高の段階よりも低く見るのは六八頁にもある。

第二十八章

子曰、歳寒、然後知松柏之後彫也。

子《し》曰《いは》く、歳寒《としさむ》くして、然《しか》る後《のち》に松柏《しょうはく》の彫《しぼ》むに後《おく》るるを知《し》るなり、と。

先生が言われた。「気候が寒くなって、その後で松や柏がしぼまないでいるのがわかる。」

○歳寒くして　一年の中の寒い時期。また特に寒い歳とも言う。寒くなるということは状況が苛烈《かれつ》になることの比喩。○**松柏**　松と柏。日本の柏は落葉樹であるが、中国のものは針葉樹で、松とともに常緑樹の代表とされ、不滅を象徴し、墓の傍《かたわ》らなどに植えられた。ここでは志操《しそう》堅固な人のたとえ。○**彫むに後るる**　「彫」は、しぼむ。文字通り取ると、松柏もいつかは枯れるが、それが遅いかのようである。ただ松柏はしぼまないという含意があるかもしれない。例えば『老子』四十一章に「大器晩成」という有名な語があるが、これは偉大な才能の持ち主は晩年に完成するという意味ではなく、前後の文脈からして永遠に完成とは無縁であるということだと言い（楠山春樹『老子：柔よく剛を制す』集英社、一九八四）、それは馬王堆《まおうたい》や郭店《かくてん》から新たに出土した『老子』のテキスト（前者は前漢初期、後者は戦国時代中期）によっても補強できるが、それから推察して「後」には「晩」と同じ含みがあるとも考えられなくもない。

第二十九章

子曰、知者不惑。仁者不憂。勇者不懼。

子《し》曰《いは》く、知者《ちしや》は惑《まど》はず。仁者《じんしや》は憂《うれ》へず。勇者《ゆうしや》は懼《おそ》れず、と。

先生が言われた。「知者は惑わず、仁者は憂えず、勇者は恐れない。」

補説　五三九頁の中にも同文が見えるが、「仁者は憂へず、知者は惑はず、勇者は懼れず」となっていて、本章の順序と異なり、これについては種々理屈がつけられてきた。なお孔子の孫の子思《しし》の作と伝えられた『礼記《らいき》』中庸《ちゅうよう》には、知、仁、勇を「天下の達徳」としている。

第三十章

子曰、可与共学、未可与適道。可与適道、未可与立。可与立、未可与権。

子《し》曰《いは》く、与《とも》に共《とも》に学《まな》ぶ可《べ》くも、未《いま》だ与《とも》に道《みち》に適《ゆ》く可《べ》からず。与《とも》に道《みち》に適《ゆ》く可《べ》くも、未《いま》だ与《とも》に立《た》つ可《べ》からず。与《とも》に立《た》つ可《べ》くも、未《いま》だ与《とも》に権《はか》る可《べ》からず、と。

先生が言われた。「ともに学べても、ともに道に進むことができるわけではない。ともに道に進むことはできても、ともに自己確立ができるわけではない。ともに自己確立ができても、ともに適切に状況対応できるわけではない。」

○**立**　道を習得してある程度の自分の芯《しん》を得られたことか。○**権**　はかりのおもり。あるいははかり。動詞としては、物を測って軽重を知ること。限りなく多様で移りゆく状況に柔軟かつ適切に対応することを意味する。

補説　本章では「与に権る」ことが最後に置かれ重視されている。そのことから『孟子』が「権」を説いているのと結びつけて論じられることが多かった。『孟子』離婁《りろう》上では、嫂《あによめ》が溺れた時に手で助ける場合、助けなければ豺狼《さいろう》に等しく、手を触れないのは礼であるが、手で助けるのは権であるとする。つまり礼の規定にはずれても緊急の事態に臨機応変に対応し、しかもそれが適切であることを「権」とするのである。これは道を本当に身に体《たい》してこそ可能とされた。儒教ではこの権と道がどう関係するかが議されていった。なお孔子の作とされたが否定されている『易経』繋辞《けいじ》下伝では、履《り》、謙、復、恒、損、益、困、井《せい》、巽《そん》の九卦を並べ、最後に「巽以て権を行ふ」と「権」が言われている。

第三十一章

唐棣之華、偏其反而。豈不爾思。室是遠而。子曰、未之思也。夫何遠之有。

唐棣《とうてい》の華《はな》、偏《へん》として其《そ》れ反《はん》せり。豈爾《あになんぢ》を思《おも》はざらんや。室是遠《しつこれとほ》ければなり。子曰《しいは》く、未《いま》だ之《これ》を思《おも》はざるなり。夫《そ》れ何《なん》の遠《とほ》きことか之有《これあ》らん、と。

「唐棣の華はひらひらと揺れる。そなたを思わぬことなどあろうか。行かぬのは家が遠いから」という詩がある。先生が言われた。「まだ思い方が足りないね。何の遠いことなどあるものか。」

○唐棣の華　「唐棣」は、庭梅《にわうめ》。ここから「室是遠ければなり」までは、表現と内容から見て詩句。今の『詩経』には無い、いわゆる「逸詩《いつし》」。○偏として其れ反せり　『晋書《しんじょ》』劉喬《りゅうきょう》伝には「翩《へん》として其れ反せり（翩其反而）」という語をのせること、「翩」はひるがえる意味であることから、朱子は「反」は「翻」と同じで花が揺れ動くのを言うとする。なお『詩経』小雅の「角弓」の詩に「翩《へん》として其れ反せり（翩其反矣）」とあり、『晋書』と字句がほぼ同じである。この語までの二句は『詩経』の「興《きょう》」と呼ばれる技法である。「興」とは、枕詞のように次に詠じたい主題をひきだすための比喩的表現である。○爾　汝。○室　家。○而　文末の助字。

補説　本章を前章とくっつけるのは古注であるが、「権」と結びつけるのには無理がある。ここで挙げられている詩は恋愛詩であるが、孔子はそれを道徳に引っかけているいわゆる断章取義《だんしょうしゅぎ》であろう（断章取義については、七〇頁の補説）。恋愛詩であることを承知の上での気軽なコメントと取るのも味がある。

郷党《きやうたう》第十

孔子の常日頃の礼に則《のつと》った振る舞いを記した篇で、他の篇とは性格を異にする。古くはまとめて一章とし、その上で分節されたりしている。朱子はその分節を「節」と名づけていて、本書もそれに従って全十八節に分けた。ただ分節する箇所は、必ずしも朱子にも古注にも全て従っているわけではない（その分節箇所の異同は、特に解釈に影響を及ぼす箇所以外はいちいち注しない）。

第一節

孔子於郷党、恂恂如也。似不能言者。其在宗廟朝廷、便便言。唯謹爾。

孔子《こうし》郷党《きやうたう》に於《おい》ては、恂恂如《じゆんじゆんじよ》たり。言《い》ふこと能《あた》はざる者《もの》に似《に》たり。其《そ》の宗廟朝廷《そうべうてうてい》に在《あ》りては、便便《べんべん》として言《い》ふ。唯《ただ》謹《つつし》めるのみ。

孔子は地元では実直そのものであった。まるで物が言えない者のようであった。それに対して宗廟や政庁では雄弁であった。ただ慎みは忘れなかった。

○郷党　地元。**○恂恂**　誠実な様子。古注では温恭と、外貌のこととする。**○宗廟**　礼法を行うみたまや。**○朝廷**　政庁。**○便便**　雄弁。『史記』孔子世家では「弁弁」。ただこれも外貌を言うという説もある。

補説　本章は朱子の解釈をもとに訳したが、この場合は地元と政庁や宗廟とでは態度が異なることが眼目になる。しかし「便便」をおだやかな外貌ととり、兪樾《ゆえつ》『群経平議《ぐんけいへいぎ》』のように「其の宗廟朝廷に在りては便便。言ふこと唯謹めるのみ（宗廟や政庁ではおだやか。言葉もひたすら慎んだ）」と読むと、逆に地元でも政庁や宗廟でも基本的姿勢が変わらなかったということになる。

朱子は前半と後半を二節に分けている。

第二節

朝与下大夫言、侃侃如也。与上大夫言、誾誾如也。君在、踧踖如也。与与如也。

朝《てう》して下大夫《かたいふ》と言へば、侃侃如《かんかんじよ》たり。上大夫《じやうたいふ》と言《い》へば、誾誾如《ぎんぎんじよ》たり。君在《きみいま》せば、踧踖如《しゆくせきじよ》たり。与与如《よよじよ》たり。

早朝参内《さんだい》して下級の大夫と話しあう時はなごやかであった。上級の大夫と話しあう時はおだやかに筋を通した。やがて君主がお出ましになられると、恭敬《きようけい》の態度で、適切に礼儀正しくした。

○**朝**　朝は、朝方に政務を執《と》ったことから、政務を執ることを言う。ここは臣下が朝方にまず参内して政務を取る前にする相互の話し合いのことと朱子は言う。○**下大夫、上大夫**　『礼記《らいき》』王制に、諸侯の臣は、上大夫卿《けい》（上大夫は卿とも言う）、下大夫、上士、中士、下士の合計五等とある。○**侃侃如**　「侃」は古注は和楽とするが、朱子は許慎《きよしん》『説文解字《せつもん》』に剛直とするのを取る。三九九頁の例から推すと和楽の方が妥当と思われる。荻生徂徠《おぎゆうそらい》は、朱子のように、下大夫には剛直に、上大夫には和《なご》やかに接すると解釈すると、権勢や利益に弱い人間の所業に似てしまうとし、古注を支持する。下大夫は孔子と同じ大夫の身分だから和やかに接し、上大夫には中正にしておもねらないように接したというのである。「如」は、状態を示す語の後につけられる意味を持たない語調を整えるための助字。○**誾誾如**　おだやかに意見を述べること。「誾」は、古注は中正の様子とするが、朱子は『説文解字』に和悦《わえつ》して諍《あらそ》うこととするのにより、ここではこちらを取る。○**君在せば**　朱子は、君主がおでましになって政務を執る段階になることと言う。○踧踖如　恭しく敬虔《けいけん》な様子。

○与与　礼にきちんとかなっている様子。

第三節

君召使擯、色勃如也。足躩如也。揖所与立、左右手。衣前後襜如也。趨進翼如也。賓退、必復命曰、賓不顧矣。

君《きみ》召《め》して擯《ひん》せしむれば、色勃如《いろぼつじょ》たり。足躩如《あしくわくじょ》たり。与《とも》に立《た》つ所《ところ》を揖《いふ》すれば、手《て》を左右《さいう》にす。衣《ころも》の前後《ぜんご》襜如《せんじょ》たり。趨《はし》り進《すす》むや翼如《よくじょ》たり。賓退《ひんしりぞ》くや、必《かなら》ず復命《ふくめい》して曰《いは》く、賓顧《ひんかへり》みず、と。

君主から外国からの使者の接待係を仰せつかった時は、厳粛な面持ちになった。足運びは恭しかった。ともに接待係として立っている者から君主と使者の言葉を伝えられる時に行う拝礼には、礼法通り右から来る場合と左から来る場合に応じた手の組み方をした。その拝礼の際に体を左右に向けても衣の前後はきちんとして乱れなかった。礼の作法に従って小走りに進む時には、その手を組んだ姿が鳥が羽ばたくように優美であった。相手の使者が退出すると、必ず君主に報告して、「お客様はすでに振り返られないほど離れられました」と報告した。

○擯　その国の君主が外国の使者を接待させる者。○色勃如　顔つきを厳粛に改める様子。○足躩如　足運びを恭しくて進退する様子。このようにしたのは、みな君命を大事に考えたからである。○与に立つ所　同じく接待係をする者を言う。擯には、接待する相手の官位の半分の数をたてる。つまり最高位の九命（九回昇任の任命を受けた者）の官位に対しては、四人半だが五人を立て、その接待係たちが順次主君と賓客の談話を伝達していった。そのしかたは相手側の言葉はまず最上位の使者から順次下位の使者に伝えられ、そこからは最下位の接待係へ、更に順次最上位の接待係に伝えられ、最後に君主の耳に入るというものであった。○揖　「揖」は両手を前に重ねて挨拶《あいさつ》すること。○手を左右にす　主人と賓客のやりとりを伝達する場合、整列している接待係たちは、左の接待係に対する場合には左の手を上に重ねやや左向きに挨拶し、右の接待係に対する場合には右の手を上に重ねやや右向きに挨拶する。○襜如　整っている様子。体をひねり身をかがめて挨拶をしても、衣の前後が乱れないこと。「如」は助字。○趨り進むや　礼に則った小走り。三二六頁の注。外交的なやりとりが終わってから宗廟に移り、使者側の贈り物の玉を受けるが、その移動の時とも、宗廟での儀礼の時とも言う。○翼如　手を組んで肘《ひじ》を張って、それが礼にかない優美なことが鳥が翼を広げるようであると朱子は言う。○賓顧みず　使者に対してもう見送る必要が無くなるほど離れたことの報告。ちなみに『儀礼《ぎらい》』聘礼《へいれい》では「賓が退出するのに、公は再拝して送る。賓は顧《かえり》みない」とある。

補説　外交の儀礼を聘礼《へいれい》と言うが、その方式は『儀礼』聘礼に詳細に見られる。本節は、普通はこの内容に合わせて解釈されるが、孔子の時代にこの書があったはずがなく、この書が孔子時代の礼を多少なりとも伝えていたとしても、孔子に独自の礼についての考えがあったというよりも、孔子がいかに礼通り行い、それがいかに厳粛かつ優美であったかという話になる。

第四節

入公門、鞠躬如也。如不容。立不中門、行不履閾。過位、色勃如也、足躩如也。其言似不足者。摂斉升堂、鞠躬如也。屏気似不息者。出降一等、逞顔色、怡怡如也。没階趨進、翼如也。復其位、踧踖如也。

公門《こうもん》に入《い》れば、鞠躬如《きくきゆうじよ》たり。容《い》れられざるが如《ごと》し。立《た》つに門《もん》に中《ちゆう》せず、行《ゆ》くに閾《しきゐ》を履《ふ》まず。位《くらゐ》を過《す》ぐれば、色勃如《いろぼつじよ》たり、足躩如《あしくわくじよ》たり。其《そ》の言《げん》は足《た》らざる者《もの》に似《に》たり。斉《し》を摂《かか》げ堂《だう》に升《のぼ》るに、鞠躬如《きくきゆうじよ》たり。気《き》を屏《をさ》めて息《いき》せざる者《もの》に似《に》たり。出《い》でて一等《いつとう》を降《くだ》れば、顔色《がんしよく》を逞《はな》ちて、怡怡如《いいじよ》たり。階《かい》を没《つく》して趨《はし》り進《すす》むに、翼如《よくじよ》たり。其《そ》の位《くらゐ》に復《かへ》るも、踧踖如《しゆくせきじよ》たり。

宮殿の門を入る時は、恐縮して身をかがめた。まるで入るのをためらうかのようであった。

門を過ぎる時は通路の真ん中に立たないようにし、敷居を踏まないように進んだ。謁見がある時に君主がお立ちになる場所を通る時は、顔つきを厳粛に改め、足取りは恭しくした。まるで言葉がうまく出ないかのようであった。裾《すそ》を掲げて御殿に上る時は、恐縮して身をかがめた。息を殺して呼吸していないかのようであった。御殿から出て一段降りる時になると、顔色はやわらぎ、にこやかになった。階段を降りきり小走りに進む時は鳥が羽ばたくように優美であった。もとの席にもどっても敬虔で恭しかった。

○**公門**　天子や諸侯の宮殿の門。ここでは魯《ろ》の君主の宮殿の門。○**鞠躬如**　恐縮して身をかがめること。孔子が、公門が高く大きいのに、あたかもそこから入りにくいかのようであったのは、敬虔さの極致である。○**門に中せず**　門の中央に立たないこと。棖《とう》（門の両側の高い柱）と闑《げつ》（門の中央の短い扉を止める杭《くい》）の間が人が通る箇所で、その中央に立つことを「門に中す」と言う。主君がそこから出入りする所である。○**閾**　門のしきい。足が乗らないようにまたぐ。『礼記《らいき》』曲礼上《きょくらい》に「大夫士が君の門を出入りする時は闑の右からする。閾を践《ふ》まない」とある。○**位**　主君が立って臣下に謁見する場所で、「宁《ちょ》」と言われた。門の中に屏《へい》があるが、その門と屏との間にあった。○**過**　主君がいず御座所が置かれていなくても、そこを通り過ぎる時は必ず敬虔になった。○**色勃如**　三五三頁の注。○**足躩如**　三五三頁の注。○**其の言は足らざる者に似たり**　言葉が足りないとは、放恣《ほうし》にならないようにしたこと。○**斉を摂げ**　「斉」は衣の裾の縫目。「摂」は掲《かか》げること。礼に、堂に上ろうとする時に、両手で衣を掲げ、一尺だけ地面から離させるとある。裾を踏んでよろめき威儀正しい姿を失うのを懸念したのである。『礼記』曲礼上に、客が席につこうとする時の礼ではあるが、「両手で衣を持ち上げ、斉を地面から一尺離す、衣がからまり乱れないようにせよ、足がつまずかないようにせよ」とある。○**気を屏めて息せざる者に似たり**　「屏」は、収める。「息」は、鼻息が出入りする。尊い存在に近づけば、呼吸も厳粛になったのである。『礼記』玉藻《ぎょくそう》に「気の様子は厳粛であり」とある。○**一等**　「等」は、階段の段。『礼記』楽記《がくき》の鄭玄《じょうげん》の注に、等は階の級であると言う。○**逞**　緊張を解く。○**怡怡如**　にこやか。○**階を没して**　階段を降りきる。階段を降り始めるという解釈もある。○**趨り進む**　「趨」については三二六頁の注。陸徳明『経典釈文《けいてんしゃくもん》』では、「進」の字が無いテキストもあり、誤って入ったと言う。○**翼如**　三五三頁の注。○**位に復るも**　朱子は自分の位置にもどることとする。一方古注では「位」を先に出ていた君が立つ場所とするが、荻生徂徠はそれを支持し、「復」を「履む（そこを経過する）」と解釈したうえで、主君がいるべき場所を通るから恭敬厳粛なのであるとする。○**踧踖如**　三五二頁の注。

第五節

執圭、鞠躬如也。如不勝。上如揖、下如授。勃如戦色。足蹜蹜如有循。享礼、有容色。私覿、愉愉如也。

圭《けい》を執《と》れば、鞠躬如《きくきゆうじよ》たり。勝《た》へざるが如《ごと》し。上《あ》ぐるに揖《いふ》するが如《ごと》く、下《さ》ぐるに授《さづ》くるが如《ごと》し。勃如《ぼつじょ》として戦色《せんしょく》あり。足《あし》は蹜蹜《しゅくしゅく》として循《したが》ふこと有《あ》るが如《ごと》し。享礼《きやうれい》には、容色有《ようしょくあ》り。私覿《してき》には、愉愉如《ゆゆじょ》たり。

外交の贈り物の命玉を持てば、敬虔に慎み深かった。まるでその重みに堪えられないかのようであった。高く捧げ持つ時は拝礼するかのようであり、低く捧げ持つ時は礼物をお渡しするかのようであった。その時は顔色を厳粛に改め、恐懼《きょうく》の様子であった。足は地面から離れず、地面についているかのようであった。贈り物を渡す礼の時には、なごやかな様子であった。公的行事が終わり私的に拝謁《はいえつ》する段になると、楽しげであった。

○圭　「圭」は、瑞玉《ずいぎょく》。諸侯が送る命圭《めいけい》で、玉を将棋の駒のような形にけずったもの。隣国に使者を送る時には、大夫にこれを持たせて進物とさせる。『周礼《しゅらい》』冬官・考工記に「命圭の九寸なのを桓圭《かんけい》と言い、公がこれを守る。命圭の七寸なのを信圭と言い、侯《こう》がこれを守る。命圭の七寸なのを躬圭戸《きゅうけいこ》と言い、伯がこれを守る」とある。**○鞠躬如**　三五五頁の注。**○勝へざるが如し**　その重みに堪えられないかのごとくであった。玉と任務の重みを重ねている。朱子は、『礼記《らいき》』曲礼《きょくらい》下に「なべて主君の器を持つ時は、軽い物でも堪えられないようにする（軽きを執《と》るも克《た》へざるが如くす）」とあるのをもとに、軽い物でもあたかも重さに堪えられないかの如くにすることと言う。**○上ぐるに揖するが如く、下ぐるに授くるが如し**　「揖」は揖譲《ゆうじょう》の挨拶。「授くる」は、人に物を渡す時にする礼に従うこと。上に捧げ持つ時はお辞儀をするような形を取り、下に持つ時は礼物をお渡しする形を取る。朱子は、命圭を胸の高さに持ち、手と胸の高さを同じにして、高くあげる場合でもお辞儀をする時の手の高さを超えず、低くさげる場合でも物を渡す時の手の高さよりも低くならないことと言う。『礼記』曲礼下には「天子の器を持つ場合には衡《こう》（胸）より高くし、国君であれば衡と平行にし、大夫であればそれより下にし、士であれば提げて持つ」とあり、鄭玄《じょうげん》は「この衡は、心（胸）と平行であることを言う」と注す。孔子が仕えたのは国君なので、器を胸と平行の高さに持つことになる。○**勃如**　厳粛に改める。三五三頁の「色勃如」の注。○**戦色**　畏怖《いふ》して恐懼の顔つきをすること。○**蹜蹜**　足をあげる時に少ししかあげないこと。○**循ふこと有るが如し**　歩く場合に足が地面を離れず、物にくっついているかのようであることを言う。『礼記』玉藻《ぎょくそう》に「亀や玉を持つ場合には、靴先を挙げて踵《かかと》をひきずり、蹜蹜如にする」とある。○**享**　献上する。使者に立って贈り物を献上する場合、命圭とは別に、圭璧《けいへき》を贈り、庭にも贈り物を並べる。○**容色有り**　なごやかな雰囲気を持つこと。『儀礼《ぎらい》』聘礼《へいれい》に「享する時になると、気を発して容色がある」とあり、鄭玄は、「気を発す」とは緊張を解くことで、孔子は享の礼にあっては容色（なごやかな様子）があったと注し、賈公彦《かこうげん》の疏《そ》でも、『論語』のこの箇所と同義とする（『儀礼注疏』）。○**私覿**　公式の礼が終わった後、個人として礼によって見《まみ》えること。○**愉愉如**　その際にはいっそうなごやかな雰囲気を持つこと

補説　朱子が引く晁説之《ちょうえつし》の語に次のように言う。「孔子は定公九年に魯に仕え、十三年になっ

て斉に赴《おもむ》いた。その間は公式使節として他国と往来した事は全く無かった。たぶん三五二頁と本節の両条は、以前孔子が、かかる外交の場合の礼はこうあるべきだということを言ったまでであろう」。それに対して伊藤仁斎は他の文献よりも『論語』を重視する立場から、この節の記述を孔子のこととして見るべきだと言う。この節に限らず本郷党篇の内容のどこまでを孔子の事跡と引き当てられるかは問題である。

第六節

君子不以紺緅飾。紅紫不以為褻服。当暑袗絺綌、必表而出之。緇衣羔裘、素衣麑裘、黄衣狐裘。褻裘長、短右袂。必有寝衣、長一身有半。狐貉之厚以居。去喪無所不佩。非帷裳必殺之。羔裘玄冠不以弔。吉月必朝服而朝。

君子《くんし》は紺緅《かんしう》を以《もつ》て飾《かざ》らず。紅紫《こうし》は以《もつ》て褻服《せつぷく》と為《な》さず。暑《しよ》に当《あた》りては袗《ひとへ》の絺綌《ちげき》、必《かなら》ず表《へう》にして之《これ》を出《いだ》す。羔裘《かうきう》に緇衣《しい》し、麑裘《げいきう》に素衣《そい》し、狐裘《こきう》に黄衣《くわうい》す。褻裘《せつきう》は長《なが》くし、右《みぎ》の袂《たもと》を短《みじか》くす。必《かなら》ず寝衣《しんい》有《あ》り、長《なが》きこと一身有半《いつしんいうはん》。狐貉《こかく》の厚《あつ》き以《もつ》て居《を》る。喪《も》を去《のぞ》けば佩《お》びざる所無《ところな》し。帷裳《ゐしやう》に非《あら》ざれば必《かなら》ず之《これ》を殺《さい》す。羔裘玄冠《かうきうげんくわん》しては以《もつ》て弔《てう》せず。吉月《きつげつ》には必《かなら》ず朝服《てうふく》して朝《てう》す。

君子は、藍色や淡紅色で襟《えり》を縁取らなかった。間色である紅や紫は普段着にもしなかった。暑い時は粗密の葛《くず》で作られたひとえの服を着、それが表に見えるようにした。黒の子羊の皮衣には黒の衣を、白の子鹿の皮衣には白の衣を、黄色い狐の皮衣には黄の衣を合わせて着た。普段着の皮衣は長くし、右の袂を短くした。寝る時はいつも寝間着を着、その長さは身のたけの一倍半であった。家では狐や貉《むじな》の厚い皮衣を着ていた。喪《も》が明けたなら常に士大夫のしるしである玉などを身に佩《お》びた。朝廷や祭礼の式服でなければ、必ず腰のところの布を削《そ》いだ衣服を身につけた。吉事の時の服装である黒い皮衣を着て黒の冠をかぶっている時は、凶事である弔問はしなかった。月の朔日《さくじつ》には必ず朝服《ちょうふく》して参内《さんだい》した。

○君子　邢昺《けいへい》『論語注疏』や朱子は、孔子を言うとするが、単に君子（立派な人）一般とも取れる。なお孔子のことを「君子」と称している例では、『孟子』尽心下に、孔子が陳《ちん》と蔡《さい》のはざまで遭難した事について、孔子のことを「君子」と表記している。ちなみに誤って入ったという説もある。**○紺**　藍色で斎戒《さいかい》の衣服。**○緅**　淡紅色。三年の喪に服する時に、練服の襟をこれで縁取る。**○飾**　襟を縁取ること。**○紅紫**　紅（桃色に近い赤）や紫は青、赤、黄、白、黒の正色ではなく、正色を混ぜた間色。また婦人や女子の服の色に近い。**○褻服**　家で着る私服。私服でも着ないのだから、ましてや朝服や祭服とすべきではない。**○袗**　単衣《ひとえ》。**○絺綌**　「絺」は、葛《くず》のうち細かい目の物。「綌」は、粗い目の物。**○表にして之を出す**　朱子は、まず下着を着て、それから絺綌を上に着てそれを表に出すことと言う。身体を見せないようにするため。『詩経』鄘風《ようふう》の「君子偕老《くんしかいろう》」の詩に「彼《か》の縐絺《すうち》（細かい目の葛の布）を蒙《こうむ》る、是紲袢《これせつはん》（展衣の下に着る汗取りの衣、あるいは褻衣の上に着る衣）なり」とある。（ ）内はいずれも朱子の『詩集伝』によるが、「紲袢」については後者の意味が本章の朱子の解釈と合致する。なお皇侃《おうがん》は、家では絺綌を着てもよいが、外出の時は上着を着ることとする。○**羔裘**　「羔」は、子羊。「裘」は、皮衣。黒羊の皮を用いる。○**緇衣**　「緇」は、黒色。○**麑裘**　「麑」は、鹿の子、色は白。○**素衣**　「素」は、白。○**狐裘**　狐の色は黄。以上、三つの裘とそれぞれ上に重ね着する衣の色を一致させている。○**褻裘は長くし**　「褻裘」は、普段着の皮衣。「長くす」とは、暖かくなるようにする。○**右の袂を短くす**　仕事をするのに便利にする。○**寝衣**　おそらく寝間着であろう。古注では、掛け布団とする。朱子は「斉《ものいみ》」の時のこととし、衣を解いて寝るべきではなく、明衣を着て寝るべきではないので、別に寝衣があるとした。そのうえで程頤《ていい》（程伊川《いせん》）が「必ず寝衣有り、長きこと一身有半」の部分は錯簡《さっかん》であるとするのに同調し、三六二頁の冒頭の「斉には必ず明衣有り、布もてす」の下にあるべきとした。そうすると三六二頁の続く「斉には必ず食を変ず」という斉の時の食の話との並びがよくなるし、本節のこの部分の直前にある「褻裘」と、直後にある「狐貉」の部分の並びがよくなるとする。○**長きこと一身有半**　身の丈よりも半分長くなっているのは、足を覆うため。○**狐貉**　狐とむじな。○**居**　古注では、家で賓客《ひんきゃく》に接する時のこととする。伊藤仁斎は家で暖かくすることとしているから、敷物のことを考えたのであろう。○**喪を去けば佩びざる所無し**　喪に服している間以外は、玉を身体からはずさないということ。『礼記《らいき》』曲礼《きょくらい》下に「君は理由無く、玉を身から離さない」とある。○**帷裳に非ざれば必ず之を殺す**　「帷裳」は、朝廷や祭礼の時に着る衣服。衣が上半身に着るのに対し、裳は袴《はかま》のように下にはくもの。「殺」は削《そ》ぐことで、日本漢字音は「サイ」。ここでは、布の幅を削いで狭くすること。宮廷に参内する時や祭祀の時の服は、袴をたれぎぬのように本来の寸法で仕立てる。そして腰には襞《ひだ》があって、わきは絞り込んで、削いで縫ったりしない。それ以外の深衣《しんい》（上に着る衣と下にはく裳とがつながって深くかぶる服。諸侯、大夫、士がふだん着る衣服）などは、腰回り（七尺二寸）は裾回り（一丈四尺四寸）の半分の長さで、裾の縫は腰の部分の二倍ある。つまり腰回りは襞が無く削いで縫っていた。『礼記』深衣に「要《こし》（腰）の縫の部分は下の裾周りの半分にする」とあり、鄭玄《じょうげん》は「腰の長さの三分の一を減らしてその分を下の裾周りに足す。下はゆったりすべきである」と注す。つまり腰回りが裾回りの半分の長さになる。○**玄冠**　「玄」は、黒。弔事には白を主とし、慶事には黒を主とした。○**吉月**　月の朔日《ついたち》。

補説　孔子の様子か、孔子が君子に求めた事か、朱子の注に引く蘇軾《そしょく》（蘇東坡《とうば》）のように孔子が礼の細目を雑記したのか、不明である。

第七節

斉必有明衣、布。斉必変食。居必遷坐。

斉《さい》には必《かなら》ず明衣《めいい》有《あ》り、布《ぬの》もてす。斉《さい》には必《かなら》ず食《しょく》を変《へん》ず。居《きょ》は必《かなら》ず坐《ざ》を遷《うつ》す。

斉《ものいみ》の時には必ず明衣を着、それは麻布で作られていた。斉の時には必ず食事を変えた。居場所も移した。

○**斉**「斎」に同じ。物忌《ものい》み。祭祀を行う時にまず一定の期間、生活様式を改め、心身を清めること。○**明衣** 斎戒する時に沐浴《もくよく》の後に着る清潔な衣服。○**斉には必ず食を変ず** 朱子は、酒を飲まず、葷《くん》（香の強いねぎ、にらの類）を食べなかったこととする。これには、『荘子《そうじ》』人間世《じんかんせい》にある顔回《がんかい》と孔子の次の問答が念頭にある。「顔回が言った。「私の家は貧窮です。ただ酒を飲まず、葷を食べないのが数箇月続きます。このようであれば斎とすべきでしょうか。」答えられた。「それは祭祀の斎で、心斎（心の物忌み、つまり無我になること）ではない。」」それに対し荻生徂徠《おぎゅうそらい》は、祭祀の時はごちそうを食べることもあるので、単に食事が変わったこととする。○**布** 麻布。○**居は必ず坐を遷す** ふだんの居場所を移した。

第八節

食不厭精、膾不厭細。食饐而餲、魚餒而肉敗不食、色悪不食、臭悪不食、失飪不食、不時不食、割不正不食、不得其醬不食。肉雖多、不使勝食気。惟酒無量、不及乱。沽酒市脯不食、不撤薑食、不多食。祭於公、不宿肉。祭肉不出三日。出三日不食之矣。食不語、寝不言。雖疏食菜羹瓜、祭必斉如也。

食《し》は精《せい》を厭《た》るとせず、膾《くわい》は細《ほそ》きを厭《た》るとせず。食《し》の饐《い》して餲《あい》し、魚《うを》の餒《だい》して肉《にく》の敗《やぶ》れたるは食《くら》はず、色《いろ》の悪《あ》しきは食《くら》はず、臭《にほひ》の悪《あ》しきは食《くら》はず、飪《じん》を失《うしな》へるは食《くら》はず、時《とき》ならざるは食《くら》はず、割《かつ》の正《ただ》しからざるは食《くら》はず、其《そ》の醬《しやう》を得《え》ざるは食《くら》はず。肉《にく》多《おほ》しと雖《いへど》も、食気《しよくき》に勝《か》たしめず。惟《ただ》酒《さけ》は量《りやう》無《な》し、乱《みだ》るるに及《およ》ばず。沽酒市《こしゆし》脯《ほ》は食《くら》はず。薑《はじかみ》を撤《す》てずして食《くら》ふも、多《おほ》くは食《くら》はず。公《こう》に祭《まつ》りては、肉《にく》を宿《しゆく》せず。祭《まつり》の肉《にく》は三日《さんじつ》を出《い》ださず。三日《さんじつ》を出《い》づれば之《これ》を食《くら》はず。食《くら》ふに語《かた》らず、寝《い》ぬるに言《い》はず。疏食《そし》菜羹《さいかう》瓜《くわ》と雖《いへど》も、祭《まつ》れば必《かなら》ず斉如《せいじよ》たり。

ご飯は、精米であることを条件とせず、生肉は細切りであることを条件としなかった。ご飯がむらされて味が変質したり、魚や肉が腐ったりしたもの、色の悪いもの、臭がくさいもの、調理が不適切なもの、時期外れのもの、切り方が正しくないもの、調味料の醬が適切でないものは食べなかった。肉が多くても、食欲にまかせて食べ過ぎないようにした。しかし酒には制限を設けず、乱れないように注意だけした。市販の酒や肉は食べなかった。料理に添えるはじかみをはずさずに食べたが、多くは取らなかった。主君の祭の補助をした時にいただいたお下がりの肉はその日のうちに食べ一晩おかなかった。家での祭祀の時の肉は三日間置いておかないようにした。三日たてば食べなかった。食事の時は語らず、寝る時にも何も言わなかった。粗飯、野菜スープ、瓜《うり》の類であっても、それらを取り分けて祭る時には必ず厳粛敬虔であった。

○**食**　飯。八四頁の注。○**精**　米をよく搗《つ》いて白くすること。精米。○**厭るとせず**　「厭」は、「足りる」（劉宝楠『論語正義』）。ただ「いとはず」と読まれることが多い。朱子はこれをよしとするということで、必ずこのようにしたのではないとする。○**膾**　牛、羊、魚の生肉のなます。○**細**　生肉を細切りの肉にする。『礼記《らいき》』少儀に「牛と羊魚の腥《せい》（生肉）を細切りに切って膾《なます》を作る」とある。朱子は、肉片が大きければ人を害することがあると言う。○**饐**　飯がむれること。○**餲**　味が変わってしまうこと。○**餒**　魚が爛《ただ》れたもの。○**敗**　肉が腐ったもの。○**飪**　生か火を入れるかなどの調理の適切さ。○**時ならざる**　朱子は、五穀が実っていず、果実が熟していない類とする。古注で『礼記《らいき》』王制に「五穀が実ってはいず、果実が熟していなければ、市で売らない」とある。古注では間食の類とする。○**醬**　麦、麴《こうじ》、豆などを醱酵《はっこう》させて作る調味料。古注に「魚介は、芥醬《かいしょう》（野菜の醬）でなければ食べない」と言うように、料理に合った調味料をかけること。○**食気に勝たしめず**　ここでは、「食」を肉を食べること、「食気」を食欲と解釈して、肉は多くても食欲にまかせて食べないようにしたと訳し、次の酒は量を規制しないが乱れないようにしたとあるのに対応させた。普通は「食」をご飯の意味に取り、ご飯の量を超えて肉を食べないこととするが、「気」の字については諸説あり、解釈が一定しない。○**惟酒は量無し**　酒は交流の大事な媒介であるから制限はしない。『礼記』楽記《がくき》に「それゆえ酒食とは歓を共にするためのものである」とある。○**沽酒市脯**

市販の酒と干し肉。「沽」と「市」はともに買うこと。なぜ市販のものはだめなのか、衛生の問題とかいろいろ言われるが、孔子が富裕でもない一般の家庭に全て自家製にしろという無理な要求をするはずはないから、やはり斉《ものいみ》の時に限っているのだろうという説もある。○**薑**　はじかみ。神明に通じ、穢《けがれ》を去ると言われた。『証類本草』八に「生薑《せいきょう》は味辛く微温、……久しく服すれば臭気を去って神明に通ず」とある。斉の時に限った話とするのと、普段のこととするのと両説ある。○**撤**除く。三六二頁の「斉には必ず〜」の注にあるように斉の時には葷《くん》（香の強いねぎ、にらの類）のような刺激物を食べないということだとすれば、その時も薑だけは例外として膳からはずさなかったということになる。○**多くは食はず**　薑のことか、単に飽食しなかったことか、説がわかれる。○**公に祭りては**　主君の祭祀の補助をしては。○**宿**　一晩。一晩おかないで配るということで、神霊の恩恵を自分のところだけに留めておかないためと言う。○**祭の肉は三日を出ださず**　朱子は、家での祭に供えた肉は三日たたないうちに配ったと言う。○**之を食はず**　三日たてば、肉は必ず腐るから。○**疏食**　粗飯。○**菜羹**　野菜のスープ。○**瓜**　うり。なぜ瓜だけ別に出てくるかは未詳。陸徳明『経典釈文』には、「魯論（魯の国に伝わった『論語』）では、「瓜」を「必」にしている」とある。朱子はこれによって「疏食菜羹と雖も必ず祭り、必ず斉如たり（雖疏食菜必祭、必斉如也）」と読んだ。なお木村英一は「瓜祭」を「取り分けて祭る」こととする（『論語』講談社文庫、一九七五）。○**祭れば**　朱子は、飲食に際して、全ての種類をそれぞれ少しばかり出し、それを食器の間に置いて、大昔初めて飲食を作った人を祭った、それは大本を忘れないためであると言う。○**斉如**　厳粛敬虔。

補説　古注では前節とつなげて一節とする。もしそうするならば、本節の内容は普段の食事ではなく斉《ものいみ》のことということになる。なおトルファン出土鄭玄《じょうげん》注では、はっきりと斉の時のこととして注釈している。ちなみに江声『論語竢質《ししつ》』も同じである。

近代になって本節をもとに家庭でいつも食事に文句を言う孔子を揶揄《やゆ》的に描くこともなされたりしているが、もし斉の時の事であるとすれば、日常生活とは異なることになる。また日常の事であったにしても、そもそも孔子は粗衣粗食を身上とし、またそのような人を評価していたから（六七頁、一五〇頁、二二〇頁、二五九頁、三一〇頁）、本節は美食の話ではない。あくまでも礼に則っていたということなのであろう。

第九節

席不正不坐。

席正《せきただ》しからざれば坐《ざ》せず。

敷物が正しく敷かれていないうちは、座らなかった。

○席　敷物。中国では後世と異なり当時は椅子を使用していず、床に敷物を敷きそこに座った。

補説　三七二頁に主君から食事を賜《たま》う際には「必ず席を正して」とあることや、宗廟や朝廷では席が正しくないことは無いことから、荻生徂徠《おぎゆうそらい》は、正しくなければ自分が正せばよいだけのことだとし、何か錯簡か脱字があるのだろうと言う。いずれにしても敷物が正しく敷かれていなければ永遠に座らなかったということではなく、自分かあるいは他人かが正しくなおさなければ座らなかったということであろう。

第十節

郷人飲酒、杖者出斯出矣。郷人儺、朝服而立於阼階。

郷人《きやうじん》の飲酒《いんしゆ》には、杖者《ちやうしやい》出づれば斯《ここ》に出《い》づ。郷人《きやうじん》の儺《だ》には、朝服《てうふく》して阼階《そかい》に立《た》つ。

村人が行う正式な飲酒の礼会に参加した時は、会が終了して老人がまず出てから退出した。村人が行う民間行事の鬼遣《おにやら》いの時には、礼服を着て東の階段に立った。

○**郷人飲酒**　それぞれの地域で定期的に飲酒する礼会が開かれた。正式の儀礼で、『儀礼《ぎらい》』郷飲酒にその方式が記されている。○**杖者**　老人。六十歳になると地元で杖《つえ》をつく。『礼記《らいき》』王制に「五十歳で家に杖し、六十歳で郷に杖し、七十歳で国に杖し、八十歳で朝《ちょう》に杖す」とある。**〇儺**　疫病を駆逐するための祭。古礼ではあるが、基本的には民間の祭。**〇朝服**　朝廷に参内する時に着る礼服。民間の祭という面の強い儺であっても、敬意を表したのである。ただ古注では、先祖を驚かすのを恐れ、それゆえ朝服して廟の阼階に立ったとあり、それは『礼記』郊特牲《こうとくせい》に「郷人（村人）が禓《しょう》（鬼遣《やら》い）した。孔子は朝服して阼に立ち、廟室の神をなぐさめた」とあるのによっている。この『礼記』の箇所の孔穎達《くようだつ》の疏《そ》では「そうする理由は、強鬼を駆逐するのに際して、自分の廟室の神が驚恐することを懸念したのである。それゆえ朝服を着て廟の阼階に立ち、廟室の神をなぐさめ安らかにし、神を自分に依《よ》りつかせて安んぜさせたのである。朝服を着た理由は、大夫は朝服を着て祭るから、祭服を用いて神を依らせたのである」と説明する（『礼記注疏』）。邢昺《けいへい》は孔穎達を継承する場合があり、本節の『論語注疏』も同様の解釈である）。廟室の祖先の霊を騒がせないように、表の階段に立って自分に憑依《ひょうい》させようとしたというのである。**〇阼階**　先祖を祭る廟の東の階段。廟は南向きに建てられ、東と西に階段があり、東側から上り、西側から降りた。

補説　前半を正式の儀礼の時、後半を民間の祭の時という対比で訳してみた。

なお第六節の冒頭に「君子」とあるのがここまで続いていて、君子（孔子）の行為を連続して記述した一塊のものとする考えがある。

第十一節

問人於他邦、再拝而送之。康子饋薬。拝而受之。曰、丘未達。不敢嘗。

人《ひと》を他邦《たはう》に問《と》はしむれば、再拝《さいはい》して之《これ》を送《おく》る。康子《かうし》薬《くすり》を饋《おく》る。拝《はい》して之《これ》を受《う》く。曰《いは》く、丘未《きういま》だ達《たつ》せず。敢《あへ》て嘗《な》めず、と。

他国に使者を立てる場合は、その使者を拝礼して送り出した。家老の季康子が薬を贈った時は、拝礼してこのように言われた。「私はこの薬の服用方法を十分理解しておりません。ここですぐに飲んでお見せするのを控えたいと存じます。」

○**問はしむれば**　使者を送り出すこと。○**再拝**　その使者に拝礼すること。訪問先の相手に対する敬意を、使者に対して表した。○**康子**　魯の家老の季康子。九九頁の注。○**饋**　贈る。○**丘**　孔子の諱《いみな》。自称の場合は諱を用いる。○**達せず**　普通は効《き》き目がわからないと解釈される。薬は毒薬を調合して作ることもなされたので（『周礼《しゆらい》』天官・冢宰《ちようさい》・医師）、注意が必要だったとも言う。そもそも孔子が病気の時に贈られたのか、それとも常備薬として贈られたのかでも解釈が異なろう。○**嘗めず**　服用しない。なぜ孔子がこう答えたのかは不明。ここの訳はあくまでも試訳である。季康子の使者に丁寧に状況を説明したとして解釈した。

補説 薬の件は、理解が難しい。例えば朱子が引く范祖禹《はんそう》はこのように言う。食を下賜されれば、必ず味見をしてから拝礼したが、薬についてはすぐにはどう効くかがわからないので、拝礼前に無理に服用しなかった。受け取って服用しなければ、せっかくの賜《たまわ》り物を無駄にする。それゆえこのように告げた。また荻生徂徠《おぎゅうそらい》はこのように言う。古《いにし》えの薬は毒が多かったので、それを慎んで薬を贈る礼は無かった。ところが孔子の時代、礼が崩れ貴人が薬を贈ることが行われていた。孔子は礼にはずれているので服用しなかったが、さりとて拒否するのも礼の精神に沿わないので、必ずやその礼があったであろうが自分は聞いていない（「未だ達せず」）と言って、相手の非礼を咎《とが》めず、謙虚な対応をしたのである。なお古注は「康子」以後を独立させている。

第十二節

廄焚。子退朝曰、傷人乎。不問馬。

廄《うまや》焚《や》けたり。子《し》朝《てう》より退《しりぞ》きて曰《いは》く、人《ひと》を傷《そこな》へるか、と。馬《うま》を問《と》はず。

厩舎《きゆうしや》が火事になった。先生が役所からお帰りになって言われた。「怪我した人はいなかったか。」馬のことは問わなかった。

補説 孔子の人間尊重を示すものとして有名な一節である。当時、馬は高価であった。国学者の本居宣長《もとおりのりなが》が、馬のことを問わないのは不自然で、孔子の弟子が孔子を称揚するために作為的に付加したとしたことも知られている（『玉勝間《たまかつま》』）。もっとも孔子が怪我人をたずねた時に、家人が人の被害とともに馬のことも答えたはずである。本節は、あくまで最初に馬より人を問うたところに眼目がある。

第十三節

君賜食、必正席先嘗之。君賜腥、必熟而薦之。君賜生、必畜之。侍食於君、君祭先飯。疾君視之、東首加朝服拖紳。君命召、不俟駕行矣。

君食《きみしよく》を賜《たま》へば、必《かなら》ず席《せき》を正《ただ》して先《ま》づ之《これ》を嘗《な》む。君腥《きみせい》を賜《たま》へば、必《かなら》ず熟《じゆく》して之《これ》を薦《すす》む。君生《きみい》けるを賜《たま》へば、必《かなら》ず之《これ》を畜《やしな》ふ。君《きみ》に侍食《じしよく》するに、君祭《きみまつ》れば先《ま》づ飯《はん》す。疾《や》むに君之《きみこれ》を視《み》れば、東首《とうしゆ》して朝服《てうふく》を加《くは》へ紳《しん》を拖《ひ》く。君命《きみめい》じて召《め》せば、駕《が》を俟《ま》たずして行《ゆ》く。

主君から食事を下賜されれば、必ず敷物を正して先ず自分で賞味した。主君から生肉を下賜されれば、必ず煮てから祖先に供《そな》えた。主君から生きた動物を下賜されれば、必ず飼育した。主君のお相伴《しょうばん》をする時に、主君が料理を取り分けて神霊に供えられる間に、先に料理に手をつけ味見をした。病気になった時に主君がお見舞いに来られれば、東枕《ひがしまくら》して体の上に礼服をかけ、その上に帯をきちんと置いた。主君から出頭を命じられれば、すぐに出発し、乗る馬車は後からそれを追いかけるという具合だった。

○**食**　食事。○**席を正して**　敷物の位置を正す。主君への感謝や敬意を示す。○**先づ之を嘗む**　まず自分が味わったと言うことは、残りは家族にあたえた。朱子は、料理は残飯の懸念があるので、祖先には供えなかったと言う。○**腥**　生肉。○**熟**　煮る。○**薦**　先祖の霊に供える。○**生**　生きている動物。○**畜**　飼育する。『礼記《らいき》』王制に「諸侯は理由無く牛を殺さず、大夫は理由無く羊を殺さず、士は理由無く犬や家《いのこ》を殺さず、庶人は理由無く珍らしい物を食せず」とある。○**侍食**　傍《かたわ》らでお相伴する。いずれ祭祀の時に肉を供えることになるためとも言う。○**祭**　料理をそれぞれ少しばかり出し、食器の間に供える。三六六頁の「祭れば」の注。○**先づ飯す**　痛んでいないかの味見や毒味のために、主君に先がけて食べた。『周礼《しゅらい》』天官・膳夫《ぜんぷ》に「王は日に一挙する（犠牲を殺し供える）。……膳夫（食膳係）はお供えして祭り、品ごとに食べて味見し（毒味し）、王はそこで食す」とある。○**東首**　東枕で寝る。東から生気が来るからだと言う。『礼記』玉藻《ぎょくそう》に「寝るのに常に東首《とうしゅ》する」とあり、その鄭玄《じょうげん》の注に「生気に首《むか》う」と言う。○朝服を加へ　参内する時に着る礼服を上にかける。○紳を拖く　礼服用の帯（紳）をきちんと置く。これらの事を行うのは病床に伏していても主君に敬意を表すため。○駕を俟たずして行く　馬車の準備を待たないで出発すること。古注に、ともかく先ず出発して、馬車の方が後からついてくるという具合であったとする。

第十四節

入太廟、毎事問。

大廟《たいべう》に入《い》りて、事毎《ことごと》に問《と》ふ。

大廟に入ったらいちいち質問した。

○大廟　一二六頁の注。「太廟」に作るテキストもある。

補説　同じ語が、一二五頁の冒頭にも出てくる。

第十五節

朋友死、無所帰、曰、於我殯。朋友之饋、雖車馬、非祭肉不拝。

朋友《ほうゆう》死《し》して、帰《き》する所無《ところな》し。曰《いは》く、我《われ》に於《おい》て殯《ひん》せん、と。朋友《ほういう》の饋《おくりもの》は、車馬《しやば》と雖《いへど》も、祭肉《さいにく》に非《あら》ざれば拝《はい》せず。

朋友が亡くなって引き取り手がいなかった。そこで言われた。「私の所でもがりをしてあげよう。」朋友の贈り物は、高価な車馬でも、祭の時のお供え肉のお裾分けでない限りは、拝礼しなかった。

○**殯**　もがり。土に埋葬するまでの一定期間、棺に入れて堂内に安置すること。それがすんだ後、墓中に埋葬するのが「葬」。○**車馬と雖も**　車馬は高価であったが、朋友とは他人行儀のお礼の意思表示はしなかった。○**祭肉に非ざれば拝せず**　祭で供えられた肉は、終了後、親戚や知人に配布された。それをもらった時は拝礼したということ。拝礼したのは、祭事だからである。

第十六節

寝不尸。居不容。見斉衰者、雖狎必変。見冕者与瞽者、雖褻必以貌。凶服者式之、式負版者。有盛饌、必変色而作。迅雷風烈必変。

寝《い》ぬるに尸《し》のごとくせず。居《を》るに容《かたち》つくらず。斉衰《しさい》の者《もの》を見《み》れば、狎《な》れたりと雖《いへど》も必《かなら》ず変《へん》ず。冕者《べんしや》と瞽者《こしや》とを見《み》ては、褻《せつ》と雖《いへど》も必《かなら》ず貌《ばう》を以《もつ》てす。凶服《きようふく》の者《もの》には之《これ》に式《しよく》し、負版《ふはん》の者《もの》に式《しよく》す。盛饌《せいせん》有《あ》れば、必《かなら》ず色《いろ》を変《へん》じて作《た》つ。迅雷風烈《じんらいふうれつ》には必《かなら》ず変《へん》ず。

寝る時は、死体のようにだらしなくはしなかった。家にいる時は、のびのびとし堅苦しくはしなかった。斉衰の喪に服している者を見れば、なじみの者であっても態度を恭しく改めた。冠をつけて正装している者と、目が見えない者を見れば、ふだんであっても礼儀正しくした。喪服をつけている者には車上から丁重にお辞儀をし、喪の印を背にはおっている者にもそうした。主君からご馳走を賜れば、必ず容貌を厳粛にして起立した。突然の雷や暴風にも、必ず容貌を改めた。

○寝　普通は寝る時と解釈するが、荻生徂徠《おぎゅうそらい》は内寝《ないしん》（奥座敷）のこととする。○尸　死体。仰向けに寝ころぶのが死人に似ているのを言う。「尸のごとくせず」とは、身体に緩《ゆる》んだ雰囲気を漂わせなかったこと。○居　家に居ること。○容　祭祀や接客にたずさわる時などに容貌や動作を整えること。○斉衰の者を見れば、狎れたりと雖も必ず変ず。冕者と瞽者とを見ては、褻と雖も必ず貌を以て

す　三二四頁に次のように類似した語がある。「子 斉衰の者と、冕衣裳の者と、瞽者とを見、之《これ》を見れば少《わか》しと雖も必ず作《た》ち、之を過《よぎ》れば必ず趨《はし》る。」「斉衰」は、喪の一つ、「冕」は、冠の一つ、「瞽者」は盲人。いずれも三二五頁の注。「狎」は、もとから気楽なつきあいがあること。「変」は、顔つきや態度を恭しく改めること。「褻」は、ふだんの応対。「貌」は、礼儀正しい様子。**○凶服**　喪服。**○式**　車の前の横木。車の上から拝礼する時、横木に手をついてかがむ。敬虔な気持ちを表す。「軾《しょく》」と同じなので日本漢字音で「ショク」と読む。**○負版**　喪中であることを示す布。古注や朱子は、国の戸籍を手に持っている者とする。『周礼《しゅらい》』秋官・司民の鄭玄《じょうげん》の注に「民数を王に献ずるのは、民を重んじるのである」とある。ただ荻生徂徠は下々が王にならうのは僭越《せんえつ》であるし、戸籍を背負っているかどうかすぐにわかるはずはないから、「負版」は、喪服の背にはおる麻布のことであり、「負版の者に式す」は注の文章が混入したものと言う。ちなみに『儀礼《ぎらい》』喪服《そうふく》の鄭玄《じょうげん》の注に「前に衰があり、後に負版があり、左右に辟領《へきりょう》（えり）がある」と、喪中であることを示すものとして見える。**○盛饌有れば、必ず色を変じて作つ**　「盛饌」は、ご馳走。起立して、主君への敬意を示す。**○迅雷風烈には必ず変ず**　『礼記《らいき》』玉藻《ぎょくそう》に「もし疾風迅雷甚雨《じんう》があれば、必ず容貌を変える。夜であっても必ず起き、衣服を着て冠をかぶって坐る」とある。「迅」は、一気に押し寄せること。「烈」は、猛烈。

第十七節

升車、必正立執綏。車中不内顧。不疾言。不親指。

車《くるま》に升《のぼ》りては、必《かなら》ず正立《せいりつ》して綏《すゐ》を執《と》る。車中《しやちゆう》にては内顧《ないこ》せず。疾言《しつげん》せず。親指《しんし》せず。

車に乗る時は、必ず姿勢を正して乗車するための綱《つな》を取った。車の上では後ろを振り返らず、早口で語らず、指ささなかった。

○**綏** つかまって車に上る綱。当時の馬車は車高が高くこのような乗るための綱が必要だった。○**内顧** 振り返って見ること。『礼記《らいき》』曲礼上《きよくらい》に「振り返る時に轂《こく》（こしき、車軸をおおっていて、車の輻《や》を繋げている場所）より後ろを見ない」とある。○**疾言** 早口で語ること。○**親指** 指さすこと。

第十八節

色斯挙矣、翔而後集。曰、山梁雌雉、時哉時哉。子路共之、三嗅而作。

色《いろ》みて斯《ここ》に挙《あが》り、翔《かけ》りて後《のち》に集《とど》まる。曰《いは》く、山梁《さんりやう》の雌雉《しち》、時《とき》なるかな時《とき》なるかな、と。子路《しろ》之《これ》を共《きよう》すに、三嗅《さんきう》して作《た》つ。

雉《きじ》が人の様子を察して飛び立ち、飛翔した後でとまった。先生が言われた。「山の橋にとまっている雌の雉はまことに状況に適応しているね。」それを聞いた子路が雉の方を向いたところ、雉は三回羽ばたいてから飛び去った。

○**色**　様子。普通は顔色のこととされる。○**集**　ここでは、（鳥が）とまる。○**山梁**　山の中の橋。○**雌雉**　雌の雉。○**時なるかな時なるかな**　飛び上がったりとまったりするのが状況（時）に適合しているということか。それを子路が季節の食材にふさわしいと勘違いして料理として出したと普通は解釈する。○**子路**　孔子の弟子。九四頁の注と補説。○**共**　「向く」として訳してみた。雉が子路の様子（色）を見て飛び立ったのである。普通は提供するという意味に取る。○**嗅**　普通はにおいを嗅《か》ぐこととするが、ここでは羽ばたくとした。ただ補説に示したように異説も多い。

補説　意味不明の節である。雉の動作から時宜《じぎ》にかなうことを説いているという類の解釈が種々あるが、単に雉の動きの適切さに孔子が感嘆したと考える方が味わいがある。古注や朱子の解釈は、孔子の「時なるかな」という語を、子路が季節料理の素材によいと勘違いして雉の料理を出したところ、孔子が三回それを嗅《か》いでから席を立ったというものであるが、不自然な感を拭《ぬぐ》えない。一方、朱子が引く晁説之《ちょうえつし》は、石経《せっけい》（経書の文を石に彫り碑としたもの）では「嗅」を「戞《かつ》」にしていることから、雉が三回鳴いて飛び去ったこととする。同じく朱子が引く劉勉之《りゆうべんし》は、「嗅」を「臭」とし、両翼を広げる意味に取ったうえで、雉が三回鳴くか羽ばたくかして飛び去ったという意味とする。朱子は、この両説のようであれば、「共」の字は両手でしっかりとつかまえようとしたということになり、そうであればここには必ず闕文《けつぶん》があるはずだから、無理な解釈をすべきではないとする。ちなみに伊藤仁斎は、「共」は向かうという意味であるとし、孔子が雉を従者に指さしたので子路が鳥に向かうと、鳥は鳴いて飛びたったということとする。

先進《せんしん》第十一

孔子最愛の弟子の顔回《がんかい》（顔淵《えん》）の死、葬儀、追憶に関する語や、弟子に対する評言が目立つ篇である。

第一章

子曰、先進於礼楽、野人也。後進於礼楽、君子也。如用之、則吾従先進。

子《し》曰《いは》く、先進《せんしん》の礼楽《れいがく》に於《お》けるは、野人《やじん》なり。後進《こうしん》の礼楽《れいがく》に於《お》けるは、君子《くんし》なり。如《も》し之《これ》を用《もち》ひば、則《すなは》ち吾《われ》先進《せんしん》に従《したが》はん、と。

先生が言われた。「「前の世代は礼楽に対しては庶民に等しい。後の世代の方が礼楽に対しては君子らしい。」この言い方をそのまま用いるならば、私は前の世代の方に共感するね。」

○礼楽　礼と音楽。一一〇頁の補説。**○先進、後進**　前の世代の人、後の世代の人。**○野人、君子**　「野人」は庶民、「君子」は統治側の士大夫《したいふ》（官僚および官僚予備軍）。『孟子』滕文公《とうぶんこう》上に「君子がいなければ野人を治める者は無く、野人がいなければ君子を養う者は無い」と言い、同じく滕文公上には「心を労する者は人を治め、力を労する者は人に治められ、人に治められる者は人を食《やしな》い、人を治める者は人に食われるのは、天下の通義である」とあることから、「君子」が「人を治める」統治者側、「野人」が「人に治められる」庶民であることがわかる。ここでは、当時「先人は庶民のように礼楽の細目などに疎《うと》く、今の人の方が士大夫らしく細目規定についての教養を持っている」という意味の語があったとして訳してみた。**○之を用ひば**　「之」をその前の当時言われていた言葉を指すとして訳してみた。なお朱子は、礼楽のこととする。またこの語を、選ぶこととか登用することと解する説もある。**○先進に従はん**　先進に従うのは、礼楽は内的な真情の方が大事で、外的な文飾過多はむしろ礼楽の精神に反するからである。細目にこだわりすぎ真情が伴わない当時の礼楽のあり方への批判であろう。孔子が真情重視であったことは、一一〇頁などに見える。

補説　朱子は、「先進の礼楽に於るは、野人なり。後進の礼楽に於るは、君子なり」は当時の人の言葉で、「如し之を用ひば」以下がそれに対する孔子のコメントとする。『論語』の「君子」は、有徳者と為政者の二義で用いられているが、基本的に否定されるべき語ではなく、本節の「君子」とうまく合わない。そこでここでは、前半を当時言われていた語、後半をそれを受けた孔子の語として試訳してみた。なお「先づ礼楽に進むは、野人なり。後に礼楽に進むは、君子なり」と読み、まず礼楽を学ぶのは仕官する前の弟子（野人）、後で礼楽を学ぶのは既に仕官した弟子（君子）と取り、礼楽をしっかり学んで仕官するのが本筋だから前者の方がよいとしたり（劉宝楠『論語正義』）、先進を過去の王朝時代にあてたりする説など各種あるが、決め手が得難い章である。

第二章

子曰、従我於陳蔡者、皆不及門也。

子曰《しいは》く、我《われ》に陳蔡《ちんさい》に従《したが》ひし者《もの》は、皆門《みなもん》に及《およ》ばざるなり、と。

先生が言われた。「陳、蔡で私に従って苦労してくれた者は、みな私のもとにはいなくなった。」

○陳蔡　陳は、今の河南省淮陽《わいよう》県あたりの小国、蔡は河南省上蔡《じようさい》県あたりの小国。この両国の交わるあたり。孔子は遊説中にこの地で食料が無くなり、従者は病み、窮地に陥ったことが五六四頁に見える。○**門に及ばず**　私のもとにはいなくなった。ただ遊説に同道した弟子の中には孔子没時にあってもまだ存命していた者もいたことが問題になるが、彼らは既に独立していて孔子の膝下《しっか》に常時侍《はべ》っていなかったということなのかもしれない。ここでの訳は朱子の解釈をもとにしたが、古注では「仕進の門に及ばず」、つまり当時はそのために仕官できなかったこととする。近年では木村英一が、次章と連結させ、そこに掲げられている門弟たちがいずれも後には仕官していることを考証し、孔子が魯《ろ》に帰国した後に昔弟子たちが就職に苦労したことを振り返った語としている（三六六頁の注の木村英一前掲書）。なお劉宝楠は『孟子』尽心下に孔子が陳蔡で遭難したのは、上下の交《まじわり》（君臣の交わり）が無かったからだと言っているのをあげ、孔子の門人が陳や蔡の臣下になっていない（つまり孔子が危機を脱出できるように主君に働きかけられなかった）ことを指すとする（『論語正義』）。

補説　鄭玄《じょうげん》、朱子ともに次章と連結させ、次章に掲げられた門弟の氏名と合わせて解釈している。

第三章

徳行、顔淵、閔子騫、冉伯牛、仲弓。言語、宰我、子貢。政事、冉有、季路。文学、子游、子夏。

徳行《とくかう》には、顔淵《がんえん》、閔子騫《びんしけん》、冉伯牛《ぜんはくぎう》、仲弓《ちゆうきゆう》。言語《げんご》には、宰我《さいが》、子貢《しこう》。政事《せいじ》には、冉《ぜん》有《いう》、季路《きろ》。文学《ぶんがく》には、子游《しいう》、子夏《しか》。

徳行で優れているのは、顔淵、閔子騫、冉伯牛、仲弓。言論で優れているのは、宰我、子貢。政治で優れているのは、冉有、季路。学芸で優れているのは、子游、子夏。

○**顔淵**　孔子の弟子の顔回。八六頁の注と補説。○**閔子騫**　孔子の弟子の閔損《そん》。二一八頁の注。○**冉伯牛**　孔子の弟子の冉耕。二二九頁の注。○**仲弓**　孔子の弟子の冉雍《よう》。一七二頁の注。○**言語**　言論。○**宰我**　孔子の弟子の宰予。一三二―三頁の注と補説。○**子貢**　孔子の弟子の端木賜《たんぼくし》。六一―二頁の注と補説。○**政事**　政治。○**冉有**　孔子の弟子の冉求。一一四頁の注。○**季路**　子路《しろ》と呼ばれることが多い。孔子の弟子の仲由。九四頁の注と補説。○**文学**　学芸。○**子游**　孔子の弟子の言偃《えん》。八三頁の注。○**子夏**　孔子の弟子の卜商《ぼくしよう》。五六頁の注。

補説　前章と続けて一体化させているのは、鄭玄《じようげん》（邢昺《けいへい》『論語注疏』に言及）も朱子もそうである。しかし前章が孔子の語であるが、本章はそうではない。孔子の言葉なら弟子たちを諱《いみな》で呼ぶはずなのに、字《あざな》で記されているからである。つまり孔子の一門での評価を門弟筋が記録した語である。なおもし陳蔡の遭難とこの弟子たちを関係づけようとすると、この中には陳蔡で孔子と同道していなかったと推測される人物もいることが不自然になる（程樹徳『論語集釈』）。ともかくも三千人と言われた孔子一門の代表的存在の氏名とそれぞれの得意の分野を記した章として有名である。なお『孟子』公孫丑《こうそんちゅう》上にも「宰我、子貢は善《よ》く説辞を為し、冉牛（冉伯牛）、閔子（閔子騫）、顔淵は善く徳行を言ふ」とある。

ただ本章を前章の陳蔡での遭難と関係づけず、純粋に孔子門下の代表とすると、これはこれで疑問が出てくる。例えば朱子によって後世孔子の道を伝えたとされた曽参《そうしん》の名が見えないのである。列挙されているのが古参の弟子だけだと言ってみても、ここにのっている子游は曽参の一歳年上、同じく子夏は二歳年上と、ほぼ同世代なのである。そこで朱子などは、「四部門の弟子たちは、陳と蔡の間で孔子につき従っていた者だけのことである。孔子の門人の賢者は、もとよりこれに止まるものではない。例えば曽参《そうしん》（曽子）は道を伝えたけれどもこの中には入っていない。それゆえいわゆる「十哲」などというものが俗論であることがわかる」という程《てい》顥《こう》（程明道）の語を引いている。この「十哲」というのはいわゆる「孔門十哲」で、ここに見える十人を後世孔子門下の代表と見なした言い方である。

また弟子の配列順も問題になる。これが年齢順ではないのは、孔子よりも十五歳若い閔子騫よりも三十歳若い顔淵（顔回）を前に、二十九歳若い冉有を九歳若い季路（子路）よりも前に置いていることからわかる。荻生徂《おぎゅうそ》徠《らい》は、孔子一門は年齢順が原則であるとし、顔回を孔子よりも三十歳ではなく十三歳若かったとしているが、無理がある。それでは評価順かということになると、問題発言が多く孔子に再三とがめられている宰我を高弟である子貢の前に置いていることが腑に落ちなくなる。いずれにしても、当時の孔子門下の評価は、後世伝えられたのとは必ずしも全てが同じではなかった可能性もある。

第四章

子曰、回也非助我者也。於吾言、無所不說。

子曰《しいは》く、回《くわい》は我《われ》を助《たす》くる者《もの》に非《あら》ざるなり。吾《われ》の言《げん》に於《おい》て、說《よろこ》ばざる所無《ところな》し、と。

先生が言われた。「回は私を助けてくれる者ではない。なぜなら私の言葉に喜ばないことが無いからだ。」

○回　孔子の弟子の顔回（顔淵《がんえん》）。八六頁の注と補說。○我を助くる者　子夏について「私を啓発してくれるのはお前だね（予《われ》を起《おこ》す者《もの》は商《しやう》なり）」という言い方がある（一一六頁）。○說　喜ぶ。

補說　八五頁とも通ずる章である。顔回は孔子の言葉に質問することも反論することも無く、すぐに理解し喜んでしまうために、孔子にとっては自分が進歩するのを助けてくれる者ではないということだが、顔回に対する高い評価が現れている。またこの言い方には孔子自身も成長しようという意識が見える。

第五章

子曰、孝哉閔子騫、人不間於其父母昆弟之言。

子《し》曰《いは》く、孝《かう》なるかな閔子騫《びんしけん》、人其《ひとそ》の父母《ふぼ》昆弟《こんてい》の言《げん》を間《かん》せず、と。

先生が言われた。「「親孝行だ閔子騫は」と言われているが、父母兄弟が彼を親孝行だと言うのに対して他人が異論をはさんでいないね。」

○**閔子騫**　孔子の弟子。二一八頁の注。○**父母昆弟の言**　「昆弟」は兄弟。伊藤仁斎は、『韓詩外伝』に閔子騫の父が再婚し二人の子が生まれたとあることから、あれこれ言われやすい状況の中での話とする。つまり義母や義弟までも閔子騫を親孝行だと言っているということ。○**間せず**　異論をはさむ。

補説　「孝なるかな閔子騫」を孔子の語とする解釈も多い。しかし荻生徂徠《おぎゆうそらい》は、先生が弟子を呼ぶ場合なら諱《いみな》の「損」を用いるはずなのに、「子騫」という字《あざな》で称していることから、外部の人間が閔子騫を親孝行だと言っているとした。そこで本訳でもそれに従って訳してみた。他に、父の後妻たちが彼が冷遇したのに、彼が悪口を言わなかったので、人々からも彼の家族への悪口が無かった（「人に其の父母昆弟を間するの言あらず」）という解釈もありうる。

第六章

南容三復白圭。孔子以其兄之子妻之。

南容《なんよう》三《み》たび白圭《はくけい》を復《ふく》す。孔子《こうし》其《そ》の兄《あに》の子《こ》を以《もっ》て之《これ》に妻《めあは》す。

南容は繰り返し白圭の句を復唱していた。そこで孔子は兄の子を嫁《とつ》がせた。

○**南容**　一六七頁の注と補説参照。○**三たび**　三回に限らず繰り返しということ。○**白圭**　白い玉のことだが、ここでは『詩経』大雅の「抑《よく》」の詩の中の次の句を指す。「白圭が欠けたのはまだ研磨できる。言葉の過失は、取り繕《つくろ》えない（白圭の玷《か》けたるは、尚《なほ》磨く可《べ》きなり。斯言《しげん》の玷《か》けたるは、為《な》す可からざるなり）。」これを再三詠じたということは、南容が慎重な人間であったことを示す。なお荻生徂徠《おぎゅうそらい》は、普通だったら「抑」という詩全体の題名をあげるのに、ここは「白圭」という詩の中の語を言うのは、この箇所のみを特に復唱したからだとする。○**之に妻す**　一六六頁でも孔子が兄の娘を南容に嫁がせたと言っている。

第七章

季康子問、弟子孰為好学。孔子対曰、有顔回者、好学。不幸短命死矣。今也則亡。

季康子《きかうし》問《と》ふ、弟子《ていし》孰《たれ》か学《がく》を好《この》むと為《な》す、と。孔子《こうし》対《こた》へて曰《いは》く、顔回《がんくわい》なる者《もの》有《あ》り、学《がく》を好《この》む。不幸《ふかう》にして短命《たんめい》にて死《し》す。今《いま》や則《すなは》ち亡《な》し、と。

季康子がたずねた。「弟子の中で誰が学を好むと言えるかね。」孔子がお答えして言った。「顔回という者がおり、学を好みました。しかし不幸にも若死にしました。今はもうこのような者はおりません。」

○**季康子**　魯の家老。九九頁の注。○**対**　季康子は魯の家老なので、敬語を使用。○**顔回**　孔子の弟子。八六頁の注と補説。

補説　二一〇頁に類似の語をのせているが、そちらは哀公の質問になっていて、内容もやや詳しい。

第八章

顔淵死。顔路請子之車、以為之椁。子曰、才不才、亦各言其子也。鯉也死、有棺而無椁。吾不徒行以為之椁。以吾従大夫之後、不可徒行也。

顔淵《がんえん》死《し》す。顔路《がんろ》 子《し》の車《くるま》を請《こ》ひ、以《もつ》て之《これ》が椁《くわく》を為《つく》らんとす。子《し》曰《いは》く、才《さい》も不才《ふさい》も、亦《また》各〻《おのおの》其《そ》の子《こ》と言《い》ふなり。鯉《り》や死《し》するに、棺《くわん》有《あ》れども椁《くわく》無《な》し。吾《われ》 徒行《とかう》し以《もつ》て之《これ》が椁《くわく》を為《つく》らず。吾《われ》の大夫《たいふ》の後《のち》に従《したが》ふを以《もつ》て、徒行《とかう》す可《べ》からざればなり、と。

顔淵が亡くなった。父の顔路は、先生の車を求め、それを売って外棺を作ろうとした。先生が言われた。「能力が有る者も無い者も、それぞれ自分の子と言えるものだ。私の子の鯉が死んだ時に、内棺は有ったが外棺は無かった。私は車を手放し徒歩することで外棺を作るというわけにはいかないのだ。私は大夫の末席を汚している以上、徒歩するわけにはいかないからだ。」

○**顔淵**　孔子の弟子の顔回。八六頁の注と補説。○**顔路**　顔回の父で、孔子の弟子。諱《いみな》は无繇《むよう》、字《あざな》は路とされた。孔子より六歳年少（『孔子家語』）。○**子の車を請ひ**　顔路が、孔子の車をもらい、それを売って椁を作ろうとした。当時車は高価であった。○**椁**　内棺を入れる外棺。○**才、不才**　「才」は能力。前者は顔回、後者は鯉（伯魚《はくぎょ》）。秀才の顔回に比べて、鯉はそれほど優秀ではなかったらしい。○**其の子と言ふ**　親にとっては子どもと言えるということであろう。○**鯉**　孔子の子。諱は鯉、字は伯魚。『史記』孔子世家に、「孔子は鯉を生んだ。字は伯魚。伯魚は五十歳で孔子に先だって死んだ」とある。孔子が鯉を自分の子だからといって特別扱いしなかったのは、六二三頁に見える。本章の言い方からして、才は乏《とぼ》しかったのであろう。○**徒行**　徒歩。○**大夫の後に従ふ**　大夫は車を使用することになっていた。孔子はこの時にもう引退していたが、まだ大夫の列に連なっていたからだと言う。「後」と言っているのは、謙遜。五三一頁にも「吾、大夫の後に従ふを以て」の語がある。

補説　顔路は、息子の顔回を孔子がかわいがっていたのを知っているから、それに甘えようとしたが、孔子は秀才であろうと不肖《ふしょう》の子であろうと親にとって子どもは子どもなのであり、自分の子どもの鯉（伯魚）の時もそうしなかったと言い断ったのである。ちなみに『礼記《らいき》』檀《だん》弓《ぐう》上に次のような話がある。孔子が衛に行った時に、以前泊まった家の主人の喪《も》に出会った。その時孔子は驂《さん》（馬車を引く副《そ》え馬）をはずして送った。そこで弟子の子貢が言った。「門人の葬儀では、驂をはずされませんでしたが、以前泊まった家の主人にそうするのは、重すぎませんか。」孔子は答えた。「私は先に哀悼《あいとう》の意を表したが、その時悲しみのあまり落涙《らくるい》した。私はその涙が心にも無いことであるようにはしたくない。君は言ったとおりにせよ。」車ではなく駿の話であり、孔子が衛に行った時に顔回は存命であったかもしれないが（後述）、本章を連想させる話ではある。そこで朱子が引く胡寅《こいん》（胡致堂《どう》）の語では、「葬儀には椁が無くてもかまわず、駿は取り外してもまた手に入れられる。大夫は車に乗らずに徒歩すべきではない王から授かった車は人に譲渡してそれを市で売ることはできない。（『礼記《らいき》』王制による）。また知り合いの貧者が自分に求めているからといって、無理をしてでもその人の歓心を買おうとい心が誠であるとか道に忠実であるとか言えようか」と説明している。

ところで本章によると、顔回よりも鯉（伯魚）の方が早く死んだことになるが、ここに問題が生ずる。鯉が生まれたのは孔子が十九歳で結婚してからだから（『孔子家語』本姓解）、孔子二十歳以前とは考えられず、また鯉は五十歳で死んだから（『史記』孔子世家）、早くても孔子七十歳ごろがその没年になる。一方顔回は孔子よりも三十歳若く（『史記』仲尼弟子列伝）、三十一歳で死んだから（『孔子家語』七十二弟子解《ていしかい》）、孔子六十一歳が没年になる。ということは顔回が死んだ時、鯉はまだ存命ということになる。『孔子家語』は魏《ぎ》の王粛《おうしゆく》の偽作と言われたりしてきたし、孔子六十一歳以後も顔回が在世していた形跡があるので、修正意見が各種提出されてきた。顔回は孔子よりも三十七歳若かったとか、四十歳若かったとかであるが、没した年齢となると十八歳、二十九歳、三十一歳とされる以外に、四十一歳とすることで辻褄《つじつま》を合わせる説を支持する者が複数いる。というのは、『春秋公羊伝』では哀公十四年（紀元前四八一年）のところに顔回の死を記すが、これだと孔子より三十歳若かったとして数えると、解説でも触れたように『史記』では孔子の生誕の年を紀元前五五一年としたうえで顔回と孔子の年齢差を言うから、孔子が七十一歳の時に顔回は四十一歳で逝去《せいきょ》したことになり、もし紀元前五五二年孔子誕生の方を取れば、顔回は四十二歳で没したことになるからである。なお顔回没時に鯉が存命であったとして、「鯉也死」を「鯉や死すとも（鯉が死んだとしても）」と仮定に読む説もある（孔穎達《くようだつ》『礼記注疏』曲礼《きよくらい》下が引く許慎《きよしん》の語）。

第九章

顔淵死。子曰、噫、天喪予、天喪予。

顔淵《がんえんし》死す。子曰《しいは》く、噫《ああ》、天予《てんわれ》を喪《ほろぼ》せり、天予《てんわれ》を喪《ほろぼ》せり、と。

顔淵が死んだ。先生が言われた。「ああ、天は私を滅ぼした、天は私を滅ぼした。」

○**顔淵**　孔子の弟子の顔回。八六頁の注と補説。○**噫**　傷《いた》み嘆く声。

補説　孔子が天についてどのように思っていたか論ずる際にしばしば引かれる章である。孔子は天に対して本章のように悲観的に言う時と、三一七頁のように信頼を見せる場合の両方がある。懐疑と信仰の類を持ち出して過度に宗教的に解釈するよりも、孔子にとっての天は、この世界や社会、文化のシステムを成り立たせているものであり、それに対する敬虔《けいけん》な感情も根底にはあったが、救済を求めて身を委《ゆだ》ねる対象やその審判を受けるようなものではなく、運命と使命の両方の意味をそこから見出すものであった。

第十章

顔淵死。子哭之慟。従者曰、子慟矣。曰、有慟乎。非夫人之為慟而誰為。

顔淵《がんえん》死《し》す。子《し》之《これ》を哭《こく》して慟《どう》す。従者《じゅうしゃ》曰《いは》く、子《し》慟《どう》せり、と。曰《いは》く、慟《どう》すること有《あ》りしか。夫《か》の人《ひと》の為《ため》に慟《どう》するに非《あら》ずして誰《た》が為《ため》にかせん、と。

顔淵が死んだ。先生は哭泣《こくきゅう》の礼のおりに声をあげて号泣《ごうきゅう》された。従者が言った。「先生が号泣された。」先生が言われた。「号泣したかね。彼のために号泣するのではなくて、誰のためにすると言うのか。」

○**顔淵**　孔子の弟子の顔回。八六頁の注と補説。○**哭**　葬式の時に行う「哭」という礼。葬式の時に死者を悼《いた》んで泣く礼。○**慟**　号泣する。悲しみのあまり礼の範囲を超えて慟哭《どうこく》したのである。○**誰が為にかせん**　原文の「誰為」の「為」は動詞で「ためにす」、「誰」は「為」の目的語（対象語）で、目的語が疑問詞の場合は倒置されるので「為誰」ではなくこの語順になる。ちなみに「誰《たれ》と為《な》すか（誰なのか）」の場合は「誰」が補語であるので倒置されず「為誰」となるのが原則。

第十一章

顔淵死。門人欲厚葬之。子曰、不可。門人厚葬之。子曰、回也視予猶父也。予不得視猶子也。非我也。夫二三子也。

顔淵《がんえんし》死す。門人厚《もんじんあつ》く之《これ》を葬《はうむ》らんと欲《ほつ》す。子曰《しいは》く、不可《ふか》、と。門人厚《もんじんあつ》く之《これ》を葬《はうむ》る。子曰《しいは》く、回《くわい》や予《われ》を視《み》ること猶父《なほちち》のごときなり。予《われ》は視《み》ること猶子《なほこ》のごとくするを得《え》ず。我《われ》に非《あら》ざるなり。夫《か》の二三子《にさんし》なり、と。

顔淵が死んだ。門人が手厚く葬式をあげたいと望んだ。先生が言われた。「そうしてはならぬ。」しかし門人は手厚く葬式を行った。先生が言われた。「回（顔淵）は私を父のように見てくれた。しかし私は子のようにしてやれなかった。私のせいではない。彼らのせいだ。」

○**顔淵**　孔子の弟子の顔回。八六頁の注と補説。○**二三子**　門人たちを指す。

補説　孔子は三九一頁でも最愛の弟子の顔回に対する過度の厚葬に否定的態度を取っている。孔子が外形的な手厚さよりも心情を重視していたことは、自分の葬儀についての言葉からもうかがわれる（三二七頁）。

第十二章

季路問事鬼神。子曰、未能事人、焉能事鬼。敢問死。曰、未知生、焉知死。

季路《きろ》鬼神《きしん》に事《つか》へんことを問《と》ふ。子《し》曰《いは》く、未《いま》だ人《ひと》に事《つか》ふること能《あた》はず、焉《いづくん》ぞ能《よ》く鬼《き》に事《つか》へん、と。敢《あへ》て死《し》を問《と》ふ。曰《いは》く、未《いま》だ生《せい》を知《し》らず、焉《いづくん》ぞ死《し》を知らん、と。

季路が霊魂に仕えることをおたずねした。先生が言われた。「まだ生きている人に仕えることができないのに、どうして霊魂に仕えられようか。」踏み込んで死についておたずねした。先生が言われた。「まだ生きるということがわかっていないのに、どうして死がわかろうか。」

○**季路**　孔子の弟子の子路。九四頁の注と補説。なお本篇では本章だけが「季路」の表記で、他の章は「子路」になっている。〇**鬼神**　ここでは霊魂のこと。朱子が言うように、単に葬礼や祭礼の具体的方式の質問ではなく、霊魂を祭祀することの意味自体をたずねたのであろう。

補説　孔子が死という問題について消極的であったことを示す章である。孔子は神秘的なものには触れたがらなかった（二三二頁、二六五頁）。生者と死者に仕える場合、孔子が共通して要求したのは礼であったことからすると（八〇頁）、本章がそれで答えていないのは、子路の質問が生死自体に対するものであったからであろう。儒教の宗教性を強調する議論があるが、少なくとも『論語』ではその要素は少ない。荻生徂徠《おぎゅうそらい》は『礼記《らいき》』祭義で宰我が鬼神の名の由来を質問し、孔子がそれに答えていることを持ち出し、子路に説明しても無益だから答えなかったと言っているが、この『礼記』の内容も死という現象の物理的説明の範囲に止まり、宗教に必要な死への恐怖の克服という心理的解決につながるような話ではない。なお儒教の宗教性を言う論者は、本章を、死や霊魂の理解はあくまでも先ず生者のあり方を十分わかった上で可能なのに、その順序を逆にしていることへの批判と捉え、孔子は死を語らなかったわけではないと言う。

第十三章

閔子侍側。誾誾如也。子路、行行如也。冉有、子貢、侃侃如也。子楽。若由也不得其死然。

閔子《びんし》 側《かたはら》に侍《じ》す。誾誾如《ぎんぎんじょ》たり。子路《しろ》、行行如《かうかうじょ》たり。冉有《ぜんいう》、子貢《しこう》、侃侃如《かんかんじょ》たり。子《し》楽《たの》しむ。由《いう》や其《そ》の死《し》を得《え》ざるが若《ごと》く然《しか》り、と。

閔子は先生の側らにはべっていた。おだやかに意見を述べていた。子路はというと、武張《ぶば》っていた。冉有と子貢は、なごやかだった。先生はくつろがれていた。ふと言われた。
「由はまっとうな死に方をしないようだ。」

○閔子　孔子の弟子の閔子騫《けん》。二一八頁の注。皇侃のテキストでは「騫」の字がある。**○誾誾如**　おだやかに意見を述べること。三五二頁の注。**○子路**　孔子の弟子。九四頁の注と補説。**○行行如**　剛強な様子。**○冉有**　孔子の弟子。一一四頁の注。**○子貢**　孔子の弟子。六一―二頁の注と補説。**○侃侃如**　なごやか。三五一頁の注。**○楽**　皇侃のテキストではこの後に「曰」の字があり、次に孔子の言葉が来ることが示されている。**○由**　子路の諱《いみな》。**○然**　「然」は「若」を受ける助字で、『孟子』などにも見える句法。普通は「由の若《ごと》きや、其の死を得ざらん」と読まれることが多い。なお邢昺《けいへい》は「然」を「焉」と同じ言い切りとし（『論語注疏』）、朱子は「未だ定まらざるの辞なり」とし、子路の考え方次第ではこのような結末にならない可能性もありえたことを暗示する（『朱子語類』三九）。

補説 子路は孔子の予言通りの死を迎えた。子路は衛の君位をねらう蒯聵《かいかい》から主人の孔悝《こうかい》を引き離そうとして、蒯聵が差し向けた石乞《せききつ》と盂黶《うえん》に討たれた。『春秋左氏伝』哀公十五年に次のように記す。「（石乞と盂黶が）戈《ほこ》をふるって子路を撃ち纓《えい》（冠の紐《ひも》）を断《た》った。子路が言った。「君子は死すとも冠を免《ぬ》がず。」纓を結んで死んだ。孔子は衛に内乱が起こったのを聞いて言った。「柴《さい》（子羔《しこう》）は帰って来るだろう。由（子路）は死ぬであろう。」」

第十四章

魯人為長府。閔子騫曰、仍旧貫、如之何。何必改作。子曰、夫人不言、言必有中。

魯人《ろひと》長府《ちやうふ》を為《つく》る。閔子《びんし》騫《けん》曰《いは》く、旧貫《きうくわん》に仍《よ》らば、之《これ》を如何《いかん》。何《なん》ぞ必《かなら》ずしも改《あらた》め作《つく》らん、と。子《し》曰《いは》く、夫《か》の人《ひと》言《い》はず、言《い》へば必《かなら》ず中《あた》ること有《あ》り、と。

魯の人たちが倉庫を改築しようとした。閔子騫が言った。「古いままにしておいたらどうだろうか。改めて作り直す必要があろうか。」先生が言われた。「あの人は寡黙《かもく》だが、発言すれば必ず正鵠《せいこく》を射《い》る。」

○長府　蔵の名。財貨を蔵する場所を「府」と言う。なお『春秋左氏伝』昭公二十五年に昭公が長府に移り家老の季平子を討伐しようとしたが、事破れて斉《せい》に逃げたという記事があることから、劉宝楠などは次のように言う。長府は武器や貨財を入れる官府で、昭公はここに移り改築して季平子との戦いに備えようとしたが、民心は昭公から離れていたので失敗が予想され、かくて閔子騫が婉《えん》曲《きょく》に無理な戦いを止めるように諫《いさ》めた。昭公をあえて「魯人」と呼んだのは、昭公を名指しするのを避け、昭公自身の意図による討伐計画ではないことを示そうとしたからである（『論語正義』）。**○為**　改築すること。新たに作ることとする解釈もある。**○閔子騫**　孔子の弟子。二一八頁の注。**○旧貫に仍らば**　もとのやり方のままにしておく。「仍」は因《よ》る。「貫」は「事」と注されるが、やり方のこと。人々や費用の浪費を諫めたとされたりしている。**○之を如何**　ここでは、どうだろうかという意味。文型については九九頁の注。**○夫の人**　閔子騫を指す。

第十五章

子曰、由之瑟、奚為於丘之門。門人不敬子路。子曰、由也升堂矣。未入於室也。

子《し》曰《いは》く、由《いう》の瑟《しつ》は、奚為《なんす》れぞ丘《きう》の門《もん》に於《おい》てせん、と。門人子《もんじんし》路《ろ》を敬《けい》せず。子《し》曰《いは》く、由《いう》や堂《だう》に升《のぼ》れり。未《いま》だ室《しつ》に入《い》らざるなり、と。

先生が言われた。「由（子路）の瑟のあのような演奏は、私のもとでするようなものではないね。」門人たちは子路を尊敬しなくなった。先生が言われた。「由は表座敷に上がれるまでになっている。まだ奥の部屋にまでは入っていないがね。」

○由 孔子の弟子の子路。九四頁の注と補説。**○瑟** 琴の類。同じ類の箏《そう》よりも大型で弦の数も多い。音楽は重要な教養であった。**○奚為** どうして。**○丘** 孔子の諱《いみな》で、ここでは自称。**○堂** 表座敷。客の応接などをする公的性格がある。**○室** 奥座敷。堂の奥にある部屋で、私室的性格もある。

補説 本章は、豪傑肌の子路のがさつな演奏を孔子が苦笑しながら評したところ、門人たちが単純に反応したので、それに対して孔子が子路の評価を見誤ってはいけないと諭《さと》したという内容である。これに関連するものを二つあげておく。まず劉向《りゅうきょう》『説苑《ぜいえん》』修文に「子路が瑟を弾くと、北鄙《ほくひ》の声（北部の辺境の音）があった。孔子はこれを聞いて言った、「本当だね、由（子路）が不才なのは」」とある。また『礼記《らいき》』中庸《ちゅうよう》では、「強さ」を問う子路に対して孔子が「寛柔《かんじゅう》で教え、無道に対して直接報復しない」のを「南方の強」、「金革《きんかく》（武器や甲冑《かっちゅう》）を敷物《しきもの》にして戦い、死ぬことをも厭《いと》わない」のを「北方の強」としたうえで、「南方の強」は君子のもの、「北方の強」は強者のものと答えている。子路の演奏には北辺の殺伐《さつばつ》たる雰囲気があったということになるが、これらの話は本章から派生した可能性も無いわけではない。

第十六章

子貢問、師与商也孰賢。子曰、師也過。商也不及。曰、然則師愈与。子曰、過猶不及。

子貢《しこう》問《と》ふ、師《し》と商《しやう》と孰《いづれ》か賢《まさ》れる、と。子《し》曰《いは》く、師《し》は過《す》ぎたり。商《しやう》は及《およ》ばず、と。曰《いは》く、然《しか》らば則《すなは》ち師《し》は愈《まさ》れるか、と。子《し》曰《いは》く、過《す》ぎたるは猶《なほ》及《およ》ばざるがごとし、と。

子貢がおたずねした。「師と商とではどちらがまさっていますか。」先生が言われた。「師は行き過ぎている。商は及んでいない。」お聞きした。「それならば師がまさっていますか。」先生が言われた。「過ぎたのは及ばないのと似たようなものだ。」

○子貢　孔子の弟子。六一―二頁の注と補説。子張より十七歳年長、子夏より十三歳年長であったと言われる。先輩であるがゆえに両者の優劣を孔子に聞けたのであろう。また彼は人の品評をしていた（五四一頁）。**○師**　孔子の弟子の子張。九六頁の注。**○商**　孔子の弟子の子夏。五六頁の注。

○孰　どちらが。

補説　子張は見栄っ張りという評があった（四〇六頁）。また子張について、子游は困難なことができるが仁ではないと言い（七〇〇頁）、曽参《そうしん》は堂々としているが一緒に仁を実践できないとする（七〇一頁）。一方、子夏は文学（学芸）で評価された学者肌であった（三八五頁）。六八八頁には子夏と子張の交遊についての意見の違いが載《の》っていて、両者の性格の差が察せられる。そこでは子夏がきちんとした人としか交際しないのに対し、子張はそうでない者も受け入れるべきだとする。要するに子張は積極的過ぎて中身が伴わないきらいがあり、子夏は慎重過ぎて実践に踏み切れない点があるということで、両者とも中庸を欠いているのである。

第十七章

季氏富於周公。而求也為之聚斂而附益之。子曰、非吾徒也。小子鳴鼓而攻之可也。

季氏《きし》周公《しゅうこう》よりも富《と》めり。而《しか》るに求《きゅう》や之《これ》が為《ため》に聚斂《しゅうれん》して之《これ》に附益《ふえき》す。子《し》曰《いは》く、吾《わ》が徒《と》に非《あら》ざるなり。小子《せうし》鼓《こ》を鳴《な》らして之《これ》を攻《せ》めて可《か》なり、と。

季氏（季孫氏）が周公よりも富んでいた。それなのに求は、季氏のために人民から財をしぼり取り、更にそれを増そうとしていた。先生が言われた。「我々の仲間ではない。諸君は鼓を打ち鳴らして討伐してもかまわない。」

○季氏　魯の家老の季孫氏。八一頁の補説。**○周公**　当時の周の王家に仕え、公の爵位を持った人物とも、文王の子にして武王の弟で、周の制度や文化を創り上げ、魯に封ぜられた周公旦《たん》とも言われる。本章の補説参照。**○求**　孔子の弟子の冉有《ぜんゆう》。一一四頁の注。当時季孫氏の家宰《かさい》（執務長）をしていた。六〇四頁でも季孫氏への追随を孔子から批判されている。**○聚斂**　重税を課して取り立てる。**○附益**　足して増す。**○吾徒**　我々一党。**○小子**　諸君という呼びかけ。**○鼓を鳴らして**　進軍太鼓をたたく。

補説　ここに出てくる周公を、朱子は周公旦のこととする。荻生徂徠《おぎゅうそらい》は、周公旦を持ち出したのは、当時既に三桓氏《さんかんし》が魯全土を四分割し、そのうち季孫氏（季氏）が四分の二を領有していたので、魯公は問題にならなかったと言う。しかしいくら季孫氏が権勢を振るったからといって、武王とその子の成王を補佐し魯公の祖である周公旦を持ち出すのは不自然の感を否《いな》めない。古注では「周公は、天子の宰、卿士《けいし》である」とだけ言うが、それを注した皇侃《おうがん》は、当時の周王に仕える公の爵位を持つ人物で、魯公と同じく周公旦の子孫とする。江声『論語竢質《ししつ》』では、『春秋左氏伝』に出てくる周公黒肩《こくけん》かその孫の周公忌父《きほ》、兪樾《ゆえつ》『群経平議《ぐんけいへいぎ》』では、周公黒肩か周公閲《えつ》（周公忌父の子）だろうと推測している。この周公は周の王の家老であり、魯公と同格と言える。それを魯公の家老である季孫氏が富でしのごうなどとは言語道断なのである。
なお荻生徂徠は、「求や」と冉有を諱《いみな》で呼んでいることから、冒頭から「子曰く」までも孔子の語とする。「子曰く」が孔子の語の間に挟まっているという形になるが、古代の文辞ではこうなってもかまわないと言う。

第十八章

柴也愚。参也魯。師也辟。由也喭。

柴《さい》や愚《ぐ》。参《しん》や魯《ろ》。師《し》や辟《へき》。由《いう》や喭《がん》。

柴は愚か。参はのろま。師は見栄っ張り。由はがさつ。

○**柴**　孔子の弟子。姓は高、諱《いみな》は柴、字《あざな》は子羔《しこう》。衛の人（邢昺《けいへい》『論語注疏』に引く鄭玄《じょうげん》）とも斉の人とも（『孔子家語』）伝えるが、前者が正しいと劉宝楠『論語正義』は言う。孔子より三十歳年少。子路は彼を費の宰にした（四一六頁）。○**参**　孔子の弟子の曽参《そうしん》。五二―三頁の注と補説。○**魯**　のろま。○**師**　孔子の弟子の子張。九六頁の注。○**辟**　上辺《うわべ》ばかり飾ること。見た目と立ち居振る舞いにばかりかまけて、誠実さが少なかったことを言う。○**由**　孔子の弟子の子路。九四頁の注と補説。○**喭**　がさつ。

補説「子曰」が無いが、門人たちへの忌憚《きたん》の無い評言であり、諱で記されていることから、孔子が漏らした語を弟子が記録したとも言う（葛寅亮《かついんりよう》『四書湖南講』）。なお朱子は冒頭の「子曰」が抜けてしまったという呉棫《ごよく》の説と、次の章の「子曰」はこの章の冒頭にあるべきで、両章を合わせて一章とすべきとするある人の説を引く。ともかくも朱子によって孔子の道統の継承者と称せられた曾参ですらのろまとされているわけで、孔子の悪意の無い核心を突く評言とも、弟子たちへの孔子学派内部の評価のばらつきを示すものとも解釈できる。門弟で一貫して高い評価を得ているのは次章の顔回だけである。

第十九章

子曰、回也其庶乎。屢空。賜不受命、而貨殖焉。億則屢中。

子《し》曰《いは》く、回《くわい》や其《そ》れ庶《ちか》からんか。屢〻《しばしば》空《むな》し。賜《し》は命《めい》を受《う》けずして、貨殖《くわしよく》す。億《おもんぱか》れば則《すなは》ち屢〻《しばしば》中《あた》る、と。

先生が言われた。「回は道に近いね。しばしば貧窮に安んずる。賜は天命を受けてもいないのに蓄財している。考えたことがしばしば的中するからね。」

○回　孔子の弟子の顔回（顔淵《がんえん》）。八六頁の注と補説。○庶からんか　近いであろうね。何に近いかは議論が分かれるが、一四五頁の富貴であれ貧賤であれ道に従うことが大事だという語からすると、道に近いとして訳してみた。後の「命を受けずして」との対比から天命とも取れる。○空　普通は貧窮のこととされる。顔回は貧しい生活を送っていた（二二〇頁）。また顔回は、子貢が「億れば則ち屢〻中る」状態であるのに対し、ことさら億る必要が無くなっている聖人の「思はずして中る」（『礼記《らいき》』中庸）境地にしばしば到達できる（そこに居続けることはできていないが）意味にも取れる。○賜　孔子の弟子の子貢。六一―二頁の注と補説。○命を受けずして　子夏の「富貴天に在《あ》り」という語から（四三三頁）、天命でもないのに、と解したが、一四五頁をもとに、道に則《のっと》っているわけでもないのに、ということかもしれない。○貨殖　財産を増やす。○億　図ることだが、物事への対応一般を言うとも、蓄財する際の企画とか予見の意味にも取れる。○中　的中する。ちなみに『春秋左氏伝』定公十五年に、子貢が魯の定公と邾《ちゅ》の隠公の死去と逃亡を両者の玉の授受の礼の行い方を見て予言したことにからめて、孔子の言葉として「賜《し》（子貢）は不幸にして言えば当たる。このことが賜を多言にさせている原因だ」という語をのせていることからすると、必ずしも肯定的に言っているわけではない可能性もある。

補説　「庶」は道に近いと解釈されるのが普通であり、『易経』繋辞《けいじ》下伝に「顔氏の子、其《そ》れ殆《ほとん》ど庶幾《ちか》からんか」とあるのとしばしば関係づけられる。聖人は道そのもの、賢人である顔回はその一歩手前であるから仁（道）に近いのである。次の「空し」については、これを心境の問題とすると、「しばしば」は、聖人のように最高の境地を常に維持できているのではなく三箇月という限定期間があるゆえの表現となる（二一五頁）。普通は続く金持ちの子貢と対比させ、貨殖に対する貧窮と取るが、貧窮というだけでは道に近いことの関係が曖昧なので、朱子は、顔回が道に近く、その上貧窮でも心が安らかであったと心の問題にスライドさせている。そうなると子貢についての「億れば則ち屢〻中る」が心一般の問題か、それとも貨殖事業の話かということになる。心一般のことだとすると、「空し」という心境の確立には及ばないが、物事への心の具体的対応がしばしば妥当になるというそれなりの境地のことになる。貨殖との関係だと、予想したり企画したりすることを中心に言っていることになる。ここでは貨殖に成功した原因の一つとして、その見通す能力を言ったとして訳してみた。

第二十章

子張問善人之道。子曰、不践迹、亦不入於室。

子張《しちやう》善人《ぜんじん》の道《みち》を問《と》ふ。子曰《しいは》く、迹《あと》を践《ふ》まずんば、亦室《またしつ》に入《い》らず、と。

子張が善人になれる道をおたずねした。先生が言われた。「先賢たちがたどった跡を歩まなければ、奥座敷には入れないね。」

○子張　孔子の弟子。九六頁の注。**○善人**　朱子は、美質を持っているが、まだ学んでいない者とする。しかし二六九頁に善人を見ることはできないとあるから、かなり得がたい境地の者と見られる。つまり善人は室に入っているのか、まだ室に入れていないのかと言えば、前者であろう（陳澧《ちんれい》『東塾読書記』）。ということは、善人の道とは、善人というあり方というよりも、善人になれる道とする方がよいことになる。**○迹を践まざれば**　先賢たちがたどった道を歩まなければ、という意味か（陳澧もほぼ類似の意味に取る）。古注では、「迹を践まざれども、亦室に入らず」と読み、善人は古いやり方を踏襲していないで新たな展開を見せられてもいるが、同時に奥座敷にまでは入っていないとする。**○室に入らず**　室は家の奥座敷。四〇一頁に子路について言われている。

第二十一章

子曰、論篤是与、君子者乎。色荘者乎。

子《し》曰《いは》く、論《ろん》の篤《あつ》きに是与《これくみ》せども、君子《くんし》なる者《もの》か。色荘《しきさう》なる者《もの》か。

先生が言われた。「言論が篤実《とくじつ》な者と組もうとしても、その相手が君子なのかね。それともうわべを立派に見せるだけの者なのかね。」

○論の篤き　言論が篤実なこととされる。○是　「与論篤（論の篤きに与《くみ》す）」を倒置させる助字。○与　組むこととして訳したが、普通は評価するという意味に取る。「論の篤きに与せば」と仮定に読み、「言論の篤実なる者と組もうとするなら、君子たる者と様子だけよい者とどちらにするのか」という意味にも取れるが、組む相手は君子の方がよいのに決まっているから、ここではこのようには読まなかった。○君子　徳の高い立派な人。○色荘　様子が立派。

第二十二章

子路問、聞斯行諸。子曰、有父兄在、如之何其聞斯行之。冉有問、聞斯行諸。子曰、聞斯行之。公西華曰、由也問、聞斯行諸。子曰、有父兄在。求也問、聞斯行諸。子曰、聞斯行之。赤也惑。敢問。子曰、求也退。故進之。由也兼人。故退之。

子路《しろ》問《と》ふ、聞《き》くままに斯《ここ》に諸《これ》を行《おこな》はんか、と。子曰《しいは》く、父兄《ふけい》の在《あ》る有《あ》り、之《これ》を如何《いかん》ぞ其《そ》れ聞《き》くままに斯《ここ》に之《これ》を行《おこな》はん、と。冉有《ぜんいう》問《と》ふ、聞《き》くままに斯《ここ》に諸《これ》を行《おこな》はんか、と。子曰《しいは》く、聞《き》くままに斯《ここ》に之《これ》を行《おこな》へ、と。公西華《こうせいくわ》曰《いは》く、由《いう》や問《と》ふ、聞《き》くままに斯《ここ》に諸《これ》を行《おこな》はんか、と。子曰《しいは》く、父兄《ふけい》の在《あ》る有《あ》り、と。求《きう》や問《と》ふ、聞《き》くままに斯《ここ》に諸《これ》を行《おこな》はんか、と。子曰《しいは》く、聞《き》くままに斯《ここ》に之《これ》を行《おこな》へ、と。赤《せき》や惑《まど》ふ。

敢《あへ》て問《と》ふ、と。子曰《しいは》く、求《きう》や退《しりぞ》く。故《ゆゑ》に之《これ》を進《すす》む。由《いう》や人《ひと》を兼《か》ぬ。故《ゆゑ》に之《これ》を退《しりぞ》く、と。

子路がおたずねした。「有益なことを聞けばそのまま実行いたしましょうか。」先生が言われた。「父や兄がおられるではないか、どうして聞けばそのまま実行してよいものか。」冉有がおたずねした。「有益なことを聞けばそのまま実行いたしましょうか。」先生が言われた。「聞けばそのままそれを行え。」公西華が言った。「由（子路）が「有益なことを聞けばそのまま実行いたしましょうか」と質問したら、先生は「父や兄がおられるではないか」と答えられました。求（冉有）が「有益なことを聞けばそのまま実行いたしましょうか」と質問したら、先生は「聞けばそのままそれを行え」と答えられました。私は戸惑っています。あえておたずねする次第です。」先生が言われた。「求は消極的だ。だから励ましたのだ。由は人よりも前に出ようとする。だから抑えたのだ。」

○**子路**　孔子の弟子。九四頁の注と補説。○**斯**　「すなはち」と訓読することもある。「則ち」よりも軽く、勢いがある。○**諸**　これ～か。「之乎」と同じ。二一四頁の注。○**之を如何ぞ**　どうして。続く部分に反語の意味を持たせる。文型については九九頁の注。○**冉有**　孔子の弟子。一一四頁の注。○**公西華**　孔子の弟子。一七七頁の「赤」の注。○**赤**　公西華の諱《いみな》。ここでは自称。○**人を兼**

ぬ　人にまさろうとすることと言う。人の倍以上行動的、あるいは人をも巻き込むとも解せる。

補説　子路と冉有の同じ質問に、孔子の答えが異なるのは、それぞれの性格の違いに応じ、最も効果的な指導をしたゆえである。子路も冉有も政治を得意としたが（三八五頁）、豪放と慎重という差があった。子路は何か有益な言葉を聞いても実践できないうちは、それ以上新しいことを聞くことを恐れたと言われているように（一八七頁）、実行を身上としていた。なおこの三人は孔子の前でしばしば同座している（一七八頁の補説）。

第二十三章

子畏於匡。顔淵後。子曰、吾以女為死矣。曰、子在、回何敢死。

子《し》匡《きやう》に畏《ゐ》す。顔淵《がんえん》後《おく》る。子《し》曰《いは》く、吾女《われなんぢ》を以《もつ》て死《し》せりと為《な》す、と。曰《いは》く、子《し》在《いま》すに、回何《くわいなん》ぞ敢《あへ》て死《し》せん、と。

先生が匡の地で恐ろしい状況に陥った。その時、顔淵は迷って孔子一行に後《おく》れた。先生が言われた。「私はお前が死んだと思った。」顔淵がお答えした。「先生がご健在なのに、私はどうして死んだりいたしましょうか。」

○子 匡に畏す　三一七頁でも「子 匡に畏す」時の孔子の言葉をのせる。そこの「匡」と「畏」についての注参照。**○顔淵**　孔子の弟子の顔回。八六頁の注と補説。**○後**　見失って後れる。**○何ぞ敢て**　どうして～したりしようか。「敢」は反語を強める。

補説　顔回（顔淵）の答えに対しては、孔子を安心させるための言葉とか、命がけで孔子を守り、自分が死ななければこの事件を上に報告し仇を取ることを願い出ようという気でいたのだとか、いろいろ解釈されてきたが、孔子が生きている以上自分は死ねないという、孔子への憧憬ゆえの言葉として率直に解すべきであろう。

第二十四章

季子然問、仲由冉求、可謂大臣与。子曰、吾以子為異之問。曾由与求之問。所謂大臣者、以道事君、不可則止。今由与求也、可謂具臣矣。曰、然則従之者与。子曰、弑父与君、亦不従也。

季子然《きしぜん》問《と》ふ、仲由《ちゆういう》冉求《ぜんきう》は、大臣《だいしん》と謂《い》ふ可《べ》きか、と。子曰《しいは》く、吾《われ》子《し》を以《もつ》て異《こと》なれるを之問《これふ》と為《な》す。曾《すなは》ち由《いう》と求《きう》を之問《これと》へるか。所謂大臣《いはゆるだいしん》とは、道《みち》を以《もつ》て君《きみ》に事《つか》ふ、不可《ふか》なれば則《すなは》ち止《や》む。今《いま》由《いう》と求《きう》とは、具臣《ぐしん》と謂《い》ふ可《べ》し、と。曰《いは》く、然《しか》らば則《すなは》ち之《これ》に従《したが》ふ者《もの》か、と。子曰《しいは》く、父《ちち》と君《きみ》とを弑《しい》せんには、亦従《またしたが》はざるなり、と。

季子然がたずねた。「仲由と冉求は、立派な臣下と言うことができますか」。先生が言われた。「私はあなたが別のことを質問すると思っていました。そうしたら何と由（仲由）と求（冉求）とをおたずねですか。立派な臣下というものは、道によって君に仕え、だめであれば止めます。今、由と求とは人数あわせの家臣とは言ってよろしいでしょう。」そこで季子然は言った。「それでは従順に従う者ですか。」先生が言われた。「父と君とを弑殺《しいさつ》するような者には従いません。」

○**季子然**　人物未詳だが、家老の季孫氏（八一頁の補説）の子弟であろうと推測されている。ここで子路と冉有のことを聞いているのは、両者が季孫氏に仕えていたからである。○**仲由**　孔子の弟子の子路。九四頁の注と補説。○**冉求**　孔子の弟子の冉有。一一四頁の注。○**大臣**　立派な臣下。○**吾子を以て異なれるを之問ふと為す**～「吾以子為問異」を、倒置を示す「之」を用いて目的語の「異」を動詞の「問」の前に出した言い方。続く「曽由与求之問」も同じ形の倒置。なお「曽ち」は、ここでは意外にもということ。八四頁、一一三頁と同じ用法。○**具臣**　数合わせのためだけに置かれている家臣ということ

補説 朱子が引く尹焞《いんとん》（尹和靖《わせい》）の語にこのように言う。季孫氏は権力を恣《ほしいまま》にし僭上《せんじょう》の沙汰《た》を犯した。二人はその家に仕えていながらその行いを正すことができなかった。員数合わせの臣下に過ぎなかったと言える。この時季孫氏には既に君を疎略《そりゃく》にする心があった。それゆえ立派な人物を配下に置いていることを自画自賛し、彼らを自分に従わせられると思った。そこで孔子は「父と君とを弑殺するような者には従うまい」と言ったのである。この二人はかかる所業には随従しないですむということである。なお季孫氏が顓臾《せんゆ》を伐《う》とうとした時に、子路と冉有はその非を知りながらも止めることができず、孔子はそれを咎《とが》めている（六〇四頁）。

第二十五章

子路使子羔為費宰。子曰、賊夫人之子。子路曰、有民人焉、有社稷焉。何必読書、然後為学。子曰、是故悪夫佞者。

子路《しろ》子羔《しこう》をして費《ひ》の宰《さい》為《た》らしむ。子《し》曰《いは》く、夫《か》の人《ひと》の子《こ》を賊《そこな》ふ。子路《しろ》曰《いは》く、民人《みんじん》有《あ》り、社稷《しゃしょく》有《あ》り。何《なん》ぞ必《かなら》ずしも書《しょ》を読《よ》みて、然《しか》る後《のち》に学《がく》を為《な》さん、と。子《し》曰《いは》く、是《こ》の故《ゆゑ》に夫《か》の佞者《ねいしゃ》を悪《にく》む、と。

子路が子羔を費の長官に任用した。先生が言われた。「あの若者のためにならない。」子路が言った。「費には人民がいて、神のお社《やしろ》もあります。書を読んでからでないと学問をしたことにならないということがありましょうか。」先生が言われた。「これだからこういう口舌の徒を憎むのだ。」

○**子路**　孔子の弟子。九四頁の注と補説。○**子羔**　孔子の弟子。四〇六頁の「柴」の注。孔子は「愚」と評している。○**費の宰**　費は家老の季孫氏（八一頁の補説）の領地で、子路は、季孫氏の家宰（執務長）であった時に子羔をこの地の宰（長官）に推挙した。「宰」については、一七七頁の注。費という地については二一八頁の注。公山弗擾《こうざんふつじょう》がここを拠点に反乱を起こした時に孔子を招き、孔子の心が動いたことがあり（六三五頁）、季孫氏が孔子の弟子の閔子騫《びんしけん》をここの長官にしようとしたが閔子騫は拒絶したという話がある（二一七頁）。また季孫氏が顓臾《せんゆ》を伐とうとした時に、冉有はその必要性として費に近く防禦を固めていることをあげている（六〇四頁）。つまり内外の両方から脅威にさらされやすい要地であった可能性がある。○**夫の人の子**　突き放した言い方。若年だったからでもあろう。子羔は孔子よりも三十歳若く、子路よりも二十一歳若かった。○**賊ふ**　四〇六頁で子羔が「愚」と言われていたことからすると、素質も低かったが学問も未熟で、その彼をこのような職につけることを孔子は危惧《きぐ》した。○**社稷**　「社」は土地の神、「稷」は穀物の神で、それを敷衍《ふえん》して国家のことを言う。だがここでは費の地の神を祭るやしろのことであろう。○**佞者**　口上手。

第二十六章

子路曽皙冉有公西華侍坐。子曰、以吾一日長乎爾、毋吾以也。居則曰、不吾知也。如或知爾、則何以哉。子路率爾而対曰、千乗之国、摂乎大国之間、加之以師旅、因之以飢饉。由也為之、比及三年、可使有勇且知方也。夫子哂之。求爾何如。対曰、方六七十、如五六十、求也為之、比及三年、可使足民。如其礼楽、以俟君子。赤爾何如。対曰、非曰能之、願学焉。宗廟之事、如会同端章甫、願為小相焉。点爾何如。鼓瑟希。鏗爾舎瑟而作。対曰、異乎三子者之撰。子曰、何傷乎。亦各言其志也。曰、莫春者、春服既成。冠者五六人、童子六七人、浴乎沂、風乎舞雩、詠而帰。夫子喟然歎曰、吾与点也。三子者出。曽皙後。曽皙曰、夫三子者之言何如。子曰、亦各言其志也已矣。曰、夫子何哂由也。曰、為国以礼。其言不譲。是故哂之。唯求則非邦也与。安見方六七十、如五六十、而非邦也者。唯赤則非邦也与。宗廟会同、非諸侯而何。赤也為之小、孰能為之大。

子路《しろ》 曽皙《そうせき》 冉有《ぜんいう》 公西華《こうせいくわ》 侍坐《じざ》す。子曰《しいは》く、吾《われ》の一日《いちじつ》爾《なんぢ》より長《ちやう》ぜるを以《もつ》て、吾《われ》を以《もつ》てすること毋《なか》れ。居《を》れば則《すなは》ち曰《いは》く、吾《われ》を知《し》らざるなり、と。如《も》し爾《なんぢ》を知《し》ること或《あ》らば、則《すなは》ち何《なに》を以《もつ》てせんや、と。子路《しろ》 率爾《そつじ》として対《こた》へて曰《いは》く、千乗《せんじよう》の国《くに》、大国《たいこく》の間《あひだ》に摂《せつ》し、之《これ》に加《くは》ふるに師旅《しりよ》を以《もつ》てし、之《これ》に因《よ》るに飢饉《ききん》を以《もつ》てす。由《いう》や之《これ》を為《をさ》めば、三年《さんねん》に及《およ》ぶ比《ころほひ》、勇有《ゆうあ》りて且《か》つ方《はう》を知《し》らしむ可《べ》きなり、と。夫子《ふうし》之《これ》を哂《わら》ふ。求《きう》爾《なんぢ》は何如《いかん》、と。対《こた》へて曰《いは》く、方六七十《はうろくしちじふ》、如《も》しくは五六十《ごろくじふ》、求《きう》や之《これ》を為《をさ》めば、三年《さんねん》に及《およ》ぶ比《ころほひ》、民《たみ》を足《た》らしむ可《べ》し。其《そ》の礼楽《れいがく》の如《ごと》きは、以《もつ》て君子《くんし》を俟《ま》たん、と。赤《せき》爾《なんぢ》は何如《いかん》、と。対《こた》へて曰《いは》く、之《これ》を能《よ》くすと曰《い》ふには非《あら》ず、願《ねがは》くは学《まな》ばん。宗《そう》廟《べう》の事《こと》、如《も》しくは会同《くわいどう》に端章甫《たんしやうほ》して、願《ねがは》くは小相《せうしやう》と為《な》らん、と。点《てん》爾《なんぢ》は何如《いかん》、と。瑟《しつ》を鼓《こ》すること希《まれ》なり。鏗爾《かうじ》として瑟《しつ》を舎《お》きて作《た》つ。対《こた》へて曰《いは》く、三子者《さんししや》の撰《せん》に異《こと》なり、と。子曰《しいは》く、何《なん》ぞ傷《いた》まんや。亦各ゝ其《またおのおのそ》の志《こころざし》を言《い》ふなり、と。曰《いは》く、莫春《ぼしゆん》には、春服既《しゆんぷくすで》に成《な》る。冠者五六人《くわんじやごろくにん》、童子六七人《どうじろくしちにん》、沂《き》に浴《よく》し、舞雩《ぶう》に風《ふう》じて、詠《えい》じて帰《かへ》らん、と。夫子《ふうし》喟然《きぜん》として歎《たん》じて曰《いは》く、吾《われ》は点《てん》に与《くみ》せん、と。三子《さんし》者出《しやい》づ。曾皙後《そうせきおく》る。曾皙曰《そうせきいは》く、夫《か》の三子者《さんししや》の言何如《げんいかん》、と。子曰《しいは》く、亦各ゝ其《またおのおのそ》の志《こころざし》を言《い》ふのみ、と。曰《いは》く、夫子《ふうし》何《なん》ぞ由《いう》を哂《わら》ふや、と。曰《いは》く、国《くに》を為《をさ》むるには礼《れい》を以《もつ》てす。其《そ》の言譲《げんゆづ》らず。是《こ》の故《ゆゑ》に之《これ》を哂《わら》ふ。唯求《これきう》は則《すなは》ち邦《くに》に非《あら》ずや。安《いづく》んぞ方六《はうろく》七十《しちじふ》、如《も》しくは五六十《ごろくじふ》にして、邦《くに》に非《あら》ざる者《もの》を見《み》ん。唯赤《これせき》は則《すなは》ち邦《くに》に非《あら》ずや。宗《そう》廟会同《べうくわいどう》、諸侯《しよこう》に非《あら》ずして何《なん》ぞ。赤《せき》や之《これ》が小為《せうた》らば、孰《たれ》か能《よ》く之《これ》が大為《だいた》らん、と。

子路、曾皙、冉有、公西華が孔子のおそばに座っていた。先生が言われた。「私が少しばかりお前たちよりも年長だからといって遠慮しないように。お前たちはふだん「自分のことをわかってくれない」と言っているね。それならもしお前たちのことをわかってくれる場合があれば、どうしたいかね。」子路が俄然《がぜん》お答えして言った。「千輛の戦車を出す程度の国が、大国の間に挟まれ、更に軍隊で圧迫され、そのおかげで飢饉が発生したとします。私がこの国を治めれば、三年たつに及んで勇気が溢《あふ》れしかも義理をわからせることができます。」先生は苦笑された。そして言われた。「求（冉有）よ、お前はどうかね。」お答えして言った。「六、七十里四方、もしくは五、六十里四方の地域を、私が治めれば、三年たつに及んで民の生活を十分にできましょう。礼楽のようなことは、君子を待ちます。」先生は言われた。「赤（公西華）よ、お前はどうだね。」お答えして言った。「できるというわけではなく、まず学びたいと願っております。諸侯の宗廟の行事、もしくは諸侯の会合に黒縁の衣と章甫の冠をつけて正装し、小相（補佐係）をつとめたいものです。」先生が言われた。「点（曽晳）よ、お前はどうだね。」点は瑟をつまびいていた。かたりと瑟を置いて立ち上がった。お答えして言った。「お三方の方向とは違うのですが。」先生が言われた。「気にする必要があろうか。それぞれ自分の志を言っているまでだ。」そこで曽晳は言った。「暮春には、春服ができあがっています。青年五、六人、少年六、七人と、沂で沐浴して、舞雩の台で風に吹かれ、歌いながら帰りたいものです。」先生は深く嘆息して言われた。「私は点（曽晳）に同調しよう。」三人が退出した。曽晳が後に残った。曽晳が言った。「あのお三方の言葉はどうなのでしょうか。」先生が言われた。「それぞれ自分の志を言っただけだ。」曾晳が言った。「先生はなぜ苦笑されたのですか。」先生が言われた。「国を治めるのに礼によると言う。しかしその言葉には礼の精神の謙譲さが無い。だから苦笑したのだ。求（冉有）の場合も邦のことではないか。六、七十里四方、もしくは五、六十里四方で、邦ではないものを見たことが無いよ。赤（公西華）の場合も邦のことではないか。宗廟や会合は、諸侯がする事でなくて何なのだ。赤の仕事を小だと言うのなら、誰が大でありえようか。」

○**子路**　孔子の弟子。九四頁の注と補説。○**曾晳**　曾参《そうしん》の父。諱《いみな》は本章では点だが、『史記』仲尼弟子列伝では「蒧《てん》」。字は晳（『孔子家語』では子晳）。劉宝楠『論語正義』は、年齢不詳ながらこの同座している者の中では子路の次の年齢であろうと言う。曾参の父ということからして妥当であろう。○**冉有**　孔子の弟子。一一四頁の注。○**公西華**　孔子の弟子。一七七頁の「赤」の注。○**一日**　少しばかり。○**吾を以てすること毋れ**　遠慮するなということ。○**居れば**　ふだんは。○**率爾**　深く考えずにいきなり。○**千乗の国**　戦車千輌を出す程度の国。○**摂**　大国の間に挟まれて身動きがつかないこと。○**師旅**　二千五百人の軍隊が「師」、五百人の軍隊が「旅」。○**之に因るに**　前に出てくる師旅の圧迫に起因して更に、ということ。○**比**　伝統的に「ころほひ」と時間を示すような読みをつけるが、もとは「及ぶ」という意味。つまり「比及」で、及ぶということを表す。○**方**　前の「勇」に並列する方正な道義。朱子は、義に向かうこととする。○**哂**　苦笑。朱子は微笑とするが、歯茎が見えるほど笑うとか、嘲笑の含みがあるとかされることもある。○**求**　冉有の諱。○**方六七十**　六、七十里四方。○**礼楽**　礼と音楽。一一〇頁の補説。○**君子**　立派な人。○**赤**　公西華の諱。○**会同**　諸侯の行う会合。『周礼《しゅらい》』春官・大宗伯およびその鄭玄《じょうげん》の注では、「会」は、定期的なものではなく、反抗した諸侯を討伐する際に、諸侯たちが王と会見すること、「同」は、周では十二年に一回、王が諸侯を視察してまわるが、それができなかった時に諸侯の方が王のもとに来朝し、合同で謁見することと言う。○**端**　玄端《げんたん》という礼服（『周礼』春官・司服）。玄は黒で、黒の縁取りがなされていた。○**章甫**　宋の人がかぶった冠。ここでは礼装の冠のことであろう。ちなみに孔子は若い時は魯の服装をしたが、成長して宋に行った時は章甫の冠をかぶったと『礼記《らいき》』儒行に言う。この章甫はもともと殷《いん》の冠であり（『礼記』郊特牲《こうとくせい》）、宋は殷《いん》人の末裔《まつえい》の国であって、孔子の祖先は宋人で殷の王族にさかのぼれるという伝承があった。○**小相**　君主が接待の礼を行う時に補佐する者（『周礼』秋官・司儀の鄭玄の注）。「小」は謙遜。○**点**　曽皙の諱。○**瑟**　琴の類で大きい楽器。○**鼓**　演奏する。○**希**　間をおくこと。要するに瑟をつま弾いていること。○**鏗爾**　瑟などの楽器を下に置く時の音。○**舎**　置く。○**作つ**　立つ。○**撰**　やり方。○**傷まんや**　気にするな。○**莫春**　暮春。旧暦三月。○**春服**　ひとえやあわせの衣。季節の変わり目なので、涼しさと暖かさが一定してない時期に合った服。○**冠者**　冠をかぶる成年男子。○**沂**　川の名、魯の都城の南にある。朱子は、地方志では温泉があると出ていて、その可能性もあると言う。○**舞雩**　雨乞いの楽舞をする台。もとは楽舞の意味。また四五五頁に「樊遅《はんち》従《したが》ひて舞雩の下《もと》に遊《あそ》ぶ」とあるように、孔子一門はしばしばここに遠足した。ちなみに上巳《じょうし》（三月の初めての巳《み》の日）に災厄除《さいやくよ》けのお祓《はら》いを行ったと言う。○**風**　涼を取る。○**詠**　歌う。○**喟然**　おおきく嘆息すること。○**唯**　発語の辞。

「ただ」とか「いへども」と読む解釈もある。○宗廟会同、諸侯に非ずして何ぞ　皇侃《おうがん》本、陸徳明『経典釈文』の伝える一本、高麗《こうらい》本、日本に伝わった諸本では、原文が「宗廟之事如会同、非諸侯如之何」となっている。○小、大　公西華（赤）が「小相」と「小」を冠して謙遜したのに対し、これほどの仕事を「小」と言うなら誰が「大」の仕事につけるのかということ。彼ほどの人物が「小」と言うなら、誰を「大」と言えるのかと、公西華を評価した語でもあると朱子は言うが、ここは仕事の軽重で訳した。なお皇侃本では「小」と「大」の後に「相」の字がある。

補説　朱子は、「唯求は則ち邦に非ずや」と「唯赤は則ち邦に非ずや」を曽皙の質問と取った。つまりこのような訳になる。「曽皙が質問した。「求の場合も邦のことではないですか。」先生が言われた。「六、七十里四方、もしくは五、六十里四方で、邦ではないものを見たことが無いよ。」曽皙が質問した。「赤の場合も邦のことではないですか。」先生が言われた。……。」孔子が子路には苦笑したのに、後の二人にはしなかった。後の二人も国の規模の志を言っているのにと曽皙は疑問に思ったというのである。ただ、ここで「求」、「赤」と諱が使用されているので、孔子の一連の語とした方が妥当であろう。師匠は弟子を諱で呼ぶ。

ここにいる面々は、曽皙以外は他でも同座している（一七八頁の補説）。朱子は、孔子は年齢順にたずねたのだが、曽皙を後回しにしたのは瑟をつまびいていたせいだと言う。子路より二十歳若いのが冉有、その冉有より十三歳若いのが公西華であり、曽皙は注に記したように子路と冉有の間であろう。ともかく後になるほど年齢が若くなるせいもあり小規模な抱負になっている。最初の子路があまりに子路らしく武張った感じで、それを孔子が苦笑したのを見て、自然にそのような流れになったということもあろう。ともかくも前の三者が気張った回答であるのに対し、曽皙は肩の力の抜けた内容を語り、しかも孔子はそれに賛同した。この理由について、曽皙は聖人の堯《ぎょう》や舜《しゅん》の境地に類似したものがあるとか、狂者の精神があるとか（一九八頁の補説、孟子は曽皙を狂者としている。『孟子』尽心下）、隠れた意味を見出そうとする試みもなされてきたが、率直に心情を語ったに曽皙の姿勢に孔子が共感し、更に彼自身の本音もここにあったと見るのがよいと思われる。孔子が弟子たちに抱負を言わせ、最後にコメントするのは二〇三頁もそうであるが、そこでも子路が友情を、顔回が謙虚さを言ったのに対し、孔子は「老いた者には安心され、朋友には信じられ、幼少の者にはなつかれたいね」とやはり肩肘張らない率直な希望を語っている。

顔淵《がんえん》第十二

孔子に仁を問うのが全四章、政を問うのが全五章にわたるのをはじめ、明、達、友など一字の概念を質問している章が多い。また司馬牛や季康子が質問した章もまとまって見える。

第一章

顔淵問仁。子曰、克己復礼為仁。一日克己復礼、天下帰仁焉。為仁由己、而由人乎哉。顔淵曰、請問其目。子曰、非礼勿視、非礼勿聴、非礼勿言、非礼勿動。顔淵曰、回雖不敏、請事斯語矣。

顔淵《がんえん》仁《じん》を問《と》ふ。子曰《しいは》く、己《おのれ》に克《か》ちて礼《れい》に復《ふく》すを仁《じん》と為《な》す。一日《いちじつ》己《おのれ》に克《か》ちて礼《れい》に復《ふく》さば、天下《てんか》仁《じん》に帰《き》す。仁《じん》を為《な》すは己《おのれ》に由《よ》り、人《ひと》に由《よ》らんや、と。顔淵《がんえん》曰《いは》く、請《こ》ふ其《そ》の目《もく》を問《と》はん、と。子曰《しいは》く、非礼《ひれい》視《み》ること勿《なか》れ、非礼《ひれい》聴《き》くこと勿《なか》れ、非礼《ひれい》言《い》ふこと勿《なか》れ、非礼《ひれい》動《うご》くこと勿《なか》れ、と。顔淵《がんえん》曰《いは》く、回不敏《くわいふびん》なりと雖《いへど》も、請《こ》ふ斯《こ》の語《ご》を事《こと》とせん、と。

顔淵が仁についておたずねした。先生が言われた。「自分に打ち勝って礼にもどれば仁だ。みなが一日でも自分に打ち勝って礼にもどれば、天下はみな仁に帰着していく。仁を行うのは自分なので、人にしてもらうものではない。」顔淵が言った。「その実践項目をおたずねしたいのですが。」先生が言われた。「礼にはずれたものを視るな。礼にはずれたものを聞くな。礼にはずれたものを言うな。礼にはずれたことをするな。」顔淵が言った。「私は至りませんが、この語を信条とさせてください。」

〇**顔淵**　孔子の弟子の顔回。八六頁の注と補説。〇**仁**　五〇―一頁の注と補説。〇**己に克ちて**　普通は「自分の欲望を克服して」と解釈するが、「克」を「約」の意味として「身を約し（自分を引き締め）」とか（古注に引く馬融《ばゆう》の説）、「能」の意味と取り「己を能《よ》くし（自分の心の能力を発揮し）」の意味とする説もある（南宋の楊簡《ようかん》など）。〇**礼に復さば**　礼にはずれてもまた礼にもどること。朱子は、もともと人には礼という理が人間に具わっていて、その理に立ち返ることだという哲学的解釈をするが、ここはもっと日常的なことで、礼にはずれないようにという教えであろう。なお荻生徂徠《おぎゅうそらい》は「復」を「践《ふ》む（実践する）」という意味に取る。〇**天下仁に帰す**　朱子は仁の効果の広大さの表現だとするが、いくら一人が「己に克ちて礼に復」したからといって世界中が仁になるというのは楽観的すぎる。ここはそれぞれの人がこの精神で行った結果、世界中が仁に帰着していくということであろう。その感化が周囲に限りなく広がっていくということである可能性もある。なお朱子は、「帰」を与《あず》かるという意味とし、王陽明は仁であれば、自己の心が捉える世界はその仁にあずかるとする（『伝習録』下）。○**己に由る**　自分次第。一般に礼を他律的なものと考えがちだが、孔子は法が外部から強制されるものなのに対し、礼の効果を自主的に秩序を守るようになる点に見る（七五頁）。○**回不敏なりと雖も、斯の語を事とせん**　「回」は顔淵の諱《いみな》。自分は至らないが、この語を標語として服膺していきたいということ。四二九頁にも仲弓の語で「雍不敏なりと雖も、請ふ斯の語を事とせん」という同じ語調の語が見える。

補説　孔子と第一の弟子の顔回との間でかわされた最高の道徳である仁についての問答ということで重視されてきた章である。朱子など後世の儒者はここに特に深い哲学的意味を読み取ろうとしたが（朱子自身の仁の思想については、土田健次郎『朱熹の思想体系』汲古書院、二〇一九）、日常での礼の重要さを改めて確認したものであろう。仁を礼だけで説明するのは無理のようにも見えるため過剰な解釈がなされがちだが、「己に克つ」という語がついているように、一見外形的にみえる礼の実践も内面の反省が必須になっている。しかも礼にはずれたものは意識の上でも極力退けるべきだという心構えの教えにもなっている。顔回の学問面での達成は孔子も評価していた。その顔回に礼を心がけさせ、より完璧を目指させようとしたのかもしれない。そもそも孔子は仁については「人を愛す」以外には概括的な言い方はしない。それぞれの場での最善の選択ができる基準が仁なのであり、その獲得には学問と礼の実践が必須なのである（五一頁の補説、本書の「解説」参照）。

ところで孔子の語として「古《いにし》へや志（記録）有り。己に克ち礼に復すは仁なり。信《まこと》に善なるかな」というものが『春秋左氏伝』昭公十二年にあり、これによれば孔子は顔回の仁についての質問に古語を使用して答えたことになる。ただ『春秋左氏伝』の孔子の語は後の創作の可能性があり、そのまま使用できるものではない。ちなみに荻生徂徠《おぎゅうそらい》はこの記事をふまえてこの語を古書の語とする。徂徠は、孔子の教え方は古語を唱え、それを玩味していくことを求めるものだったと言い、随所にそれを応用した解釈を示していて、ここで顔回が「斯の語を事とせん」と言うのにもそれがあてはめられるとする。しかし顔回が「事とした」のは『春秋左氏伝』と重なる「己に克ちて礼に復すを仁と為す」の箇所だけとは思えず、また「非礼視ること勿れ」以下の四句の方と見なされる可能性も高いので、「斯の語を事とせん」というのは孔子の門下では孔子の一語を標語のように味わい、そこに意味を見出していくことがなされていたということであろう。このことは詩の一句についてもなされ、詩の解釈で断章取義《だんしょうしゅぎ》が行われることになったのも、各自がその一句を拳々服膺《けんけんふくよう》していった結果、独自の意義を付加することになったという面もあろう（七〇頁の補説、もっとも外交の場面での詩の応酬もたぶんに断章取義的で、この件に限らず当時広く用いられていた詩の受容法でもあったのであろう）。顔回は以後この語を常に標語として玩味《がんみ》し続けたはずである。五六九頁で孔子の語を子張《しちょう》が紳《しん》（大帯の垂れた所）に書き付けたというのも、五八六頁で子貢《いこう》が孔子に一言で一生行うべきものはありますかとたずねているのも、このような孔子一門のやり方の反映であろう。

第二章

仲弓問仁。子曰、出門如見大賓、使民如承大祭、己所不欲、勿施於人。在邦無怨、在家無怨。仲弓曰、雍雖不敏、請事斯語矣。

仲弓《ちゆうきゆう》仁《じん》を問《と》ふ。子曰《しいは》く、門《もん》を出《い》でては大賓《たいひん》を見《み》るが如《ごと》く、民《たみ》を使《つか》ふには大祭《たいさい》を承《う》くるが如《ごと》くす。己《おのれ》の欲《ほつ》せざる所《ところ》を、人《ひと》に施《ほどこ》すこと勿《なか》れ。邦《くに》に在《あ》りても怨無《うらみな》く、家《いへ》に在《あ》りても怨無《うらみな》し、と。仲弓曰《ちゆうきゆういは》く、雍《よう》不敏《ふびん》なりと雖《いへど》も、請《こ》ふ斯《こ》の語《ご》を事《こと》とせん、と。

仲弓が仁についておたずねした。先生が言われた。「家の門を出て人と交わる場合は外国の賓客《ひんきやく》にまみえるように敬虔《けいけん》に、民を使役する場合は国家の大祭を執《と》り行うように丁重な態度を取る。自分が望まないことを人にやってはならない。出仕しても怨まれることが無く、在野にいても怨まれることが無いようにする。」仲弓が言った。「私は至りませんが、この語を信条とさせてください。」

○**仲弓**　孔子の弟子の冉雍《ぜんよう》。一七二頁の注。○**大賓、大祭**　ともに国家規模の接待と祭祀。○**己の欲せざる所を、人に施すこと勿かれ**　五八七頁にも同語が見える。○**邦に在りても怨無く、家に在りても怨無し**　「邦に在り」とは国に仕えている状態、「家に在り」とは、在野の状態のことであろう。「怨無し」は、普通は人々から怨まれないという意味とされるが、いかなる境遇でも怨むことなく自足することとも解釈できる。○**雍**　仲弓の諱《いみな》。○**請ふ斯の語を事とせん**　同じ言い方が前章にも見える。

補説　質問者の仲弓（冉雍）は、前章の顔回とともに徳行で知られた人物で、孔子の評価も高い（一七二頁の注）。ただ一方で孔子は彼が仁であるかどうかはわからないともしているのであり（一七一頁の本文）、本章ではその彼が改めて仁について質問していることが注目される。孔子はここでも仁について抽象的説明をせず、相手に応じた具体的戒《いまし》めを説いている。荻生徂徠《おぎゅうそらい》は、本章も前章も「請ふ斯の語を事とせん」と言うのは、その前の語がともに古語だからであるとする。なお『春秋左氏伝』僖公《きこう》三十三年に臼季《きゅうき》が文公に対して「臣之《これ》を聞く、門を出《い》づるに賓の如くし、事を承《う》くるに祭の如くするは、仁の則なり」と言ったとあり、『管《かん》子《し》』小問に管仲が桓公《かんこう》に対して「其の欲する所に非ざれば、人に施す勿れとは、仁なり」と言ったと言う。このように本章と重なる語が見えるのだが、これらの文献の成立年代からして孔子の時代に古語として定着していたとは断言できない。

第三章

司馬牛問仁。子曰、仁者其言也訒。曰、其言也訒、斯謂之仁已乎。子曰、為之難。言之、得無訒乎。

司馬牛《しばぎう》仁《じん》を問《と》ふ。子《し》曰《いは》く、仁者《じんしや》は其《そ》の言《げん》や訒《じん》、と。曰《いは》く、其《そ》の言《げん》や訒《じん》、斯《ここ》に之《これ》を仁《じん》と謂《い》ふか、と。子《し》曰《いは》く、之《これ》を為《な》すこと難《かた》し。之《これ》を言《い》ひて、訒《じん》すること無《な》きを得《え》んや、と。

司馬牛が仁についておたずねした。先生が言われた。「仁者はその言葉が言いよどむことだ。」司馬牛は言った。「言葉が言いよどむというのをそのまま仁と言われるのですか。」先生が言われた。「実践が難しい。ものを言う時に、言いよどまないでよいものか。」

○司馬牛　孔子の弟子。姓は司馬、諱《いみな》は耕（古注では犂《り(れい)》、『孔子家語』では黎耕《れい(り)こう》）、字《あざな》は子牛。宋《そう》の人（古注、『孔子家語』）。孔子の弟子。孔子を襲った宋の司馬向魋《しょうたい》（桓魋《かんたい》、二六七頁とその注）の弟とも言われるが、疑問も持たれている（四三四頁の「我独り亡《な》し」の注）。○訒　耐えること、または言いよどむこと。「仁」と「訒」は同音で、同音は同義という原則が漢語にあることから、同音の字で解説することがしばしば行われ、「声訓《せいくん》」と言う（たとえば四五〇頁に見えるような「政」の説明に同音の「正」を用いたり、「徳」の説明に「得」を使ったりする類である）。〇斯　四一三頁の注。

補説　司馬牛は、「多言にして躁（さわがしい）」であったので、孔子はこのように戒めたと『史記』仲尼弟子列伝に言う。やはり弟子の個性に合わせて仁の実現のための要点を具体的に説いている。もともと孔子は実践よりも言葉が先行するのを嫌った。

第四章

司馬牛問君子。子曰、君子不憂不懼。曰、不憂不懼、斯謂之君子已乎。子曰、内省不疚、夫何憂何懼。

司馬牛《しばぎう》　君子《くんし》を問《と》ふ。子曰《しいは》く、君子《くんし》は憂《うれ》へず懼《おそ》れず、と。曰《いは》く、憂《うれ》へず懼《おそ》れず、斯《ここ》に之《これ》を君子《くんし》と謂《い》ふか、と。子曰《しいは》く、内《うち》に省《かへり》みて疚《やま》しからざれば、夫《そ》れ何《なに》をか憂《うれ》へ何《なに》をか懼《おそ》れん、と。

司馬牛が君子についておたずねした。先生が言われた。「君子は憂えもせず懼れもしない。」司馬牛は言った。「憂えず懼れないのをそのまま君子と言うのですか。」先生が言われた。「内心を反省してやましくなければ、何を憂い何を懼れるというのか。」

○司馬牛　孔子の弟子。四三一―二頁の注と補説。**○君子**　立派な人。**○斯**　四一三頁の注。**○疚**　心にやましく思うこと。

補説　四三四頁の「我独り亡し」の注でも記したが、司馬牛は孔子を襲った宋の司馬向魋《しょうたい》（桓魋、二六七頁）の弟と言われ、古注やそれをそのまま踏襲する朱子はそれとからめて解釈する。つまり向魋が宋の景公に対して乱を起こし、弟の司馬牛はそれを憂懼《ゆうく》した。それゆえ孔子はこのように告げたと言うのである。しかし必ずしもそう解釈するには及ばない。

第五章

司馬牛憂曰、人皆有兄弟。我独亡。子夏曰、商聞之矣。死生有命、富貴在天。君子敬而無失、与人恭而有礼、四海之内、皆兄弟也。君子何患乎無兄弟也。

司馬牛《しばぎう》憂《うれ》へて曰《いは》く、人皆兄弟有《ひとみなけいていあ》り。我独《われひと》り亡《な》し、と。子夏曰《しかいは》く、商之《しやうこれ》を聞《き》けり。死生《しせい》命有《めいあ》り、富貴《ふうき》天《てん》に在《あ》り。君子《くんし》敬《けい》して失《うしな》ふこと無《な》く、人《ひと》と恭《うやうや》しくして礼有《れいあ》らば、四海《しかい》の内《うち》、皆兄弟《みなけいてい》なり。君子《くんし》何《なん》ぞ兄弟《けいてい》無《な》きを患《うれ》へん、と。

司馬牛が憂えて言った。「人にはみな兄弟があります。私にだけはいません。」子夏が言った。「私はこう聞いています。生死には運命があり、富貴は天次第です。君子が敬虔でその態度を失わず、人と恭しく接して礼儀正しければ、この世界の中は、みな兄弟です。君子はどうして兄弟が無いのを憂えましょうか。」

○**司馬牛**　孔子の弟子。四三一―二頁の注と補説。○**我独り亡し**　司馬牛は、孔子を襲った宋の司馬向魋《しょうたい》（桓魋、二六七頁とその注）の弟とも言われる。これは、『春秋左氏伝』哀公十四年に次のような記事があるからである。桓魋が事敗れて宋から曹《そう》、衛さらに斉《せい》に亡命する際に、司馬牛は先だって斉に逃げ、呉《ご》に行き、最後は魯《ろ》の町の城門の外で没した。ここの杜預《どよ》の注には「牛は、桓魋の弟なり」とあり、更にその墓について「泰山《たいざん》の南城県の西北部にその場所がある。終焉《しゅうえん》埋葬の地を記しているのは、賢者の不遇を憐《あわ》れんだのである」と言う（『春秋経伝集解《しっかい》』）。杜預が司馬牛を「賢者」と言うのは、魯で没したこともあって『論語』と結びつけることが念頭にあったのであろう。また『孔子家語』にも「兄桓魋の悪を行ふを見、牛常に之を憂ふ」とある。そこで古注も朱子も司馬牛が桓魋の弟であることを前提に、司馬牛が兄弟がいないと言っているのは、悪行を犯した桓魋が死んで間もなかったからとか、反乱を起こして死にそうなのを憂えたからとかする。しかしこれはかなり窮屈な議論であり、それに『春秋左氏伝』を見ると司馬牛には桓魋以外にも複数の兄弟がいたのであり、それをひっくるめて兄弟がいないと言うのは不自然の感を否《いな》めない。また『史記』仲尼弟子列伝では司馬牛のことが記されているが、そこには桓魋との関係を含め伝記的記述は無い。ちなみに伊藤仁斎は『論語』の司馬牛と『春秋左氏伝』の司馬牛は別人であるとする。○**子夏**　孔子の弟子。五六頁の注。○**商**　子夏の諱。○**之を聞けり**　朱子は子夏が孔子から聞いたとするが、孔子から聞いたのであればそのことを明記するのではなかろうか。○**死生命有り、富貴天に在り**　死生や富貴は運命であり、兄弟の有無もそうであること。この箇所を天や命の思想として拡大解釈しがちになるが、その必要は無い。○**君子**　立派な人。相手を尊重した言い方とも取れる。○**四海の内**　この人が住む世界。中国の地の四方は海で、それに取り囲まれていると考えられていた。

第六章

子張問明。子曰、浸潤之譖、膚受之愬、不行焉、可謂明也已矣。浸潤之譖、膚受之愬、不行焉、可謂遠也已矣。

子張《しちやう》明《めい》を問《と》ふ。子《し》曰《いは》く、浸潤《しんじゆん》の譖《そしり》、膚受《ふじゆ》の愬《うつたへ》、行《おこな》はれざるを、明《めい》と謂《い》ふ可《べ》きのみ。浸潤《しんじゆん》の譖《そしり》、膚受《ふじゆ》の愬《うつたへ》、行《おこな》はれざるを、遠《ゑん》と謂《い》ふ可《べ》きのみ、と。

子張が明察についておたずねした。先生が言われた。「次第に染みこんでくるような譖言《ざんげん》、皮膚がひりひりするような訴えにそのまま従わないのが、人を見抜く明察と言える。次第に染みこんでくるような譖言、皮膚がひりひりするような訴えにそのまま従わないのが、広遠な思慮と言える。」

〇**子張**　孔子の弟子。九六頁の注。〇**明**　明察、人を見る目があること。〇**浸潤**　水が物に浸潤するように、徐々に染まっていくこと。〇**譖**　誹謗《ひぼう》。〇**膚受**　直接皮膚に受ける感覚のように切実であること。〇**愬**　訴え。〇**遠**　遠くまで及ぶ思慮。つまり視野が身近なものにしか及ばないと、直接心に染みこんでくる譖言や誹謗に左右されるが、広い視野を持てるとそれに惑わされない。ちなみに偽古文《ぎこぶん》（東晋《とうしん》時代の偽作）だが『書経』商書・太甲中に「遠を視《み》ること惟《これ》明」とある。

第七章

子貢問政。子曰、足食、足兵、民信之矣。子貢曰、必不得已而去、於斯三者何先。曰、去兵。子貢曰、必不得已而去、於斯二者何先。曰、去食。自古皆有死。民無信不立。

子貢《しこう》政《せい》を問《と》ふ。子曰《しいは》く、食《しょく》を足《た》し、兵《へい》を足《た》し、民《たみ》は之《これ》を信《しん》にす、と。子貢曰《しこういは》く、必《かなら》ず已《や》むを得《え》ずして去《さ》らば、斯《こ》の三者《さんしゃ》に於《お》いて何《いづれ》をか先《さき》にせん、と。曰《いは》く、兵《へい》を去《さ》らん、と。子貢《しこう》曰《いは》く、必《かなら》ず已《や》むを得《え》ずして去《さ》らば、斯《こ》の二者《にしゃ》に於《おい》て何《いづれ》をか先《さき》にせん、と。曰《いは》く、食《しょく》を去《さ》らん。古《いにしへ》自《よ》り皆《みな》死《し》有《あ》り。民《たみ》信《しん》無《な》くんば立《た》たず、と。

子貢が政治についておたずねした。先生が言われた。「食料を充足させ、軍備を充足させ、人民を信義に厚くすることだ。」子貢が言った。「どうしてもやむをえなく捨てなければならない場合は、この三者の中でどれを先にしますか。」先生が言われた。「軍備を捨てよう。」子貢が言った。「どうしてもやむをえなく捨てなければならない場合は、この二者の中でどれを先にしますか。」先生が言われた。「食料を捨てよう。昔から人はみないつかは死ぬものだ。しかし人民に信義が無ければ全てが立ちゆかない。」

○**子貢**　孔子の弟子。六一―二頁の注と補説。○**兵**　軍備。○**之を信にす**　人民を信義で結びつけるように教化する。「民之を信ず」と読み、民の為政者への信頼の獲得とも取れるが、前二者が為政者の側の施策であるから、ここも民に対する道徳的教化政策のことなのであろう。○**古自り皆死有り**　人間は全て死ぬものだ。食料が無ければ人民は死にさらされるということを前提に言っている語。○**立たず**　人間、社会の根幹が成り立たない。政治についての質問に対する答えであるから、政治自体が立ちゆかないとも取れる。

補説　儒教の伝統は、文を尊び武を低く見る（土田健次郎『儒教入門』東京大学出版会、二〇一一）。その象徴的な一章である。

第八章

棘子成曰、君子質而已矣。何以文為。子貢曰、惜乎、夫子之説君子也。駟不及舌。文猶質也。質猶文也。虎豹之鞹、猶犬羊之鞹。

棘子成《きよくしせい》曰《いは》く、君子《くんし》は質《しつ》のみ。何《なん》ぞ文《ぶん》を以《もつ》てせん、と。子貢《しこう》曰《いは》く、惜《を》しいかな、夫《か》の子《し》の君子《くんし》を説《と》けるや。駟《し》も舌《した》に及《およ》ばず。文《ぶん》は猶質《なほしつ》のごとし。質《しつ》は猶文《なほぶん》のごとし。虎豹《こへう》の鞹《くわく》は、猶犬羊《なほけんやう》の鞹《くわく》のごとし、と。

棘子成が言った。「君子は内実だけだ。文飾の必要があろうか。」子貢が言った。「惜しいね、あの方の君子の説明のしかたは。四頭立ての馬車も舌には追いつかない。文飾とは内実のようなものだ。内実は文飾のようなものだ。虎や豹《ひよう》のなめし皮も犬や羊のなめし皮のようなもので、ともに内実のみならず文飾もそれぞれの価値を決めているのだ。」

○**棘子成**　衛の大夫《たいふ》。○**君子**　立派な人。○**質**　内実。葬儀の時なら死者への哀惜《あいせき》の情。○**文**　文飾。表面的な麗美。葬儀の時なら葬礼の具体的な方式。○何ぞ文を以てせん　原文にある「為」の字は「何」と呼応して文末に置く助字で、意味は無い。○**子貢**　孔子の弟子。六一—二頁の注と補説。○**夫の子の君子を説けるや**　夫の子は、「彼の人（あの方）」で、棘子成のこと。朱子は、「夫《か》の子の説けるや、君子なり（あの方の言っていることは、いちおう君子ならではのものではあるが）」と読む。○**駟**　四頭立ての馬車。○**鞹**　なめし皮。

補説　文章の構造からすると訳文のようになるが、虎豹の鞹と犬羊の鞹との関係が問題になる。普通なら両者の差異を強調するはずだからである。そこで、「文は猶《なほ》質のごとく、質は猶ほ文のごとければ、虎豹の鞹は、猶犬羊の鞟のごとからん（内実は文飾のようなもの、文飾は内実のようなものとすれば、高価な虎豹のなめし皮は、安価な犬羊のなめし皮と同じことになってしまうではないか）」という読みが出てくる。ただ子貢の批判は棘子成の文飾否定にあるのだから、子貢が「内実と文飾を一緒にさせるのは」と批判するところに今度は不自然さが出てくる。要するにこの箇所はあくまで試訳である。

ところで孔子は文と質の調和を基本線にしながら（二二七頁）、質への傾斜が目立つ（二二八頁の補説）。しかし文を否定してはならないので、棘子成の言い方に子貢は賛同しなかったのである。なお朱子は本章について子貢は文偏重だと言うが、文面を見る限り、文と質の調和を説いている。

第九章

哀公問於有若曰、年飢用不足。如之何。有若対曰、盍徹乎。曰、二吾猶不足。如之何其徹也。対曰、百姓足、君孰与不足。百姓不足、君孰与足。

哀公《あいこう》有若《いうじやく》に問《と》ひて曰《いは》く、年《とし》飢ゑて用《よう》足《た》らず。之《これ》を如何《いかん》せん、と。有若対《いうじやくこた》へて曰《いは》く、盍《なん》ぞ徹《てつ》せざる、と。曰《いは》く、二《に》すら吾猶《われなほ》足《た》らず。之《これ》を如何《いかん》ぞ其《そ》れ徹《てつ》せん、と。対《こた》へて曰《いは》く、百姓《ひやくせい》足《た》らば、君孰《きみたれ》と与《とも》にか足《た》らざらん。百姓《ひやくせい》足《た》らざれば、君孰《きみたれ》と与《とも》にか足《た》らん、と。

哀公が有若にたずねて言った。「不作で飢餓《きが》の恐れがあるのに財政が不足している。どうしたらよいだろうか。」有若がお答えして言った。「どうして徹（一割の税金）の制度を採用されないのですか。」哀公が言った。「二割の税金でも私は不足しているのだ。どうして徹の制度を採用できようか。」有若がお答えして言った。「民衆が足りているのであれば、殿様が不足とされても誰とそれをともにするのですか。人民が不足していれば、殿様が足るとされても誰とそれをともにするのですか。」

○**哀公**　魯の君主。最後は家老の三桓氏《さんかんし》の討伐を図って失敗し国外逃亡、各地を転々として没した。

○**有若**　孔子の弟子。四八―九頁の注と補説。「若」は諱《いみな》とも字《あざな》とも言うが、朱子は諱とし、普通は字で表記するがここで諱で記しているのは、君主である哀公にとって有若が臣下だからと言う。

○**年**　収穫。○**用**　財政。○**之を如何せん**　どうしたらよいか。九九頁の注。○**盍**　どうして～しないのか。「何ぞ～ざる（何不）」と同じ。○**徹**　周の税制。「徹」は、通とか均の意味とされ、天下の通法、あるいは均等の法ということと言う。周では一夫が百畝《ほ》の田を受けたが、更に溝と井戸を共有する人たちと共同耕作する田があり、そこの収穫から民は平等におおむね一割を税として納めた。これが「徹」である。魯は宣公の時から公田に対する課税に加えて私田ごとにも一割徴収するようになり、それからは約二割を納めることになった（『春秋左氏伝』宣公十五年および杜預《どよ》の注）。有若は徹法だけにもどすことを請い、公《こ》の支出を節約して民に手厚くすることを望んだのである。ただ『孟子』滕文公《とうぶんこう》上に、夏《か》王朝は「貢《こう》」、殷《いん》王朝は「助」、周王朝は「徹」の税制で、下賜《かし》される畝数は異なっても実質的にはみな一割の租税負担であったとするが、周では「徹」だけではなく「貢」や「助」も用いられていたという話もあり、これらの関係については解釈が分かれている。ともかくかかる税制自体がかなり理念的なものなので、当時の実態がどうであったかは別途究明する必要がある。○**之を如何ぞ**　どうして。四一三頁の注。○**百姓**　人民。○**君孰と与にか足らざらん**　「君孰の与《ため》にか足らずとせん」と読み、「殿様は誰に向かって不足だと言うのですか」とも解せる。

第十章

子張問崇徳弁惑。子曰、主忠信徙義、崇徳也。愛之欲其生、悪之欲其死。既欲其生、又欲其死、是惑也。［誠不以富、亦祇以異。］（［ ］内は衍文《えんぶん》と思われる。）

子張《しちやう》徳《とく》を崇《たか》くし惑《まどひ》を弁《べん》ぜんことを問《と》ふ。子曰《しいは》く、忠信《ちゆうしん》を主《しゆ》とし義《ぎ》に徙《うつ》るは、徳《とく》を崇《たか》くするなり。之《これ》を愛《あい》しては其《そ》の生《せい》を欲《ほっ》し、之《これ》を悪《にく》みては其《そ》の死《し》を欲《ほっ》す。既《すで》に其《そ》の生《せい》を欲《ほっ》し、又其《またそ》の死《し》を欲《ほっ》するは、是惑《これまどひ》なり、と。

子張が、徳を高め、惑いを弁別し除去することをおたずねした。先生が言われた。「誠実と信義を主とし、義へと移行していくのが、徳をたかめるということだ。愛している時はその人の生を願い、今度憎むようになればその人の死を願ったりする。このように生を願っていたものが、死を願うようになったりするというようなのが、惑いなのだ。」

○**子張**　孔子の弟子。九六頁の注。○**崇**　高くする。○**忠信**　忠は自己の内なる誠実さ。信は他者への誠実さ。孔子は仁というレベルの徳に至る道として、しばしば忠、信、恕《じょ》（思いやり）といった心構えの重要さを説く。○**徙**　移行する。○**既に～又**　「～であるそのうえに」。○**原文の［誠不**

以富、亦祇以異〕『詩経』小雅の「我行其野」の詩の語。朱子が引く程頤《ていい》（程伊川《いせん》）は、この箇所は錯簡《さつかん》であり、季氏第十六・第十二章の「斉の景公は四千頭の馬を持っていた」の上にあるべきなのが、次章に「斉の景公」の字が出てくることから誤ったとする。ただ季氏第十六・第十二章の注では同章の「このことを言っているのであろうか」の前にあるべきとする胡寅《こいん》（胡致堂）の方の説を採用していて、ここでもそれに従い、書き下し文と現代語訳は六二二頁で改めて付す。

第十一章

斉景公問政於孔子。孔子対曰、君君、臣臣、父父、子子。公曰、善哉。信如君不君、臣不臣、父不父、子不子、雖有粟、吾得而食諸。

斉《せい》の景公《けいこう》 政《せい》を孔子《こうし》に問《と》ふ。孔子《こうし》対《こた》へて曰《いは》く、君君《きみきみ》たり、臣臣《しんしん》たり、父父《ちちちち》たり、子子《ここ》たり、と。公曰《こういは》く、善《よ》きかな。信《まこと》に如《も》し君君《きみきみ》たらず、臣臣《しんしん》たらず、父父《ちちちち》たらず、子子《ここ》たらざれば、粟《ぞくあ》有りと雖《いへど》も、吾得《われえ》て諸《これ》を食《くら》はんや、と。

斉の景公が政治について孔子にたずねた。孔子がお答えして言った。「君は君らしく、臣は臣らしく、父は父らしく、子は子らしくすることです。」公が言った。「すばらしい。まことに君が君らしくなく、臣が臣らしくなく、父が父らしくなく、子が子らしくなければ、穀物があっても、私はこれを食べることができようか。」

○斉の景公　斉の君主。名は杵臼《しょきゅう》。○粟　穀物。この箇所は、秩序が崩壊していては財政もたちゆかないということであろう。○諸　「之乎」と同じ。二一四頁の注。

補説　斉は孔子の居た魯に隣接する大国で、魯はしばしばこの国に圧迫されていた。孔子が三十六歳の時、魯の昭公は斉に逃げ、魯は乱れた。そこで孔子は斉に赴《おもむ》いた。そして高昭子の家臣となることで、斉の景公と連絡をとった。景公が孔子をいったんは登用しようとし、その後に取りやめたということも六六七頁に出てくる。ただこの時期の位の高くない孔子が斉の君主と直接問答できたかは疑問である。そこで後に孔子がもっと出世して斉との外交に参加した時の対話とする説もある。古注も朱子も当時の斉は陳恒《ちんこう》（田恒）が権力を振るっていた状況があるとし、更に朱子は、景公が跡継ぎ問題を紛糾させ国内を混乱させ、後の陳氏（田氏）の国家簒奪《さんだつ》の種をまいたことをこの語の背景に見ている。つまり斉における君臣、父子関係の破綻《はたん》を孔子が意識して言った語とするのである。ちなみに陳恒が斉の簡公を弑殺《しいさつ》した時に孔子が魯の哀公に向かって斉の討伐を主張したことが五三一頁に見える。また景公の語に「粟《ぞく》（穀物）」の語が出てくるのと、景公の人望の無い蓄財（六二二頁）と関係づけられたりもする。ただ、例えば朱子が引く楊時《ようじ》（楊亀山《きざん》）の語に景公が「かくあるべき根拠を反省し探求することがわかっていなかった」と言うように、景公の反応には孔子の真意の無理解が見えるとされるが、それはかくいう儒者たちがこの語の中に世のあり方を支えている原理を看取するからである。つまり君が君、臣が臣、父が父、子が子であれと言うのを、X＝Xの状態を自然なあり方として要請していると考え、そこから君臣関係や父子関係をはじめとした世界の秩序を最高度に際立たせることこそが本来の自然であるという思想が導き出される。価値や道徳を洗い去るのが道家的自然とすれば、価値や規範になりきるのが儒家的自然なのである。なお四六五頁には、子路がもし衛の君主が孔子を登用したら何を先に行うかという質問をしたのに対し、孔子は「きっと名を正す」と答えている。この「名を正す」とはそれぞれの物事を本来の名目通りにすることであり、そこでは実務、礼楽、刑罰が適正になることが言われているが、本章でいえば君、臣、父、子の名を正すことがそれにあたる。つまり本章と同じ趣旨を孔子は衛の政治についても求めたのであって、本章の語は、景公の治政とか斉の現状といった特定の状況における発言としてではなく、孔子が政治に求めた一貫した理念の表明と捉えるべきなのである。それゆえ本章は儒教の秩序の思想の範型として後世に大きな影響を持った。

第十二章

子曰、片言可以折獄者、其由也与。子路無宿諾。

子《し》曰《いは》く、片言《へんげん》以《もっ》て獄《ごく》を折《さだ》む可《べ》き者《もの》は、其《そ》れ由《いう》なるか、と。子路《しろ》は宿《あらかじ》め諾《だく》すこと無《な》し。

先生が言われた。「片言を発するだけで裁判を決着できるのは、由（子路）だろうね。」ただ子路は先走った承認をしなかった。

○**片言**　朱子は、半分まで語られた語とする。つまり言葉を終える以前に人々を納得させられたということ。古注では、訴訟の際の片方側だけの発言とする。○**折**　判決する。古注では子路は訴訟の当事者の片言を聞いただけで判決できると取るが、それだと後文とのつながりがうまくいかない。ここでは朱子によって、子路の言葉は誠実で明決で、語り終える前に裁判を決着させることもできるという意味に取った。ただ後文については朱子の解釈だとうまくつながらないので、古注の方を生かしてみた。○**由**　孔子の弟子の子路の諱《いみな》。子路については九四頁の注と補説。○**子路〜**　これ以下は地の文。理由は「子路」というように字《あざな》で記されているからで、孔子の語なら諱の「由」であるはずである。○**宿**　古注では、あらかじめの意とし、「宿《あらかじ》め諾すること無し」で、はやまって認めないこととする。ちなみに朱子は、留めるという意味とし、「諾を宿《とど》むること無し」で、納得したことは保留しておかずすぐに実行したとする。それゆえ子路の言葉には信用があり、そこで裁判の際も子路の言葉に説得力があったと見るのである。○**諾**　納得、承諾。

第十三章

子曰、聴訟吾猶人也。必也使無訟乎。

子曰《しいは》く、訟《しょう》を聴《き》くこと吾猶人《われなほひと》のごとし。必《かなら》ずや訟無《しょうな》からしめんか、と。

先生が言われた。「訴訟を裁くことについては、私は人並みだ。必ず訴訟自体を無くしたいね。」

○訟を聴く　孔子の司寇《しこう》（司法長官）の時の経験が反映されているとも言われる。

第十四章

子張問政。子曰、居之無倦、行之以忠。

子張《しちやう》政《せい》を問《と》ふ。子曰《しいは》く、之《これ》に居《を》りて倦《う》むこと無《な》く、之《これ》を行《おこな》ふに忠《ちゅう》を以《もっ》てす、と。

子張が政治についておたずねした。先生が言われた。「気持ちはたるまないで、具体的実践に際しては誠実に行うことだ。」

○子張　孔子の弟子。九六頁の注。○居る　心構えを言う。○忠　心の誠実さ。

補説　何気ない言葉であるが、政治にあたる時の緊張感と誠意の必要が端的に語られている。なお四六二頁でも子路の政治についての質問に孔子は「倦むこと無かれ」と答えている。

第十五章

子曰、博学於文、約之以礼、亦可以弗畔矣夫。

子《し》曰《いは》く、博《ひろ》く文《ぶん》を学《まな》び、之《これ》を約《やく》するに礼《れい》を以《もっ》てせば、亦《また》以《もっ》て畔《そむ》かざる可《べ》きかな、と。

先生が言われた。「広く学芸を学んで、礼によって引き締めれば、道にそむかないですもう。」

補説　二三七頁に同じ語がある。ただそちらには「子曰」の後に「君子」の二字がある。また「我を博むるに文を以てし、我を約するに礼を以てす」の語が三二六頁にある。

第十六章

子曰、君子成人之美。不成人之悪。小人反是。

子曰《しいは》く、君子《くんし》は人《ひと》の美《び》を成《な》す。人《ひと》の悪《あく》を成《な》さず。小人《せうじん》は是《これ》に反《はん》す、と。

先生が言われた。「君子は人の美しいところを発揮させて完成させてあげる。人の悪いところを増幅させて遂《と》げさせるようなことはしない。小人はその反対だ。」

○**君子、小人**　立派な人、くだらない人。○**成**　完成させる。ここの場合は、善《よ》い点や悪い点を十分発揮させ、それを完成の姿にまで至らせること。

補説　人の悪を滅することを求めず、それが顕在化していくことを止めるというところに、人に悪の完全消滅を強制するという考え方を孔子がしなかったことがわかる。王陽明もそうだが（「寄諸弟」）、伊藤仁斎は『論語』の内容をもとに、人は過ちが無いことはありえず過ちを改めるのが貴いと言う（『論語古義』衛霊公《えいれいこう》第十五・第二十九章、『童子問』下）。

第十七章

季康子問政於孔子。孔子対曰、政者正也。子帥以正、孰敢不正。

季康子《きかうし》　政《せい》を孔子《こうし》に問《と》ふ。孔子《こうし》対《こた》へて曰《いは》く、政《せい》は正《せい》なり。子《し》帥《ひき》ゐるに正《せい》を以《もつ》てせば、孰《たれ》か敢《あへ》て正《ただ》しからざらん、と。

季康子が政治について孔子にたずねた。孔子がお答えして言った。「政治は、正すことです。あなたがみずからの正しさで統率なされたなら、誰が正しくないでおられましょうか。」

〇**季康子**　魯の家老。九九頁の注。〇**政は正なり**　同音の字で説明する声訓（四三一頁の「訒」の注）。〇**正を以てせば**　四七一頁、四七七頁の内容から見ると、まず自分を正して、それで民を統率するということ。

第十八章

季康子患盗問於孔子。孔子対曰、苟子之不欲、雖賞之不窃。

季康子《きかうし》盗《たう》を患《うれ》へて孔子《こうし》に問《と》ふ。孔子《こうし》対《こた》へて曰《いは》く、苟《いやしく》も子《し》の欲《ほつ》せざれば、之《これ》を賞《しやう》すと雖《いへど》も窃《ぬす》まず、と。

季康子が盗みの横行を憂えて孔子にたずねた。孔子がお答えして言った。「少しでもあなた自身にこういった欲望が無ければ、褒美をあたえても誰も盗みますまい。」

○季康子　魯の家老。九九頁の注。**○欲せざる**　盗む欲望の無いこと。古注は情欲が多くないこと、荻生徂徠は無欲と同じだとする。

補説　朱子が引く胡寅《こいん》（胡致堂《ちどう》）は、孔子が魯の君主の実権を奪った季孫氏一族の専横《せんおう》と、『春秋左氏伝』哀公三年に見える次の簒奪行為を念頭に答えているとする。季孫（季桓子《かんし》）は病床で、妻の南孺子《なんじゆし》の生む子が男ならその子を、女であれば肥《ひ》（季康子）を後継ぎにせよと遺言した。南孺子は男の子を生んだが、季康子が後を継ぎ、その男の子は殺された。

第十九章

季康子問政於孔子曰、如殺無道、以就有道、何如。孔子対曰、子為政、焉用殺。子欲善、而民善矣。君子之徳風、小人之徳草。草上之風必偃。

季康子《きかうし》政《せい》を孔子《こうし》に問《と》ひて曰《いは》く、如《も》し無道《むだう》な者《もの》を殺《ころ》して、有道《いうだう》を就《な》せば、何如《いかん》、と。孔子《こうし》対《こた》へて曰《いは》く、子《し》政《せい》を為《な》すに、焉《いづくん》ぞ殺《ころ》すことを用《もち》ひん。子《し》善《ぜん》を欲《ほつ》して、民《たみ》善《ぜん》なり。君子《くんし》の徳《とく》は風《かぜ》なり、小人《せうじん》の徳《とく》は草《くさ》なり。草《くさ》之《これ》に風《かぜ》を上《くは》ふれば必《かなら》ず偃《ふ》す、と。

季康子が政治について孔子に質問して言った。「もし道にはずれた人間を殺して、道を体得した者を盛り立てれば、どうか。」孔子がお答えして言った。「あなたが政治を行うのに、どうして殺人を用いるのですか。あなたが善を望めば、民は善になるのです。君子の持ち前は風のようなもの、小人の持ち前は草のようなものです。草に風が吹けば、必ずなびきます。」

○**季康子**　魯の家老。九九頁の注。○**有道を就せば**　古注に、「就」を「成す」とし、道を身につけた者を盛り立てるとするのによった。六七頁に「有道に就《つ》きて正す（道を体得した者に師事して我が身を正す）」という語があることから、人民を道を体得した者の指導を受けるようにさせる、とも取れる。○**君子、小人**　為政者、人民。ここは、立派な人とくだらない人という意味ではない。

○徳　持ち前と訳した。道徳という意味ではなく、先天的あるいは後天的に心に具わっている、あるいは心が獲得したもの。荻生徂徠《おぎゅうそらい》は、おのずとこのようであることとする。なお相良克明「徳の意義と其の変遷」（津田左右吉編『東洋思想研究』一、岩波書店、一九三七）では、『詩経』衛風の「氓《ぼう》」の詩で女が男の不実に対して「男がその行いを違《たが》えた（士　其の行を弐《たが》ふ）」と「その徳を二股三股にした（其の徳を二三にす）」を対応させているように、「徳」が「行」とほぼ同義に使われることなどから、本章の「徳」も単なる「行」の意味とする。○偃　なびく。

補説　「君子の徳は風なり、小人の徳は草なり」は、『孟子』滕文公《とうぶんこう》上にも孔子の語として出てくる。

第二十章

子張問、士何如斯可謂之達矣。子曰、何哉、爾所謂達者。子張対曰、在邦必聞、在家必聞。子曰、是聞也、非達也。夫達也者、質直而好義、察言而観色、慮以下人。在邦必達、在家必達。夫聞也者、色取仁而行違、居之不疑。在邦必聞、在家必聞。

子張《しちやう》問ふ、士《し》何如《いか》なるをか斯之《これこれ》を達《たつ》と謂《い》ふ可《べ》き、と。子《し》曰《いは》く、何《なん》ぞや、爾《なんぢ》の所謂《いはゆる》達《たつ》とは、と。子張対《しちやうこた》へて曰《いは》く、邦《くに》に在《あ》りても必《かなら》ず聞《き》こえ、家《いへ》に在《あ》りても必《かなら》ず聞《き》こゆ、と。子《し》曰《いは》く、是《これ》聞《ぶん》なり、達《たつ》に非《あら》ざるなり。夫《そ》れ達《たつ》なる者《もの》は、質直《しつちよく》にして義《ぎ》を好《この》み、言《げん》を察《さつ》して色《いろ》を観《み》、慮《おもんぱか》りて以《もつ》て人《ひと》に下《くだ》る。邦《くに》に在《あ》りても必《かなら》ず達《たつ》し、家《いへ》に在《あ》りても必《かなら》ず達《たつ》す。夫《そ》れ聞《ぶん》なる者《もの》は、色《いろ》仁《じん》を取《と》りて行《おこなひ》違《たが》ふ。之《これ》に居《ゐ》て疑《うたが》はず。邦《くに》に在《あ》りても必《かなら》ず聞《き》こえ、家《いへ》に在《あ》りても必《かなら》ず聞《き》こゆ、と。

子張がおたずねした。「士にとって、どのようなのを「達す」と言うことができるのでしょうか。」先生が言われた。「君の言う「達す」とは何だね。」子張がお答えして言った。「宮仕えしていても常に有名であり、在野にあっても常に有名なことです。」先生が言われた。「それは有名で、「達す」ではないよ。「達す」とは、飾らずまっすぐで義を好み、人の言葉を察して様子を観察し、思慮深く人にへりくだるというものだ。それで宮仕えしていても常に達し、在野にあっても常に達す。有名とは、様子は仁らしくしてもその行いは食い違い、それに安住して疑おうともしない。出仕していても常に有名で、在野にあっても常に有名だがね。」

○子張　孔子の弟子。九六頁の注。見栄っ張りで中味が伴わないとの評もあった（四〇四頁の補説）。**○士**　一五一頁の注。**○達**　どのような場に身を置いていても言動が信頼され評価を得ることであろうか。朱子は、その徳が人に信頼されて、その行に滞《とどこお》りが無いことと言う。また荻生徂徠《おぎゆうそらい》は、「聞」は名が世に聞こえることを主とし、「達」は自分の道が世に行われることを主として言うとする。○**聞**　名声を得る。○**質直**　飾らずまっすぐ。○**色**　顔色。○**邦に在りても、家に在りても**　出仕している状態と家居している状態。

補説　なぜ「仁」とか「知」とかの彼らにとって重要な概念ではなく、ごく普通の「達」という語を子張が孔子に質問したのか疑問が残るが、五六九頁でも同じく子張が孔子に「行」を質問しているのと同じケースなのであろう（五七〇頁の補説）。子張にとって、自分の名が「聞こえ」、自分の言動が世に「行われる」ということが関心事であったと朱子は言う。朱子が指摘するように、子張は俸禄を求めることも孔子に質問している（九五頁）。

第二十一章

樊遅従遊於舞雩之下。曰、敢問崇徳脩慝弁惑。子曰、善哉問。先事後得、非崇徳与。攻其悪、無攻人之悪、非脩慝与。一朝之忿、忘其身、以及其親、非惑与。

樊遅《はんち》従《したが》ひて舞雩《ぶう》の下《もと》に遊《あそ》ぶ。曰《いは》く、敢《あへ》て徳《とく》を崇《たか》くし慝《とく》を脩《をさ》め惑《まどひ》を弁《べん》ぜんことを問《と》ふ。子《し》曰《いは》く、善《よ》きかな問《とひ》や。事《こと》を先《さき》にし得《う》ることを後《のち》にするは、徳《とく》を崇《たか》くするに非《あら》ずや。其《そ》の悪《あく》を攻《せ》めて、人《ひと》の悪《あく》を攻《せ》むること無《な》きは、慝《とく》を脩《をさ》むるに非《あら》ずや。一《いっ》朝《てう》の忿《いかり》に、其《そ》の身《み》を忘《わす》れ、以《もつ》て其《そ》の親《しん》に及《およ》ぼすは、惑《まどひ》に非《あら》ずや、と。

樊遅が孔子のお供をして舞雩のもとを散策した。その時におたずねした。「よろしければ徳を高め悪心を克服し迷いを弁別し除去することをおたずねしたいのですが。」先生が言われた。「善い質問だね。実践を先にし結果を得るのを後にするのは、徳を高めることではないかね。自分の悪を治めて、人の悪を攻撃することが無いようにするのは、悪心を克服することではないかね。一時の激怒に身を忘れて、近親に八つ当たりするのは、迷いではないかね。」

○**樊遅**　孔子の弟子。八〇頁の注。○**舞雩**　四二三頁の注。○**崇**　高くする。○**慝**　悪心。○**脩め**　「脩」は古代の南方では長いという意味で「修」とは別字であった。しかし修行で修めるという場合、理由はさだかではないが、「脩」の字になっているテキストが非常に多い。それゆえここではあえてそのままにした。○**事を先にし〜**　同じく樊遅の「仁」についての質問に対し、孔子は「仁者は難《かた》きを先《さき》にして獲《う》ることを後《のち》にす」と答えている（二三二頁）。○**一朝**　一日。短い時間。○**忿**　怒り。

補説　四四二頁でも子張が「徳を崇くし惑を弁ず」ることを孔子に質問していて、これが弟子共通の問題意識であったことをうかがわせる。また「徳」、「慝」、「惑」と韻を踏んでいることから古語とかことわざではないかとも言われる。なお樊遅と子張に対する孔子の答えが同じではないのは、やはりそれぞれの弟子に合わせての対機説法《たいきせっぽう》だからなのであろう。

第二十二章

樊遅問仁。子曰、愛人。問知。子曰、知人。樊遅未達。子曰、挙直錯諸枉、能使枉者直。樊遅退、見子夏曰、郷也吾見於夫子而問知。子曰、挙直錯諸枉、能使枉者直。何謂也。子夏曰、富哉言乎。舜有天下、選於衆、挙皐陶、不仁者遠矣。湯有天下、選於衆、挙伊尹、不仁者遠矣。

樊遅《はんち》 仁《じん》を問《と》ふ。子曰《しいは》く、人《ひと》を愛《あい》す、と。知《ち》を問《と》ふ。子曰《しいは》く、人《ひと》を知《し》る、と。樊《はん》遅《ち》未《いま》だ達《たつ》せず。子曰《しいは》く、直《なほ》きを挙《あ》げて諸《これ》を枉《まが》れるに錯《お》けば、能《よ》く枉《まが》れる者《もの》をして直《なほ》からしむ、と。樊遅《はんち》退《しりぞ》きて、子夏《しか》を見《み》て曰《いは》く、郷《さき》に吾《われ》 夫子《ふうし》に見《まみ》えて知《ち》を問《と》ふ。子曰《しいは》く、直《なほ》きを挙《あ》げて諸《これ》を枉《まが》れるに錯《お》けば、能《よ》く枉《まが》れる者《もの》をして直《なほ》からしむ、と。何《なん》の謂《いひ》ぞや、と。子夏曰《しかいは》く、富《と》めるかな言《げん》や。舜《しゆん》 天下《てんか》を有《たも》つに、衆《しゆう》より選《えら》びて、皐陶《かうえう》を挙《あ》ぐれば、不仁者遠《ふじんしやとほ》ざかる。湯《たう》 天下《てんか》を有《たも》つに、衆《しゆう》より選《えら》びて、伊尹《いゐん》を挙《あ》ぐれば、不仁者遠《ふじんしやとほ》ざかる、と。

樊遅が仁をおたずねした。先生が言われた。「人を愛することだ。」次に知をおたずねした。先生が言われた。「人を知ることだ。」樊遅はまだ理解できなかった。先生が言われた。「まっすぐな者を登用し、それを曲がった者の上に置くと、曲がった者をまっすぐにできよう。」樊遅は先生のもとを退いて、子夏に会って言った。「先に私は先生にお会いして知をおたずねした。そうしたら先生は「まっすぐな者を登用し、それを曲がった者の上に置くと、曲がった者をまっすぐにできよう」と言われた。どういう意味だろうか。」子夏が言った。「豊饒《ほうじょう》な言葉だな。舜は天下を統治するのに、人々の中から選んで皐陶を登用したので、不仁なる者が遠ざかった。湯は天下を統治するのに、人々の中から選んで伊尹を登用したので、不仁なる者は遠ざかった。」

○**樊遅**　孔子の弟子。八〇頁の注。○**直きを挙げて諸を枉がれるに錯けば**　九七頁にも同じ語が見える。そこの注でも記したが、荻生徂徠《おぎゅうそらい》は、まっすぐな材木を曲がった材木の上に置けば、その圧力で曲がったものもまっすぐにできる、ということとする。なおこの場合の「諸」は「之於」に同じ。○**子夏**　孔子の弟子。五六頁の注。ここで樊遅が孔子の語の意味を子夏に聞いているのは、同門どうしのやりとりであろう。樊遅は孔子より三十六歳若く（『孔子家語』は四十六歳若いとする）、子夏は孔子より四十四歳若いというから、年齢から見てこの二人の間に師弟関係は無かった。○**郷**

先に。○**舜**　伝説上の聖王。二四二頁の注。○**皐陶**　堯と舜に仕えた賢臣で、特に舜の時に司法長官に抜擢《ばってき》され公正な裁判を行ったとされる。○**湯**　暴虐であった夏王朝の桀《けつ》を滅ぼし殷王朝を開いた聖王とされる。○**伊尹**　湯王によって農夫から登用され、湯王の桀討伐を助け殷王朝の基礎を築いた名宰相とされる。

補説　仁と義を並べるのは戦国時代の孟子からで、孔子は仁を常に別格に扱う。ただ『論語』では仁（あるいは仁者）は知（あるいは知者）と並べられることがしばしばある。その具体例は、本章以外に一四一頁、一四二頁、一九二頁、二三二頁、二三四頁、五九四頁で、三四五頁と五三九頁はそれに勇が加わる。このうち一九二頁、五九四頁では知であっても仁でなければならないとしている。なお樊遅は、本章以外でも、二三二頁で仁と知の両方を、四八六頁では仁のみについて質問している。

仁を愛で説明することについては、五一頁の補説参照。ただここの知は人材登用の際に人物を見抜くことであるから、仁を「人を愛す」とするのも為政者の姿勢、つまり民への慈《いつく》しみが中心であるかもしれない。荻生徂徠《おぎゅうそらい》が仁を「天下を安んずるの道（安天下之道）」というように政治的概念とし、文化的政治的制度（「礼楽刑政《れいがくけいせい》」）を道であるとする自己の思想につなげているのもこれらのことが関係している。ただ、その前提としては当然他者一般への愛があるわけであり、そのような意味で仁の内実を端的に示すものとして伝えられていった。

第二十三章

子貢問友。子曰、忠告而善道之、不可則止。無自辱焉。

子貢《しこう》友《とも》を問《と》ふ。子《し》曰《いは》く、忠告《ちゆうこく》して善《よ》く之《これ》を道《みちび》き、不可《ふか》なれば則《すなは》ち止《や》む。自《みづか》ら辱《はづかし》めらるること無《な》し、と。

子貢が友情について質問した。先生が言われた。「心から忠告してよい方向に導いてあげ、うまくいかなければやめる。そうすれば恥ずかしい思いをすることは無い。」

〇**子貢**　孔子の弟子。六一―二頁の注と補説。〇**忠告**　忠は、心から誠実にということ。

補説　伊藤仁斎は、もし忠告して聞かれなければ、しばし言うのは止めて、本人が悟るのを待つとする。ふだんは仁斎を批判する荻生徂徠《おぎゆうそらい》もここは賛同して、忠告を聞いてくれないから交際をさっさと絶つというのは小人であると言う。なお一六五頁に、君に仕えてしつこくすれば、辱めを受ける羽目になり、朋友《ほうゆう》にしつこくすれば、いやがられる羽目になるという語があるが、そこの解釈では、当人の反省を待つというのと、相手を見限るというのがある。また五八頁と三四一頁に自分以下の者を友とすることがないようにせよという語もあるが、この解釈については五八頁の補説。

第二十四章

曽子曰、君子以文会友、以友輔仁。

曽子《そうし》曰《いは》く、君子《くんし》文《ぶん》を以《もつ》て友《とも》を会《くわい》し、友《とも》を以《もつ》て仁《じん》を輔《たす》く、と。

曽子が言われた。「君子は学芸を介して友と集《つど》い、友の助けによって仁へと向かう。」

○**曽子**　孔子の弟子の曽参《そうしん》。五二─三頁の注と補説。○**君子**　立派な人。○**文**　道の文化的現れである学芸。○**輔**　助ける。

子路《しろ》第十三

全て孔子の語の記録である。前半は政治についての語が並び、後半は立派な人はいかにあるべきかについての語が多い。

第一章

子路問政。子曰、先之労之。請益。曰、無倦。

子路《しろ》政《せい》を問《と》ふ。子曰《しいは》く、之《これ》に先《さき》んじ之《これ》に労《らう》す、と。益《ま》さんことを請《こ》ふ、と。曰《いは》く、倦《う》むこと無《な》かれ、と。

子路が政治についておたずねした。先生が言われた。「率先して範を垂《た》れ、労苦を厭《いと》わず行うことだ。」そこで言った。「いっそうのご説明をお願いします。」先生が言われた。「気持ちがたるまないようにすることだ。」

○子路　孔子の弟子。九四頁の注と補説。○之に先んじ之に労す　率先して範を垂れ、労苦を厭わず行うこと。「之」は特に指示する対象は無く、その前の語が動詞であることを示す。まず民を徳によって信頼させてから使役するとか（古注）、民に心の準備をさせたりねぎらったりするとか（荻生徂徠《おぎゆうそらい》）いう解釈もある。○益　答えの追加の要請。○無　なかれと同じ。陸徳明『経典釈文《けいてんしやくもん》』では「毋」となっていて、音を「無」と注す。

補説　子張《しちよう》が政治についてたずねた時も、孔子は「之《これ》に居《を》りて倦《う》むこと無《な》く」と答えている（四四七頁）。

第二章

仲弓為季氏宰問政。子曰、先有司、赦小過、挙賢才。曰、焉知賢才而挙之。曰、挙爾所知。爾所不知、人其舎諸。

仲弓《ちゆうきゆう》季氏《きし》の宰《さい》と為《な》りて政《せい》を問《と》ふ。子曰《しいは》く、有司《いうし》を先《さき》にし、小過《せうくわ》を赦《ゆる》し、賢才《けんさい》を挙《あ》ぐ、と。曰《いは》く、焉《いづくん》ぞ賢才《けんさい》を知《し》りて之《これ》を挙《あ》げん、と。曰《いは》く、爾《なんぢ》の知《し》る所《ところ》を挙《あ》げよ。爾《なんぢ》の知《し》らざる所《ところ》は、人《ひと》其《そ》れ諸《これ》を舎《す》てんや、と。

仲弓が季氏の執務長となって政治についておたずねした。先生が言われた。「役人にまずやらせるようにし、小さな過失を許し、賢才を登用せよ。」おたずねした。「どのように賢才を識別して登用するのですか。」先生が言われた。「まず君が知っている範囲内から登用せよ。君が知らない範囲でも、人々が人材を捨て置くであろうか。」

○**仲弓**　孔子の弟子の冉雍《ぜんよう》。一七二頁の注。○**季氏**　家老の季孫氏。八一頁の補説。○**宰**　ここは魯《ろ》の国の宰（地方長官）ではなく家老の臣下や領地を統轄する家宰《かさい》（執務長）。○**有司**　諸々の役職。○**先**　先ず官吏に職務にあたらせ、その後でその結果を吟味する（古注、朱子もだいたいそれにならう）。つまり最初から自分で何でもやろうとせず、先ずそれぞれの専門職にまかせ、その結果を適正に評価していくこと。伊藤仁斎は官吏に率先して行う（「有司に先んず」）こととする。○**賢才**　道徳的にすぐれ、しかも実務の才能がある人。○**諸**　「之乎」と同じ。二一四頁の注。

補説　この質問をした冉雍《よう》自身について、孔子は彼ほどの人間は「山川《さんせん》其《そ》れ諸《これ》を舎《す》てんや（山川の神は捨て置かないであろう）」と言っている（二一三頁）。あるいは本章の「諸を舎てんや」という語の中に「君の場合もそうであったように」という含意があるかもしれない。

第三章

子路曰、衛君待子而為政、子将奚先。子曰、必也正名乎。子路曰、有是哉、子之迂也。奚其正。子曰、野哉由也。君子於其所不知、蓋闕如也。名不正、則言不順。言不順、則事不成。事不成、則礼楽不興。礼楽不興、則刑罰不中。刑罰不中、則民無所措手足。故君子名之、必可言也。言之、必可行也。君子於其言、無所苟而已矣。

子路《しろ》曰《いは》く、衛君《ゑいくん》子《し》を待《ま》ちて政《せい》を為《な》さば、子《し》将《まさ》に奚《なに》をか先《さき》にせんとす、と。子曰《しいは》く、必《かなら》ず名《な》を正《ただ》さんか、と。子路《しろ》曰《いは》く、是有《これあ》るかな、子《し》の迂《う》なるや。奚《なん》ぞ其《そ》れ正《ただ》さん、と。子《し》曰《いは》く、野《や》なるかな由《いう》や。君子《くんし》は其《そ》の知《し》らざる所《ところ》に於《おい》て、蓋闕如《かつけつじよ》たり。名《な》正《ただ》しからざれば、則《すなは》ち言順《げんしたが》はず。言順《げんしたが》はざれば、則《すなは》ち事成《ことな》らず。事成《ことな》らざれば、則《すなは》ち礼楽興《れいがくおこ》らず。礼楽興《れいがくおこ》らざれば、則《すなは》ち刑罰中《けいばつあた》らず。刑罰中《けいばつあた》らざれば、則《すなは》ち民《たみ》手足《あし》を措《お》く所無《ところな》し。故《ゆゑ》に君子《くんし》之《これ》を名《な》づければ、必《かなら》ず言《い》ふ可《べ》きなり。之《これ》を言《い》へば、必《かなら》ず行《おこな》ふ可《べ》きなり。君子《くんし》其《そ》の言《げん》に於《おい》て、苟《いやしく》もする所無《ところな》きのみ、と。

子路が言った。「衛の君主が先生をそれなりの待遇をして政治を行うとすれば、先生は何を先になさいますか。」先生が言われた。「きっと名を正すね。」子路が言った。「こうなんですから、先生が迂遠《うえん》なのは。どうしていまさら正すのですか。」先生が言われた。「粗野だねお前は。君子は知らないところについては、知らないとするものだ。名分が正しくなければ、言葉が順当にならない。言葉が順当でなければ、実務がうまくいかない。実務がうまくいかなければ、礼楽は興起しない。礼楽が興起しなければ、刑罰が適正にならない。刑罰が適正にならなければ、民は手足の置き所がなくなる。それゆえ君子は、正しく名を運用すれば、必ず言葉を順当にできるものだ。言葉が順当になれば、必ず実践ができるものだ。君子は言葉を発する場合、お前のようにいいかげんにはしないものなのだ。」

○子路　孔子の弟子。九四頁の注と補説。後に衛の大夫の孔悝《こうかい》（衛君の輒《ちょう》の父の蒯聵《かいかい》の甥《おい》）の領地の長官になり、蒯聵が帰国し孔悝に同盟を強要して衛君になろうとした時、孔悝を蒯聵から引き離そうとして殺される（四〇〇頁の補説）。**○衛君**　衛の出公の輒。二五八頁の注。衛の世子《せいし》の蒯聵は、その母の南子の淫乱を恥じて、彼女を殺そうと望んだ。しかし果たさずして出奔《しゅっぽん》した。蒯聵の父の霊公は、公子の郢《えい》を跡継ぎにしようとしたが、郢は辞退した。霊公が没し、南子も彼を跡継ぎにしようとしたが、また辞退したので、蒯聵の子の輒（出公）を跡継ぎにした。そこで蒯聵がいた晋《しん》は、蒯聵を送り返そうとしたところ、出公は自分の父である蒯聵を拒絶した。出公は祖父の霊公を父として祭り、祖父の後を継いだ形をとった。その時、孔子は衛にいた。本章の問答にはこのような衛君一族の親子間の確執《かくしつ》が念頭にあると言われることもある。○**待**　待遇と訳したが、期待する、出国を引き止めるなどの各種の解釈がある。○**名を正す**　名は名称であるが、社会秩序を構成しているそれぞれの分（もちまえ）を中心に言う。つまり名を正すとは、それぞれの名に実質を伴わせることである。たとえば補説に記したように、君と臣という名を正すとは、君は君らしく臣は臣らしくさせるということである。○**迂**　迂遠。子路は正名のような時間のかかることよりも、もっと現実に直接対処できる言葉を孔子に期待した。○**奚**　どうして。○**野**　粗野。○**由**　子路の諱《いみな》。○**君子**　立派な人。○**蓋闕如**　知らないことを知らないとする。以前は「蓋《けだ》し闕如《けつじょ》たり」と訓読されていたが、近年は「蓋闕如たり」と読むことが多くなった。許慎《きょしん》の『説文《せつもん》解字』の自序に「其の知らざる所に於て、蓋闕如たり」とあり、段玉裁《だんぎょくさい》は『説文解字注』でこの語を本章に由来する畳韻《じょういん》（同じ母音を重ねる）とする。つまり「蓋闕」はカツケツと読む一つらなりの語で、その後に助字の「如」をつけた形なのである。ちなみに梁《りょう》の劉勰《りゅうきょう》の『文心雕龍《ぶんしんちょうりょう》』などに「蓋闕」が熟語として見える。内容的には九五頁の「疑《うたが》はしきを闕《か》き（疑わしいことはそのままにする）」とも通じる。
○**事成らざれば、則ち礼楽興らず**　実務がうまくいってこそ、道徳文化である礼楽が成立する。礼楽は礼と音楽で、一一〇頁の補説。○**礼楽興らざれば、則ち刑罰中らず**　礼楽の興起こそが中心で、刑罰の適正はその結果である。○**言ふ可きなり**　「可」を可能として訳した。○**君子其の言に於て**　前にある君子を受けているのであろう。正名があってこそ発言がきちんとなるということで、子路への戒《いまし》めが含まれている。○**苟**　いいかげんにする。

補説　冉有が孔子は衛を助けるであろうかと子貢に質問したところ、子貢は孔子は助ける気が無いと答えている（二五七頁）。道徳の根幹ができていない国として衛を見ていた。注に記したように、質問した子路は、その直情純粋さのゆえに衛で非業《ひごう》の死をとげることになる。「正名」は儒教の理念を示す語として後世重視されていく。これは、名（名称）と実（実質）を一致させることであり、「君君たり、臣臣たり、父父たり、子子たり」（四四三頁）がその代表である。つまり君、臣、父、子の名にそれにふさわしい実質をあたえることで、社会秩序を適正に発揮させるのである。これは名分論としても展開し、北宋の司馬光の有名な歴史書『資《し》治通鑑《じつがん》』の名分論はよく引用され、江戸時代の大義名分論などの源流の一つともなった。

第四章

樊遅請学稼。子曰、吾不如老農。請学為圃。曰、吾不如老圃。樊遅出。子曰、小人哉、樊須也。上好礼、則民莫敢不敬。上好義、則民莫敢不服。上好信、則民莫敢不用情。夫如是、則四方之民、襁負其子而至矣。焉用稼。

樊遅《はんち》稼《か》を学《まな》ばんことを請《こ》ふ。子曰《しいは》く、吾《われ》老農《らうのう》に如《し》かず、と。圃《ほ》を為《つく》るを学《まな》ばんことを請《こ》ふ。曰《いは》く、吾《われ》老圃《らうほ》に如《し》かず、と。樊遅《はんち》出《い》づ。子曰《しいは》く、小人《せうじん》なるかな、樊須《はんしゅ》や。上《かみ》礼《れい》を好《この》めば、則《すなは》ち民敢《たみあへ》て敬《けい》せざる莫《な》し。上《かみ》義《ぎ》を好《この》めば、則《すなは》ち民敢《たみあへ》て服《ふく》さざる莫《な》し。上《かみ》信《しん》を好《この》めば、則《すなは》ち民《たみ》敢《あへ》て情《じやう》を用《もち》ひざる莫《な》し。夫《そ》れ是《かく》の如《ごと》くならば、則《すなは》ち四《し》方《はう》の民《たみ》、其《そ》の子《こ》を襁負《きやうふ》して至《いた》る。焉《いづく》ぞ稼《か》を用《もち》ひん、と。

樊遅が穀物作りを学びたいとお願いした。先生が言われた。「私は老練な農民に及ばないよ。」野菜作りを学びたいとお願いした。先生が言われた。「私は老練な野菜作りに及ばないよ。」樊遅が退出した。先生が言われた。「小人だな、樊須（樊遅）は。上に立つ者が礼を好めば、敬意を持とうとしない民はいなくなる。上に立つ者が義を好めば、服そうとしない民はいなくなる。上に立つ者が信義を好めば、誠実であろうとしない民はいなくなる。このようであれば周囲の国の民が子どもを背負ってやってくる。どうして穀物作りなどを学ぶ必要があろうか。」

○**樊遅**　孔子の弟子。八〇頁の注。○**稼**　穀物作り。○**老農**　老練な農民。○**圃**　野菜作り。○**老圃**　老練な野菜作り。○**小人**　くだらない人間、庶民、子どもという複数の意味があるが、ここでは庶民としてしか立ちゆかない人間という意味であろう。つまり「人の上に立てない者」ということ。君子は小人のように農作業を学ぶより、政治全体の道徳化を行うべきなのである。○**樊須**　「須」は樊遅の諱《いみな》。○**情**　まこと。○**四方の民**　周囲の国。善政によって周囲の国から農民が移住してくる。○**襁負**　襁は、小児を背中に括《くく》り付けるための道具。

補説　孔子が自分は幼少時代に賤《いや》しかったからいろいろなことができたと言っていることからすると（三一九頁）、樊遅が農作業についてわざわざ孔子に聞いたのもおそらく孔子がこの方面の知識と体験も持っていたからであろう。なお人の上に立つ者は農作業よりも天下に関心を持つものだということは、例えば『孟子』滕《とう》文公上などにも見える。そこでは、聖人は民に衣食を足らすだけでは動物と変わらないのを憂えて道徳的教化を行ったとし、「聖人は民を憂うるのがこのようであり、どうして耕す暇《いとま》などあったであろうか」と言う。また続けて、堯《ぎょう》や舜《しゅん》や禹《う》といった聖人は賢臣を得られないことを自分の憂いとしたとし、「百畝《ひゃくほ》の田をうまく耕作できないことを自分の憂いとするのは農夫である」と言う。

第五章

子曰、誦詩三百、授之以政不達、使於四方不能専対、雖多亦奚以為。

子《し》曰《いは》く、詩《し》三百《さんびゃく》を誦《しょう》するも、之《これ》に授《さづ》くるに政《せい》を以《もつ》てして達《たつ》せず、四方《しはう》に使《つかひ》して専《せん》対《たい》すること能《あた》はずんば、多《おほ》しと雖《いへど》も亦《また》奚《なに》をか以《もつ》てせん、と。

先生が言われた。「詩三百篇を暗誦《あんしょう》しても、政治の場をあたえられてその機会を活《い》かせず、四方に使者としてたって一人できちんと対応できなければ、たくさん暗誦していても何になろうか。」

○**詩三百**　孔子が学ぶべきであるとした詩は三百篇あった（七三頁）。○**専対**　単独での対応あるいは臨機応変適切な対応という意味とされる。一人で随時に適切に応答できること。○**奚をか以てせん**　原文の「奚以為」の「為」は、「奚（何）」と呼応する文末の助字で、意味は無い。

補説　詩は道徳的情操をはぐくむものであるが、その詩句に対する教養は政治の場でも活かされた。また外交の場でも、両国が詩の一節を状況に合わせた意味で引きながら交渉することがなされた（二六三頁の補説の李思敬前掲書）。詩は一種の共通語のようなものであり、孔子門下は詩の勉強をすることで、各国の仕官に役立たせた。

第六章

子曰、其身正、不令而行。其身不正、雖令不従。

子《し》曰《いは》く、其《そ》の身《み》正《ただ》しければ、令《れい》せずして行《おこな》はる。其《そ》の身《み》正《ただ》しからざれば、令《れい》すと雖《いへど》も従《したが》はれず、と。

先生が言われた。「為政者のその身が正しければ、命令しなくても万事が行われる。その身が正しくなければ、命令しても何も従われない。」

補説　類似の内容が、四五〇頁、四七七頁に見える。

第七章

子曰、魯衛之政兄弟也。

子《し》曰《いは》く、魯《ろ》衛《あい》の政《せい》は兄弟《けいてい》なり、と。

先生が言われた。「魯と衛の政治は兄弟のようなものだ。」

補説　朱子はこのように言う。魯は周公の後裔《こうえい》の国、衛はその弟の康叔《こうしゅく》の後裔の国であって、もともと兄弟の国である。この時両国は衰乱していて、政治の状態も似ていた。それゆえ孔子はこれを嘆いた。確かに衛の国の混乱はかなりのものがあり、子貢は孔子が見限っていたとする（二五七頁）。ただ伊藤仁斎や荻生徂徠《おぎゅうそらい》は、魯や衛の国はまだ捨てたものではなく、本章もそれをふまえて解釈すべきだと言う。その理由は、両国には偉大な周公や康叔の遺風があり、魯が一変すれば道に至るであろうという孔子の語があり（二三四頁）、孔子は魯を去って衛にいた日が多く、門人にも衛の人が多かったことなどである。ともかくも、両国はもともと兄弟がそれぞれ建てた国であり、現状の悲惨さも潜在能力も将来への希望も兄弟のように同調しているという感慨であろう。

第八章

子謂衛公子荊、善居室。始有曰、苟合矣。少有曰、苟完矣。富有曰、苟美矣。

子《し》、衛《えい》の公子荊《こうしけい》を謂《い》ふ、善《よ》く室《しつ》に居《を》る。始《はじ》め有《あ》るに曰《いは》く、苟《いささ》か合《あつ》まる、と。少《すこ》しく有《あ》るに曰《いは》く、苟《いささ》か完《そな》はる、と。富《と》みて有《あ》るに曰《いは》く、苟《いささ》か美《び》なり、と。

先生が衛の公子荊について言われた。「建物への姿勢がよい。でき始めた時にあの人はこう言った。「何とかまにあわせられた。」備わり始めた時に言った。「何とかかっこうがついた。」立派になった時に言った。「何とか麗《うるわ》しくなった。」」

○公子荊　衛の大夫と朱子は言うが、公子というから衛君の一族か。いずれにしろ賢人で、呉の公子の季札《きさつ》が衛を訪問した時、公子荊ら六人について「衛には君子が多いので憂患がまだ無い」と言ったと『春秋左氏伝』襄公《じょうこう》二十九年に見える。なおわざわざ衛とことわっているのは、魯にも公子荊がいたからだと言う（王鳴盛『蛾術編《ぎじゅつへん》』）。○**謂** 「善く室に居る」までを謂うことの対象にする読みもある。○**室** 部屋のことであるが、ここでは建物。また建物を中心とした家財のことと諸注釈は言う。○**居** 室に対する姿勢を言う。荻生徂徠《おぎゅうそらい》は「善く室に居る」とは家財を管理することと言う。○**苟** 間に合わせ。○**合** 集める。寄せ集めたこと。○**完** 備わる。

第九章

子適衛。冉有僕。子曰、庶矣哉。冉有曰、既庶矣、又何加焉。曰、富之。曰、既富矣、又何加焉。曰、教之。

子《し》 衛《えい》に適《ゆ》く。冉有僕《ぜんいうぼく》たり。子曰《しいは》く、庶《おほ》いなるかな、と。冉有曰《ぜんいういは》く、既《すで》に庶《おほ》いなるに、又何《またなに》をか加《くは》へん、と。曰《いは》く、之《これ》を富《と》まさん、と。曰《いは》く、既《すで》に富《と》めるに、又《また》何《なに》をか加《くは》へん、と。曰《いは》く、之《これ》を教《おし》へん、と。

先生が衛に行った。冉有が御者をつとめた。先生が言われた。「人口が多いね。」冉有が言った。「人口が多いうえに更に何を加えましょうか。」先生が言われた。「富まそう。」冉有が言った。「富ませたら更に何を加えましょうか。」先生が言われた。「教化しよう。」

○衛に適く　孔子が遊説の手始めに五十六歳（五十五歳）の時に衛に行った時であろうと言う。○冉有　孔子の弟子。一一四頁の注。○僕　車の御者。○庶　人口が多い。○既に～又　～であるその上に。

補説　古代では人口が多くなることが生産力の向上、更には富国に直結すると考えられていた。ここで教化よりも民を富ますということを優先させているのは、孟子が、士と異なり民衆の場合は恒産《こうさん》（安定した財産）が無ければ恒心（ゆるがない心）が無いと言っているのを想起させる（『孟子』梁恵王《りようけいおう》上、滕文公《とうぶんこう》上）。

第十章

子曰、苟有用我者、期月而已可也。三年有成。

子《し》曰《いは》く、苟《いやしく》も我《われ》を用《もち》ふる者有《ものあ》らば、期月《きげつ》のみにして可《か》なり。三年《さんねん》にして成《な》ること有《あ》らん、と。

先生が言われた。「少しでも私を登用してくれるのであれば、一年だけでもそれなりの効果があげられる。三年あれば十分な成果をあげられるだろう。」

○**期月**　一年間。○**のみにして**　荻生徂徠《おぎゅうそらい》は「而已」を「にして已《すで》に」と読む。

第十一章

子曰、善人為邦百年、亦可以勝残去殺矣。誠哉是言也。

子《し》曰《いは》く、善人《ぜんじん》邦《くに》を為《をさ》むること百年《ひやくねん》、亦《また》以《もつ》て残《ざん》に勝《か》ち殺《さつ》を去《さ》る可《べ》し。誠《まこと》なるかな是《こ》の言《げん》や、と。

先生が言われた。「善人が邦を百年治めれば、悪行を封じ、死刑を無くすことができる。」本当だねこの言葉は。」

○**善人**　二六九頁で聖人と並べられ、聖人と同じく見ることができない存在とされている。聖人には及ばないが道徳的な政治ができる得難い存在なのであろう（四九九頁の注）。○**百年**　百年ということは一代だけでは無理だから、朱子は、善人の統治が一代を超えて継続することとする。聖人なら一代で可能なことが善人では百年かかるという含みがあるのかは未詳。○**残に勝つ**　凶悪な悪行を封じる。○**殺を去る**　死刑を用いなくなる。

第十二章

子曰、如有王者、必世而後仁。

子曰《しいは》く、如《も》し王者《わうじや》有《あ》らば、必《かなら》ず世《せい》にして後《のち》に仁《じん》ならん、と。

先生が言われた。「もし王者が現れれば、三十年たった後で必ず世の中が仁になろう。」

○**王者**　単なる支配者ではなく、道徳によって治める王者の意。○**有らば**「有れども」と読み、王者でも三十年はかかるとする解釈もある。○**世**　三十年。

第十三章

子曰、苟正其身矣、於従政乎何有。不能正其身、如正人何。

子曰《しいは》く、苟《いやしく》も其《そ》の身《み》を正《ただ》せば、政《せい》に従《したが》ふに於《お》いてか何《なに》か有《あ》らん。其《そ》の身《み》を正《ただ》すこと能《あた》はずんば、人《ひと》を正《ただ》すを如何《いかん》せん、と。

先生が言われた。「まことにもしその身を正せば、政務を取るのに何の問題があろうか。身を正すことができなければ、人を正すことをどのようにするというのか。」

○苟 強い仮定。まことにもし。**○政に従ふ** 饒魯《じょうろ》は「政を為す」は人君の事、「政に従う」は大夫の事で、この語は大夫のために言うとし(『論語大全』所引)、伊藤仁斎も継承したが、荻生徂徠《おぎゅうそらい》はそのような区別は無く政務を取ることとしている。**○何か有らん** 何か特に問題になることがあろうか。一五四頁の注。「政に従ふに~何か有らん」は、二一六頁にも見える。**○人を正すを如何せん** 対象となる語を「如」と「何」の間に置き、その対象をどうしたらよいかということを表す。ここでは反語で、人を正すということに対応のしようがないということ。九九頁の注。

補説 同様の内容が、四五〇頁、四七一頁に見える。

第十四章

冉子退朝。子曰、何晏也。対曰、有政。子曰、其事也。如有政、雖不吾以、吾其与聞之。

冉子《ぜんし》朝《てう》より退《しりぞ》く。子《し》曰《いは》く、何《なん》ぞ晏《おそ》きや、と。対《こた》へて曰《いは》く、政有《せいあ》り、と。子《し》曰《いは》く、其《そ》れ事《こと》ならん。如《も》し政有《せいあ》らば、吾《われ》を以《もち》ひずと雖《いへど》も、吾其《われそ》れ之《これ》を与《あづか》り聞《き》かん、と。

冉子が役所から退出した。先生が言われた。「ずいぶんおそいではないか。」冉子がお答えして言った。「政務がありまして。」先生が言われた。「それは季孫氏の家の事務のことだろう。もし国の政務であれば、私を登用していなくても、私にご下問《かもん》があるはずだ。」

○**冉子**　孔子の弟子の冉有。一一四頁の注。この時、家老の季孫氏の宰（執務長）であった。「子」という敬称が用いられているので、彼の弟子筋の記録がもとになっているという推測もある。○**朝**　朱子は季孫氏の家政の場とする。古注は魯の君主の政治の場とする。○**晏**　おそい。○**事**　朱子は季孫氏の家事とする。それは杜預《どよ》『春秋経伝集解《けいでんしっかい》』昭公二十五年の「君にあっては政と言い、臣にあっては事と言う」にもとづく。なお古注は通常業務とする。○**如し政有らば**　ここの「政」を朱子は国政とする。古注では改正事項とする。○**以**　用いる。孔子はこの時は魯の国の官職についていなかったが、以前は高官であり、大夫としての身分は持っていて、政治に参画できた。○**与り聞かん**　その件に参画してご下問を受ける。

補説　ここは朱子の注によって訳した。古注によると、孔子は、「通常の業務だろう。もし改正事項であれば、退任した私にも声がかかったはずだ」と言ったことになる。

第十五章

定公問、一言而可以興邦、有諸。孔子対曰、言不可以若是其幾也。人之言曰、為君難。為臣不易。如知為君之難也、不幾乎一言而興邦乎。曰、一言而喪邦、有諸。孔子対曰、言不可以若是其幾也。人之言曰、予無楽乎為君。唯其言而莫予違也。如其善而莫之違也、不亦善乎。如不善而莫之違也、不幾乎一言而喪邦乎。

定公《ていこう》問《と》ふ。一言《いちげん》にして以《もっ》て邦《くに》を興《おこ》す可《べ》きもの、諸《これ》有《あ》りや、と。孔子《こうし》対《こた》へて曰《いは》く、言《げん》は以《もっ》て是《かく》の若《ごと》く其《そ》れ幾《ちか》かる可《べ》からざるなり。人《ひと》の言《げん》に曰《いは》く、君《きみ》為《た》ること難《かた》し。臣《しん》為《た》ること易《やす》からず、と。如《も》し君《きみ》為《た》ることの難《かた》きを知《し》らば、一言《いちげん》にして邦《くに》を興《おこ》すに幾《ちか》からざらんや、と。曰《いは》く、一言《いちげん》にして邦《くに》を喪《ほろぼ》すもの、諸《これ》有《あ》りや、と。孔子《こうし》対《こた》へて曰《いは》く、言《げん》は以《もっ》て是《かく》の若《ごと》く其《そ》れ幾《ちか》かる可《べ》からざるなり。人《ひと》の言《げん》に曰《いは》く、予《われ》君《きみ》為《た》ることを楽《たのし》むこと無《な》し。唯《ただ》其《そ》の言《い》ひて予《われ》に違《たが》ふこと莫《な》きなり、と。如《も》し其《そ》れ善《ぜん》にして之《これ》に違《たが》ふこと莫《な》くんば、亦《また》善《よ》からずや。如《も》し不善《ふぜん》にして之《これ》に違《たが》ふこと莫《な》くんば、一言《いちげん》にして邦《くに》を喪《ほろぼ》すに幾《ちか》からざらんや、と。

定公がたずねた。「一言で邦を盛んにできるようなものがあるかね。」孔子がお答えして言った。「言葉でこのようなことに近づけるものはございません。ただこういう言葉があります。「君主であるのは困難である。臣下であることも容易ではない。」もし君主であることの困難さをおわかりであれば、この一言が邦を盛んにするものに近いのではないでしょうか。」定公が言った。「一言で邦を喪ぼすようなものはあるかね。」孔子がお答えして言った。「言葉でこのようなことに近づけるものはございません。ただこういう言葉があります。「私は君主であることを楽しむことは無い。ただ私が何か言った時にそれに反対する者がいないことくらいだ。」もしお言葉が善であって、それで人々が反対することが無ければ、けっこうでしょう。しかしもしお言葉が不善であって、それでも人々が反対することが無ければ、この一言が邦を喪ぼすものに近いのではないでしょうか。」

○**定公**　魯の定公。孔子が魯に仕官していた時の君主。○**諸**　「之乎」と同じ。二一四頁の注。○**言は以て是の若く其れ幾かる可からざるなり**　「幾」は、近づく（古注）。「言は以て是の若くなる可からざるも、其れ幾《ちか》し（言葉ではこのようなわけにはいきませんが、近いものならあります）」と読む場合もある。また朱子は「幾」を期の意味に取り、それなら「言は以て是の若く其れ幾《き》す可からざるなり（言葉でこのように期待することはできません）」と読むことになる。

第十六章

葉公問政。子曰、近者説、遠者来。

葉公《せふこう》政《せい》を問《と》ふ。子《し》曰《いは》く、近《ちか》き者《もの》説《よろこ》び、遠《とほ》き者《もの》来《きた》る、と。

葉公が政治をたずねた。先生が言われた。「身近な者が喜んでくれ、遠い地の者がやってきてくれることです。」

○**葉公** 二六四頁の注。○**説** 喜ぶ。

補説 荻生徂徠は邢昺《けいへい》『論語注疏』が「近い者が説べば、遠い者が来る」と前半を仮定として解釈したのを受けて、葉公は遠い者を帰順させようとばかり努めていたので、孔子はこう言ったとする。

なお本章は政治が問題になっていて、しかも当時、国外から民が移住してくるのは生産力が向上し国力が増強するとされていたから、国内の民が喜ぶような政治をし、国外からもその政治を慕って移住してくるという意味の可能性もある。

第十七章

子夏為莒父宰、問政。子曰、無欲速、無見小利。欲速、則不達。見小利、則大事不成。

子夏《しか》莒父《きよほ》の宰《さい》と為《な》り、政《せい》を問《と》ふ。子曰《しいは》く、速《すみやか》ならんと欲《ほつ》すること無《な》かれ、小利《せうり》を見《み》ること無《な》かれ。速《すみやか》ならんと欲《ほつ》すれば、則《すなは》ち達《たつ》せず。小利《せうり》を見《み》れば、則《すなは》ち大事《だいじ》成《な》らず、と。

子夏が莒父の長官となった時に、政治についておたずねした。先生が言われた。「速くしようとばかり望まないようにしなさい、小さな利益ばかりを見ないようにしなさい。速くしようと望めば、行き渡らない。小さな利益ばかりを見れば、大きな事業は成功しない。」

○子夏　孔子の弟子。五六頁の注。○莒父　魯の邑《むら》の名。

補説　朱子が引く程顥《ていこう》（程明道）の語にこのように言う。政治について子張が問うた時には、気持ちはたるまないで、具体的実践に際しては誠実に行うことだと言い（四四七頁）、ここでは子夏に対して、拙速になるな、小利にかまけるなとする。子張の問題点は日常から遊離し高遠に過ぎること、子夏の弊害は、日常に密着し卑近過ぎることにあった。そこで孔子は当人にそれぞれ切実な事を告げたのである。

第十八章

葉公語孔子曰、吾党有直躬者。其父攘羊而子証之。孔子曰、吾党之直者、異於是。父為子隠、子為父隠。直在其中矣。

葉公《せふこう》孔子《こうし》に語《つ》げて曰《いは》く、吾《わ》が党《たう》に直躬《ちよくきゆう》なる者有《ものあ》り。其《そ》の父羊《ちちひつじ》を攘《ぬす》みて子之《ここれ》を証《しよう》す、と。孔子《こうし》曰《いは》く、吾《わ》が党《たう》の直《なほ》き者《もの》は、是《これ》に異《こと》なり。父《ちち》は子《こ》の為《ため》に隠《かく》し、子《こ》は父《ちち》の為《ため》に隠《かく》す。直《なほ》きこと其《そ》の中《なか》に在《あ》り、と。

葉公が孔子に語って言った。「私の地元に正直者の躬という者がいる。父親が他人の羊を自分のものにしたところ、子がそれを証言した。」孔子が言われた。「私の地元の正直者はそれとは違います。父は子のために隠し、子は父のために隠します。正直はその中にあるのです。」

○**葉公**　二六四頁の注。○**党**　一九七頁の注。ここでは自分の地元。○**直躬**　躬を固有名詞と取り、「正直者の躬《きゅう》」とする解釈と、「躬《み》を直《なほ》くす（正直であろうとする）」と読む説とがある。また「躬を直とす（正道であることを自認する）」という解釈もあるかもしれない。○**攘**　何かの理由で盗むという形になってしまったこと。忍び込んで盗んだわけではない。邢昺《けいへい》『論語注疏』では、羊が自分の家に迷い込んで来てしまったのを、父がそのまま自分のものとしたことだと言う。

補説　孔子は、人間の真情に正直なことこそ本当の正直だと言っている。ここでいかに結果的であったとはいえ盗むという形になってしまったことを告発する正直さと、親をかばう孝心が相克しているが、孔子は単なる嘘をつかない正直や親に対する徹底した服従を無条件に絶対化しているわけではない。単に正直なだけで学や礼が欠けていれば弊害があると言い（六四一頁、二八七頁）、親に対する姿勢も諫《いさ》める時は諫めるべきなのである（一五九頁）。孔子からすれば、羊は返却すべきなのであり、その時に子はまず親を役所に告発する前に、親を説得するとか、あるいは羊を役所か本来の所有者に届けるとかして、それで仮に罪に問われたとしてもそれを自分がかぶろうとするはずなのである。そうしないで正義漢ぶるところに作為性と違和感を感じたのであろう。また孔子の仁とは正直、社会正義、孝行という複数の価値が錯綜した時に的確に選択できる道徳でもある。ドイツの哲学者イマヌエル・カントに「人間愛からの嘘」という論文があり、カントはそこで、人殺しに追いかけられた友人が自分の家に逃げ込み、人殺しが家に押しかけてきて、お前はかくまっているだろうと言った場合、かくまっていないと嘘をつくことは罪であると言う。ここでは生命の尊重と正直の価値とがぶつかりあっているわけで、本章と対比する議論がなされたこともある（もちろんカントの主張は実践理性の理論を背景にしているが、ここでは立ち入らない）。

なおこの直躬の話は、『韓非子《かんぴし》』五蠹《と》では、役人がその子を親不孝ということで死刑にしたとあり、君主にとっての正直な家来は、父にとっては不孝な子であるとしたうえで、儒教を批判する。また『呂氏《りょし》春秋』仲冬紀・当務では、君主がその父を殺そうとしたところ、その子が身代わりになりたいと願い出たが、死刑の直前にその子が「告発したことは信ではないか、身代わりになったのは孝ではないか、信であり孝である者を誅殺《ちゅうさつ》したら、国中に誅殺しない者はいようか」と言い、かくて許されたとある。そしてその後に一人の父親から信と孝の二つの名目を引き出したことに対する孔子の違和感を示すコメントをのせたうえで、「直躬のような信ならば、信が無い方がよい」と結ぶ。つまりこの件は、説話として種々の立場から潤色されることになった。

第十九章

樊遲問仁。子曰、居処恭、執事敬、与人忠、雖之夷狄、不可棄也。

樊遲《はんち》 仁《じん》を問《と》ふ。子《し》曰《いは》く、居《を》る処《ところ》は恭《きよう》、事《こと》を執《と》りては敬《けい》、人《ひと》と与《とも》にして忠《ちゆう》なるは、夷狄《いてき》に之《ゆ》くと雖《いへど》も、棄《す》つ可《べ》からず、と。

樊遅が仁についておたずねした。先生が言われた。「生活態度は恭《うやうや》しく、物事を行う時は敬虔《けいけん》であり、人とは真心で接する姿勢は、未開の地に行っても捨てるべきではない。」

○**樊遅**　孔子の弟子。八〇頁の注。○**居る処**　日常の態度。○**夷狄**　野蛮人の土地。

第二十章

子貢問曰、何如斯可謂之士矣。子曰、行己有恥、使於四方、不辱君命、可謂士矣。曰、敢問其次。曰、宗族称孝焉、郷党称弟焉。曰、敢問其次。曰、言必信、行必果。硜硜然小人哉。抑亦可以為次矣。曰、今之従政者何如。子曰、噫、斗筲之人、何足算也。

子貢《しこう》問《と》ひて曰《いは》く、何如《いか》なるをか斯之《これこれ》を士《し》と謂《い》ふ可《べ》き、と。子曰《しいは》く、己《おのれ》を行《おこな》ひて恥《はぢ》有《あ》り、四方《しはう》に使《つかひ》して、君命《くんめい》を辱《はづか》しめざるを、士《し》と謂《い》ふ可《べ》し、と。曰《いは》く、敢《あへ》て其《そ》の次《つぎ》を問《と》ふ、と。曰《いは》く、宗族孝《そうぞくかう》と称《しよう》し、郷党弟《きやうたうてい》と称《しよう》す、と。曰《いは》く、敢《あへ》て其《そ》の次《つぎ》を問《と》ふ、と。曰《いは》く、言必《げんかなら》ず信《しん》、行必《かうかなら》ず果《くわ》。硜硜然《かうかうぜん》として小人《せうじん》なるかな。抑《そもそ》も亦以《またもつ》て次《つぎ》と為《な》す可《べ》し、と。曰《いは》く、今《いま》の政《せい》に従《したが》ふ者《もの》は何如《いかん》、と。子曰《しいは》く、噫《ああ》、斗筲《とさう》の人《ひと》、何《なん》ぞ算《かぞ》ふるに足《た》らん、と。

子貢がおたずねして言った。「どのようであれば、士と言えましょうか。」先生が言われた。「自分自身が自発的に行う際には廉恥《れんち》心《しん》を持ち、命令されて四方に使者として立つ時には君の命を辱《はずかし》めないのですが、士と言うことができる。」おたずねした。「宗族の間では親孝行と称され、地元の間ではおたずねしたいのですが。」先生が言われた。「目上に忠実だと称されることだ。」おたずねした。「よろしければ更にその次をおたずねしたいのですが。」先生が言われた。「言えば必ず誠実、行えば必ず果断。堅実だが融通のきかない庶民みたいだがね。でもまあ更にその次とできるだろう。」おたずねした。「今の政務に従事する者はどうでしょうか。」先生が言われた。「ああ、小型の升《ます》のように料簡《りようけん》の狭い人たちなぞ、どうして数える価値があろうか。」

〇**子貢**　孔子の弟子。六一―二頁の注と補説。〇**何如**　どのようであれば。それを成り立たせる条件や状態を問う。〇**士**　官僚の最も下の位だが、ここはその上の大夫らをも含めた官僚全体を指す。士大夫に同じ。〇**己を行ひて**　自分が自発的に行うこと。次の使者に立つのが命令によるものであるのと対比させている。〇**恥有り**　廉恥心を持つ。自分の恥と、次の使者となる時の君命の恥とを対応させている。○**宗族**　家族よりも広い規模でいう父系の同族集団。○**郷党**　地元。○**弟**　兄をはじめ目上に仕える道徳。「悌《てい》」に同じ。四九頁の注。○**果**　果断。○**硜硜然**　五五三頁に孔子が磬《けい》（石などで作り複数ぶらさげて奏《かな》でる「へ」の字型の打楽器）を撃った時の音の表現として「硜硜乎」が見える。堅く乾いた音で、ここでは堅実だが融通がきかない意味。○**小人**　ここでは庶民の意味が強いと思われる。というのは士が話題になっているからで、庶民に近い段階ということか。いずれにしろ不道徳な人という意味ではなく、見識が狭いことの表現。○**噫**　三九四頁の注。○**斗筲の人**　「斗」は、ますの名、十升を容《い》れる。「筲」は竹製の器、一斗二升を容れる。斗、升は日本より量が少ないので、「斗筲の人」で狭量《きょうりょう》の人を言う。○**算**　数える。

第二十一章

子曰、不得中行而与之、必也狂狷乎。狂者進取、狷者有所不為也。

子《し》曰《いは》く、中行《ちゅうかう》を得《え》て之《これ》に与《くみ》せずんば、必《かなら》ず狂狷《きやうけん》か。狂者《きやうしや》は進《すす》み取《と》り、狷者《けんしや》は為《な》さざる所《ところ》有《あ》り、と。

先生が言われた。「中庸《ちゅうよう》を得た者を見出しその人と組むことができないのであれば、狂者か狷者と組むことになろう。狂者は進取の気性に富んで行動的過ぎ、狷者は堅実過ぎて実践性に欠けることもあるがね。」

○中行　中庸を得た人。○狂狷　「狂」は、中庸を欠くほど進取の気性に富むこと。一九七頁の「狂簡」と同じ。「狷」は、慎重すぎて融通がきかないこと。

補説　狂者と狷者は中行には及ばないが常人よりは優《すぐ》れている。ともに道に厚く志しているが、行き過ぎたり及ばなかったりする存在なのである。ただ孔子がどちらかというと狂者の方に可能性を見出していることは一九七―八頁の本文と補説を参照。なおその補説にやや詳しく言及しておいたが、『孟子』尽心下で、万章の質問に対する孟子の答えの中で本章をそのまま引き（「狂狷」が「狂獧《きょうけん》」になっている）、狂者の代表者の名をあげたうえで獧者を狂者よりも劣る段階としている。

第二十二章

子曰、南人有言曰、人而無恒、不可以作巫医。善夫。不恒其徳、或承之羞。子曰、不占而已矣。

子《し》曰《いは》く、南人《なんじん》に言有《げんあ》りて曰《いは》く、人《ひと》として恒無《つねな》きは、以《もっ》て巫医《ふい》を作《な》す可《べ》からず、と。善《よ》きかな、と。其《そ》の徳《とく》を恒《つね》にせず、或《あるい》は之《これ》に羞《はぢ》を承《すす》む、と。子《し》曰《いは》く、占《うらな》はざるのみ、と。

先生が言われた。「南国の人にこういう言葉がある。「人として道徳的にぶれるようなのは、占い師や医者ですら処置無し。」よい言葉だね。」「その徳を常に維持しなければ、それが恥をもたらす場合もある」という言葉については、先生はこう言われた。「占うまでもないことだ。」

○南人　南国の人。**○恒無き**　道徳的にぶれる。二六九頁に「恒有《つねあ》る者《もの》（道徳的にぶれない）」が出てくる。そこでは善人より段階が落ちるが肯定すべき存在となっている。**○巫医**　神降《お》ろしをして占う者と医者だが、当時は兼業が多かったと言う。なお中国では賤業とされた。**○作**　なおす。古注によって訳した。一方朱子は、「巫医と作《な》る」、つまり巫医にも恒なる心が必要であると解釈した。**○其の徳を恒にせず、或は之に羞を承む**　『易経』の恒卦《こうか》の九三の爻辞《こうじ》に同文がある。ここは経書としての『易経』ということで引用しているのではなく、後に「占はざるのみ」という孔子のコメントからして、占いがらみでこういう言葉があったのかもしれない。「承」は、進めること。**○子曰く**　不自然な位置にあるが、直前の言葉に対する孔子のコメントを示すと解釈した。朱子は、これを加えているのは、『易経』の文と区別したためと言う。**○占はざるのみ**　張栻《ちょうしょく》（張南軒《なんけん》）は「理として必ずそうなるのであって、占いをしないでもわかることを言う」とする（『癸巳《きし》論語解』）。なお朱子は未詳とする。

補説　ここで現行の『易経』と同文が出てくるが、これと関係するものでは、『礼記《らいき》』緇衣《しい》の次の孔子の語がある。「南人にこのような言葉がある。「人として道徳的にぶれるようなのには、占いも通用しない（人にして恒無ければ、卜筮《ぼくぜい》を為《な》す可《べ》からず）。」古えの遺言であろうか。亀《き》筮《ぜい》（亀の甲羅の占いと筮竹による占い）すらなおその人を知ることはできない。ましてや人々が知ることができようか……『易』にこう言う、「其の徳を恒《つね》にせず、或は之に羞《はじ》を承《すす》む」」。本章と重なる内容であるが、これは孔子よりもかなり後の文献であるから、そのまま孔子が『易経』を受容していた証拠にはできない。現行『易経』は古い諺《ことわざ》の類を取り入れていると見られるので、「其の徳を……」もともとは単に南国で伝えられていた語だったのかもしれない。「占はざるのみ」という文が付されていることからすると、あるいは占いがらみの語だった可能性もありうるが、「子曰く」の位置が不自然なのと、意味が通りにくいことから、後人の付加、あるいは竄入《ざんにゅう》とも考えられる。いずれにしても本章を見ても孔子が占いの類を尊んでいたとは思えず、また二六〇頁の補説でも記したが、孔子は『易経』を学ぶべき経書には入れていなかった。

第二十三章

子曰、君子和而不同。小人同而不和。

子曰《しいは》く、君子《くんし》は和《わ》して同《どう》ぜず。小人《せうじん》は同《どう》じて和《わ》せず、と。

先生が言われた。「君子は、人と調和するが付和雷同しない。小人は、付和雷同するが人と調和しない。」

○**君子、小人** 立派な人、くだらない人。○**和、同** 調和と付和雷同。「対異散同《たいいさんどう》（対すれば異なり、散ずれば同じ）」の用法（九二頁の補説）。

補説 九一頁では「比」と「周」の対比で類似の内容を言っている。また五八五頁も類似の内容である。

『春秋左氏伝』昭公二十年（また『晏子春秋《あんし》』外篇上）には、斉の景公が晏嬰《あんえい》に「和」と「同」の差を質問し、それに晏嬰が答えた次のような言葉をのせる。「和」とは吸い物を作る時に臣下が味を調整し、不足を足し過剰を減らし、君主はこれを食べて心安らかになることである。君主が可とする内容が否である時は否と申し上げ、君主が否とする内容が可である時は可と申し上げて調整し、君主の言うままに迎合しない。かくて政治も民心も安泰になるのである。音楽もそれと同じで、音階、音調、楽器の音など種々の要素の調整によってよいものとなる。君主の意向に隷従するだけでは、賞味できるような料理にも鑑賞できるような音楽にもならない。これが「同」の欠陥である。ただ本章は君臣関係に特化したものというより、他者との接し方一般の話であろう。

第二十四章

子貢問曰、郷人皆好之、何如。子曰、未可也。郷人皆悪之、何如。子曰、未可也。不如郷人之善者好之、其不善者悪之。

子貢《しこう》問ひて曰《いわ》く、郷人皆之《きやうじんみなこれ》を好《この》まば、何如《いかん》、と。子曰《しいは》く、未《いま》だ可《か》ならざるなり、と。郷人皆之《きやうじんみなこれ》を悪《にく》まば、何如《いかん》、と。子曰《しいは》く、未《いま》だ可《か》ならざるなり。郷人《きやうじん》の善者《ぜんしや》は之《これ》を好《この》み、其《そ》の不善者《ふぜんしや》は之《これ》を悪《にく》むに如《し》かず、と。

子貢がおたずねして言った。「地元の人がみな好意を持てばどうでしょうか。」先生が言われた。「まだよいとは言えないね。」おたずねした。「地元の人がみな嫌えばどうでしょうか。」先生が言われた。「まだよいとは言えないね。地元の人たちの善人が好意を持ち、善《よ》からぬ人が嫌うのには及ばないよ。」

○**子貢**　孔子の弟子。六一－二頁の注と補説。○**郷人**　村人。特に自分の地元の人々のこと。

補説　孔子が地元の人気取りを徳の賊と言っているが（六四七頁）、当時地元での評判がかなり影響を持っていたと見られる。

第二十五章

子曰、君子易事而難説也。説之不以道、不説也。及其使人也、器之。小人難事而易説也。説之雖不以道、説也。及其使人也、求備焉。

子曰《しいは》く、君子《くんし》は事《つか》へ易《やす》くして説《よろこ》ばしめ難《がた》きなり。之《これ》を説《よろこ》ばしむるに道《みち》を以《もっ》てせざれば、説《よろこ》ばざるなり。其《そ》の人《ひと》を使《つか》ふに及《およ》びては、之《これ》を器《き》にす。小人《せうじん》は事《つか》へ難《がた》くして説《よろこ》ばしめ易《やす》きなり。之《これ》を説《よろこ》ばしむるに道《みち》を以《もっ》てせずと雖《いへど》も、説《よろこ》ぶなり。其《そ》の人《ひと》を使《つか》ふに及《およ》びてや、備《そな》はらんことを求《もと》む、と。

先生が言われた。「君子は仕えやすいが、喜ばせるのは難しい。喜ばせるのに道によらなければ喜ばない。人を使役する場合はそれぞれの能力に合わせる。小人は仕え難いが喜ばせやすい。喜ばせるのに道によらなくても喜ぶ。人を使役する段になると、全てが備わっていることを求める。」

○**君子、小人** 立派な人、くだらない人。○**之を器にす** 人々それぞれの器（持ち前の能力）によって使役すること。○**備はらんことを求む** その人に全般的な能力を求めること。

補説 「君子は器でない」とあったように、統治者としての君子は、全てを見渡せ、個別的能力に特化する存在ではない（八九頁と九〇頁の補説）。それに対し君子に統治される庶民はそれぞれの限られた能力を発揮することで国に貢献する。統治していても見識が小人である人間はそれを取り違えているのである。ちなみに周公は魯公に向かって「備わるのを一人に求めるな」と言っている（六八三頁）。

第二十六章

子曰、君子泰而不驕。小人驕而不泰。

子《し》曰《いは》く、君子《くんし》は泰《たい》にして驕《おご》らず。小人《せうじん》は驕《おご》りて泰《たい》ならず、と。

先生が言われた。「君子はゆったりしていて驕らない。小人は驕ってゆったりしていない。」

○君子、小人　立派な人、くだらない人。

補説　七二〇頁に君子は「泰《たい》にして驕《おご》らず」とある。

第二十七章

子曰、剛毅木訥、近仁。

子曰《しいは》く、剛毅《ごうき》木訥《ぼくとつ》、仁《じん》に近《ちか》し、と。

先生が言われた。「剛毅で朴訥なのは、仁に近い。」

○剛毅木訥　剛毅で朴訥。四つに分けてそれぞれ解釈することが多いが、前二者と後二者はそれぞれ類似の意味としてまとまっているので、二項にして解釈した。「巧言令色、鮮《すくな》きかな仁」（五〇頁、六五一頁）との対応もある。

第二十八章

子路問曰、何如斯可謂之士矣。子曰、切切偲偲怡怡如也、可謂士矣。朋友切切偲偲。兄弟怡怡。

子路《しろ》問《と》ひて曰《いは》く、何如《いか》なるをか斯之《これこれ》を士《し》と謂《い》ふ可《べ》きや、と。子《し》曰《いは》く、切切偲偲《せっせっしし》怡怡如《いいじょ》たるを、士《し》と謂《い》ふ可《べ》し。朋友《ほうゆう》には切切偲偲《せっせっしし》。兄弟《けいてい》には怡怡《いい》、と。

子路がおたずねして言った。「どのようなものが士と言うのにあたいするのでしょうか。」先生が言われた。「懇切に励まし合い温厚でにこやかなのを士と言える。朋友には懇切に励まし合い、兄弟には温厚でにこやかということだ。」

○**子路**　孔子の弟子。九四頁の注と補説。○**士**　士以上の官僚および官僚予備軍。士大夫。○**切切**　懇切丁寧。○**偲偲**　励まし合う。○**怡怡如**　温厚でにこやか。

補説　一般論というよりも、喭《がん》（がさつ）であった子路（四〇六頁）に対してなので、かく説かれたと言う。

第二十九章

子曰、善人教民七年、亦可以即戎矣。

子《し》曰《いは》く、善人《ぜんじん》民《たみ》を教《をし》ふること七年《しちねん》ならば、亦以《またもつ》て戎《じゆう》に即《つ》かしむ可《べ》し、と。

先生が言われた。「善人が民を七年間教化すれば、戦争にも参加させられる。」

○善人　「善人」は『論語』では合計五箇所に出てくるが、そのうち四七六頁と本章が政治を取る場合について言われている。四七六頁からすると一般に使用されていた語で、二六九頁を見る限り、得難い存在である。**○七年**　これが短いのか長いのかは意見が分かれるところであろう。荻生徂徠《おぎゅうそらい》は七という数字にこだわらず、久しい年月をかけなければ民を軍事に徴用できないこととする。四七六頁で善人が百年統治すれば立派な成果があがるとされていることと比べると、七年の統治ではこの段階までできるということかもしれない。**○戎**　戦争。**○即**　従軍させる。

補説　次章の内容とも合わせて解釈すべきである。つまり教化の目的が軍事にあるということではなく、教化の成果が徴兵に効果をもたらすこと、それ以上に徴兵する場合も教化を前提としなければならないという主張であろう。孔子は軍事を重んじなかった（四三六頁など）。戦国時代の話だが、鄒《すう》の穆公《ぼくこう》が、魯と戦争した際に、役人は三十三人死んだが民で死ぬ者はいなかったので誅殺すべきかどうか孟子にたずねた時、孟子はそれに答えて「君主が仁政（民の福利を図る政治）を行えば、民は上の者に親しみ、上の者のために死ぬでしょう」と言っている（『孟子』梁恵王下）。また梁《りょう》の恵王《けいおう》による列強への雪辱についての質問に対しては、孟子は「王がもし民に仁政を施し、刑罰を軽くし、税を軽くし、じっくり農作業ができるようにし、余暇には青年壮年に孝悌忠信《こうていちゅうしん》を学ばせ、家では父兄に仕え、社会では上の者に仕えるようにすれば、民に棍棒《こんぼう》を作らせて秦や楚の堅固な装備や鋭利な武器に立ち向かわせることができるでしょう」と答えている（『孟子』梁恵王上）。

第三十章

子曰、以不教民戦、是謂棄之。

子《し》曰《いは》く、教《をし》へざる民《たみ》を以《もち》ひて戦《たたか》ふは、是《これ》之《これ》を棄《す》つと謂《い》ふ、と。

先生が言われた。「教化しない民を率《ひき》いて戦うのは、民を棄てるということだ。」

○以　用いる。

補説　教化をしないで徴兵してはならないということである。

憲問《けんもん》第十四

孔子の故国の魯《ろ》の隣国の斉《せい》を強大にした宰相の管仲《かんちゅう》やその君主の桓公《かんこう》に対する高い評価や、鄭《てい》の宰相の子産《しさん》をはじめとした政治家たちに対する評言、隠者の孔子批判がそれぞれ複数あるのが目を引く篇である。

第一章

憲問恥。子曰、邦有道穀、邦無道穀、恥也。

憲《けん》 恥《はぢ》を問《と》ふ。子曰《しいは》く、邦《くに》 道有《みちあ》るに穀《こく》す。邦《くに》 道無《みちな》きに穀《こく》するは、恥《はぢ》なり、と。

憲が恥についておたずねした。先生が言われた。「邦に道が行われている場合には俸給を受けるものだ。邦に道が行われていない場合には俸給を受けるのは恥だ。」

○憲　孔子の弟子の原憲《げんけん》。二一二頁の「原思」の注。**○穀**　俸給を受ける。

補説　この訳は古注による。朱子は邦に道が行われていようといまいと俸給にだけ意を用いているのは恥だという意味に解している。古注の方の支持が多かったのは、三〇〇頁に「邦《くに》に道《みち》有《あ》るに、貧《まづ》しく且《か》つ賤《いや》しきは、恥《はぢ》なり」という語があり、原憲は貧しく隠逸《いんいつ》志向があったため（二一二頁の「原思」の注）孔子があえて俸給をもらうべきだとした可能性があるからである。

なおここで地の文なのに字《あざな》ではなく憲という諱《いみな》が使われていることから、朱子が引く胡寅《こいん》（胡致堂）はこの憲問篇を原憲の記録とし、荻生徂徠《おぎゅうそらい》は憲問篇のみならず『論語』後半全体が原憲の手になると言う（徂徠は『論語』前半を琴牢の編集とする、三二一頁の補説参照）。なお三二一頁の琴牢《きんろう》以外にも一八〇頁の宰予《さいよ》、二二一頁の冉求《ぜんきゅう》、五〇六頁の南宮适《かつ》、六二三頁の陳亢《ちんこう》らが諱で記されているという指摘もあるが、これらは「宰」、「冉」、「南宮」、「陳」が付されていて、四〇六頁の弟子たちの諱の列挙と同様に当人自身の自称的な表記ではないので問題にはならない（また陳亢は孔子の弟子であるか疑問もある）。この徂徠の説には無理があり受け入れ難いが、三二一頁の琴牢の場合と同じく、諱が使われているのは、原憲自身の編集ということではなく原憲が記録したものを後人が使用したためという説もある。

第二章

克伐怨欲不行焉、可以為仁矣。子曰、可以為難矣。仁則吾不知也。

克伐怨欲《こくばつゑんよく》行《おこな》はれざるを、以《もつ》て仁《じん》と為《な》す可《べ》し。子《し》曰《いは》く、以《もつ》て難《かた》しと為《な》す可《べ》し。仁《じん》は則《すなは》ち吾《われ》知《し》らざるなり、と。

「自己主張、自慢、そねみ、むさぼりをしないのを仁とできる。」先生が言われた。「仁と言うより難事と言うべきだね。仁かどうかは私は知らないがね。」

○**克**　勝つのを好む。○**伐**　自ら誇る。○**怨**　怨恨《えんこん》。○**欲**　貪欲《どんよく》。○**以て難しと為す可し**　前にある「以て仁と為す可し」の「仁」を「難」に言い換えた形。

補説　冒頭の語を原憲の質問と見る解釈が多い。『史記』仲尼弟子列伝では原憲の質問としている。また前章とまとめて一章とする場合もある。なお荻生徂徠《おぎゅうそらい》は前に脱文があるとしたうえで、冒頭の語が疑問文になっていないことから、原憲の質問というよりも、当時の人が管仲あたりをあげて賞賛した語があり、それに孔子がコメントしたのだと言う。つまり「克伐怨欲行はれざる」とは克伐怨欲が国中に行われなくなったということ、「仁は則ち吾知らざるなり」とは、その人に民を安んずる仁の徳があったかは知らないということとしたのである。ここでは原憲とのやりとりではなく、当時言われていたか弟子が言ったのかはともかく、まずこのような言葉があり、それに孔子が反応したものとして訳してみた。

孔子が仁であるかどうかはわからないとしたことについて、伊藤仁斎は徳の何たるかを知っている者は、仁の実現に意を用い、この語のような防御には力を入れないからだとする。仁であろうと望めば仁はやってくるのである（二七四頁）。「仁は則ち吾知らざるなり」という口ぶりは、弟子について「其の仁を知らず（彼が仁であるかは知りません）」（一七一頁、一七六頁）と言っているのと似ている。仁かどうかわからないというよりも、これだけをそのまま仁とするには及ばないというニュアンスであろう。

第三章

子曰、士而懐居、不足以為士矣。

子曰《しいは》く、士《し》にして居《きよ》を懐《おも》ふは、以《もつ》て士《し》と為《な》すに足《た》らず、と。

先生が言われた。「士であるのに、家での安逸《あんいつ》を思うのは士とするのに不足である。」

○士　一五一頁の注。○居　家で安逸に暮らすこと。

第四章

子曰、邦有道、危言危行。邦無道、危行言孫。

子《し》曰《いは》く、邦《くに》道《みち》有《あ》れば、言《げん》を危《たか》くし行《かう》を危《たか》くす。邦《くに》道《みち》無《な》ければ、行《かう》を危《たか》くし言《げん》孫《したが》ふ、と。

先生が言われた。「邦に道が行われていれば、言葉を崇高にし、行動も崇高にする。邦に道が行われていなければ、行動は崇高にするが、言葉は順応させる。」

○危　崇高にすると訳した。妥協しないで理念にもとづいた言動をすること。朱子は、高峻《こうしゅん》の意味とする。『礼記《らいき》』緇《し》衣《い》に孔子の語として「そうすれば民の言葉は行動よりも高くはなく、行動は言葉よりも高くはなくなる（則《すなは》ち民の言は行より危《たか》からず、行は言より危からず）」と言行一致を言うものがあり、そこの鄭玄《じょうげん》の注では「危は、猶《なほ》高のごときなり」と言う。なお古注では、はげしくするという意味に取る。○孫　謙虚に順応する。

第五章

子曰、有徳者、必有言。有言者、不必有徳。仁者必有勇。勇者不必有仁。

子《し》曰《いは》く、徳《とく》有《あ》る者《もの》は、必《かなら》ず言《げん》有《あ》り。言《げん》有《あ》る者《もの》は、必《かなら》ずしも徳《とく》有《あ》らず。仁者《じんしゃ》は必《かなら》ず勇《ゆう》有《あ》り。勇者《ゆうしゃ》は必《かなら》ずしも仁《じん》有《あ》らず、と。

先生が言われた。「徳がある者は、必ず立派な言葉を発する。しかし言葉が巧みな者は、必ずしも徳があるわけではない。仁者には必ず勇がある。しかし勇者には必ずしも仁があるわけではない。」

第六章

南宮适問於孔子曰、羿善射、奡盪舟。倶不得其死然。禹稷躬稼而有天下。夫子不答。南宮适出。子曰、君子哉若人。尚徳哉若人。

南宮适《なんきゆうくわつ》 孔子《こうし》に問《と》ひて曰《いは》く、羿《げい》 射《しや》を善《よ》くし、奡《がう》 舟《ふね》を盪《うご》かす。倶《とも》に其《そ》の死《し》を得《え》ず。禹《う》稷《しょく》は躬《みづか》ら稼《か》して天下《てんか》を有《たも》つ、と。夫子《ふうし》答《こた》へず。南宮适《なんきゆうくわつ》出《い》づ。子《し》曰《いは》く、君《くん》子《し》なるかな若《かくのごと》き人《ひと》。徳《とく》を尚《たふと》べるかな若《かくのごと》き人《ひと》、と。

南宮适が孔子にたずねて言った。「羿は弓の名手であり、奡は舟を動かす大力でした。しかし両者ともまっとうな死に方をしませんでしたね。一方禹と稷は農作業する身から、天下を統治するまでになりましたね。」先生は答えられなかった。南宮适が退出した。先生が言われた。「立派な人だね、あのような人は。徳を尊重しているね、あのような人は。」

○南宮适　南容《なんよう》。孔子は兄の娘を彼に嫁《とつ》がせた。一六七頁の注と補説。**○羿**　各種の伝承がある。ここは堯《ぎょう》の時代の神話的な弓の名手で弟子の逢蒙《ほうもう》によって殺された羿ではなく、古注にあるように、有窮《ゆうきゅう》の君主であった羿を指す。晋侯《しんこう》が魏絳《ぎこう》に羿はいかなる人物かたずねた時、魏絳は次のように答えた。羿は弓射《きゅうしゃ》の名手で、夏《か》の君の位を簒奪《さんだつ》した。後に臣下に殺され、臣下たちはその肉を煮て彼の子に食べさせようとしたが、その子は食べるに忍びず自殺した（『春秋左氏伝』襄《じょう》公四年）。**○奡**『春秋左氏伝』に見える「澆《ぎょう》」を古注では「奡」としている。先の魏絳の語によると、羿の位を乗っ取った寒浞《かんさく》が羿の妻妾を自分のものにして生んだ子。夏王朝の少康《しょうこう》に亡ぼされた（『春秋左氏伝』襄公四年、少康に滅ぼされた件は『春秋左氏伝』哀公元年の呉王の夫差《ふさ》に対する伍子胥《ごししょ》の言葉にもある）。**○舟を盪す**「盪」は、動かす。古注に「奡は多力、陸地で舟を動かせた。夏后《かこう》少康に殺された」とある。○**倶に其の死を得ず**　原文の文末の「然」は文末に置く助字。三九九頁に「若由也不得其死然」とあり、この場合は「若《ごと》く～然《しか》り」と読むが、意味は「若《ごと》し」と同じ。要するに「倶に其の死の然るを得ず」とは読まない方がよい。○**禹**　三〇六頁の注。治水の功績を評価され、舜《しゅん》から位を譲られる。『孟子』万章上に、匹夫《ひっぷ》（庶民）で天下を支配するようになる者は、徳は必ず舜や禹のように高い、とある。○**稷**　后稷《こうしょく》。舜に仕えて農業を振興した。なお禹と稷を並べるのは、例えば『書経』周書・呂刑に、禹は水土を治め、山川に名づけて管理し、稷は種まきを教え、農民は良い穀物を育てた、とある。また『孟子』離婁《りろう》下には禹と稷は太平の世でも、三度自宅の門を通り過ぎたが中に入らず、孔子はこれを賢としたとあり、それを受けて孟子はこの二人と顔回は道を同じくしたと讃《たた》える。○**躬ら稼して**　自分で穀類を植え付ける。文脈からすると羿や奡が大力や武芸を誇ったのに対し農作業がとりえだったことになる。ただ、率先して農民に農業を教えたことを言っている可能性も捨てきれない。『書経』虞書《ぐしょ》・益稷《えきしょく》は、禹は稷と共同して農業を振興し、魚やすっぽんを食料として民に提供したと言う。禹の父親の鯀《こん》は堯《ぎょう》に仕えて治水に挑《いど》んだが失敗した人物で、その伝承からすると禹は全くの農民の出とも言えない。○**君子**　立派な人。○**若き**　「此《かく》の如き」と同じ。○**尚**　尊ぶ。

第七章

子曰、君子而不仁者有矣夫。未有小人而仁者也。

子《し》曰《いは》く、君子《くんし》にして不《ふ》仁《じん》なる者《もの》有《あ》るかな。未《いま》だ小人《せうじん》にして仁《じん》なる者《もの》有《あ》らざるなり、と。

先生が言われた。「君子であっても仁愛の持ち主とは言えないものだな。しかし小人で仁愛の持ち主である者はいない。」

○君子、小人　君子には立派な人と為政者という二つの意味があるが、後の小人がくだらない人と庶民という二つの意味のうち庶民のこととは取り難いので、前の君子の方もそれに対応して立派な人のことであろう。ただ為政者というニュアンスも含まれているように思われる。**○不仁**　朱子が引く謝良佐（謝上蔡《しようさい》）は、仁に志していても瞬時でも仁に離れたら不仁だと言うが、それだと生身の人間のほとんどが仁者とは言えなくなってしまう。伊藤仁斎は、君子の不仁とは、人を愛する心があっても人を愛する実質が無い場合であると言う。そして臧文仲《ぞうぶんちゅう》が六つの関所を廃したことや（『春秋左氏伝』文公二年に出ている孔子の語では彼の「三不仁」の一つとする）、鄭の名宰相子《し》産《さん》が刑書を鋳《い》たこと（『春秋左氏伝』昭公六年）などを不仁の例とする。**○かな**　原文は「夫」。詠嘆を表す。乾いた事実認定というよりも、遺憾ながらという感情が込められている。

第八章

子曰、愛之、能勿労乎。忠焉、能勿誨乎。

子《し》曰《いは》く、之《これ》を愛《あい》せば、能《よ》く労《らう》せしむること勿《なか》らんや。焉《これ》に忠《ちゆう》ならんとせば、能《よ》く誨《をし》ふること勿《なか》からんや、と。

先生が言われた。「相手を愛するのであれば、はげむようにさせないですもうか。相手に誠実であろうとするならば、教導しないですもうか。」

○労せしむ　相手にはげむようにさせることであろう。古注ではいたわる意味とするが、単に愛したりいたわったりするだけでなく、その相手の教化のために何らかの要求をすることと思われる。○忠　自己に対する誠実さであるが、ここは相手に対するものであろう。○焉　これ。前にある「之を愛せば」の「之」にあたる。

第九章

子曰、為命、裨諶草創之、世叔討論之、行人子羽脩飾之、東里子産潤色之。

子曰《しいは》く、命《めい》を為《つく》るに、裨諶之《ひじんこれ》を草創《さうさう》し、世叔之《せいしゆくこれ》を討論《たうろん》し、行人子羽之《かうじんしうこれ》を脩飾《しうしよく》し、東里《とうり》の子産之《しさんこれ》を潤色《じゆんしよく》す、と。

先生が言われた。「鄭《てい》の国では、外交文書の作成には、裨諶が草稿を書き、世叔がこれを意見を取り入れつつ吟味し、外交係の子羽が添削し、東里の子産が文を麗《うるわ》しく整えた。」

○**命**　公文書。布告の類のみならず外交文書も含む。○**裨諶**　鄭の大夫。○**草創**　草稿を作成する。○**世叔**　鄭の大夫の游吉《ゆうきつ》。『春秋左氏伝』襄公《じようこう》三十一年では「子大叔《したいしゆく》」となっている。○**討論**　意見を戦わせながら検討する。○**行人**　外交の使者をつかさどる官。○**子羽**　鄭の大夫の公孫揮《き》。○**脩飾**　添削すること。○**東里**　子産がいた地名。○**子産**　鄭の名宰相。一八九頁の注。○**潤色**　読むに堪《た》えるような雅《みやび》な文章に整えること。後に仏教の経典をサンスクリットから翻訳する時に、翻訳草稿作成、校正などを経て、最後に中国人が読誦するのに堪える立派な漢文に修正する仕事をしたのを潤文官《じゆんぶんかん》と言う。

補説　鄭の国は小国であったが人材が多く、宰相の子産がよくそれをまとめていた。外交文書を作成する場合もそれぞれ分業して、立派なものに仕立てあげたので、失敗が少なかった。

『春秋左氏伝』襄公三十一年には次のようにある。鄭の国では諸侯と交渉事がある場合は、子産は四方の国の状況を子羽にたずね、また外交の文書を作らせ、裨諶と同じ車に乗って野に行き、事の可否を謀《はか》らせ、馮簡子《ふうかんし》に告げて決定させた。方針が決定すれば、そこで世叔（子大叔）に命じて実行させ、それで諸侯の賓客《ひんきやく》を応対した。そのために失敗は少なかった。

第十章

或問子産。子曰、恵人也。問子西。曰、彼哉、彼哉。問管仲。曰、人也、奪伯氏駢邑三百。飯疏食、没歯、無怨言。

或《ある》ひと子産《しさん》を問《と》ふ。子曰《しいは》く、恵人《けいじん》なり、と。子西《しせい》を問《と》ふ。曰《いは》く、彼《かれ》なるかな、彼《かれ》なるかな、と。管仲《くわんちゆう》を問《と》ふ。曰《いは》く、人《このひと》や、伯氏《はくし》の駢邑三百《べんいうさんびやく》を奪《うば》ふ。疏食《そし》を飯《くら》ひ、歯《よはひ》を没《ぼつ》するまで、怨言無《ゑんげんな》し、と。

あるひとが子産についてたずねた。先生が言われた。「恵み深い人だ。」子西についてたずねた。先生が言われた。「なんだ彼のことなのか、彼のことなのか。」管仲についてたずねた。先生が言われた。「この人は伯氏の土地の駢邑の三百戸を奪った。しかし奪われたその人は粗末な食事をしても、命が尽きるまで彼に恨み言《うらごと》を言わなかった。」

○**子産**　鄭《てい》の名宰相。一八九頁の注。○**恵人**　恵み深い人。子産が没した時に孔子は涙して「古《いにしへ》の遺愛なり（昔から伝えられた民への愛を持った人物）」と言ったという（『春秋左氏伝』昭公二十年）。ただその直前に記された臨終の際に子産が子大叔（游吉《ゆうきつ》）に言った戒《いまし》めを見ると必ずしも寛大な政治のみを事としたわけではない。また一八九頁に、孔子が子産について、君子としての四つの道を具えていたとした中で、民を恵み深く養うとともに、民を秩序正しく使役したことをあげている。子産の民への施策が硬軟両面を持っていたことに対し朱子は、子産の政治は寛容だけであったわけではないが、その心はひとえに人を愛するのを旨《むね》としていたと言う。○**子西**　当時この字《あざな》の人物は三人いてそのうち誰かは意見がわかれ、古注などは二人を候補にあげているが、その中で子産、管仲と並んで質問の対象になりそうなのは楚《そ》の公子の申《しん》である。彼は楚国を譲って異母弟の昭王を立て、その政を改め正した（『春秋左氏伝』昭公二十六年）。ただ昭王が孔子を登用しようとした時にはそれを阻止した（『史記』孔子世家）。後に子西は、彼が呼び寄せた白公（楚の太子の建の子）に殺され、その白公も葉公《しょうこう》の軍に攻められ山で縊《くび》れることになる（『春秋左氏伝』哀公十六年）。○**彼なるかな、彼なるかな**　彼のことなのか、彼のことなのか。子産の後に、わざわざ彼について聞くのかという否定的ニュアンスが感じられる。なお荻生徂徠《おぎゅうそらい》は「彼」はもとは「彼《ひ》（よこしま）」であろうと言う。子産についての「恵人」という語と並びをよくするためでもある。○**管仲**　一三五頁の注。ここでは管仲に好意的な評価を見せているが、この問題については一三六頁の補説。○**人や**　「この人は」と普通解釈する。伊藤仁斎は「仁なり」の誤りとし、同様の解釈は中国でも見える。ちなみに『礼記《らいき》』表記に「仁とは、人なり」の語がある。また劉敞《りゅうしょう》『七経小伝』では「人」の前に脱字があると推測する。○**伯氏**　斉の大夫と言う。皇侃《おうがん》は、諱《いみな》は偃《えん》であるとする。○**駢邑**　地名。酈道元《れきどうげん》『水経注《すいけいちゅう》』の巨洋水の箇所に「臨朐《りんく》県《けん》故城の東に注《そそ》ぐ。城がある。古えの伯氏の駢邑である」と言う。○**三百**　三百戸。○**疏食**　二五九頁の注。○**歯**　年齢。○**怨言無し**　『荀子《じゅんし》』仲尼に、書社（戸籍帳簿）三百冊分の領地を管仲にあたえたところ、供出させられた富人でそれを拒《こば》もうという者はいなかったとある。一つの社は、二十五家で（『説文解字《せつもんかいじ》』の「社」の項）、「書社」は、その社の人名を登録した簿冊、またそれに相当する人口と土地のことである。三百ということは、七千五百家にあたる。あるいは伯氏の件も、この中に含まれていたのかもしれない。

第十一章

子曰、貧而無怨難、富而無驕易。

子《し》曰《いは》く、貧《まづ》しくして怨《うら》むこと無《な》きは難《かた》く、富《と》みて驕《おご》ること無《な》きは易《やす》し、と。

先生が言われた。「貧しくても怨むことが無いのは困難で、裕福でもおごることが無いのははたやすい。」

補説　六八頁で子貢は、「貧しくして諂《つら》ふこと無く、富みて驕ること無きは、何如《いかん》」と本章と類似の言葉を孔子にたずね、孔子は「よいね。ただ、貧しくても楽しみ、富んでも礼を好む者には及ばないね（可なり。未だ貧しくして楽しみ、富みて礼を好む者には若《し》かざるなり）」と答えていた。つまり、本章の内容ではまだ不足で、それよりも高い段階があることになるのである。そこで伊藤仁斎は、本章はあくまで一般人のための教えであり、学ぶ者のために言っているのが六八頁だとする。

また荻生徂徠《おぎゆうそらい》は、前章の「問管仲曰」を「管仲を問ひて曰く」と読み、それ以後の文章をみな質問の語とし、本章をそれに対する答えと見ている。

第十二章

子曰、孟公綽、為趙魏老則優。不可以為滕薛大夫。

子《し》曰《いは》く、孟公綽《まうこうしやく》は、趙魏《てうぎ》の老《らう》と為《な》れば則《すなは》ち優《いう》なり。以《もつ》て滕薛《とうせつ》の大夫《たいふ》と為《な》る可《べ》からず、と。

先生が言われた。「孟公綽は、家老の家の執務長となるのは趙や魏のような権勢を誇る家であっても余裕を持ってできる。ただ国家の役人となるのは滕や薛のような小さい国であっても無理だ。」

○**孟公綽**　魯の大夫。次章に「公綽の不欲」とあるから、無欲の人だったのであろう。『史記』仲尼弟子列伝では孔子が厳事（尊重）した六人の一人として「魯に於ては孟公綽」が出てくるが、このラインナップの中には老子と老萊子《ろうらいし》（同書の「老荘申韓列伝」で老子の候補者の一人としてあげられている）がともに見えることからして、あまり信用できない。○**老**　家臣の長。○**趙魏**　ともに晋《しん》の卿《けい》（家老）の家。後に同じく卿であった韓と、晋の国を簒奪し三分した。○**大夫**　国政に参画する役人。○**優**　余裕があること。○**滕薛**　ともに国の名。小国であった。

補説　権勢を誇っていても家老の家の内政と、小国であっても国家の内政とでは質が違うということであろう。伊藤仁斎は向き不向きの問題とするが、それもあったかもしれない。

第十三章

子路問成人。子曰、若臧武仲之知、公綽之不欲、卞荘子之勇、冉求之芸、文之以礼楽、亦可以為成人矣。曰、今之成人者、何必然。見利思義、見危授命、久要不忘平生之言、亦可以為成人矣。

子路《しろ》成人《せいじん》を問《と》ふ。子《し》曰《いは》く、臧武仲《ざうぶちゆう》の知《ち》、公綽《こうしやく》の不欲《ふよく》、卞荘子《べんさうし》の勇《ゆう》、冉求《ぜんきう》の芸《げい》の若《ごと》き、之《これ》を文《かざ》るに礼楽《れいがく》を以《もつ》てせば、亦以《またもつ》て成人《せいじん》と為《な》す可《べ》し、と。曰《いは》く、今《いま》の成人《せいじん》なる者《もの》は、何《なん》ぞ必《かなら》ずしも然《しか》らん。利《り》を見《み》ては義《ぎ》を思《おも》ひ、危《あやふ》きを見《み》ては命《いのち》を授《さづ》け、久要《きうえう》は平生《へいせい》の言《げん》を忘《わす》れざれば、亦以《またもつ》て成人《せいじん》と為《な》す可《べ》し、と。

子路がひとかどの人物についておたずねした。先生が言われた。「臧武仲の知、公綽の不欲、卞荘子の勇、冉求の多才を合わせて礼楽で整えれば、ひとかどの人物と言える。」また先生が言われた。「今のひとかどの人物は必ずしもそうではなかろう。利を前にしては義のことを考え、人の危難を見ては命がけで助け、古い約束はふだんの会話の中のものであっても忘れなければ、これもまたひとかどの人物と言える。」

○**子路**　孔子の弟子。九四頁の注と補説。○**成人**　ひとかどの人物。字の意味としては、完成された人のことだが、文字通りの完成を要求すると聖人と同じ事になってしまう。ここで列挙されている人物の長所を合わせていくら礼楽で整えてもとても聖人とは言えない。聖人と言えるのは、『孟子』万章下で、伯夷、伊尹《いいん》、柳下恵《りゆうかけい》といった賢人を集大成（集めて大成）したとする孔子の水準の話である。そこで木村英一が『詩経』や『礼記《らいき》』の中の「成人」の用例をもとに一人前と訳し（三六六頁の注の木村英一前掲書）、平岡武夫が『礼記』や『春秋左氏伝』に見える用例が礼と関係づけられているということを指摘しつつ同じ解釈を取っているのを参考にした（『全釈漢文大系一論語』集英社、一九八〇）。○**臧武仲**　魯の大夫、名は紇《こつ》。魯の大夫の御叔《ぎょしゅく》が彼のことを嘲笑《ちょうしょう》気味に「聖人」と呼んでいるように、当時その知から「聖人」とあだ名されていた（『春秋左氏伝』襄公二十二年）。五二一頁では孔子に批判されている。○**公綽**　孟公綽。五一六頁の注。○**卞荘子**　魯の卞邑《べんゆう》の大夫。ここにあるように勇で知られていたようで、『荀子《じゅんし》』大略に、斉が魯を伐とうとした時に、卞荘子をいやがって、卞を通らないようにしたとある。○**冉求**　孔子の弟子の冉有。一一四頁の注。○**芸**　学芸に通ずる多才。○**文**　麗《うるわ》しく整える。○**礼楽**　礼と音楽。一一〇頁の補説。○**命を授け**　その生を惜しまないで、人のために献身する。○**久要**　過去の約束。○**平生**　平日、ふだん。ここは、正式な形をとらないふだんの会話の中でした約束であっても忘れることがないという意味であろう。

補説　後の方の「曰く」以下を孔子の言葉とすると、この「曰く」は余計なはずである。朱子が引く胡寅《こいん》（胡致堂）は、そこで後の「曰く」以下を子路の言葉とし、伊藤仁斎はそれに賛成し、そのうえで、この語をのせているのは子路の言葉は理に合致しているところがあり、孔子がそれを認めたからであると言う。ちなみに朱子は『論語集注《しっちゅう》』では胡寅説が正しいかは未詳としながらも、『朱子語類』四四の方では胡寅に賛同している。また朱子は、この語に対する孔子のコメントが無いのは、子路が既にわかっている程度の内容だったからその必要が無かったとか、退出した後の子路の語であったためとかいろいろ推測もしている。ともかくもここでは「曰く」以下を孔子の言葉ととりあえずしておくが、荻生徂徠《おぎゅうそらい》が言うように、子路が重ねて質問したという語か、あるいは孔子が重ねて言葉を継いだという語かが脱落しているのかもしれない。

第十四章

子問公叔文子於公明賈曰、信乎、夫子不言、不笑、不取乎。公明賈対曰、以告者過也。夫子時然後言。人不厭其言。楽然後笑。人不厭其笑。義然後取。人不厭其取。子曰、其然、豈其然乎。

子《し》 公叔文子《こうしゅくぶんし》を公明賈《こうめいか》に問《と》ひて曰《いは》く、信《まこと》なるか、夫《か》の子《し》の言《い》はず、笑《わら》はず、取《と》らざるや、と。公明賈《こうめいか》対《こた》へて曰《いは》く、以《もつ》て告《つ》ぐる者《もの》の過《す》ぐるなり。夫《か》の子《し》時《とき》にして然《しか》る後《のち》に言《い》ふ。人其《ひとそ》の言《い》ふことを厭《いと》はず。楽《たの》しみて然《しか》る後《のち》に笑《わら》ふ。人其《ひとそ》の笑《わら》ふことを厭《いと》はず。義《ぎ》ありて然《しか》る後《のち》に取《と》る。人其《ひとそ》の取《と》ることを厭《いと》はず、と。子曰《しいは》く、其《そ》れ然《しか》り、豈其《あにそ》れ然《しか》らんや、と。

先生が公叔文子について公明賈にたずねて言った。「本当でしょうか、あの方は物言わず、笑わず、物を受け取らなかったというのは。」公明賈がお答えして言った。「そうあなたに申し上げた人の言いすぎです。あの方はしかるべき時に物を言います。ですから人々はその発言をいやがりません。楽しんでから後で笑います。ですから人々はその笑いをいやがりません。筋が通っているのがわかった後で受け取ります。ですから人々はその受け取ることをいやがりません。」先生が言われた。「たぶんそうなのでしょう、本当にそうならば。」

○**公叔文子**　衛の大夫。諱《いみな》は抜《ばつ》（発）とも枝《し》ともされる。公叔発なら衛の献公の孫。呉の季札《きさつ》が衛を訪れた時に会って「衛には君子が多いからまだ心配無い」と評価した人物たちの内の一人（『春秋左氏伝』襄公二十九年）。五二八頁では孔子が文という立派な諡《おくりな》があたえられるのにふさわしいと評価している。○**公明賈**　姓は、公明。諱《いみな》は、賈。衛の人。○**夫の子**　「彼の子《し》（あの方）」で、公叔文子のこと。○**以て告ぐる者の過ぐるなり**　そう申した者の言い過ぎであるということ。「以て告ぐる者の過《あやまち》なり」と読み、そう申した者が誤っているいう意味に取ることもある。○**時にして**　しかるべき時にそうすること。○**其れ然り、豈其れ然らんや**　文字通り訳せば、「その通りである。どうしてそうであろうか」と相反する内容が並んでいることになるが、一応肯定しながらも疑問も残っていることを表現した語と言われている。

第十五章

子曰、臧武仲以防求為後於魯。雖曰不要君、吾不信也。

子曰《しいは》く、臧武仲《ぞうぶちゅう》防《ぼう》を以《もっ》て後《のち》を魯《ろ》に為《な》すことを求《もと》む。君《きみ》を要《えう》せずと曰《い》ふと雖《いへど》も、吾《われ》は信《しん》ぜざるなり、と。

先生が言われた。「臧武仲が防を拠点にして跡継ぎを魯に残すことを求めた。主君に要求していないと言っても、私は信じていない。」

○臧武仲　五一八頁の注。**○防**　地名。武仲が封ぜられた邑。**○後を魯に為す**　後継者を魯に残す。**○要**　強制して要求すること。

補説　『春秋左氏伝』襄公《じょうこう》二十三年によると、事の経緯は次のようである。孟孫氏が臧武仲のことを季孫氏に誣告《ぶこく》し、それを信じた季孫氏が臧武仲を攻めた。臧武仲は邾《ちゅ》に出奔《しゅっぽん》し、邾から防に行き、魯に使者を立てて告げさせた。「私は謀反を企てているのではありません。自分の知が足りなかったのです。自分自身のためではありません。もし祖先の祭を守ることができ、祖父と父の勲功を無駄にしないのであれば、ここを立ち去らないことはございません。」その結果臧為《ぞうい》が跡継ぎに認められたため、防を去って斉に奔《はし》った。つまり臧武仲側にも言い分があるのだが、孔子はそれを信じてはいなかったことになる。『春秋左氏伝』襄公《じょうこう》二十三年の杜預《どよ》の注に「邑に拠《よ》りて後《のち》（跡継ぎ）を請《こ》ふ。故に孔子以て君を要すと為す」とあるが（『春秋経伝集解《しっかい》』）、言葉の裏に威嚇《いかく》的行動があったことに変わりは無いということであろう。ちなみに朱子が引く楊時《ようじ》（楊亀山《きざん》）の語では、孔子の言は春秋における意を誅《ちゅう》する法であるとしている。この意を誅すとは、「諝《しょ》（霍《くわく》諝）聞く、春秋の義、情を原《たづ》ね過を定め、事を赦《ゆる》し意を誅す（事実には寛容で、その動機を懲罰する）」（『後漢書』楊李翟応霍爰徐列伝）、「君子は意を誅して事を誅せず」（何休《かきゅう》『公羊解詁《くようかいこ》』定公十三年）とあるもので、要するに臧武仲の心の中に明らかに臣下の分を超えた主君への要求があったと見ているのである。

第十六章

子曰、晋文公譎而不正。斉桓公正而不譎。

子《し》曰《いは》く、晋《しん》の文公《ぶんこう》は譎《いつは》りて正《ただ》しからず。斉《せい》の桓公《くわんこう》は正《ただ》しくして譎《いつは》らず、と。

先生が言われた。「晋の文公は詐術《さじゅつ》を用いて正道を踏まなかった。斉の桓公は正道を踏んで詐術を用いなかった。」

○**晋の文公**　諱《いみな》は重耳《ちょうじ》。孔子よりも百四十年ほど前の晋の君主。内紛が多かった晋を強国にした春秋時代の覇者の一人。○譎　詐術を用いる。○斉の桓公　諱は小白。孔子よりも百年以上前の斉の君主。春秋時代の代表的な覇者で、宰相の管仲の働きにより、斉を強大な国にした。『孟子』に、晋の文公と合わせて「斉桓晋文」と言う。○正　正義というよりも、正攻法。

補説　朱子は下記の二点を対比させている。

晋の文公については、『春秋左氏伝』僖《き》公《こう》二十八年にこのようにある。晋の文公は衛と曹《そう》を伐《う》った。一方、宋は楚《そ》軍に包囲され、晋に救いを求めた。そこで晋は、斉と秦《しん》にわいろを使って楚と宋の和睦を取りもたせるとともに、衛と曹の地を宋に分かち、それによって衛と曹を愛している楚に斉と秦からの取りなしを拒絶させ、かくて怒った斉と秦を自分の味方につけようとした。さらに晋は内密に衛と曹を復興させ、楚から離反させた。結局晋、宋、斉、秦の連合軍と楚は対峙《たいじ》し、晋の軍は楚を破った。

一方斉の桓公については、『春秋左氏伝』僖公四年の斉が楚を伐った理由を桓公の宰相の管仲が言うところで、周を補佐する大義を持ち出している。

なお荻生徂徠《おぎゅうそらい》は道義の問題ではなく用兵についての言であるとし、晋の文公が縦横に計略を用いるのに対し、斉の桓公は正攻法であったということであるとする。いずれにしても斉に反感を持つ魯の学統の言ではあるが、斉の宣王が孟子に「斉桓晋文（斉の桓公と晋の文公）の事」についてたずねた時、孟子が「仲尼（孔子）の徒は桓と文の事は言わないものなのです。ですから伝承がありません」と否定的に答えたように（『孟子』梁恵王《りょうけいおう》上）、孔子が覇者である斉の桓公の全てに肯定的であったとは思われず、あくまでも両者の比較のうえでの語である。

第十七章

子路曰、桓公殺公子糾。召忽死之。管仲不死。曰、未仁乎。子曰、桓公九合諸侯、不以兵車、管仲之力也。如其仁、如其仁。

子路《しろ》曰《いは》く、桓公《くわんこう》公子糾《こうしきう》を殺《ころ》す。召忽之《せうこつこれ》に死《し》す。管仲《くわんちゅう》は死《し》せず。曰《いは》く、未《いま》だ仁《じん》ならざるか、と。子曰《しいは》く、桓公諸侯《くわんこうしよこう》を九合《きうがふ》するに、兵車《へいしや》を以《もつ》てせざるは、管仲《くわんちゅう》の力《ちから》なり。其《そ》の仁《じん》に如《し》かんや、其《そ》の仁《じん》に如《し》かんや、と。

子路が言った。「桓公は公子糾を殺しました。召忽はそこで死にました。しかし管仲の方は死にませんでした。これは仁ではないでしょう。」先生が言われた。「桓公が諸侯を糾合《きゅうごう》するのに、軍隊によらなかったのは管仲の力である。誰がその仁に及ぼうか、誰がその仁に及ぼうか。」

○**子路**　孔子の弟子。九四頁の注と補説。○**桓公**　五二三頁の注。釐公《きこう》（僖公《きこう》）の子、襄公《じょうこう》（諸《しょ》児《げい》）の弟。襄公を弑《しい》した公孫無知が殺された後、兄弟の糺と争って斉の君主になった。○**公子糾**

桓公の兄弟。普通は桓公の兄とされる。それは、「斉の僖公は公子諸児、公子糾、公子小白（桓公）を生んだ。……」（『管子』大匡）、「それゆえ次弟の糾は魯に出奔した。……次弟の小白は莒《きょ》に出奔した」（『史記』斉太公世家）、『荘子《そうじ》』盗跖《とうせき》、『越絶書《えつぜつしょ》』呉内伝などによる。逆に桓公の弟とするのは、朱子が引く程頤《ていい》（程伊川《いせん》）の説で、これは桓公が兄であれば継承権の上位者となり、管仲が鞍替えしたのを正当化できるということもあった。程頤が弟とした文献上の根拠は、「斉桓はその弟を殺して国に反《かえ》った」（『漢書』淮南衡山済北王伝の薄昭《はくしょう》の語）であろうと言う（金履祥《きんりしょう》『論語集《しつ》註攷証《ちゅうこうしょう》』、および荻生徂徠《おぎゅうそらい》『論語徴』）。**○召忽**　公子糾の守り役。公子糾に仕え、その死に殉じた。**○曰く、未だ仁ならざるか**　この「曰く」は余計なように見える。前文の事実に対する子路のコメントであることを示すとされることが多いが、錯簡《さっかん》があるのであろう。**○九合**　糾合する。『春秋左氏伝』襄公《じょうこう》二十六年では「九」が「糾」になっていて、朱子はそれによる。桓公が葵丘《ききゅう》で会盟を主催し、諸侯間に盟約を結ばせたのは有名である。なお古注は、九回にわたって諸侯と会談したという意味とする。**○其の仁に如かんや**　誰がその仁に及ぼうか。古注によって訳した。朱子もこの路線だが、管仲をそのまま真の仁者とすることに抵抗があったため、「管仲は仁人たりえていなかったが、その恩沢は人々に及んだことからすれば、仁の功業があったとは言える」と解説する。その他にも、「仁の如し」と読んで仁ではないが仁のようなものとしたり、「其の仁の如きは」と読んでその後に続く語を省略したものとしたり、「其」を「召忽」と取って召忽の仁のようであったとしたり、「如」を「乃《すなは》ち」の意味に解したり、「如」を「何如」と同義とし、「如《いか》んぞ其れ仁ならんや」と読んでどうして仁であろうかという意味とするものがある（狩野直喜「孔子と管仲」『支那学文藪《ぶんそう》』

所収、みすず書房、一九七三、初出は一九二三)。孔子が覇業を助けた管仲に簡単に最高の道徳である仁を許すはずが無いということから種々の解釈が出てくるのである。

補説 『春秋左氏伝』荘公八年および九年にこうある。斉の襄公《せいじょう》は無道であった。鮑叔《ほうしゅく》は、公子の小白を奉じて莒《きょ》に出奔した。公孫無知が襄公を弑殺するに及んで、管仲と召忽は、公子の糾を奉じて魯に出奔した。斉君となった公孫無知が殺されると、魯人は糾を斉に送り込もうとしたが、成功しないうちに、小白の方が斉に入った。これが桓公である。彼は魯に糾を殺させて、管仲と召忽の引き渡しを求めた。召忽はそこで自殺し、管仲は捕囚の身となることを求めた。鮑叔は桓公に建議し、それによって管仲は宰相となった。

本章には五一二頁、次章とともに管仲に対する高い評価が見えるが、『論語』には一方では否定的な言もあり、その問題については、一三六頁の補説。

第十八章

子貢曰、管仲非仁者与。桓公殺公子糾、不能死。又相之。子曰、管仲相桓公、覇諸侯、一匡天下、民到于今、受其賜。微管仲、吾其被髪左衽矣。豈若匹夫匹婦之為諒也、自経於溝瀆、而莫之知也。

子《し》貢《こう》曰《いは》く、管仲《くわんちゆう》は仁者《じんしや》に非《あら》ざるか。桓公《くわんこう》公子《こうし》糾《きう》を殺《ころ》すに、死《し》すること能《あた》はず。又之《またこれ》に相《しやう》たり、と。子《し》曰《いは》く、管仲《くわんちゆう》桓公《くわんこう》に相《しやう》たりて、諸侯《しよこう》に覇《は》たらしめ、天下《てんか》を一匡《いつきやう》し、民《たみ》今《いま》に到《いた》るまで、其《そ》の賜《し》を受《う》く。管仲微《くわんちゆうな》かりせば、吾其《われそ》れ被《ひ》髪《はつ》左《さ》衽《じん》せん。豈匹夫《あにひつぷ》匹婦《ひつぷ》の諒《まこと》を為《な》すや、自《みづか》ら溝瀆《こうとく》に経《くび》れて、之《これ》を知《し》ること莫《な》きが若《ごと》くならんや、と。

子貢が言った。「管仲は仁者ではないでしょうね。桓公が公子糾を殺した際に、殉死できませんでした。そのうえ桓公の宰相になりました。」先生が言われた。「管仲は桓公の宰相になって、桓公を諸侯の筆頭に押し上げ、天下を一つに正し、民は今にいたるまで、その恩恵を受けている。管仲がいなかったなら、我々は野蛮な風俗であるざんばら髪で左前の服を着ていたであろう。どうして取るに足らない男女が義理立てしてみぞで縊《くび》れ死に、誰も気がつかないようなものであろうか。」

○**子貢**　孔子の弟子。六一―二頁の注と補説。○**管仲**　一三五頁の注。○**桓公**　五二三頁の注。○**公子糾**　五二四頁の注。○**相**　宰相。○**覇**　長《おさ》。諸侯の旗頭《はたがしら》を言う。○**一匡**　匡は、正す。○**微**　無い。○**被髪左衽**　ざんばら髪で左前の衣服。「衽」は、衣の襟《えり》。夷狄《いてき》（野蛮人）の風俗。○**匹夫匹婦**　取るに足らぬ男女。○**諒**　取るに足らぬ頑《かたくな》な信義。○**溝瀆**　みぞ。○**経**　首をつること。

補説　ここでも管仲に対する高い評価が見える（一三六頁の補説）。

第十九章

公叔文子之臣大夫僎、与文子同升諸公。子聞之曰、可以為文矣。

公叔文子《こうしゆくぶんし》の臣《しん》の大夫《たいふ》の僎《せん》、文子《ぶんし》と同《おな》じく諸《これ》を公《こう》に升《のぼ》す。子之《しこれ》を聞《き》きて曰《いは》く、以《もつ》て文《ぶん》と為《な》す可《べ》し、と。

公叔文子の家来であった大夫の僎を、文子は自分と同じように国の政庁に上がれるようにした。先生はこれを聞いて言われた。「文という謚《おくりな》をもらえるのにあたいする。」

○**公叔文子**　五二〇頁の注。○**大夫**　もともと大夫であったのか、公叔文子の推薦の結果大夫になったのか、二説ある。○**僎**　公叔文子の家臣。○**諸**　これ。「之於」と同じ。○**公**　国の政庁。○**升**　昇進。私臣から国家の役人になったこと。○**以て文と為す可し**　特別な謚である「文」をおくることができる。「文」という謚は最高の道徳者にあたえられるものだが、同時にいくつかの項目の中で優《すぐ》れた点を評価した場合もあり（一八八頁の注と補説）、公叔文子にあたえられた「文」もその可能性がある。『礼記《らいき》』檀弓《だんぐう》下には、公叔文子の子の戍《じゆつ》が霊公に父に謚を賜《たまわ》らんことを願ったところ、霊公は公叔文子が「恵」、「貞」、「文」の徳を持っていたので「貞恵文子」としようと言ったとある。霊公はそこでなぜ「文」をつけたかというと、「国内の尊卑の秩序を安定させ、隣国と外交し、衛の国が辱《はずかし》められないようにした」からだとしている。鄭玄《じようげん》はそこに注して、後に「貞恵」を言わなくなったのは、「文」一字でそれを兼ねるに足るからだと言う。

補説 五七九頁では本章のケースと逆に、臧文仲が、柳下恵が賢人なのを知りながらともに政庁に立つようにしなかったことを、「位を窃《ぬす》む者」として批判している。

第二十章

子言衛霊公之無道也。康子曰、夫如是、奚而不喪。孔子曰、仲叔圉治賓客、祝鮀治宗廟、王孫賈治軍旅。夫如是、奚其喪。

子《し》 衛《えい》の霊公《れいこう》の無道《むだう》なるを言《い》ふなり。康子《かうし》曰《いは》く、夫《そ》れ是《かく》の如《ごと》くんば、奚《なん》ぞ喪《ほろ》びざる、と。孔子《こうし》曰《いは》く、仲叔圉《ちゆうしゆくぎよ》は賓客《ひんきやく》を治《をさ》め、祝鮀《しゆくだ》は宗廟《そうべう》を治《をさ》め、王孫賈《わうそんか》は軍旅《ぐんりよ》を治《をさ》む。夫《そ》れ是《かく》の如《ごと》くんば、奚《なん》ぞ其《そ》れ喪《ほろ》びん、と。

先生が衛の霊公のでたらめぶりに言及した。康子が言った。「そのようであれば、どうして霊公は位を失わなかったのか。」孔子が言った。「仲叔圉が外交を取り仕切り、祝鮀が宗廟を取り仕切り、王孫賈が軍事を取り仕切っていました。このようであればどうして位を失いましょうか。」

○衛の霊公 孔子が最初に衛を訪れた時の君主で、夫人は醜聞のあった南子。孔子を一度は登用しようとしたが結局は取りやめた。**○康子** 魯の家老の季康子。九九頁の注。孔子との問答は孔子が遊説から帰国した後なので、この時点で霊公は没していた。**○奚** どうして。**○喪** 朱子は位を失うこととする。**○祝鮀** 二二六頁の注。**○仲叔圉** 孔文子。一八八頁の注と補説。**○賓客を治め** 外国からの使者の対応を管轄する。**○祝鮀** 二二六頁の注。ただ二二五頁ではよい意味であげられているわけではない。**○宗廟** 祖先のみたまや。**○王孫賈** 一二四頁の注。ただそこでは孔子に対して鎌を掛けるような質問をしている。**○軍旅** 軍事。

[補説] 注にも記したように、この三人のうち祝鮀と王孫賈については道徳的であったとは言い難く、あくまでも有能であったということであろう。

第二十一章

子曰、其言之不怍、則為之也難。

子曰《しいは》く、其《そ》れ之《これ》を言《い》ふに怍《は》ぢざれば、則《すなは》ち之《これ》を為《な》すや難《かた》し、と。

先生が言われた。「心に恥じること無く大言すれば、その実行は困難である。」

○怍　恥。なお言動と恥を関係づけるのは、一六二頁、五三八頁も同じである。

補説　古注は、「其れ之を言ふに怍ぢざるは」と読み、「言葉を出す時に心に恥じることが無いというのは、そうすることが難しい」という意味に取る。

第二十二章

陳成子弑簡公。孔子沐浴而朝、告於哀公曰、陳恒弑其君。請討之。公曰、告夫三子。孔子曰、以吾従大夫之後、不敢不告也。君曰、告夫三子者。之三子告。不可。孔子曰、以吾従大夫之後、不敢不告也。

陳成子《ちんせいし》　簡公《かんこう》を弑《しい》せり。孔子《こうし》沐浴《もくよく》して朝《てう》し、哀公《あいこう》に告《つ》げて曰《いは》く、陳恒《ちんこう》其《そ》の君《きみ》を弑《しい》す。請《こ》ふ之《これ》を討《う》たん、と。公曰《こういは》く、夫《か》の三子《さんし》に告《つ》げよ、と。孔子《こうし》曰《いは》く、吾《われ》大夫《たいふ》の後《のち》に従《したが》ふを以《もつ》て、敢《あへ》て告《つ》げずんばあらざるなり。君曰《きみいは》く、夫《か》の三子《さんし》に告《つ》げよ、と。三子《さんし》に之《ゆ》きて告《つ》ぐ。可《き》かず。孔子《こうし》曰《いは》く、吾大夫《われたいふ》の後《のち》に従《したが》ふを以《もつ》て、敢《あへ》て告《つ》げずんばあらざるなり、と。

陳成子が簡公を弑殺《しいさつ》した。孔子は身を清め参内《さんだい》して、哀公に向かって言った。「陳恒（陳成子）がその君を弑殺しました。討伐願います。」公が言った。「あのお三方に言え。」孔子は退出して言った。「私は大夫の末席を汚している以上、申し上げないわけにはいかなかったのだ。ところが殿様は「あのお三方に言え」とおっしゃった。」そこで孔子は三人のところに行ってその旨を言った。聞く耳を持たれなかった。孔子が言った。「私は大夫の末席を汚している以上、申し上げないわけにはいかなかったのだ。」

○**陳成子**　斉の大夫、諱《いみな》は恒《こう》。陳氏は田氏とも言う。後にひ孫の田和は斉の国を乗っ取った。この下剋上は、晋が家老の三つの家によって乗っ取られた事件とともに、戦国時代の始まりを象徴する事件とされる。○**簡公**　斉の君主、諱は壬《じん》。○**弑**　弑殺。孔子七十二歳（七十一歳）の時の事件。○**沐浴**　頭を洗い、身を潔める。『春秋左氏伝』哀公十四年では孔子が三日斎戒《さいかい》してから哀公に陳氏討伐を三回求めたと言う。○**朝**　参内する。○**哀公**　魯の君主。九七頁の注。○**陳恒**　陳成子。○**三子**　魯の実力者の三桓《さんかん》氏。八一頁の補説。『春秋左氏伝』哀公十四年では季孫《きそん》氏とする。○**孔**

子曰く（前者の方）『春秋左氏伝』哀公十四年では以下の語を、「孔子辞す。退きて人に告げて曰く」と、哀公のもとを退出した後のものとする。○**吾大夫の後に従ふを以て**「後に従ふ」は、末席を汚す。三九一頁にも同じ語がある。○**之**　ゆく。○**可かず**　聞き入れられなかった。

補説　『春秋左氏伝』哀公十四年では、哀公が孔子に勝ち目が無いと言うと、孔子が斉の民の半ばはこれを支持してくれるはずだから、魯の民と合わせると勝てると答えたと言う。朱子は、この『春秋左氏伝』の孔子の語は道義よりも力の論理によっているから、孔子の言ではないとする。

第二十三章

子路問事君。子曰、勿欺也。而犯之。

子路《しろ》君《きみ》に事《つか》へんことを問《と》ふ。子曰《しいは》く、欺《あざむ》くこと勿《なか》れ。而《しか》して之《これ》を犯《をか》せ、と。

子路が君に仕えることについてたずねた。先生が言われた。「あざむくな。そして諫《いさ》めよ。」

○子路　孔子の弟子。九四頁の注と補説。○犯　面と向かって諫める。

補説　『礼記《らいき》』檀弓《だんぐう》上に「親に仕える場合は言わないこともあるし諫めることもしない……君に仕えては諫めることがあり言わないことが無い（親に事《つか》へては隠すこと有りて犯すこと無し。……君に事へては犯すこと有りて隠すこと無し）」とある。本章はこの後半部分と類似の内容である。

第二十四章

子曰、君子上達。小人下達。

子《し》曰《いは》く、君子《くんし》は上達《じやうたつ》す。小人《せうじん》は下達《かたつ》す、と。

先生が言われた。「君子は向上を目指す。小人は下降を目指す。」

○君子、小人　立派な人、くだらない人。○上達　道徳の完成を目指す。五四七頁に「下学《かがく》して上達す」の語がある。達した結果とも取れるが、そこに達することを目指すということであろう。○下達　利欲の完遂《かんすい》を目指す。朱子は欲望にまかせることとし、伊藤仁斎は卑事に向かうこととする。

第二十五章

子曰、古之学者為己、今之学者為人。

子《し》曰《いは》く、古《いにしへ》の学《まな》ぶ者《もの》は己《おのれ》の為《ため》にす、今《いま》の学《まな》ぶ者《もの》は人《ひと》の為《ため》にす、と。

先生が言われた。「古えの学ぶ者は、自分の向上のために学問した。今の学ぶ者は、人に知られるために学問する。」

○為　ため。

第二十六章

蘧伯玉使人於孔子。孔子与之坐而問焉。曰、夫子何為。対曰、夫子欲寡其過、而未能也。使者出。子曰、使乎、使乎。

蘧伯玉《きよはくぎよく》人《ひと》を孔子《こうし》に使《つか》はす。孔子《こうし》之《これ》に坐《ざ》を与《あた》へて問《と》ふ。曰《いは》く、夫《か》の子《し》何《なに》をか為《な》す、と。対《こた》へて曰《いは》く、夫《か》の子《し》其《そ》の過《あやまち》を寡《すくな》くせんと欲《ほっ》するも、而《しか》れども未《いま》だ能《よ》くせざるなり、と。使《し》者《しゃ》出《い》づ。子《し》曰《いは》く、使《つかひ》なるかな、使《つかひ》なるかな、と。

蘧伯玉が人を孔子に使わした。孔子は使者に座をあたえてたずねて言われた。「あのお方は何をなされておいでか。」使者はお答えして言った。「あのお方は過ちを少なくしようと望んでおられますが、まだできておられません。」使者が退出した。先生が言われた。「本当の使者だね。本当の使者だね。」

○蘧伯玉　衛の大夫、諱《いみな》は瑗《えん》。孔子が衛にいた時、その家にいたことがあった。その後で魯に帰ったのである。それゆえ伯玉が人を派遣してきた。彼については、五七一頁で孔子はその出処進退の見事さを讃《たた》えている。なお『史記』仲尼弟子列伝に、孔子が尊重した人物を列挙した中に「衛では蘧伯玉」と見える。ただ五一六頁の孟公綽の注のところでも記したように『史記』のこの箇所の信《しん》憑性《ぴょうせい》には疑問符がつくが、このような伝承ができる素地はあったのであろう。**○坐を与へて**　孔子が使者の主人に敬意を表し、それを使者にまで及ぼした。**○夫の子**　「彼の子《し》（あの方）」。蘧伯玉を指す。**○使なるかな**　使者として立派であることを誉《ほ》めている。

補説　使者の言葉は、蘧伯玉がふだん漏らしていたものをそのまま伝えたのであろう。なお蘧伯玉は五十歳で、四十九年間の非を知ったとか（『淮南子《えなんじ》』原道訓）、蘧伯玉は六十歳でそれまでの六十年を忘れた（『荘子《そうじ》』則陽）とかいう説話がある。

第二十七章

子曰、不在其位、不謀其政。

子《し》曰《いは》く、其《そ》の位《くらゐ》に在《あ》らざれば、其《そ》の政《せい》を謀《はか》らず、と。

先生が言われた。「しかるべき地位にいないのであれば、政務をあれこれ議することはしない。」

補説　三〇二頁にも同じ語が見える。

第二十八章

曽子曰、君子思不出其位。

曽子《そうし》曰《いは》く、君子《くんし》は思《おも》ふこと其《そ》の位《くらゐ》を出《い》でず、と。

曽子が言われた。「君子は、あれこれはからうことが自分の地位を逸脱することは無い。」

○**曽子**　孔子の弟子の曽参《そうしん》。五二一―三頁の注と補説。○**君子**　立派な人。

補説　『易経』艮卦《ごんか》・大象《たいしょう》に、「君子以思不出其位」というようにほぼ同じ語がある。大象は孔子の作と伝えられてきた十翼《じゅうよく》の一つの象伝《しょうでん》だが、孔子が作ったということは今では完全に否定されている。『論語』と『易経』の関係については、二六〇頁の補説。朱子は曽参がこの語を唱えていたとするが、たとえ曽参自身の語ではなく古語であったとしても、少なくとも『易経』からの引用ということはありえない。

なお古注は前章とあわせて一章とする。朱子は二章に分けたが、同時に内容的に類似点があるのは確かなので、記録者がこのような配列にしたと言う。

第二十九章

子曰、君子恥其言而過其行。

子曰《しいは》く、君子《くんし》は其《そ》の言《い》ひて其《そ》の行《おこなひ》に過《す》ぐるを恥《は》づ、と。

先生が言われた。「立派な人は、言葉を発してそれが行動以上であるのを恥じる。」

○君子　立派な人。

補説　皇侃《おうがん》『論語義疏』、邢昺《けいへい》『論語注疏』によって訳した。一六二頁に「昔の人が言葉をなかなか発しなかったのは、実践がそれに及ばないのを恥じたからだ」と言う。朱子は「君子は其の言を恥じて其の行を過ごす」と読み、「立派な人は言葉は慎重にして言い尽くそうとせず、行動は少しでも多く行おうとする」意味とする。また荻生徂徠《おぎゅうそらい》は「立派な人は言ったことに廉《れん》恥心《ちしん》を持つから、言った事以上に行為する」と解釈する。

第三十章

子曰、君子道者三。我無能焉。仁者不憂、知者不惑、勇者不懼。子貢曰、夫子自道也。

子《し》曰《いは》く、君子《くんし》の道《みち》なる者《もの》三《さん》。我《われよ》能くすること無《な》し。仁者《じんしや》は憂《うれ》へず、知者《ちしや》は惑《まど》はず、勇者《ゆうしや》は懼《おそ》れず、と。子貢《しこう》曰《いは》く、夫子《ふうし》自《みづか》ら道《い》ふなり、と。

先生が言われた。「君子の道には三項目がある。私はできないがね。仁者は憂えず、知者は惑わず、勇者は恐れない。」子貢が言った。「これは先生が自分で言われたことである。」

○**君子**　立派な人。○**夫子自ら道ふなり**　皆は信じないかもしれないが、先生は確かにご自身でこのように言われたのだという意味。邢昺《けいへい》『論語注疏』や朱子は、自分のことを言うと解釈し、仁者以後の三項目は孔子が自分自身のことを言ったのだと解釈する。

補説　孔子が「我能くすること無し」と言っているのを普通は謙譲の言葉とか自分を責めることで人を励ましたとかする。そして子貢の「夫子自ら道ふなり」という言葉を、孔子はかく謙遜しながらも、実は「仁者」以下の三項目は孔子自身のことを言っているのだとする。しかしそのような解釈は孔子が聖人であるという前提に引きずられたものである。『論語』のどこにも孔子は自分を聖人と言ってはいない。むしろ一貫して孔子は自分をまだ向上の途にあるとしている（二七九頁の補説）。ここは孔子が率直に自分の未熟を認め、それを受けて子貢が「皆は信じないかもしれないが、先生は確かに自分でこのように言われたのだ」と言ったと解すべきである。ちなみに『礼記』中庸《ちゆうよう》でも、孔子は「君子の道は四つあるが、私は一つもできていない」と言いながら、子に求めるように父に仕えること、臣に求めるように君に仕えること、弟に求めるように兄に仕えること、朋友に求めるように率先してすることをあげている。

なお「仁者不憂、知者不惑、勇者不懼」は、三四五頁では「知者不惑。仁者不憂。勇者不懼」という順序になっている（三四五頁の補説）。

第三十一章

子貢方人。子曰、賜也賢乎哉。夫我則不暇。

子貢《しこう》人《ひと》を方《くら》ぶ。子曰《しいは》く、賜《し》や賢《けん》なるかな。夫《そ》れ我《われ》は則《すなは》ち暇《いとま》あらず、と。

子貢が人の品評をした。先生が言われた。「お前は賢いのだね。私はそんな暇は無い。」

○子貢 孔子の弟子。六一―二頁の注と補説。**○方** くらべる。**○賜** 子貢の諱《いみな》。

補説 四〇三頁では、子貢が孔子に子張と子夏の優劣を質問している。また一七九頁では孔子が子貢に彼と顔回の優劣を質問している。弟子の間で自他の評価が意識されていて、秀才で自負心が強い子貢はことのほかこれに関心を持っていたのであろう。

第三十二章

子曰、不患人之不己知。患其不能也。

子《し》曰《いは》く、人《ひと》の己《おのれ》を知《し》らざることを患《うれ》へず。其《そ》の能《よ》くせざることを患《うれ》ふるなり、と。

先生が言われた。「人が自分のことを知ってくれないのを憂えない。自分ができないことを憂う。」

補説　七〇頁、一五五頁、五八三頁に類似の語がある（七一頁の補説）。

第三十三章

子曰、不逆詐、不億不信、抑亦先覚者是賢乎。

子《し》曰《いは》く、詐《いつはり》を逆《むか》へず、不信《ふしん》を億《おもんぱか》らず。抑々《そもそも》亦《また》先《ま》づ覚《さと》らんとする者《もの》は是《これ》賢《けん》ならんか、と。

先生が言われた。「人が自分を欺《あざむ》くことをことさら予防しようとしたり、人が自分を疑うことをことさら予測しようとするものではない。そもそも事前に人を見抜こうとする者は賢者であろうか。」

〇**詐**　いつわる。人が自分を欺くこと。〇**逆**　むかえる。まだそれが至らないうちにそれに対応すること。〇**不信**　人が自分を疑う。〇**億**　おもんぱかる。まだ見ないうちにそれを予測して考えること。〇**先づ覚らんとする者**　事前に人のことを覚ろうとする者という意味に取った。荻生徂徠《おぎゅうそらい》は、孔子は「視」、「観」、「察」を説いているように（八七頁）、実際にその人を観察して判断したのであって、あらかじめ見抜くことを智とはしないと言う。〇**是賢ならんか**　古注によって反語に読んだ。

補説　末尾の語は、「最初から人を見る目を持っている者が賢であろう」という意味にも取れる。

第三十四章

微生畝謂孔子曰、丘何為是栖栖者与。無乃為佞乎。孔子曰、非敢為佞也。疾固也。

微《び》生《せい》畝《ほ》孔子《こうし》を謂《い》ひて曰《いは》く、丘何為《きうなんすれ》ぞ是《これ》栖栖《せいせい》なる者《もの》なるか。乃《すなは》ち佞《ねい》を為《な》すこと無《な》からんや、と。孔子《こうし》曰《いは》く、敢《あへ》て佞《ねい》を為《な》すに非《あら》ざるなり。固《こ》を疾《にく》むなり、と。

微生畝が孔子のことを言った。「孔子はどうしてあくせく駆けずり回っているのか。媚びへつらって回っているのではないか。」それを聞いた孔子が言った。「媚びているのではない。硬直するのがいやなのだ。」

○**微生畝**　姓は微生、諱《いみな》は畝。隠者であろうと言われている。○**丘**　孔子の諱。○**何為**　どうして。○**栖栖**　あちこち動き回るさま。潘維城《はんいじょう》『論語古注集箋《しゅうせん》』では、「西」を「栖」の本字としたうえで、孔子が諸国を歴訪し一所に定着しなかったことを言うとする。『詩経』小雅「六月」の詩に「六月は慌《あわ》ただしい中に、戦車を整えた（六月栖栖、戎車《じゅうしゃ》既に飭《ととの》ふ）」という語句がある。なお兪樾《ゆえつ》『群経平議《ぐんけいへいぎ》』では、「栖」を「棲」としたうえで、威儀を飾ることとする。○**佞**　口上手でへつらう。○**固**　硬直し固執して広く通じていかないこと。ここでは一五一頁に「君子は天下に関しては選《え》り好みをして行くとか行かないとかしない。ただ義とともに歩む」とあり、六七八頁に隠逸について「それがよいとも決めつけず、それがよくないとも決めつけない」とあるのをもとに、硬直した考え方を否定し、義にしたがって適切柔軟に対処する姿勢を言うものとして訳した。いずれにしても固執については、他に微生畝の硬直した姿勢、君主の頑迷さ、一箇所への執着など様々な解釈がある。○**疾**　憎む。

補説　後の方の「孔子曰」は、皇侃《おうがん》のテキストでは「孔子対曰」と上位者に対する答えを意味する「対」の字がある。そうであるならば、微生畝と孔子の問答ということになり、まず「微生畝 孔子に謂ひて曰く」と微生畝が孔子に向かって言う中で、微生畝が孔子を諱で呼び、孔子がそれに「お答えして言った」となるから、微生畝は孔子の上位者、たぶん師匠筋ということになろう。ともかく本章を微生畝と孔子の問答として読むのが普通であるが、そうすると孔子を面と向かって諱で呼んでいることに不自然さがある。そこで朱子は微生畝を隠者ながらかなりの年配で徳が高かったなどとするのである。なお木村英一も本訳のように問答とは見ていない（三六六頁の注の木村英一前掲書）。

ちなみに『論語』では、隠者が孔子について批判する時は多く弟子を介するなど間接的になされ、それに対して孔子が反応するという形になっている（三〇六頁の補説の楠山春樹論文）。

第三十五章

子曰、驥不称其力、称其徳也。

子《し》曰《いは》く、驥《き》は其《そ》の力《ちから》を称《しょう》せず、其《そ》の徳《とく》を称《しょう》するなり、と。

先生が言われた。「駿馬《しゅんめ》はそのもともとの力を賞賛するのではなく、調教によって獲得した能力を賞賛するのだ。」

○驥　駿馬。○徳　調教で獲得した能力。古注では鄭玄《じょうげん》の「徳とは、調良（調教によって得られた能力）の謂《いひ》」という注を引くが、劉宝楠はこの注は本来は「驥は、古の善馬。徳とは、調良の謂。五御（車を引く五つの技能）の威儀有るを謂ふ」という文であったとする（『論語正義』）。『太平御《ぎょ》覧《らん》』四〇三に載せる『論語』のこの箇所の注に「驥は、古の善馬。徳は、五御の威儀在《あ》るを謂ふ」とあるからである。

補説　生来の素質以上に、後天的な学習が必要だと言うこと。

第三十六章

或曰、以徳報怨何如。子曰、何以報徳。以直報怨、以徳報徳。

或《ある》ひと曰《いは》く、徳《とく》を以《もつ》て怨《うらみ》に報《むく》ゆるは何如《いかん》、と。子曰《しいは》く、何《なに》を以《もつ》てか徳《とく》に報《むく》いん。直《なほき》を以《もつ》て怨《うらみ》に報《むく》い、徳《とく》を以《もつ》て徳《とく》に報《むく》いん、と。

ある人が言った。「徳によって怨に報いると言われているのはいかがでしょうか。」先生が言われた。「それなら何によって徳に報いるというのですか。率直さで怨に報い、徳によって徳に報いましょう。」

○徳を以て怨に報ゆる　『老子』第六十三章に「怨に報ずるに徳を以てす」とある。孔子が『老子』を読んでいたことはありえないので（現行の『老子』が孔子以後の成立なのは定説）、このような語がことわざのように当時伝わっていたのであろう。**○直**　率直さ。怨みに対して「怨を以て」ではなく「直を以て」対応するというのは、相手への過度の怨念に身をまかせず、といって上辺《うわべ》を繕《つくろ》うのではなく、率直かつ適切に対応するということであろう。二〇二頁に、「心に怨みを潜《ひそ》ませながらその相手と交友するのは、左丘明《さきゅうめい》も恥じた。私もまた恥に思う」という語がある。

第三十七章

子曰、莫我知也夫。子貢曰、何為其莫知子也。子曰、不怨天、不尤人、下学而上達。知我者其天乎。

子《し》曰《いは》く、我《われ》を知《し》ること莫《な》きかな、と。子貢《しこう》曰《いは》く、何為《なんすれ》ぞ其《そ》れ子《し》を知《し》ること莫《な》きや、と。子《し》曰《いは》く、天《てん》を怨《うら》みず、人《ひと》を尤《とが》めず、下学《かがく》して上達《じやうたつ》す。我《われ》を知《し》る者《もの》は其《そ》れ天《てん》か、と。

先生が言われた。「私をわかってくれることは無いものだな。」子貢が言った。「どうして先生のことをわからないのですか。」先生が言われた。「人がわかってくれなくても、天を怨みず、人をとがめず、地道に学んで高みへと向上していくまでだ。私をわかってくれるのは天であろうか。」

○**我を知ること莫きかな**　原文の「莫我知也夫」は、「知る」の目的語の「我」が代名詞なので、否定文で目的語が代名詞の場合には目的語と動詞が倒置されるという原則に従っている。○**子貢**　孔子の弟子。六一―二頁の注と補説。○**何為ぞ**　どうして。○**天を怨みず、人を尤めず**　この語は儒家に常用されていく。『孟子』公孫丑《こうそんちゅう》下、『礼記《らいき》』中庸にほぼ同じ語があり、『荀子《じゅんし》』法行、栄辱に類似の内容がある。○**下学して上達す**　下学は、地道に学問を積み上げること。それでこそ高みに達せられる。五三四頁に「君子は上達す。小人は下達す」という語がある。

補説　荻生徂《おぎゅうそ》徠《らい》は、当時の君主が孔子を評価して登用しなかったことをめぐる問答とする。

第三十八章

公伯寮愬子路於季孫。子服景伯以告曰、夫子固有惑志於公伯寮。吾力猶能肆諸市朝。子曰、道之将行也与命也。道之将廃也与命也。公伯寮其如命何。

公伯寮《こうはくれう》子路《しろ》を季孫《きそん》に愬《うつた》ふ。子服景伯《しふくけいはく》以《もつ》て告《つ》げて曰《いは》く、夫《か》の子《し》固《まこと》に公伯寮《こうはくれう》に惑《まど》へる志《こころざし》有《あ》り。吾《わ》が力《ちから》猶《なほ》能《よ》く諸《これ》を市朝《してう》に肆《し》せん、と。子《し》曰《いは》く、道《みち》の将《まさ》に行《おこな》はれんとするや命《めい》なり。道《みち》の将《まさ》に廃《すた》れんとするや命《めい》なり。公伯寮《こうはくれう》其《そ》れ命《めい》を如何《いかん》せん、と。

公伯寮が子路のことを季孫に讒言《ざんげん》した。子服景伯がこのことを孔子に告げて言った。「あのお方にはまことに公伯寮に惑わされるお心持ちがあります。私の力でも公伯寮を人前で誅殺《ちゆうさつ》して死体をさらすことができましょう。」先生が言われた。「道が行われていくのも天命です。道が廃れていくのも天命です。公伯寮が天命をどうできるというのでしょうか。」

○**公伯寮**　『史記』仲尼弟子列伝や古注では、魯の人で孔子の弟子と言う。字《あざな》は子周（『史記』仲尼弟子列伝）。劉宝楠は公伯が姓であるとする（『論語正義』）。朱子が彼のことを単に魯の人と注するのは、孔子の「公伯寮其《そ》れ命を如何せん」という突き放した口ぶりからして弟子と見なし難いからである（趙順孫『論語纂疏《さんそ》』）。○**子路**　孔子の弟子。九四頁の注と補説。季孫氏に仕えていたので、公伯寮が季孫氏に彼のことを讒言した。○**季孫**　魯の家老の季孫氏。一〇七頁の注。○**愬**　讒言する。○**子服景伯**　古注に引く孔安国《こうあんこく》の注では魯の大夫で子服何忌《かき》とする。また『春秋左氏伝』哀公三年の杜預《どよ》の注では諱《いみな》を「何」とする（『春秋経伝集解《しっかい》』）。そこで朱子は、氏は子服、諡《おくりな》は景、字は伯で、魯の大夫の子服何とする。劉宝楠は、彼が季孫氏と同じく家老の家の孟孫氏の一族であり、季孫にものが言え、公伯寮を処刑に持って行ける力があったと言う（『論語正義』）。孟孫氏は孔子に好意を持ち縁が深い（八〇頁の「孟懿子《もういし》」の注）。なお七〇九頁にも子服景伯の名が見え、そこでは叔孫武叔《しゆくそんぶしゆく》が孔子よりも子貢の方が優れていると言ったことを子貢に報告している。〇**夫の子** 「彼の子《し》」。あの方。季孫氏を指す。〇**諸** これ。「之於」と同じ。〇**市朝** 市場と政庁。要するに人前でということ。大夫以上は朝廷で、士以下は市で誅殺する（邢昺《けいへい》『論語注疏』に引く応邵《おうしょう》の語）。なお賈公彦《かこうげん》『周礼注疏』秋官・司寇・郷士では本章の引用の後にそれに対する注を引くが、そこでは公伯寮は士の身分であり、処刑するなら町中の市の方となるはずだと言う。〇**肆** 死体をさらす。〇**其れ命を如何せん** 二六七頁、三一七頁に「其如予何（予《われ》を如何せん）」とあるのと同じ用法。

補説 古注では「夫の子固に惑へる志有り。公伯寮に於ては……」と読み、それを取る人もいる。

第三十九章

子曰、賢者辟世。其次辟地。其次辟色。其次辟言。子曰、作者七人矣。

子曰《しいは》く、賢者《けんじゃ》は世《よ》を辟《さ》く。其《そ》の次《つぎ》は地《ち》を辟《さ》く。其《そ》の次《つぎ》は色《いろ》を辟《さ》く。其《そ》の次《つぎ》は言《げん》を辟《さ》く、と。子曰《しいは》く、作《な》す者七人《ものしちにん》、と。

先生が言われた。「賢者は道が行われていない世間を避ける。その次はそのような土地を避ける。その次は礼が外貌に現れていない人を避ける。その次は道からはずれた言を吐《は》く人を避ける。」また先生が言われた。「これを行った人は七人いる。」

補説 儒家的隠逸を言っていると見て訳しておいた。儒家的隠逸とは、道が行われていれば積極的に社会で活動するが、行われていなければ隠遁《いんとん》して一身を高潔に保つという姿勢である。もっとも孔子は乱れた世でも道を再興しようとして奔走したのであって、隠者からそのことを批判されることにもなった。古注では「七人」の具体名として『論語』に出てくる孔子の出処進退を批判する（あるいは批評する）隠者（あるいはそれに類する者）をあげるが、確証が無いことなので省略する。

ところで後の方の「子曰く」以下を独立させて一章とする朱子のような立場もあるが、ここは古注により一章とした。そうなると「子曰く」が重複するようであるが、劉宝楠は前章と本章では言った時が異なっているためであるとする（『論語正義』）。なお後の「子曰く」以下を独立させると「作」の意味がとりづらくなるが、朱子は立つこと、つまり立ち去って隠遁したという意味とし、荻生徂徠《おぎゅうそらい》は作ること、つまり政治や文化の制度の制作者の意味として歴代の聖王の名をあげる。もっとも徂徠の場合は、聖人を制作者とする彼の思想の反映である。

第四十章

子路宿於石門。晨門曰、奚自。子路曰、自孔氏。曰、是知其不可、而為之者与。

子路《しろ》石門《せきもん》に宿《やど》る。晨門曰《しんもんいは》く、奚自《いづれよ》りす、と。子路曰《しろいは》く、孔氏自《こうしよ》りす。曰《いは》く、是《これ》其《そ》の不可《ふか》を知《し》りて、之《これ》を為《な》す者《もの》か、と。

子路が石門で泊まった。門番が言った。「どこからきたのかね。」子路が言った。「孔氏のもとから来たのです。」門番が言った。「あのできないのを知りながら、やっている者か。」

○**子路**　孔子の弟子。九四頁の注と補説。○**石門**　朱子は地名とする。魯の城外の門のこととも言われたが、この名の門は他地域にもあり、また孔子の地元での会話としては不自然なので、遊歴中のどこかの都市の門であるとも言う。○**晨門**　朝、開門を掌《つかさど》る役人。○**奚自りす**　どこから来たのか。○**孔氏**　孔子。

補説　荻生徂徠《おぎゅうそらい》は、最後の語は朱子のように晨門が孔子を批判したというのではなく、できないのを知っても行う孔子に対する晨門の讃辞であるとするが、そうは考え難い。ただ本章は城門の番人の孔子に対する批評、一三八頁は衛の国の封人《ほうじん》（国境管理人）が孔子を讃える話で、このような場所にいる役人が隠者風知識人であり、孔子について語るという型の伝承が種々あったのかもしれない。

第四十一章

子撃磬於衛。有荷蕢而過孔氏之門者。曰、有心哉、撃磬乎。既而曰、鄙哉、硜硜乎。莫己知也。斯己而已矣。深則厲、浅則掲。子曰、果哉、末之難矣。

子《し》　磬《けい》を衛《えい》に撃《う》つ。蕢《き》を荷《にな》ひて孔氏《こうし》の門《もん》を過《す》ぐる者有《ものあ》り。曰《いは》く、心有《こころあ》るかな、磬《けい》を撃《う》つや、と。既《すで》にして曰《いは》く、鄙《ひ》なるかな、硜硜乎《かうかうこ》たり。己《おのれ》を知《し》ること莫《な》きなり。斯己《これおのれ》のみ。深《ふか》ければ則《すなは》ち厲《れい》し、浅《あさ》ければ則《すなは》ち掲《けい》す、と。子《し》曰《いは》く、果《くわ》なるかな、之《これ》を難《かた》しとする末《な》し、と。

先生が衛の国で磬を奏《かな》でていた。蕢《あじか》をかついで孔氏の門の前を通り過ぎる者がいた。その人がこう言った。「思いがこもっているね、この磬の演奏は。」その後で言った。「野暮《やぼ》ったいね。硬直した音だ。自分のことを客観的にわかっていない。自分で完結してしまっているね。「水が深ければ衣をそのままにして渡り、水が浅ければ衣を掲げて渡る」というではないか。」先生が言われた。「よくそう割り切れるね。そう割り切るのを困難だと思っていないのだ。」

○**磬**　石などで作り、複数ぶらさげて奏でる「へ」の字型の打楽器。○**蕢**　あじか。草を編んで作った土などを運ぶ籠。三三五頁の「簣」と同じ。○**孔氏**　孔子。○**心有るかな**　「思いがこもっているね」という意味に取ったが、荻生徂徠《おぎゅうそらい》は「憂苦があるね」という意味とする。○**既にして**　その後で。前の事柄が完了した後で次に、ということ。○**鄙**　野暮。○**硜硜乎**　堅く乾いた音。堅実だが融通がきかない意味がこめられている。四八七頁にも「硜硜然」の語が見える。○**己**　朱子などは「已」の字とし、この箇所を「己を知ること莫ければ、斯已《これや》むのみ」と読み、「自分を知ってくれることが無ければ、それでやめるまでなのに」と解釈する。銭大昕《せんたいきん》『十駕斎養新録《じゅうがさいようしんろく》』では、各資料を検討したうえで、本来は「己」の字であり、「已」とするのは宋代の朱子たちが自分の考えに引きつけた結果だと言う。○**深ければ則ち厲し、浅ければ則ち掲す**　水が深ければそのままにして渡り、水が浅ければ衣を掲げてわたる。『詩経』邶風《はいふう》の「匏有苦葉《ほうゆうくよう》」の詩の語。「厲」は、衣をそのままにして水を渡ること。ただ衣を脱ぐと取る解釈もある。「掲」は、衣を掲げて水を渡ること。○道が行われているかいないかという状況に応じて柔軟に振る舞うべきであることを示している。○**果**　割り切る。朱子は、世を忘れることが果断であることとする。○**之を難しとする末し**　「末」は、無い。否定文で目的語（「之」）が代名詞の時は動詞（「難」）と倒置される。「之」の内容を割り切ることと訳したが、伊藤仁斎は世を忘れることとしている。

第四十二章

子張曰、書云、高宗諒陰三年不言。何謂也。子曰、何必高宗。古之人皆然。君薨、百官総己、以聴於冢宰三年。

子張《しちやう》曰《いは》く、書《しよ》に云《い》ふ、高宗《かうそう》諒陰《りやうあん》三年《さんねん》言《ものい》はず、と。何《なん》の謂《いひ》ぞや、と。子《し》曰《いは》く、何《なん》ぞ必《かなら》ずしも高宗《かうそう》のみならん。古《いにしへ》の人《ひと》皆《みな》然《しか》り。君《きみ》薨《かう》ずれば、百官《ひやくくわん》己《おのれ》を総《す》べて、以《もつ》て冢宰《ちようさい》に聴《き》くこと三年《さんねん》、と。

子張が言った。「『書』にこうあります、「高宗が喪に服して三年間物を言わなかった。」どういう意味でしょうか。」先生が言われた。「どうして高宗だけであったであろうか。古の人はみなそうだった。君がみまかれば、役人たちはみな全力をあげて、宰相の命令を聞くのが三年間に及んだ。」

○子張　孔子の弟子。九六頁の注。○書に云ふ　『書経』周書・無逸《ぶいつ》に「乃《すなは》ち亮陰三年言はざること或《あ》り」とあり（『史記』魯周公世家にほぼ同文があり「亮闇」とする）、また商書・説命《えつめい》上にも類似の文があるが後者は偽古文（東晋時代の偽作）。○**高宗**　殷の王の武丁《ぶてい》。中興の名君。○**諒陰**　天子が喪に服する時の名。『礼記《らいき》』喪服四制には、「諒闇《りようあん》」とある。古注では、諒は信（まことに）、陰は黙（物言わぬ）とする。また鄭玄は喪に服す庵《いおり》のことと言う（『後漢書』鄧張徐張胡列伝の注に引く『論語』注）。○**言はず**　伊藤仁斎は政務については物言わなかったが、全く話さなかったということではないと言う。○**古の人**　古えの王や諸侯に限るのか、それ以下の万人にも及ぶのかというと、三年の喪は万人が親に対して行うものであるから、その意味では庶民まで含むが、政務を取るかということに限定しての話だと、当然王や諸侯を目して言っていることになる。ちなみに中国では普通の官吏の場合は三年の喪の期間は家居して喪に服すのが伝統であった。それに対し王や諸侯はこの期間も政治に関わらざるを得ないから問題になるのである。○**薨**　本来は諸侯の死を言う。「天子の死するを崩《ほう》と言い、諸侯を薨と言い、大夫を卒《しゅつ》と言い、士を不禄《ふろく》と言い、庶人を死と言う」（『礼記』曲礼下《きょくらい》）。高宗は天子であるが、本章では「崩」になっていない。そこでここでは諸侯に対する仕方を天子にまで及ぼしていることとされたりする。○**百官己を総べて、以て冢宰に聴く**　この語は『書経』商書・伊訓《いくん》にも見えるが、この篇は偽古文。「百官」は、全ての官吏。「己を総べて」は、自分の総力を挙げて職務をつくすこと。「冢宰」は、宰相。

補説　親が死んだら三年の喪に服す（実際には二十五箇月あるいは二十七箇月）。これは万人がいつの時代にも行うべき最重要の礼であった。ただ君主が喪に服すと長期間政治が滞《とどこお》る危惧《きぐ》が生じる。そこでその期間は官吏が自分の職掌《しよくしよう》を忠実に全うし、それを宰相が取り仕切るのである。『孟子』滕文公《とうぶんこう》上に孔子の言葉として、「君主がみまかれば、冢宰《ちようさい》（宰相）にまかせる。お世継ぎ（次の君主）が粥《かゆ》をすすり、顔は黒ずみ、しかるべき場所で哭《こく》する礼を行えば、多くの役人たちで哀しまないという者がなくなるのは、お世継ぎが先んじて範を示すからである（君薨《かう》ずれば、冢宰《ちようさい》に聴《まか》す。粥を歠《すす》り、面《おもて》は深墨《しんぼく》、位《くらゐ》に即《つ》きて哭すれば、百官有司《ひやくくわんいうし》、敢《あへ》て哀《かな》しまざる莫《な》きは、之《これ》に先んずればなり）」という語をのせる。ちなみに前漢の文帝が自分の喪を短縮するようにと遺言してからは、皇帝の喪の場合は、「月を以て日に易《か》える」という語をもとにして、三年分（三十六箇月とか二十七箇月）を三十六日とか二十七日とかいうように短くするということもなされた。

第四十三章

子曰、上好礼、則民易使也。

子《し》曰《いは》く、上《かみ》礼《れい》を好《この》めば、則《すなは》ち民《たみ》使《つか》ひ易《やす》きなり、と。

先生が言われた。「上に立つ者が礼を好めば、民は使いやすくなる。」

補説　四六八頁に「上 礼を好めば、則ち民敢て敬さざる莫《な》し」とある。民の敬意が得られるから使いやすくなる。

第四十四章

子路問君子。子曰、脩己以敬。曰、如斯而已乎。曰、脩己以安人。曰、如斯而已乎。曰、脩己以安百姓。脩己以安百姓、堯舜其猶病諸。

子路《しろ》 君子《くんし》を問《と》ふ。子《し》曰《いは》く、己《おのれ》を脩《をさ》むるに敬《けい》を以《もつ》てす、と。曰《いは》く、斯《かく》の如《ごと》きのみか、と。曰《いは》く、己《おのれ》を脩《をさ》めて以《もつ》て人《ひと》を安《やす》んず、と。曰《いは》く、斯《かく》の如《ごと》きのみか、と。曰《いは》く、己《おのれ》を脩《をさ》めて以《もつ》て百姓《ひやくせい》を安《やす》んず。己《おのれ》を脩《をさ》めて以《もつ》て百姓《ひやくせい》を安《やす》んずるは、堯舜《げうしゆん》も其《そ》れ猶諸《なほこれ》を病《や》めるか、と。

子路が君子についてたずねた。先生が言われた。「敬虔な気持ちで自己修養する。」子路が言った。「それだけですか。」先生が言われた。「自己修養して人を安寧にする。」子路が言った。「それだけですか。」先生が言われた。「自己修養して民を安寧にする。自己修養して民を安寧にするのは、堯や舜ですらもこのことに悩んだではないか。」

○**子路**　孔子の弟子。九四頁の注と補説。○**君子**　立派な人と統治者の二つの意味があるが、この章の場合は二つが重なっている。つまり立派な統治者のこと。それゆえ最初は自己修養が語られ、最後は民の統治が言われている。○**百姓**　民衆。○**堯舜も其れ猶諸を病めるか**　二四一頁にも同じ語があり、そこでも立派な統治が問題になっている。

第四十五章

原壌夷俟。子曰、幼而不孫弟、長而無述焉、老而不死、是為賊。以杖叩其脛。

原《げん》壌《じやう》夷《い》して俟《ま》つ。子《し》曰《いは》く、幼《えう》にして孫弟《そんてい》ならず、長《ちやう》じて述《の》べらるる無《な》く、老《お》いて死《し》せざる、是《これ》を賊《ぞく》と為《な》す、と。杖《つゑ》を以《もつ》て其《そ》の脛《はぎ》を叩《たた》く。

原壌が膝を立てて座って待っていた。先生が言われた。「幼い時は従順ではなく、成長しても人の口にのぼるようなとりえが無く、馬齢《ばれい》を重ねているばかりなのを、邪魔者と言うのだ。」そして杖で彼のすねを叩いた。

○**原壌**　孔子の古なじみ。『礼記《らいき》』檀弓《だんぐう》下にこのような話を伝える。孔子の古い知り合いを原壌と言った。その母が死んだ。孔子が補助して遺体を椁《ひつぎ》におさめた。原壌は木に登って言った。「久しい間、音楽から遠ざかっているなあ。」そして歌ったが、孔子は聞こえないふりをしてやり過ごした。従者がやめさせないのですかと言うと、孔子は答えた。「こう聞いている。親族には親しみを失うな、古くからのなじみにはそのなじみを失うな。」母が死んだ時に堅苦しく外面的な礼に束縛されるのを拒否し、あえて歌ったり飲酒したりして真情を発散させるという姿勢を取る者が後の中国には出てくるが、原壌がそのような思想的立場からかかる行動を取ったというのは疑わしい。ただ後世は朱子のように彼のふるまいを老子の流れなどとする見方も出てくる。○夷　両膝をまげ、足の裏と尻を地面や敷物につけて座る、中国式「蹲踞《そんきよ》」であると段玉裁《だんぎよくさい》は言う（『説文解字注』）。膝が立った形になるので、孔子がその膝を叩いた。○俟　待つ。○孫弟　謙虚で目上に従順。○脛　すね。

補説　一般には孔子の原壌に対する厳しい姿勢を語る章とされている。孔子がすねを叩いたことについて、皇侃《おうがん》や朱子は原壌の座り方を改めさせようとしたと言う。それに対して荻生徂徠《おぎゆうそらい》は、孔子と原壌は古くからのなじみで戯《たわむ》れにそうしたのであり、ここには君子が人となごむ徳が現れていると、独自の見方を示している。

第四十六章

闕党童子将命。或問之曰、益者与。子曰、吾見其居於位也。見其与先生並行也。非求益者也。欲速成者也。

闕党《けつたう》の童子《どうじ》命《めい》を将《おこな》ふ。或《あ》ひと之《これ》を問《と》ひて曰《いは》く、益《えき》する者《もの》か、と。子《し》曰《いは》く、吾《われ》其《そ》の位《くらゐ》に居《を》るを見《み》るなり。其《そ》の先生《せんせい》と並《なら》び行《ゆ》くを見《み》るなり。益《えき》を求《もと》むる者《もの》に非《あら》ざるなり。速《すみや》かに成《な》らんと欲《ほつ》する者《もの》なり、と。

闕の村の童子が来客の取り次ぎ役をしていた。ある人がたずねて言った。「向上心に富んだ者なのですか。」先生が言われた。「私が見ていると、彼は平気でおとなと同じ席にいます。また年配の人と並んで歩いています。向上心に富んだ者ではありません。背伸びして早く一人前になりたいと望んでいる者です。」

○**闕党**　孔子が住んでいたところの村の名と言う（顧炎武《こえんぶ》『日知録《にっちろく》』）。「党」については、一九七頁の注。○**命を将ふ**　主人と客人の間の言葉のやりとりを伝える。「命」は、口上。「将」は、行う。質問者は孔子が童子にこの仕事をさせているのを見て、特に期待して特別扱いしているのかと思った。○**益する者**　自分を益す（向上させる）ことを志している者。○**其の位に居る**　成人でもないのに、成人と同座する。『礼記《らいき》』檀弓《だんぐう》上の「童子隅坐《ぐうざ》して燭《しょく》を執《と》る（童子が部屋の隅で燭を持っていた）」に対する鄭玄《じょうげん》の注に「隅坐は、成人と並ばず」とある。○**先生と並び行く**　目上の人と並んで行く。「先生」は、目上。『礼記』王制に「父と同年齢の人には後から随行し、兄と同年齢の人には少し後《おく》れて行き、朋友とは並んで行く（父の歯《よはひ》に随行し、兄の歯に随行《がんかう》し、朋友に相逾《あひこ》えず）」とある。

補説　伊藤仁斎はこのように言う。孔子の童子に対する姿勢は甘すぎるように見えるが、聖人が人を教える場合には、導くことを務めとして、規制束縛することには努めない。樹木に対してあれこれ幹や枝をいじるよりも自然と伸ばした方がよい材木になるようなものである。

前章と本章を孔子が厳しい姿勢を見せる例と取るのが普通であるが、少なくとも本章では未熟な童子に大事な仕事をあたえているから、孔子が柔軟かつ寛容であったとも解釈できる。二七二頁にも互郷といういわくつきの場所の童子が会いに来たのを受け入れ、それを弟子たちがいぶかったのに対してたしなめたという話がある。その場合はその向上心をよみしたので本章と方向は異なるものの、孔子が幅広く人を受け入れていた証拠にはなろう。

衛霊公《ゑいれいこう》第十五

全篇孔子の語で嘉言《かげん》が多い。君子とはいかにあるべきかについての語が複数ある。

第一章

衛霊公問陳於孔子。孔子対曰、俎豆之事、則嘗聞之矣。軍旅之事、未之学也。明日遂行。

衛《ゑい》の霊公《れいこう》 陳《ぢん》を孔子《こうし》に問《と》ふ。孔子《こうし》対《こた》へて曰《いは》く、俎豆《そとう》の事《こと》は、則《すなは》ち嘗《かつ》て之《これ》を聞《き》けり。軍旅《ぐんりよ》の事《こと》は、未《いま》だ之《これ》を学《まな》ばざるなり、と。明日《めいじつ》遂《つひ》に行《さ》る。

衛の霊公が軍の陣立てを孔子にたずねた。孔子はお答えして言った。「祭祀の器具の配列は、聞いたことがあります。部隊の編成の事は、学んだことはございません。」翌日《よくじつ》さっさと立ち去った。

○**衛の霊公**　五二九頁で孔子はこの衛の君主の無道を言う。○**陳**　軍隊の陣立て。○**俎豆の事**　祭祀で使用する器。「俎」は、肉類を盛る台。「豆」は、食べ物を入れるたかつき。○**軍旅の事**　軍隊。「軍」は、一万二千五百人の兵士から成る。「旅」は、五百人の兵士から成る。○**遂に**　「すぐに」と「その結果」という意味があるが、前者で訳した。

補説　孔子が軍事を重視しないことについては、四三六頁。本章でも孔子が学んできたのは礼楽《れいがく》で、軍事ではないことが言われている。なお朱子は本章を次章と合わせて一章としている。また皇侃《おうがん》の『論語義疏』や邢昺《けいへい》の『論語注疏』は、「明日遂行」を次章の頭に置く。

第二章

在陳絶糧。従者病莫能興。子路慍見曰、君子亦有窮乎。子曰、君子固窮。小人窮斯濫矣。

陳《ちん》に在《あ》りて糧《りやう》絶ゆ。従者《じゆうしや》病《や》みて能《よ》く興《た》つ莫《な》し。子路《しろ》慍《いか》り見《まみ》えて曰《いは》く、君子《くんし》も亦《また》窮《きゆう》すること有《あ》るか、と。子曰《しいは》く、君子《くんし》固《もと》より窮《きゆう》す。小人窮《せうじんきゆう》すれば斯《ここ》に濫《みだ》る、と。

陳で食料が無くなった。従者も病んで動けなくなった。子路はいらだって孔子にまみえて言った。「君子も窮地に陥ることがあるのですか。」先生が言われた。「君子だってもとより窮地に陥ることがあるよ。ただ小人は窮地に陥るとすぐに取り乱すがね。」

○**陳**　今の河南省にあった小国。『史記』孔子世家によるとこのような経緯である。孔子は衛から陳、蔡《さい》、葉《しょう》と転々とし、また蔡にもどって三年たった時に呉《ご》が陳を討った。楚《そ》は陳を救援、城父に軍を進めた。その時に楚は孔子が陳蔡の間にいると聞き、孔子を招聘《しょうへい》しようとした。孔子が受けようとした時に、陳蔡の大夫たちは将来自分たちが危うくなることを恐れ、孔子が楚へ行くのを阻止しようと謀《はか》り、孔子一行を包囲し、かくて一行は窮地に陥った。なお古注によると、孔子が衛を去ってから曹《そう》、宋《そう》と転々とし、陳まで行った時にたまたま呉の陳への侵攻に遭遇し糧食が乏《とぼ》しくなってしまったと言う。○**興**　立つ。○**子路**　九四頁の注と補説。孔子に面と向かって言いにくいことも言う子路の率直な気性がここに現れている。○**君子、小人**　立派な人、くだらない人。○**濫**　乱れる。

第三章

子曰、賜也、女以予為多学而識之者与。対曰、然、非与。曰、非也。予一以貫之。

子《し》曰《いは》く、賜《し》や、女《なんぢ》予《われ》を以《もつ》て多《おほ》く学《まな》びて之《これ》を識《し》る者《もの》と為《な》すか、と。対《こた》へて曰《いは》く、然《しか》り、非《ひ》なるか、と。曰《いは》く、非《ひ》なり。予《われ》一以《いつもつ》て之《これ》を貫《つらぬ》く、と。

先生が言われた。「賜よ、お前は私が多くを学ぶことで博識になった者と見なすかね。」お答えして言った。「はい。ちがうのでしょうか。」先生が言われた。「ちがうね。私は一ということで貫いているのだよ。」

○賜　孔子の弟子の子貢《しこう》。六一―二頁の注と補説。

補説　博学多才の子貢への戒《いまし》めもある言葉である。つまり博学を誇るために学問をするのではなく、あくまでも一貫した道徳的姿勢の実現が学問の目的だということである。ここにある「一以て之を貫く」という語は一五六頁にもあり、そこでは親孝行で知られた実直な曽参《そうしん》に向かって言われている。発せられた相手が曽参と子貢というように性格やとりえを異にする者であることから、この語の含意について種々の議論がなされた。また一五六頁では曽参はすぐに孔子の意を汲み取り「はい」と答えたのに対し、本章で子貢は「ちがうのでしょうか」とそのまま理解できなかったことから、両者の境地の差が言われたりしてきた。例えば朱子は、一五六頁は行（道徳的実践）について、本章は知（知識）について言っているとする。この「一」なるものが何かについても各説あるが、孔子自身は説明していない。一五六頁で曽参は弟子に対して「忠恕《ちゅうじょ》」のことと解説していて、これはあくまでも曽参の解釈であるが、孔子門下としては自然でもあった（一五七頁の補説）。ともかく孔子は万変の状況に対して常に道に則《のっと》った対応を求め、その一貫性がここで言われる「一」である。これは抽象的規定ができないものであり、徳の涵養《かんよう》でこそ実現できるものであった。

第四章

子曰、由、知徳者鮮矣。

子《し》曰《いは》く、由《いう》よ、徳《とく》を知《し》る者鮮《ものすくな》し、と。

先生が言われた。「由よ、徳をわかっている者は少ないね。」

○由　孔子の弟子の子路《しろ》。九四頁の注と補説。○徳を知る　徳自体か、荻生徂徠《おぎゅうそらい》が言うように有徳者か、意見がわかれる。

第五章

子曰、無為而治者、其舜也与。夫何為哉。恭己正南面而已矣。

子曰《しいは》く、無為《むゐ》にして治《をさ》まる者《もの》は、其《そ》れ舜《しゆん》なるか。夫《そ》れ何《なに》をか為《な》さんや。己《おのれ》を恭《うやうや》しくして正《ただ》しく南面《なんめん》するのみ、と。

先生が言われた。「何もせずに世の中が治まったのは、舜だろう。舜自身が何か特別な事をしたであろうか。謙虚な態度で臣下にまかせ、君主として正しく身を正して臣下に向かって座っていただけだ。」

○**無為** ことさら何もしないこと。○**舜** 古《いにし》えの聖王。二四二頁の注。○**己を恭しくして** 自分を謙虚にして。○**南面** 君主は臣下に対して南に向かって座る。

補説 本章の「無為」の意味については各説ある。それは、①君主が身を正し、あとは自然の調和にまかせること、②様々な事業を行いながら、それが自然かつ適切なので作為の痕跡が見えないこと、③自分はことさら何もせず、臣下にまかせ切りその能力を存分に発揮させること、である。①の場合は、四七二頁の「為政者のその身が正しければ、命令しなくても万事が行われる」と同じことになる。②は伊藤仁斎の説である。③の場合は、三〇八頁で孔子が「舜には優《すぐ》れた臣下が五人いて、天下が治まった」と言い、四五七頁で「舜は天下を統治するのに、人々の中から選んで皋陶《こうよう》を登用したので、不仁なる者が遠ざかった」と、湯《とう》とともに舜の人材登用を賛美していることが関係する。つまり何人もの聖人たちの中で、本章で特に舜が取り上げられているのは、臣下の充実が関係すると見るのであって、古注も朱子もこの立場であり、三〇六頁の「与らず」の注所引の楠山春樹論文もこの解釈である。なお三〇五頁では孔子は「高く広大だ、舜や禹の統治は。天下を統治しても、直接関与しなかった」と言うが、これはいずれにも解釈できる。本章ではとりあえず③で訳してみた。

第六章

子張問行。子曰、言忠信、行篤敬、雖蛮貊之邦行矣。言不忠信、行不篤敬、雖州里行乎哉。立則見其参於前也。在輿則見其倚於衡也。夫然後行。子張書諸紳。

子張《しちやう》行《かう》を問《と》ふ。子曰《しいは》く、言《げん》忠信《ちゆうしん》、行《かう》篤敬《とくけい》ならば、蛮貊《ばんぱく》の邦《くに》と雖《いへど》も行《おこな》はれん。言《げん》忠信《ちゆうしん》ならず、行《かう》篤敬《とくけい》ならずんば、州里《しうり》と雖《いへど》も行《おこな》はれんや。立《た》てば則《すなは》ち其《そ》の前《まへ》に参《さん》ずるを見《み》るなり。輿《よ》に在《あ》れば則《すなは》ち其《そ》の衡《かう》に倚《よ》るを見《み》るなり。夫《そ》れ然《しか》る後《のち》に行《おこな》はる、と。子張《しちやう》諸《これ》を紳《しん》に書《しよ》す。

子張が「教化が行われる」ということについておたずねした。先生が言われた。「言葉が自他に誠実、行いが篤実敬虔《とくじつけいけん》であるならば、未開人の国であっても行われる。言葉が自他に誠実、行いが篤実敬虔でないならば、地元の州や里であっても行われないであろう。立てばそれが目の前におごそかに存在しているのを見る。車に乗ればそれが目の前の手すりによりかかっているのを見る。このように常にこの心構えとともにあってこそ、その後で行われるのだ。」子張はこの語を帯《おび》に書き付けた。

○子張　孔子の弟子。九六頁の注。**○行**　教化が行われる（受け入れられる）ことか。**○忠信**　内心の誠実さと他者への誠実さ。**○蛮貊**　夷狄《いてき》（野蛮人）。蛮は南に、貊は北にいる。**○州里**　一万二千五百家を州、二十五家を里と言うとされるが、要するに地元のこと。**○参**　古注は「参然」とし、皇侃《おうがん》は「森然《しんぜん》（おごそか）」の意味と敷衍《ふえん》する。朱子は、「三」と同じとして、忠信と篤敬《とくけい》と自分が三者一体になることと言う。**○輿**　車。**○衡**　手すり。**○諸**　これ。「之於」と同じ。**○紳**　大帯、ここでは特にその垂れた部分。

補説　ここでは子張が孔子に自分の教化活動が広く行われるにはどうするのかを質問し、孔子は忠信、篤敬という内面の姿勢こそが重要だということで答えたとして訳した。なぜごく普通の語である「行」が質問の対象になるのかは疑問であるが、朱子は四五三頁で同じく子張が「達」を質問しているのと同じパターンとする。子張は四五三頁で「達」を有名ということで考えていたから、ここの「行」についても自分が社会で評価されることが頭にあったのではないかと朱子は言う。朱子が指摘するように、子張は俸禄《ほうろく》を求めるという世俗的なことも学ぼうとした（九五頁）。

ちなみに「立てば則ち其の前に参ずるを見るなり。輿に在れば則ち其の衡に倚るを見るなり」を、荻生徂徠《おぎゅうそらい》は古語であるとし、「立つ」と「座る（輿に在る）」が対応し、馬車で立つ時は驂《さん》（そえ馬）と前（ながえの前の部分）が離れないのを見、座る時は輢《い》（衡をのせる二本の木）と衡（横木）が離れないのを見るということであって、己と人が離れず、その後で道が行われることを言うとした。

第七章

子曰、直哉史魚。邦有道如矢。邦無道如矢。君子哉蘧伯玉。邦有道則仕、邦無道則可巻而懐之。

子曰《しいは》く、直《ちょく》なるかな史魚《しぎょ》。邦《くに》に道有《みちあ》るも矢《や》の如《ごと》く、邦《くに》に道無《みちな》きも矢《や》の如《ごと》し。君子《くんし》なるかな蘧伯玉《きょはくぎょく》。邦《くに》に道有《みちあ》れば則《すなは》ち仕《つか》へ、邦《くに》に道無《みちな》ければ則《すなは》ち巻《ま》きて之《これ》を懐《ふところ》にすべし、と。

先生が言われた。「まっすぐだね、史魚は。国に道が行われていても矢のようであり、国に道が行われていなくても矢のようだ。君子だね、蘧伯玉は。国に道が行われていれば仕え、国に道が行われていなければ自分をくらます。」

○**史魚**　「史」、は官名。「魚」は、衛の大夫で、諱《いみな》は鰌《しゅう》、字《あざな》は子魚。○**矢の如く**　『詩経』小雅「大東」の詩に「周に至る道は砥石《といし》のように平らかで、矢のようにまっすぐだ（周道、砥《し》の如く、其の直なること、矢の如し）」とある。○**君子**　立派な人。○**蘧伯玉**　衛の大夫で孔子の評価は高かった。五三六頁の注と補説。○**巻きて之を懐にす**　収めてしまいこむ。「役人は三牲《さんせい》（供《そな》え物の牛・羊・豕《ぶた》）の俎（のせる台）を巻《おさ》め、賓館《ひんかん》に帰る（有司、三牲の俎を巻め、賓館に帰る）」（『儀礼《ぎらい》』公食大夫礼《こうしたいふれい》）の鄭玄《じょうげん》の注に「巻は、猶《なほ》収のごときなり」、沈休文《しんきゅうぶん》「斉故安陸昭王碑文」（『文選《もんぜん》』）の李善の注に「宋均曰く、懐は、蔵なり」とある。荻生徂徠は、「巻」とは道を巻くことで、用いられれば道を発揮し、用いられなければ道を懐にして隠れることとする。

補説　史魚については、『韓詩外伝《がいでん》』にこのような話をのせる。史魚は、臨終の時に子にこのように告げた。主君にしばしば蘧伯玉の賢を言い登用をすすめ、弥子瑕《びしか》の不肖《ふしょう》を言い免職を求めてきたのに、聞き入れてもらえなかったのは自分の責任だから、座敷できちんと葬礼せず居間で殯《ひん》（遺体をお棺に入れて安置する）をすれば十分だ。それを聞いた主君は驚いて彼の言う通りにした。生きては身を以て諫《いさ》め、死しては尸《し》（死体）を以て諫めたわけで、「直」と言うことができる。また蘧伯玉の出処進退については、『春秋左氏伝』に次のような記事がある。

孫文子（孫林父）は衛の献公に殺されると思い、蘧伯玉に暗に献公をたおすことをにおわせながら相談した。蘧伯玉はそれに反対しそこを去り、近くの関所から出奔《しゆつぽん》した（襄《じようこう》公十四年）。また甯喜《ねいき》が蘧伯玉に亡命中の献公の帰国について相談したところ、蘧伯玉は答えをはぐらかし近くの関所から出奔した（襄公二十六年）。本章の両者の対置は、一本気の直よりも、適切な出処進退の方を君子の条件としているとも言える。

第八章

子曰、可与言、而不与之言、失人。不可与言、而与之言、失言。知者不失人、亦不失言。

子曰《しいは》く、与《とも》に言《い》ふ可《べ》くして、之《これ》と言《い》はざれば、人《ひと》を失《うしな》ふ。与《とも》に言《い》ふ可《べ》からずして、之《これ》と言《い》へば、言《げん》を失《うしな》ふ。知者《ちしや》は人《ひと》を失《うしな》はず、亦言《またげん》を失《うしな》はず、と。

先生が言われた。「ともに語るべきであるのに、語り合わなければ、人を逃してしまう。ともに語るべきではないのに、語り合えば、言葉の適切さを失ってしまう。知者は人も逃さないし、適切な言葉も失わない。」

第九章

子曰、志士仁人、無求生以害仁、有殺身以成仁。

子曰《しいは》く、志士仁人《ししじんじん》は、生《せい》を求《もと》めて以《もっ》て仁《じん》を害《がい》すること無《な》く、身《み》を殺《ころ》して以《もっ》て仁《じん》を成《な》すこと有《あ》り、と。

先生が言われた。「志士や仁人は、生きることを求めてそれで仁を損なうことは無く、我が身を殺してそれで仁を完遂《かんすい》することがある。」

○志士　志ある人とか、仁人と並ぶ義士のこととかされるたりするが、兪樾《ゆえつ》は、古代で志と知が同義で使用されること、『論語』では仁と知が並べられることが見えることなどから、知士（知ある人）のことではないかと言う（『群経平議《ぐんけいへいぎ》』）。ただ命をも惜《お》しまぬ士ということであるから、やはり強固な志の所有者であろう。

第十章

子貢問為仁。子曰、工欲善其事、必先利其器。居是邦也、事其大夫之賢者、友其士之仁者。

子貢《しこう》仁《じん》を為《な》すを問《と》ふ。子《し》曰《いは》く、工《こう》其《そ》の事《こと》を善《よ》くせんと欲《ほっ》すれば、必《かなら》ず先《ま》づ其《そ》の器《き》を利《と》くす。是《こ》の邦《くに》に居《を》るや、其《そ》の大夫《たいふ》の賢者《けんじゃ》に事《つか》へ、其《そ》の士《し》の仁者《じんしゃ》を友《とも》とす、と。

子貢が仁を実践することについておたずねした。先生が言われた。「職人はよい仕事をしようと望めば、必ずまず道具を研《と》ぐ。同じように国政の場にあれば、大夫のうちの賢者に仕え、士のうちの仁者を友にする。」

○子貢　孔子の弟子。六一―二頁の注と補説。**○工**　大工などの物を作る職人。**○器**　道具。**○利**　研ぐ。**○大夫、士**　大夫は士よりも上の役人。ここでは士の立場から物を言っている。つまり官僚としてよい仕事をしようとするのなら、まず職人にとっての道具に相当する人材との知遇を得なければならないということ。

第十一章

顔淵問為邦。子曰、行夏之時、乗殷之輅、服周之冕、楽則韶舞、放鄭声、遠佞人。鄭声淫、佞人殆。

顔淵《がんえん》邦《くに》を為《をさ》むるを問《と》ふ。子曰《しいは》く、夏《か》の時《とき》を行《おこな》ひ、殷《いん》の輅《ろ》に乗《の》り、周《しう》の冕《べん》を服《ふく》し、楽《がく》は則《すなは》ち韶舞《せうぶ》、鄭声《ていせい》を放《はな》ち、佞人《ねいじん》を遠《とほ》ざく。鄭声《ていせい》は淫《いん》にして、佞人《ねいじん》は殆《あやふ》し、と。

顔淵が国を統治することをおたずねした。先生が言われた。「夏王朝の暦を用い、殷王朝の車に乗り、周王朝の礼冠をかぶり、音楽は舜の韶の舞を奏《かな》で、鄭の地域の音楽を追放し、取り入る連中を遠ざけることだ。鄭の地域の音楽はわいせつで、取り入る人間は危険である。」

○**顔淵**　孔子の弟子の顔回。八六頁の注と補説。○**邦**　顔回は「邦」を統治することを聞いているのに、以下の孔子の答えは天下規模の内容である。顔回の態度は謙遜であると朱子は言う。○**為**　治める。○**夏の時**　夏の時代の暦。○**殷の輅**　「輅」は大車の名。以前は木で車を作るだけであったが、殷になって輅の名が出てきた。周の人は輅を金玉で飾ったので、奢侈《しやし》に過ぎて壊《こわ》れやすく、木だけで作った殷の輅が素朴堅牢であったと伝える。○**周の冕**　「冕」は、礼装の冠。冠の上に覆《おお》いがあり、前後に旒《りゆう》（冠の先に垂らした玉飾り）がある。周以前にもあったが、制度化し等級をつけることは、周になって初めて整ったと伝える。○**韶舞**　舜の音楽とされる。一三九頁で孔子は美と善を尽くしたものと激賞している（一三九頁の注も参照）。なお音楽は舞を伴った。○**鄭声**　「鄭声」は、鄭の国の音楽。衛の国の音楽とともに退廃の代表とされた。六五二頁に「鄭声の雅楽を乱すことを悪《にく》むなり」とある。〇**佞人**　卑屈にへつらう口舌の徒。〇**殆**　危うい。

補説　孔子は夏王朝の暦を用いよと言うが、夏では一月、殷では十二月、周では十一月を正月にするというように、各王朝で暦が異なっていたと伝えられる。孔子の生きた春秋時代は衰えたとはいえまだ周王朝であった。孔子は周王朝の制度や文化を理想化しているはずなのに、なぜここでは夏王朝の暦を使用せよというのか疑問が残る。暦を発布できるのは王だけで、その暦を受け入れるということは同時に王への服属を示すからなおさらである。漢以後は夏王朝の暦を使用していて、これが我々が旧暦と呼んでいるものである。旧暦の正月は今の暦ではほぼ二月にあたり、正月以後に気候が温暖になっていくのが季節感や農作業の手順と一致することが孔子採用の理由などと言われている。

いずれにしてもここでは各王朝の最善と見なされるものが採られている。孔子は、礼は各時代に応じて取捨されるものだと考えているから（一〇二頁）、あるいは未来に向かっての議論かもしれない。朱子は、最も評価していた顔回にだからこそ、孔子は万世にわたって常に行える道を告げたのだと言う。孔子は単に機械的に周王朝の制度や文化の復活を願ったのではなく、その精神を活《い》かし理想的な構築を目指したということになるのかもしれない。

第十二章

子曰、人無遠慮、必有近憂。

子《し》曰《いは》く、人《ひと》遠《とほ》き慮《おもんぱかり》無《な》ければ、必《かなら》ず近《ちか》き憂《うれひ》有《あ》り、と。

先生が言われた。「人は先々まで考えなければ、必ず近い憂患《ゆうかん》に見舞われる。」

第十三章

子曰、已矣乎。吾未見好徳如好色者也。

子《し》曰《いは》く、已《や》んぬるかな。吾《われ》未《いま》だ徳《とく》を好《この》むこと色《いろ》を好《この》むが如《ごと》くなる者《もの》を見《み》ざるなり、と。

先生が言われた。「どうしようもないね。私は徳を好むことが女色《じょしょく》を好むほどである者を見たことがない。」

補説　三三四頁にも「已矣乎」以外は全く同じ語がある。

第十四章

子曰、臧文仲其窃位者与。知柳下恵之賢、而不与立也。

子《し》曰《いは》く、臧文仲《ざうぶんちゆう》は其《そ》れ位《くらゐ》を窃《ぬす》む者《もの》か。柳下恵《りうかけい》の賢《けん》を知《し》りて、与《とも》に立《た》たざるなり、と。

先生が言われた。「臧文仲は、位を私物化している者であろう。柳下恵が賢人なのを知りながら、並んで政庁に立つ機会をあたえなかった。」

○**臧文仲**　魯の大夫。一九一頁の注と補説。○**位を窃む**　位を私物化する。○**柳下恵**　魯の大夫。姓は展、諱《いみな》は獲、字《あざな》は禽（子禽）、季。柳下の邑《ゆう》をあたえられ、諡《おくりな》は恵と言った。六六五頁では硬骨漢としての側面が言われ、六七八頁では「逸民《いつみん》」の一人とされ、孔子がその姿勢を評価している。

補説　孔子は能力のある者を引き立てないことを嫌った。五二八頁では、公叔文子《こうしゆくぶんし》が家来であった大夫の僎《せん》を、自分と同じように国の政庁に上がれるようにしたことを評価している。

第十五章

子曰、躬自厚、而薄責於人、則遠怨矣。

子《し》曰《いは》く、躬《み》自《みづか》ら厚《あつ》くして、人《ひと》を責《せ》むるに薄《うす》ければ、則《すなは》ち怨《うらみ》に遠《とほ》ざかる、と。

先生が言われた。「自分に対しては深く反省して、人を責めるのが寛容であれば、怨を残すことから遠ざかる。」

○厚　普通は自分を責めることが厚いと解釈するが、伊藤仁斎は自己修養することが厚いとする。
○怨　人から怨まれること。それのみならず自分自身に対する遺憾《いかん》の念も含むとする解釈もある。

補説　四五五頁では「自分の悪を治めて、人の悪を攻撃することが無いようにするのは、悪心を克服することではないかね」と言う。

第十六章

子曰、不曰如之何、如之何者、吾末如之何也已矣。

子《し》曰《いは》く、之《これ》を如何《いかん》、之《これ》を如何《いかん》と曰《い》はざる者《もの》は、吾《われ》之《これ》を如何《いかん》ともすること末《な》きのみ、と。

先生が言われた。「どうしましょうか、どうしましょうかと言わない者を、私はどうしてあげようもないね。」

○之を如何　九九頁の注。本章の補説参照。

補説　「如何」は、普通は対処を問う。一方荻生徂徠はそれに限らず質問を表す語とする。それならば「どうでしょうか」と訳した方がよくなり、問題意識を持ち質問を重ねるということになる。なお「之」は調子を整えるだけで特に意味を持たない。いずれにしても問題意識を持たない弟子にはどうしてあげようもないということなのであるから、徂徠の解釈は捨てがたい。

第十七章

子曰、群居終日、言不及義、好行小慧、難矣哉。

子曰《しいは》く、群居《ぐんきよ》すること終日《しゆうじつ》、言《げん》義《ぎ》に及《およ》ばず、好《この》みて小慧《せうけい》を行《おこな》ふは、難《かた》きかな、と。

先生が言われた。「一日中みなで集まっていながら義に言及せず、こざかしい智恵を働かせるようでは、ものにはならないね。」

○難きかな　古注では「結局は成し遂げられない（終《つい》に成功無きを言ふなり）」という意味とする。この言い方は、六五八頁にも見える。

第十八章

子曰、君子義以為質、礼以行之、孫以出之、信以成之。君子哉。

子曰《しいは》く、君子《くんし》は義《ぎ》以《もつ》て質《しつ》と為《な》し、礼《れい》以《もつ》て之《これ》を行《おこな》ひ、孫《そん》以《もつ》て之《これ》を出《いだ》し、信《しん》以《もつ》て之《これ》を成《な》す。君子《くんし》なるかな、と。

先生が言われた。「君子は義を下地とし、礼に則《のつと》って行い、謙虚な姿勢を保ち、誠実さで全うする。君子と言えるね。」

○君子　立派な人。○質　根幹となる下地。○孫　謙譲。

第十九章

子曰、君子病無能焉。不病人之不己知也。

子《し》曰《いは》く、君子《くんし》能《よ》くすること無《な》きを病《うれ》ふ。人《ひと》の己《おのれ》を知《し》らざることを病《うれ》へず、と。

先生が言われた。「君子はできないことを苦にする。人が自分のことを知ってくれないのを苦にしない。」

○君子　立派な人。

補説　『論語』には類似の内容が複数出てくる（七一頁の補説）。

第二十章

子曰、君子疾没世而名不称焉。

子《し》曰《いは》く、君子《くんし》は世《よ》を没《ぼつ》するまで名《な》の称《しょう》せられざることを疾《にく》む、と。

先生が言われた。「君子は亡《な》くなるまでに名前が上がらないことを残念に思う。」

○**君子** 立派な人。○**世を没するまで** 死ぬまでの意。三三八頁では、四十歳、五十歳になって名が知られないようなら畏怖《いふ》するに足りないと言う。ただ皇侃《おうがん》は「世を没して（死後）」と読む。○**称** 称揚。王陽明『伝習録』上では名と実が「かなう」こととする。

補説 類似の内容が他にも見えること、前章のように他人の理解を求めない一方で、本章のように他人の評価を望むことの関係については七一頁の補説。

第二十一章

子曰、君子求諸己。小人求諸人。

子《し》曰《いは》く、君子《くんし》は諸《これ》を己《おのれ》に求《もと》め、小人《せうじん》は諸《これ》を人《ひと》に求《もと》む、と。

先生が言われた。「君子は自分を反省するが、小人は人を追及する。」

○君子、小人　立派な人、くだらない人。○求　『孟子』公孫丑上《こうそんちゆう》、離婁上《りろう》に「反《かへり》て諸《これ》を己に求む」という語がある。その意味は、普通は心は外へ向かって働くがそれを反対に内面に向かって働かせ、自分自身の心を反省するという意味である。

第二十二章

子曰、君子矜而不争。群而不党。

子曰《しいは》く、君子《くんし》は矜《きよう》にして争《あらそ》はず。群《ぐん》して党《たう》せず、と。

先生が言われた。「君子は尊厳を維持するが人と争わない。人々と一緒にいても徒党を組まない。」

○君子　立派な人。○矜　荘重《そうちよう》に自分を律する。

補説　陳《ちん》の司敗《しはい》が巫馬期《ふばき》に向かってたずねた語の中に、「吾聞《われき》く、君子《くんし》は党《たう》せず、と。君子《くんし》も亦党《またたう》するや」という一節がある（二七五頁）。君子は徒党を組まないものなのである。また九一頁、四九三頁でも類似の旨《むね》が言われている。

第二十三章

子曰、君子不以言挙人。不以人廃言。

子《し》曰《いは》く、君子《くんし》は言《げん》を以《もつ》て人《ひと》を挙《あ》げず。人《ひと》を以《もつ》て言《げん》を廃《はい》さず、と。

先生が言われた。「君子は言葉だけで人を登用しない。どんな人であってもその言葉を無視しない。」

○君子　立派な人。

第二十四章

子貢問曰、有一言而可以終身行之者乎。子曰、其恕乎。己所不欲、勿施於人。

子《し》貢《こう》問《と》ひて曰《いは》く、一言《いちげん》にして以《もつ》て終身《しゆうしん》之《これ》を行《おこな》ふ可《べ》き者有《ものあ》るか、と。子《し》曰《いは》く、其《そ》れ恕《じょ》か。己《おのれ》の欲《ほっ》せざる所《ところ》を、人《ひと》に施《ほどこ》すこと勿《なか》れ、と。

子貢がおたずねして言った。「一言で一生行うべきものがありますか。」先生が言われた。「思いやりであろうか。自分が望まないことを人にやってはならない。」

○**子貢**　孔子の弟子。六一一二頁の注と補説。○**恕**　思いやり。○**己の欲せざる所を、人に施すこと勿かれ**　四二九頁にも同じ語が出てくる。

補説　伊藤仁斎は、子貢は以前「一以《いつもつ》て之《これ》を貫《つらぬ》く」という言葉を孔子から得たが（五六六頁）、その方法がまだわかっていなかったので、ここでまた質問したと言う。なお一五六頁では曽参《そうしん》が孔子の「一を以て之を貫く」という語を忠恕で解説している。

第二十五章

子曰、吾之於人也、誰毀誰誉。如有所誉者、其有所試矣。斯民也、三代之所以直道而行也。

子曰《しいは》く、吾《われ》の人《ひと》に於《おけ》るや、誰《たれ》をか毀《そし》り誰《たれ》をか誉《ほ》めん。如《も》し誉《ほ》むる所有《ところあ》る者《もの》は、其《そ》れ試《こころみ》る所有《ところあ》り。斯《こ》の民《たみ》は、三代《さんだい》の道《みち》に直《なほ》くして行《おこな》ふ所以《ゆゑん》なり、と。

先生が言われた。「私は民に対して、いったい誰をそしり誰を誉めるというのか。もし誉めるところがある者は、試みてから誉めるまでだ。この民は、三代の治政で道に素直に従い生きていた人々なのだから。」

○人　後文の「民」のことであろう。○三代　夏、殷、周の三代。いずれも聖王が開いた王朝。孔子は衰えたとはいえ周王朝に生きた。

補説　「斯の民」以下の文が前の箇所とうまくつながらず決定的な解釈は無い。「道に直くして行ふ」のが民を用いる方のことなのか（古注）、民自体の方なのか（朱子など）でも解釈が分かれる。ここでは、民は三代を開いた聖王の教化を得れば立派に生きていけた存在なのだから、一律に評価を決めつけないで、誉めるべき者は確かめて誉めるのがよい、という意味に取った。伊藤仁斎は、道を知らない者は当世の民を不善と見るが、いつの世も民自体は不変だと言う。

第二十六章

子曰、吾猶及史之闕文也、有馬者借人乗之。今亡矣夫。

子《し》曰《いは》く、吾《われ》猶《なほ》史《し》の文《ぶん》を闕《か》き、馬《うま》有《あ》る者《もの》は人《ひと》に借《か》して之《これ》に乗《の》らしむに及《およ》ぶなり。今《いま》は亡《な》きかな、と。

先生が言われた。「私は、歴史記録官が正確でないことは書かず、馬を持っている者が人に貸して乗らせてあげることを見るのにまだ間に合った。それも今は無くなったな。」

○史　記録官。正確に記録し、事実に反することや疑わしいことは記さないことが美徳とされた。**○吾猶～及ぶなり**　私はまだ～に間に合った。なお「猶及」を「也」にまでかける読み方も時になされる。**○馬有る者は～**　古注では、馬がいても調教できなければ、人に貸して乗って馴《な》らしてもらうことと言う。

補説　意味が確定しづらい章の一つである。朱子は一通り説明した後、胡寅《こいん》（胡致堂）が本章は意味が不明で無理な解釈は不要であるとする語を引く。なお荻生徂徠《おぎゅうそらい》は、「闕文」はもともと注であったものが本文に入ってしまったもので、「吾猶及史之」と「也」の間に闕文があったのを気づかなかった後人が意味をあれこれ穿鑿《せんさく》してきたとする。

第二十七章

子曰、巧言乱徳。小不忍、則乱大謀。

子曰《しいは》く、巧言《こうげん》は徳《とく》を乱《みだ》る。小《せう》を忍《しの》ばざれば、則《すなは》ち大謀《たいぼう》を乱《みだ》る、と。

先生が言われた。「言葉の巧みさは徳を乱す。小さいことの我慢の欠如は、遠大な計画を乱す。」

第二十八章

子曰、衆悪之必察焉。衆好之必察焉。

子曰《しいは》く、衆之《しゆうこれ》を悪《にく》むも必《かなら》ず察《さつ》す。衆之《しゆうこれ》を好《この》むも必《かなら》ず察《さつ》す、と。

先生が言われた。「人々が憎んでいても必ず内実を明察する。人々が好んでいても必ず内実を明察する。」

補説　子貢が地元の人がみな好意や嫌悪感を持つ場合のことを質問したのに対し、孔子はそれだけではだめで、「地元の人たちの善人が好意を持ち、善《よ》からぬ人が嫌うのには及ばないよ」と答えている（四九四頁）。また仁者だけが、的確に人を好むことができ、人を憎むことができるとも言う（一四四頁）。

第二十九章

子曰、人能弘道。非道弘人。

子《し》曰《いは》く、人《ひと》能《よ》く道《みち》を弘《ひろ》む。道《みち》人《ひと》を弘《ひろ》むるに非《あら》ず、と。

先生が言われた。「人が道をひろめられるのだ。道が人をひろめるのではない。」

補説　道は人に具《そな》わってこそ、道としての働きが現実化できるのである。孔子の人間中心の思考形態が端的に現れた語。

第三十章

子曰、過而不改、是謂過矣。

子曰《しいは》く、過《あやま》ちて改《あらた》めざる、是《これ》を過《あやまち》と謂《い》ふ、と。

先生が言われた。「過っても改めないのを、過ちと言う。」

補説 孔子は、過てば改めるのに躊躇《ちゅうちょ》してはならないと言う（五八頁、三四一頁）。王陽明や伊藤仁斎は、過たない人などは存在せず、聖人の教えは過ちが無いことは尊ばず、改めることを尊ぶと言う（四四九頁の補説）。

第三十一章

子曰、吾嘗終日不食、終夜不寝以思、無益。不如学也。

子曰《しいは》く、吾嘗《われかつ》て終日食《しゅうじつくら》はず、終夜寝《しゅうやいね》ずして以《もっ》て思《おも》ふも、益無《えきな》し。学《まな》ぶに如《し》かざるなり、と。

先生が言われた。「私は以前一日中食べず、一晩中寝ないで考えたが無駄であった。学ぶには及ばない。」

補説　孔子は一方で「学んでも思わなければ暗く、思っても学ばなければ危うい」（九二頁）と学習と思索の両立も言う。なお『荀子《じゅんし》』勧学《かんがく》に「私は以前一日中考えた。しかしほんの少しの間の学ぶことに及ばない（吾嘗《かつ》て終日思ふ。須臾《しゅゆ》の学ぶ所に如かざるなり）」という語をのせ、これを『大戴礼《だたいれい》』勧学では孔子の語とする。

第三十二章

子曰、君子謀道不謀食。耕也餒在其中矣。学也禄在其中矣。君子憂道不憂貧。

子曰《しいは》く、君子《くんし》は道《みち》を謀《はか》りて食《しょく》を謀《はか》らず。耕《たがや》すや餒《うゑ》其の中《なか》に在《あ》り。学《まな》ぶや禄《ろく》其の中《なか》に在《あ》り。君子《くんし》は道《みち》を憂《うれ》へて貧《ひん》を憂《うれ》へず、と。

先生が言われた。「君子は道のことを算段するが食のことは算段しない。耕しても飢餓《きが》にみまわれることもある。学問しても俸禄《ほうろく》を得られることもある。君子は道を心配して貧困を気にしない。」

○**君子**　立派な人。○**餒**　飢餓。○**禄其の中に在り**　九五頁にも同じ語がある。

第三十三章

子曰、知及之、仁不能守之、雖得之、必失之。知及之、仁能守之、不莊以涖之、則民不敬。知及之、仁能守之、莊以涖之、動之不以礼、未善也。

子《し》曰《いは》く、知《ち》之《これ》に及《およ》べども、仁之《じんこれ》を守《まも》ること能《あた》はざれば、之《これ》を得《う》と雖《いへど》も、必《かなら》ず之《これ》を失《うしな》ふ。知《ち》之《これ》に及《およ》び、仁《じん》能《よ》く之《これ》を守《まも》れども、莊以《さうもつ》て之《これ》に涖《のぞ》まざれば、則《すなは》ち民敬《たみけい》せず。知《ち》之《これ》に及《およ》び、仁《じん》能《よ》く之《これ》を守《まも》り、莊以《さうもつ》て之《これ》に涖《のぞ》めども、之《これ》を動《うご》かすに礼《れい》を以《もつ》てせざれば、未《いま》だ善《ぜん》ならざるなり、と。

先生が言われた。「知で位を手に入れても、仁で守ることができなければ、得ても必ず失う。知で位を手に入れ、仁で守ることができても、威厳を持って臨《のぞ》まなければ、民は敬わない。知で位を手に入れ、仁で守ることができ、威厳を持って臨んでも、礼に則って民を動かすのでなければ、まだ善い結果を得るには至らない。」

○之　具体的に何を指すかは判然としない。後文に「民敬せず」とあることからすると、政治がらみであることが推測されるので、古注では「官」と見ているが、ここでは位ということで訳してみた。ちなみに伊藤仁斎は君主の位のこととする。○荘　荘重。

第三十四章

子曰、君子不可小知、而可大受也。小人不可大受、而可小知也。

子《し》曰《いは》く、君子《くんし》は小知《せうち》す可《べ》からず、大受《たいじゅ》す可《べ》きなり。小人《せうじん》は大受《たいじゅ》す可《べ》からず、小知《せうち》す可《べ》きなり、と。

先生が言われた。「君子は小さな点では理解できないことがあるが、全体としては受けいれられる。小人は全体としては受け入れられないが、小さな点では理解できることがある。」

○君子、小人　立派な人、たいしたことのない人。○大受　「小知」との対応からすると、「大」は個別的に対して全体的ということ、「受」は知的理解の段階より進んで、受け入れるということと思われる。

補説　ここは古注に近い筆者の試訳である。朱子の解釈は以下の通りである。君子は重要ではない事にあっては必ずしも見るべきものは無いようであるが、その能力と徳は重要な仕事を任せるのに足る。小人は任せるには器量が浅く狭いが、必ずしも取るべき長所が一つも無いというわけではない。

第三十五章

子曰、民之於仁也、甚於水火。水火吾見踏而死者矣、未見踏仁而死者也。

子曰《しいは》く、民《たみ》の仁《じん》に於《お》ける、水火《すいくわ》よりも甚《はなはだ》し。水火《すいくわ》は吾《われ》踏《ふ》みて死《し》する者《もの》を見《み》るも、未《いま》だ仁《じん》を踏《ふ》みて死《し》する者《もの》を見《み》ざるなり、と。

先生が言われた。「民にとって仁は水火よりも必須なものである。それなのに、私は水火に踏み入れて死ぬ者を見たが、仁に踏み入れて死んだ者を見たことは無い。」

○甚し　ここではより必須なものであるとして訳した。古注では、仰ぎ見る程度が甚だしいとする。

補説　伊藤仁斎は次のように解釈する。水火は人を傷つけるから人は近づかないが、仁は少しも離れることができないほど大事なのに、人は水火以上に恐れて近づかない。水火に踏み入れて死ぬ者は見てきたが、仁であったために死ぬことになった比干《ひかん》や程嬰《ていえい》のように、仁に踏み入れて死んだ者を見たことが無い。それに対して荻生徂徠は、仁斎の解釈は邢昺《けいへい》『論語注疏』に引く王弼《おうひつ》をもとにしているが（皇侃《おうがん》も王弼を引いているが、こちらを仁斎は見ていない）、古注に引く馬融《ばゆう》の方が正しいとする。なお、民にとって仁の方が水火よりも重要で、しかも私は水火で人が死ぬのは見たが、仁で人が死んだのは見たことは無い（仁では死ぬことも無い）、という解釈もありうる。

第三十六章

子曰、当仁不譲於師。

子《し》曰《いは》く、仁《じん》に当《あた》りては師《し》にも譲《ゆづ》らず、と。

先生が言われた。「仁については師にも譲ることはしない。」

第三十七章

子曰、君子貞而不諒。

子《し》曰《いは》く、君子《くんし》貞《てい》にして諒《りやう》ならず、と。

先生が言われた。「君子はきちんと正しさを守って、無分別な信義を守らない。」

○君子　立派な人。○貞　正しさを知って堅く守ること。○諒　是非をきちんと識別せずに信じようとだけしていること。五二七頁では「匹夫《ひっぷ》匹婦《ひっぷ》の諒《まこと》を為《な》す（取るに足らない男女が義理立てをする）」というように出てくる。

第三十八章

子曰、事君敬其事、而後其食。

子《し》曰《いは》く、君《きみ》に事《つか》ふるには其《そ》の事《こと》を敬《けい》して、其《そ》の食《しょく》を後《のち》にす、と。

先生が言われた。「君に仕えるには職務に対して敬虔であり、俸禄のことは後回しにする。」

○事　職務。○食　俸禄。

第三十九章

子曰、有教無類。

子曰《しいは》く、教有《けうあ》りて類無《るいな》し、と。

先生が言われた。「教育があるだけで、もともとの差があるわけではない。」

○教　教えを吸収するための教育や学習。○類　人間が生来持っている類別性。

補説　人間はもともと平等であり、教育や学習によって差が出てくるということである。孔子は「智が高い者と愚かな者は相互に移動することが無い」とか（六三二頁）、「普通の人以上には、上の段階のことを語ることができる。普通の人以下には上の段階のことを語ることはできない」と言うが（二三〇頁）、一方で「生まれつきは似たり寄ったりである。しかし後天的に習得したもので非常な差が出る」と素質の平等性を言ったり（六三一頁）、「入門の礼をとりさえすれば、私は教えなかったことはない」（二五〇頁）と述べたり、いわくつきの互郷《ごきょう》の童子にすら教えようとし（二七二頁）、無教養な人であっても熱意さえあれば隅から隅まで教え尽くすとしているように（三二二頁）、基本的には人間の平等な可能性を信じていた。

第四十章

子曰、道不同、不相為謀。

子《し》曰《いは》く、道《みち》同《おな》じからざれば、相為《あひため》に謀《はか》らず、と。

先生が言われた。「歩む道が同じでなければ、お互いに相談しあうことも無い。」

○為　ために。

補説　ここの「道」は、『史記』伯夷列伝や老荘申韓列伝の老子のところに本章と同じ語が見えることを参考に、それぞれの歩む道とする解釈が多い。一方でこの「道」を技芸とか職掌《しょくしょう》とか素養とかのこととし、他領域を侵さないという意味に取る説もある（伊藤仁斎、荻生徂徠《おぎゅうそらい》など）。

第四十一章

子曰、辞達而已矣。

子曰《しいは》く、辞《じ》は達《たつ》せんのみ、と。

先生が言われた。「言葉は意味が通ることだけでよい。」

補説 一般的には、ここでの訳のように、言葉は文飾よりも伝えたい意味が重要だということで解釈される。ただ銭大昕《せんたいきん》『潜研堂文集《せんけんどう》』九「答問」六ではこの「辞」を使者に立って随時応対する時の言葉とし、荻生徂徠《おぎゆうそらい》も辞命（辞令）のこととしたうえで、春秋時代はとかく辞命を飾り立てがちであったので、孔子はこのように言ったとする。

第四十二章

師冕見。及階。子曰、階也。及席。子曰、席也。皆坐。子告之曰、某在斯、某在斯。師冕出。子張問曰、与師言之道与。子曰、然、固相師之道也。

師冕《しべんまみ》見ゆ。階《かい》に及《およ》ぶ。子曰《しいは》く、階《かい》なり、と。席《せき》に及《およ》ぶ。子曰《しいは》く、席《せき》なり、と。皆《みな》坐《ざ》す。子之《しこれ》に告《つ》げて曰《いは》く、某斯《ぼうここ》に在《あ》り、某斯《ぼうここ》に在《あ》り、と。師冕《しべんい》出づ。子張《しちやうと》問ひて曰《いは》く、師《し》と言《い》ふの道《みち》か、と。子曰《しいは》く、然《しか》り、固《もと》より師《し》を相《たす》くるの道《みち》なり、と。

音楽長官の冕が会いに来た。階段にまでたどりついた。先生が言われた。「階段があります。」座席までたどりついた。先生が言われた。「座席です。」みな座を占《し》めた。先生が彼に向かって言った。「誰々がそこにいます。誰々がそこにいます。」音楽長官の冕が退出した。子張がおたずねして言った。「音楽長官と話される時のやり方だったのですか。」先生が言われた。「そうだ。もともとこれが音楽長官を補佐するやり方なのだ。」

○師冕　「師」は、音楽長官で、盲人がつとめた。「冕」は、名。三〇二頁には、師摯《しし》（音楽長官の摯）が出てくる。**○階に及ぶ**　階段のあるところまで来た。階段は堂に上るための数段だけのもの。**○席**　当時は腰掛けるのではなく敷物に座った。その敷物。**○斯**　ここ。**○子張**　孔子の弟子。九六頁の注。**○相**　「相」は、補助する。『礼記《らいき》』礼器に「それゆえ礼に擯詔《ひんしょう》（取り次ぎ役）があり、楽《がく》（楽師）に相歩《しょうほ》（歩行介添え役）があるのは、万全の配慮である（故に礼に擯詔有り、楽に相歩有るは、温の至りなり）」とあり、そこの鄭玄《じょうげん》の注に「相歩は、工を扶《たす》くるなり」とある。また、『礼記』仲尼燕居に「国を治めて礼が無いのは、譬《たと》えれば瞽《こ》（盲人）に相《しょう》（補助者）がいないようなものか（国を治めて礼無きは、譬へば猶《なほ》瞽の相無きがごときか）」とある。

補説　三七六頁に孔子が「冠をつけて正装している者と、目が見えない者を見れば、ふだんであっても礼儀正しくした」とある。

季氏《きし》第十六

全篇「子曰く」ではなく「孔子曰く」となっている異色の篇である。また三友、三楽《さんらく》、三愆《さんけん》三戒、三畏《さんい》、九思というような数字でまとめた言い方が多く見られる。

第一章

季氏将伐顓臾。冉有季路見於孔子曰、季氏将有事於顓臾。孔子曰、求、無乃爾是過与。夫顓臾、昔者先王以為東蒙主。且在邦域之中矣。是社稷之臣也。何以伐為。冉有曰、夫子欲之。吾二臣者、皆不欲也。孔子曰、求、周任有言、曰、陳力就列、不能者止。危而不持、顚而不扶、則将焉用彼相矣。且爾言過矣。虎兕出於柙、亀玉毀於櫝中、是誰之過与。冉有曰、今夫顓臾、固而近於費。今不取、後世必為子孫憂。孔子曰、求、君子疾夫舎曰欲之、而必為之辞。丘也聞、有国有家者、不患寡而患不均。不患貧而患不安。蓋均無貧、和無寡、安無傾。夫如是、故遠人不服、則修文徳以来之。既来之、則安之。今由与求也、相夫子、遠人不服、而不能来也。邦分崩離析、而不能守也。而謀動干戈於邦内。吾恐季孫之憂、不在顓臾、而在蕭牆之内也。

季氏将《きしまさ》に顓臾《せんゆ》を伐《う》たんとす。冉有《ぜんいう》 季路《きろ》 孔子《こうし》に見《まみ》えて曰《いは》く、季氏将《きしまさ》に顓臾《せんゆ》に事有《ことあ》らんとす、と。孔子《こうし》曰《いは》く、求《きう》、乃《すなは》ち爾是《なんぢこれ》過《あやま》てること無《な》きか。夫《そ》れ顓臾《せんゆ》は、昔者先《むかしせん》王以《わうもつ》て東蒙《とうもう》の主《しゆ》と為《な》す。且《か》つ邦域《はうゐき》の中《うち》に在《あ》り。是社稷《これしやしよく》の臣《しん》なり。何《なに》を以《もつ》てか伐《う》たん、と。冉有曰《ぜんいういは》く、夫《か》の子《し》之《これ》を欲《ほつ》す。吾二臣《われにしん》なる者《もの》は、皆欲《みなほつ》せざるなり、と。孔《こう》子《し》曰《いは》く、求《きう》、周任言《しうじんい》へること有《あ》り、曰《いは》く、力《ちから》を陳《の》べて列《れつ》に就《つ》き、能《あた》はざる者《もの》は止《や》む、と。危《あやふ》くして持《ぢ》せず、顚《くつがへ》りて扶《たす》けずんば、則《すなは》ち将《は》た焉《いづくん》ぞ彼《か》の相《しやう》を用《もち》ひん。且《か》つ爾《なんぢ》の言過《げんあやま》てり。虎兕《こじ》柙《かふ》より出《い》で、亀玉《きぎよく》櫝中《とくちゆう》に毀《こぼ》てば、是誰《これたれ》の過《あやまち》ぞや、と。冉《ぜん》有曰《いういは》く、今夫《いまか》の顓臾《せんゆ》は、固《かた》くして費《ひ》に近《ちか》し。今取《いまと》らざれば、後世必《こうせいかなら》ず子孫《しそん》の憂《うれひ》を為《な》さん、と。孔子曰《こうしいは》く、求《きう》、君子《くんし》は夫《か》の之《これ》を欲《ほつ》すと曰《い》ふことを舎《お》きて、必《かなら》ず之《これ》が辞《じ》を為《な》すことを疾《にく》む。丘《きう》や聞《き》く、国《くに》を有《たも》ち家《いへ》を有《たも》つ者《もの》は、寡《すくな》きことを患《うれ》へずして均《ひと》しからざることを患《うれ》ふ。貧《まづ》しきことを患《うれ》へずして安《やす》からざることを患《うれ》ふ、と。蓋《けだ》し均《ひと》しければ貧《まづ》しきこと無《な》く、和《やは》らげば寡《すくな》きこと無《な》く、安《やす》ければ傾《かたむ》くこと無《な》し。夫《そ》れ是《かく》の如《ごと》し、故《ゆゑ》に遠人服《ゑんじんふく》さざれば、則《すなは》ち文徳《ぶんとく》を修《をさ》めて以《もつ》て之《これ》を来《きた》す。既《すで》に之《これ》を来《きた》せば、則《すなは》ち之《これ》を安《やす》んず。今由《いまいう》と求《きう》や、夫《か》の子《し》を相《たす》けて、遠人服《ゑんじんふく》さずして、来《きた》すこと能《あた》はざるなり。邦《くに》分崩離《ぶんぽうり》析《せき》して、守《まも》ること能《あた》はざるなり。而《しか》して干戈《かんくわ》を邦内《はうない》に動《うご》かさんことを謀《はか》る。吾恐《われおそ》らくは季《き》孫《そん》の憂《うれひ》は、顓臾《せんゆ》に在《あ》らずして、蕭《せう》牆《しやう》の内《うち》に在《あ》らんこと、を。

季氏（季孫氏）が顓臾を攻めようとした。冉有と季路が孔子にまみえて言った。「季氏は顓臾に軍事行動を起こそうとしております。」孔子が言われた。「求（冉有）よ、お前は誤っているのではないのか。そもそも顓臾は、むかし先王が東蒙の主とされた国だ。また魯の領内にある。魯の代々の臣なのだ。どうして攻めようというのか。」冉有が言った。「あのお方が望んでいるのです。我々二人はともに望んではおりません。」孔子が言われた。「求よ、周任にこういう語がある。「力を尽くして臣下の列に並び、職責を果たせない場合はその位を去る。」危ういのに支えず、ころんでも助け起こさなければ、どうして補佐役が必要であろうか。またお前の言葉は誤っている。虎や兕が檻《おり》から逃げ出し、亀や玉が箱の中で壊《こわ》れるのは、誰の過失であろうか。」冉有が言った。「今あの顓臾は、備えが堅固であって費の町の近くにあります。今攻略しなければ、後世必ず子孫の憂患《ゆうかん》となりましょう。」孔子が言われた。「求よ、君子は、本当はそうしたいということをさしおいて、言葉で何とかごまかそうとすることを憎む。私はこう聞いている。「国を所有する諸侯やその配下で領地を持つ重臣は、民が少ないことを憂えないで平等でないことを憂える。貧しいことを憂えないで安らかでないことを憂える。」やはり平等であれば貧しいこともなくなり、和合すれば民が少ないこともなくなり、安らかであれば国が傾くということもなくなるものだ。このようであるから、遠くの人々が服さなければ、軍事ではなくて文化的な徳を修めて人々を呼び寄せるのだ。呼び寄せられたら、安らかにさせるのだ。いま由《し》（子路《ろ》）と求は、あの方を補佐していながら、遠くの人々は服していないのに、帰属させることができていない。邦はばらばらになっているのに、守ることができていない。それなのに軍隊を国内に動かそうと画策している。私が懸念するには、季孫（季孫氏）の憂患は外側の顓臾にあるのではなくて、塀《へい》の内側にあるのではないか。」

○**季氏**　魯で専権をふるった季孫氏。○**顓臾**　古くからの国で蒙山《もうざん》の祭祀をつかさどった。魯《ろ》の国の附庸《ふよう》（その国に属する小国）である。古注に、姓は風、宓犧《ふっき》（伝説上の神の伏羲《ふっき》）の子孫と言う。○**冉有**　孔子の弟子。一一四頁の注。○**季路**　孔子の弟子の子路。九四頁の注と補説。○**事有らんとす**　軍事行動を起こそうとする。○**求**　冉有の諱《いみな》。○**先王**　周初の諸王であろう。顓臾は以前からこの地にいたが、周の成王が改めてこの地に封じたとも言う。○**東蒙の主**　東蒙は魯の国の東にある蒙山《もうざん》。主は、祭祀をつかさどる者。○**邦域の中**　魯の国内。○**社稷の臣**　「社」は土地神を祭るおやしろ、「稷」は穀物の神を祭るおやしろで、「社稷」で国家のこと。つまり魯の国に仕える臣下であって、季孫氏に属すべきものではない。○**何を以てか伐たん**　原文の「為」は「何」と呼応する文末の助字で特に意味は無い。○**夫の子**　「彼の子《し》（あの方）」。季孫氏（季氏）を指す。○**周任**　古《いにし》えの優れた史官。○**陳**　尽くしていく。○**列**　臣下の位。○**相**　補佐役。この語の意味はこうである。二人が季孫氏の行為を受け入れられないのであれば諫《いさ》めるべきである。諫めて聞かれなければ、そこを去るべきである。当時、二人は季孫氏に仕えていた。ただ時期的な問題もある（補説参照）。○**兕**　水牛に似た一角獣。○**柙**　檻《おり》。○**亀**　亀の甲羅は占いなどに使用された貴重品。○**櫝**　木製のふたのついた箱。○**費**　季孫氏の拠点の都市。二一八頁、四一七頁の注。○**君子**　立派な人。○**之が辞を為す**　言葉を飾って言い訳をする。○**国を有ち家を有つ者**　古注では、「国」は諸侯、「家」は卿大夫《けいたいふ》のこととする。○**遠人**　遠くの人。顓臾が暗示されている。○**文徳**　武に対する文。軍事力ではなく、道徳的な力。ちなみに『書経』虞《ぐ》書・大禹謨《だいうぼ》に「帝（舜）乃《すなは》ち誕《おほい》に文徳を敷《し》き……」とあるが、これは偽《ぎ》古文（東晋《とうしん》の偽作）。○**由**　子路の諱《いみな》。○**分崩離析**　民心が離れ、ばらばら（古注）。朱子は、季孫氏をはじめ家老の三つの家が国君の領地を四分の一を単位に分裂させ、家臣たちがしばしば離反したことと言う。○**干戈**　「干」は楯《たて》、「戈」は戟《ほこ》。要するに武器。○**蕭牆**　「蕭」は粛敬《しゅくけい》でつつむこと、「牆」は門と堂の間の塀《へい》。もとは臣下が君主のもとに出向く時にこの内塀のところで厳粛に威儀を正した。

補説　朱子が引く洪興祖《こうこうそ》は、季孫氏が顓臾を討ったということが経伝《けいでん》に出てこないのは孔子のこの忠告によって取りやめになったからではないかと言う。また『春秋左氏伝』と『史記』

によると、冉有と子路（季路）とが同時に季孫氏に仕えたことは無かったことになる。子路の場合は、『春秋左氏伝』定公十二年では「仲由《ちゅうゆ》（子路）季氏（季孫氏）の宰と為る」とあり、『史記』孔子世家では定公十三年のこととして「仲由をして季氏の宰と為らしむ」とある。冉有の場合は、『春秋左氏伝』哀公十一年に「季孫（季孫氏）其の宰の冉求に謂ひて曰く」とあり、『史記』孔子世家では「其の明年冉有、季氏の将師と為る」とある（裴駰《はいいん》『史記集解』では哀公十一年のこととする）。このように両者が季孫氏に仕えた時期はずれる。そこで朱子は、たぶん子路が孔子に従って衛から魯に帰って（哀公十一年）、再び季孫氏に仕え、それから久しからずしてまた衛に行って、結局そこで死んだのであろうと推測する。

　伊藤仁斎は、「寡きことを患へずして均しからざることを患ふ。貧しきことを患へずして安からざることを患ふ」は、直後に「蓋し均しければ貧しきこと無く、和らげば寡なきこと無く、安ければ傾くこと無し」とあることと内容からして、「貧しきことを患へずして均しからざることを患ふ。寡きことを患へずして和らがざることを患ふ。傾くを患へずして安からざるを患ふ」とすべきであるとした。つまり第一句は、「貧しいことを憂えないで、それぞれの分を得ないことを憂える」ということだと言うのである。ここで人口が寡ないことが問題にされているのは、当時は人口の増加は生産力の増強に直結し、富国への道と考えられていたからである。ともかくもこの語は貧困以上に不平等の方が悪であるという文脈でも使われるようになっていく。君と民の上下関係の構図は変わらないが、民の中での平等を説く姿勢は、井田《せいでん》法や均田制の主張などをはじめ「均の思想」として展開していった。

第二章

孔子曰、天下有道、則礼楽征伐、自天子出。天下無道、則礼楽征伐、自諸侯出。自諸侯出、蓋十世希不失矣。自大夫出、五世希不失矣。陪臣執国命、三世希不失矣。天下有道、則政不在大夫。天下有道、則庶人不議。

孔子《こうし》曰《いは》く、天下《てんか》道有《みちあ》れば、則《すなは》ち礼楽征伐《れいがくせいばつ》、天子《てんし》自《よ》り出《い》づ。天下《てんか》道無《みちな》ければ、則《すなは》ち礼楽征伐《れいがくせいばつ》、諸侯自《しょこうよ》り出《い》づ。諸侯自《しょこうよ》り出《い》づれば、蓋《けだ》し十世失《じっせいうしな》はざること希《まれ》なり。大《たい》夫《ふ》自《よ》り出《い》づれば、五世失《ごせいうしな》はざること希《まれ》なり。陪臣国命《ばいしんこくめい》を執《と》れば、三世失《さんせいうしな》はざること希《まれ》なり。天下《てんか》道有《みちあ》れば、則《すなは》ち政《まつりごと》大夫《たいふ》に在《あ》らず。天下《てんか》道有《みちあ》れば、則《すなは》ち庶人《しょじん》議《ぎ》せず、と。

孔子が言われた。「天下に道があれば、礼楽の規定や軍事行動は、天子から発せられる。天下に道が無ければ、礼楽の規定や軍事行動は、諸侯から発せられる。諸侯から発せられれば、たぶん十代の間に破綻《はたん》しないことは稀《まれ》であろう。大夫から発せられれば、五代の間に破綻しないことは稀であろう。陪臣が国家の命令を執行すれば、三代の間に破綻しないことは稀であろう。天下に道があれば、政治は大夫の手には無い。天下に道があれば、庶民が政治を勝手に議論することは無い。」

○**礼楽**　礼と音楽。一一〇頁の補説。○**征伐**　王が服従しない者を討伐すること。○**十世**　十代。「世」は、代。○**大夫**　諸侯に仕える臣下で、ここの場合は特に家老級を含む上級官僚が意識されている。○**陪臣**　古注に家臣とする。大夫の家臣のこと。

補説　「庶人議せず」について、ここでは前からの文脈から、庶民が勝手に議論するようなことはなくなるという意味に取った。ただ荻生徂徠《おぎゅうそらい》は、『春秋左氏伝』襄公《じょうこう》十四年に楽師の師曠《しこう》が人々が君を諫める意義を説く中に「庶人は謗《そし》る」の語があることから、庶民が政治を議論すべきではないということではなく、道が行われていれば、庶民が議論するようなことは無いとする。また朱子も、上に失政が無ければ、下に勝手な議論が出てこなくなり、それはおのずとそうなるのであって、口輪《くちわ》をはめて黙らせるということではないと言う。なお孔子の「民《たみ》は之《これ》に由《よ》らしむ可《べ》し。之《これ》を知《し》らしむ可《べ》からず」（二九六頁）という語をこの語と関係づけることがあるが、二九六頁の語も単なる愚民政策を説いてはいない（二九七頁の補説）。

第三章

孔子曰、禄之去公室五世矣。政逮於大夫四世矣。故夫三桓之子孫微矣。

孔子《こうし》曰《いは》く、禄《ろく》の公室《こうしつ》を去《さ》ること五世《ごせい》。政《まつりごと》大夫《たいふ》に逮《およ》ぶこと四世《しせい》。故《ゆゑ》に夫《か》の三桓《さんくわん》の子孫《しそん》微《び》なり、と。

孔子が言われた。「爵禄《しゃくろく》を授与する力が魯の公室から離れて五代たった。政治の実権が大夫に移ってから四代たった。この趨勢の結果、あの大夫の三桓氏の子孫の権力も衰微している。」

○禄　爵禄のことで、ここではその授与権。**○公室**　魯の公室。**○五世**　「世」は、代。魯は、文公が崩御し、公子遂《すい》が文公の子の赤を殺して宣公を擁立してから、君が政権を失った状態が、成公、襄公、昭公、定公を歴《へ》て合計五公にわたった。**○逮**　及ぶ。**○大夫**　ここでは家老の三桓氏、特に最も権勢を誇った季孫氏を指す。八一頁の補説。**○四世**　季武子が始めて国政を壟断《ろうだん》してから、そのような状態が、季悼子、季平子、季桓子《かんし》を歴て合計四代にわたった。なお古注に引く孔安国注《こうあんこくちゅう》では、季文子、季武子、季悼子、季平子の四代とする。**○三桓**　三桓氏。**○微**　衰微。季桓子も家臣の陽虎（陽貨）に拘束されることになった。「乙亥《いつがい》、陽虎は季桓子及び公父文伯《こうほぶんぱく》を囚《とら》えて、仲梁懐《ちゆうりようかい》を放逐《ほうちく》した」（『春秋左氏伝』定公五年）。

第四章

孔子曰、益者三友、損者三友。友直、友諒、友多聞、益矣。友便辟、友善柔、友便佞、損矣。

孔子《こうし》曰《いは》く、益者三友《えきしやさんいう》、損者三友《そんしやさんいう》。直《ちよく》を友《とも》とし、諒《りやう》を友《とも》とし、多聞《たぶん》を友《とも》とするは、益《えき》なり。便辟《べんぺき》を友《とも》とし、善柔《ぜんじう》を友《とも》とし、便佞《べんねい》を友《とも》とするは、損《そん》なり、と。

孔子が言われた。「有益なのは、三種類の友。有害なのは、三種類の友。正直な人を友とし、義理堅い人を友とし、博識な人を友とするのは、有益である。取り繕《つくろ》う人を友とし、調子を合わせる人を友とし、おべっか使いを友とするのは、有害である。」

○**益**　有益。○**損**　有害。○**直**　正直。○**諒**　義理堅い。○**多聞**　博識。○**便辟**　表面を取り繕う。○**善柔**　無責任に調子を合わせる。○**便佞**　口上手でおべっかを使う。

補説　このように数字でまとめる表現が以下続くが、比較的時代が降るものとされている。

第五章

孔子曰、益者三楽、損者三楽。楽節礼楽、楽道人之善、楽多賢友、益矣。楽驕楽、楽佚遊、楽宴楽、損矣。

孔子《こうし》曰《いは》く、益者三楽《えきしやさんらく》、損者三楽《そんしやさんらく》。礼楽《れいがく》を節《せつ》することを楽《たの》しみ、人《ひと》の善《ぜん》を道《い》ふことを楽《たの》しみ、賢友多《けんいうおほ》きことを楽《たの》しむは、益《えき》なり。驕楽《けうらく》を楽《たの》しみ、佚遊《いついう》を楽《たの》しみ、宴《えん》楽《らく》を楽《たの》しむは、損《そん》なり、と。

孔子が言われた。「有益なのは三つの楽しみ、有害なのは三つの楽しみ。礼楽を節度正しく行うことを楽しみ、人が善を語るのを楽しみ、賢明な友が多いことを楽しむのは、有益である。豪奢《ごうしや》な娯楽を楽しみ、自堕落な遊興を楽しみ、うたげにうつつを抜かすのを楽しむのは、有害である。」

○楽　楽しむ。朱子は陸徳明『経典釈文《けいてんしやくもん》』によって日本漢字音が「ガウ」である「願う」という意味としたが、荻生徂徠はそのような古音は無いと否定している。○**礼楽を節する**　礼と音楽については、一一〇頁の補説。礼楽はもともと節度あるものだが、その節度をきちんと実現すること。○

驕楽　驕傲《きょうごう》さを感じさせる娯楽。○佚遊　節度を失った遊興。○宴楽　うたげにうつつをぬかす。

第六章

孔子曰、侍於君子有三愆。言未及之而言、謂之躁。言及之而不言、謂之隠。未見顔色而言、謂之瞽。

孔子《こうし》曰《いは》く、君子《くんし》に侍《じ》するに三愆《さんけん》有《あ》り。言未《げんいま》だ之《これ》に及《およ》ばずして言《い》ふ、之《これ》を躁《さう》と謂《い》ふ。言之《げんこれ》に及《およ》びて言《い》はざる、之《これ》を隠《いん》と謂《い》ふ。未《いま》だ顔色《がんしょく》を見《み》ずして言《い》ふ、之《これ》を瞽《こ》と謂《い》ふ、と。

孔子が言われた。「君子に侍《はべ》る場合にしてはならぬ三つの過誤がある。言葉が十分でないのにあれこれ言うのを騒がしいと言う。言葉で表現できるのに言わないのを隠蔽《いんぺい》と言う。相手の様子を見ないで委細かまわず言うのを盲目と言う。」

○君子　ここでは君子の通常の意味である立派な人とも為政者とも言い切れないので、とりあえず敬意を払うべき人と解釈する。なお朱子は徳と位を持つ者とするが、伊藤仁斎や荻生徂徠《おぎゅうそらい》は君主の類ではなく、目上や師匠を目して言っているとする。○愆　過誤。○躁　騒がしい。○隠　隠す。

○瞽　目が見えない。

第七章

孔子曰、君子有三戒。少之時血気未定、戒之在色。及其壮也、血気方剛、戒之在闘。及其老也、血気既衰、戒之在得。

孔子《こうし》曰《いは》く、君子《くんし》に三戒有《さんかいあ》り。少《わか》き時《とき》は血気《けつき》未《いま》だ定《さだま》らざれば、之《これ》を戒《いまし》むること色《いろ》に在《あ》り。其《そ》の壮《さう》なるに及《およ》びてや、血気《けつき》方《まさ》に剛《がう》なれば、之《これ》を戒《いまし》むること闘《とう》に在《あ》り。其《そ》の老《らう》なるに及《およ》びてや、血気《けつき》既《すで》に衰《おとろ》ふれば、之《これ》を戒《いまし》むること得《う》るに在《あ》り、と。

孔子が言われた。「君子たる者にも三つの戒めがある。若い時は血気が不安的だから、色欲を戒めなければならない。壮年になると、血気が盛んになるから、闘争を戒めなければならない。老年になると血気が衰えてしまうから、物欲を戒めなければならない。」

○君子　君子と言いながらも内容は一般人に広くあてはまるものである。あるいは「君子（立派な人）たらんとするには」ということかもしれない。荻生徂徠《おぎゆうそらい》は、本章の内容は聖人についても言えると考え、そこで聖人と一般人の間の君子を持ち出したと見る。○得　所有欲。

第八章

孔子曰、君子有三畏。畏天命、畏大人、畏聖人之言。小人不知天命而不畏也。狎大人、侮聖人之言。

孔子《こうし》曰《いは》く、君子《くんし》に三畏《さんゐ》有《あ》り。天命《てんめい》を畏《おそ》れ、大人《たいじん》を畏《おそ》れ、聖人《せいじん》の言《げん》を畏《おそ》る。小人《せうじん》は天命《てんめい》を知《し》らずして畏《おそ》れざるなり。大人《たいじん》に狎《な》れ、聖人《せいじん》の言《げん》を侮《あなど》る、と。

孔子が言われた。「君子には三つの畏怖《いふ》の対象がある。天命を畏怖し、当代の高邁《こうまい》な志の人を畏怖し、過去の聖人の言を畏怖することである。小人は天命を理解していないから畏怖しない。志の高邁な人への敬意に欠け、聖人の言を侮る。」

○君子、小人　立派な人、くだらない人。○大人　志が高邁な人。徳が高い聖人とも（古注）、位が高い人とも言う（『礼記《らいき》』礼運《れいうん》、士相見礼の「大人」に対する鄭玄《じょうげん》の注）。『論語』にはこの箇所しか出てこないが、『孟子』告子上には「其の小を養ふ者を小人と為し、其の大を養ふ者を大人と為す」とある。『易経』にも「大人」の語がいくつも見え、特に乾卦《けんか》・文言伝《ぶんげんでん》には「夫《そ》れ大人とは天地と其の徳を合し、日月と其の明を合し、四時（四季）と其の序を合し、鬼神と其の吉凶を合す」とあり（この箇所は時代が降る）、古注の典拠になっているが、これでは次の聖人と区別が無くなる。おそらく聖人が過去に存在した完全な人格であるのに対し、大人は同時代の尊敬すべき人物のことであろう。

補説 「天命を畏る」とあるが、これをもとに孔子に天の信仰があったと割り切るのは危険である。孔子の場合はこの世の制度とそれに伴う諸価値の源泉としての天と、どうしようもない命運としての天には敬意を払うが、天を個人の魂の救済のよりどころとしているようには見えないからである。七八頁の「天命」の注と一八五頁の補説。

第九章

孔子曰、生而知之者、上也。学而知之者、次也。困而学之、又其次也。困而不学、民斯為下矣。

孔子《こうし》曰《いは》く、生《う》まれながらにして之《これ》を知《し》る者《もの》は、上《じやう》なり。学《まな》びて之《これ》を知《し》る者《もの》は、次《つぎ》なり。困《くるし》みて之《これ》を学《まな》ぶは、又其《またそ》の次《つぎ》なり。困《くるし》みて学《まな》ばざれば、民斯《たみこ》こに下《げ》と為《な》す、と。

孔子が言われた。「生まれつきわかっている者は上である。学んでわかるようになる者はその次である。苦しんで学ぶ者は、更にその次である。苦しむばかりで学ばなければ、民ですら下等と見なす。」

○**民斯に下と為す**　「斯」を前の仮定の必然的結果を示す語として訳した。なお「民斯《これ》を下と為す」と読んで、「民はこれを下等と見なす」とか「だから民は下等なのである」と解釈したり、「民にして斯《これ》を下と為す」と読んで、「民であって、下等である」という意味に取ることもなされてきた。ただそうすると全部で四段階になるが、『礼記《らいき》』中庸《ちゅうよう》には、「或いは生まれながらにして之を知り、或いは学びて之を知り、或いは困しみて之を知る。其の之を知るに及びては一なり」と三段階になっているので、ここもまず三段階が提示され、その最も下の段階も満たさないのは民ですら軽蔑するということで解釈した。

補説　二六四頁で孔子が「私は生まれつきわかっている者ではない（我は生まれながらにして之を知る者に非ず）」と言うことからすると、孔子は自分を最高の段階とは見ていなかったことになる。孔子は生まれつきの聖人ではなく、あくまでも学ぶ人であった。

第十章

孔子曰、君子有九思。視思明、聴思聡、色思温、貌思恭、言思忠、事思敬、疑思問、忿思難、見得思義。

孔子《こうし》曰《いは》く、君子《くんし》に九思《きうし》有《あ》り。視《み》るには明《めい》を思《おも》ひ、聴《き》くには聡《そう》を思《おも》ひ、色《いろ》には温《をん》を思《おも》ひ、貌《かたち》には恭《きよう》を思《おも》ひ、言《げん》には忠《ちゆう》を思《おも》ひ、事《こと》には敬《けい》を思《おも》ひ、疑《うたがひ》には問《もん》を思《おも》ひ、忿《いかり》には難《なん》を思《おも》ひ、得《う》るを見《み》ては義《ぎ》を思《おも》ふ、と。

孔子が言われた。「立派な人には九つの心掛けがある。視る時には明察を心掛け、聴く時にはすみやかな理解を心掛け、顔つきには温和を心掛け、物腰には恭《うやうや》しさを心掛け、話す時には誠意を心掛け、行う時には敬虔《けいけん》さを心掛け、疑う時には教えを請《こ》う姿勢を心掛け、怒る時にはそれが引き起こす難事への対処を心掛け、自分の物にできそうな時は道義に沿うかを心掛ける。」

○君子　立派な人。○色、貌　本来はほぼ同じ意味だが、ここでは色は顔つき、貌は物腰であろう。
○言には忠を思ひ、事には敬を思ひ　五六九頁に「言 忠信、行 篤敬」とある。○得るを見ては義を思ふ　五一七頁に「利を見ては義を思ひ」、六八六頁に「得《う》るを見ては義を思ひ」とある。

補説　内容と表現が類似するものとしてよく引かれるのは、周の武王の質問に殷《いん》の賢人の箕《き》子《し》が答えた『書経』周書・洪範《こうはん》の次の箇所である。そこでは心掛けるべき「五事」として「一に曰《いは》く貌、二に曰く言、三に曰く視、四に曰く聴、五に曰く思」をあげ、更にそれをどのようにするのかについて「貌には恭と曰《い》ひ、言には従と曰ひ、視には明と曰ひ、聴には聡と曰ひ、思には睿《えい》(叡智)と曰ふ」と言う。本章との関係は確定できないが、他にも類似の形態のものがあり、ともかくもこのような表現方法が古代にあったということであろう。

第十一章

孔子曰、見善如不及、見不善如探湯。吾見其人矣。吾聞其語矣。隠居以求其志、行義以達其道。吾聞其語矣。未見其人也。

孔子《こうし》曰《いは》く、善《ぜん》を見《み》て及《およ》ばざるが如《ごと》くし、不善《ふぜん》を見《み》て湯《ゆ》を探《さぐ》るが如《ごと》くす。吾其《われそ》の人《ひと》を見《み》る。吾其《われそ》の語《ご》を聞《き》く。隠居《いんきょ》して以《もつ》て其《そ》の志《こころざし》を求《もと》め、義《ぎ》を行《おこな》ひて以《もつ》て其《そ》の道《みち》を達《たつ》す。吾其《われそ》の語《ご》を聞《き》く。未《いま》だ其《そ》の人《ひと》を見《み》ざるなり、と。

孔子が言われた。「善を見ては追いつかないのではないかと必死に求め、不善を見ては熱湯の中に手を入れた時のようにすぐに飛び退《の》く。私はそういう人を見たことがある。また私は古語で聞いたことがある。世間の中に身を隠して志の実現を求め、道義に則《のっと》って信ずる道を貫徹する。私は古語で聞いたことがある。しかしいまだそのような人を見たことは無い。」

○及ばざるが如くし　三〇五頁に「学《がく》は及《およ》ばざるが如《ごと》くして（学ぶ場合は、その対象を追いつかないのではないかという気持ちを持つ）」とある。○湯を探る　熱湯に手を入れる。古注では、悪い病気の治療にたとえたと言う。○語　朱子は、古語とする。そのような人の存在を言う古語があったということ、つまり過去にはいたということであろう。

補説　荻生徂徠《おぎゅうそらい》は本章の前段と一四六頁で「私は仁を好む者、不仁を憎む者を見たことがない」と言うのと矛盾するように見えるが、このように柔軟であるのが教導する術なので、孔子が誰のために言った語がわからない以上、穿鑿《せんさく》しなくてもよいとする。時に見える孔子の語の矛盾を、相手に応じた教化の言、要するに対機説法《たいきせっぽう》ということで説明しているのである。

第十二章

斉景公有馬千駟。死之日、民無徳而称焉。伯夷叔斉餓于首陽之下。民到于今称之。［誠不以富、亦祇以異。］其斯之謂与。

斉《せい》の景公《けいこう》は馬千駟《うませんし》有《あ》り。死《し》するの日《ひ》、民徳《たみとく》として称《しょう》すること無《な》し。伯夷《はくい》 叔《しゅく》斉《せい》 首陽《しゆやう》の下《もと》に餓《う》う。民今《たみいま》に到《いた》るまで之《これ》を称《しょう》す。［誠《まこと》に富《と》めるを以《もっ》てせず、亦祇《またまさ》に異《こと》なるを以《もっ》てす。］其《そ》れ斯《これ》の謂《いひ》か。

斉の景公は四千頭の馬を持っていた。しかし死んだ日、民はその徳を讃《たた》えることは無かった。伯夷と叔斉は首陽山のふもとで餓死した。しかし民は今に至るまで彼らを讃えている。［詩に「まことに富めるがゆえではない、ただ人と異なる徳のゆえなのだ」とあるのは、］このことを言っているのであろうか。

○**斉の景公**　孔子との問答が四四三頁に見える。景公、および景公と孔子の関係については、四四四頁の注と補説。死んだ時は孔子六十三歳（六十二歳）。○**駟**　四頭だての馬車を引く四頭の馬。千駟で四千頭になり、諸侯としては極めて多い。○**民徳として称すること無し**　皇侃《おうがん》のテキストは「民無得称焉」となっており、荻生徂徠《おぎゆうそらい》は「徳」は「得」の誤りで、「民得て称すること無し（民はとても賞賛できなかった）」ということとする。○**伯夷叔斉**　武王を諫《いさ》め首陽山で餓死した賢人兄弟。一九九頁の注。○**首陽**　山の名。場所は今の山西省など数説ある。○**［誠に富めるを以てせず、亦祇に異なるを以てす］**　この箇所はもとは顔淵第十二・第十章の語であるが、朱子が引く胡寅《こいん》（胡致堂《とう》）の語に従ってここに移した（朱子は顔淵第十二・第十章の方の注では程頤《ていい》（程伊川《いせん》）の言に従って、この語を本章の冒頭に置くべきだとしている）。この語は『詩経』小雅の「我行其野」の詩に見えるが、「誠」は『詩経』では「成」になっている。孔子はこの詩の語を引いたうえで「其れ斯の謂か」と言ったわけである。○**其れ斯の謂か**　「其れ斯《これ》を之《これ》謂へるか」と読むことも多い。「其謂斯与」の「謂」（動詞）と「斯」（目的語）を「之」によって倒置したことを示す訓読である。

補説　朱子は冒頭に「孔子曰」が抜けているとする。まただいたいにおいて後半の十篇には闕誤《けつご》が多いと言う。

第十三章

陳亢問於伯魚曰、子亦有異聞乎。対曰、未也。嘗独立。鯉趨而過庭。曰、学詩乎。対曰、未也。不学詩無以言。鯉退而学詩。他日又独立。鯉趨而過庭。曰、学礼乎。対曰、未也。不学礼無以立。鯉退而学礼。聞斯二者矣。陳亢退而喜曰、問一得三。聞詩聞礼、又聞君子之遠其子也。

陳亢《ちんかう》　伯魚《はくぎよ》に問《と》ひて曰《いは》く、子《し》も亦異聞有《またいぶんあ》るか、と。対《こた》へて曰《いは》く、未《いま》だし。嘗《かつ》て独《ひと》り立《た》てり。鯉趨《りはし》りて庭《には》を過《す》ぐ。曰《いは》く、詩《し》を学《まな》びたるか、と。対《こた》へて曰《いは》く、未《いま》だし、と。詩《し》を学《まな》ばざれば以《もつ》て言《い》ふこと無《な》し、と。鯉退《りしりぞ》きて詩《し》を学《まな》ぶ。他日又独《たじつまたひと》り立《た》てり。鯉趨《りはし》りて庭《には》を過《す》ぐ。曰《いは》く、礼《れい》を学《まな》びたるか、と。対《こた》へて曰《いは》く、未《いま》だし、と。

礼《れい》を学《まな》ばざれば以《もつ》て立《た》つこと無《な》し、と。鯉《り》退《しりぞ》きて礼《れい》を学《まな》ぶ。斯《こ》の二《に》者《しや》を聞《き》けり、と。陳亢《ちんかう》退《しりぞ》きて喜《よろこ》びて曰《いは》く、一《いつ》を問《と》ひて三《さん》を得《え》たり。詩《し》を聞《き》き礼《れい》を聞《き》き、又君子《またくんし》の其《そ》の子《こ》を遠《とほ》ざくるを聞《き》くなり、と。

陳亢が孔子の子の伯魚（鯉）にたずねて言った。「あなたも他の人たちが聞いていないことを父上から聞いているのではないか。」伯魚がお答えして言った。「そういうことはありません。以前父が一人で立っていた時に、私は庭を小走りでよぎりました。父は言いました。「詩を学んだかね。」答えました。「まだです。」父は言いました。「詩を学ばなければ立派な言葉遣いができないよ。」そこで私は退出してから詩を学びました。また後日父が一人で立っていた時に、私は庭を小走りでよぎりました。「礼を学んだかね。」答えました。「まだです。」父は言いました。「礼を学ばなければ独り立ちできないよ。」そこで私は退出してから礼を学びました。この二件を聞いただけです。」陳亢は退出して喜んで言った。「一つのことを質問したら、三つのことを聞くことができた。詩の重要性を聞き、礼の重要性を聞き、そのうえに君子は自分の子を特別扱いしないことを聞けた。」

○**陳亢**　六一頁、七一二頁に出てくる子禽《しきん》と同一人物かとも言われる（六一頁の「子禽」の注）。なおそこの注でも記したが、子禽について朱子は孔子あるいは子貢の弟子か不明だとしたが、七一二頁で陳子禽が子貢に質問する際に孔子のことを「仲尼《ちゅうじ》」と字《あざな》で呼び、ここでも陳亢に対して孔子の子の伯魚が「対《こた》へて曰く（お答えして言った）」と上位者に対する言い方をしているから、孔子の弟子筋かは疑問である。○**伯魚**　孔子の子。三九二頁の「鯉」の注。○**異聞**　他の人が聞けない特別な教え。○**独り立てり**　孔子と伯魚以外に人がいない状況を指す。○**鯉**　伯魚の諱《いみな》。○**趨**　小走り。恐縮して歩く動作。○**詩**　『詩経』に収められている類の正統な詩。○**言**　立派な言葉遣い。○**立**　社会人として一人前になる。礼の効果として「立つ」が言われることについては、二九五頁の注。○**君子**　立派な人。○**其の子を遠ざくる**　自分の子どもを例外的に身近に引き寄せず、他の人々と同じように接する。

補説　孔子の子の伯魚（鯉）はさほど優秀ではなく、孔子が弟子の顔回に特別な愛情を持っていたことと対比されがちである。孔子自身もそれが念頭にあったのか、伯魚と顔回の葬儀を並べた言葉がある（三九一頁）。ただ皇侃《おうがん》が引く范寧《はんねい》や、伊藤仁斎は、『孟子』離婁《りろう》上に、公孫丑《こうそんちゅう》が「君子が子を教えないのはどうしてか」という質問に対する孟子の答えの中に「昔は子を取り替えて教育した（古は子を易《か》へて之を教ふ）」とあるのを引き合いに出して孔子の姿勢を説明する。荻生徂徠《おぎゅうそらい》も、もし孔子が自分で伯魚を教えていたのであれば、詩や礼を学んだかというような質問をするはずはないと言う。また徂徠は、孔子は当然子を深く愛し、顔回などを子のように思ったのもあくまでも子への愛を推したがゆえとする。

ここで孔子は伯魚に詩と礼を学ぶことを教えているが、六四四頁でも孔子は伯魚に『詩経』の「周南《しゅうなん》」と「召南《しょうなん》」を学んだかと問うている。孔子は詩と書と礼を特別に重視したのであり(二六二頁)、ここでもその姿勢が見える。

第十四章

邦君之妻、君称之、曰夫人。夫人自称、曰小童。邦人称之、曰君夫人。称諸異邦、曰寡小君。異邦人称之、亦曰君夫人。

邦君《はうくん》の妻《つま》、君之《きみこれ》を称《しよう》して、夫人《ふじん》と曰《い》ふ。夫人《ふじん》自《みづか》ら称《しよう》して、小童《せうどう》と曰《い》ふ。邦人之《はうじんこれ》を称《しよう》して、君夫人《くんふじん》と曰《い》ふ。諸《これ》を異邦《いはう》に称《しよう》して、寡小君《くわせうくん》と曰《い》ふ。異邦《いはう》の人之《ひとこれ》を称《しよう》して、亦君夫人《またくんふじん》と曰《い》ふ。

国君《こくくん》の妻を、国君は「夫人」と称す。夫人は「小童」と自称する。国民は「君夫人」と言う。外国に向かっては「寡小君」と言う。外国の人は「君夫人」と言う。

○邦君の妻　諸侯の正室。**○邦人**　その国の人々。**○諸**　これ。「之於」に同じ。

補説　なぜこのような章があるのかは不明。名称の乱れが問題だったのであろうか。朱子が引く呉棫《ごよく》は、古《いにし》えがこうだったのか、それとも孔子がこのように言ったことがあったのか、考えようがないと言う。

陽貨《やうくわ》第十七

異色の語が目立つ篇である。陽貨、公山弗擾《ふつじよう》、仏肸《ひつきつ》ら問題の人物たちとの接触の際の語や、六言六蔽《りくげんりくへい》、三疾《さんしつ》などの数字でまとめた言い方がある。

第一章

陽貨欲見孔子。孔子不見。帰孔子豚。孔子時其亡也、而往拝之。遇諸塗。謂孔子曰、来、予与爾言。曰、懐其宝而迷其邦、可謂仁乎。曰、不可。好従事而亟失時、可謂知乎。曰、不可。日月逝矣、歳不我与。孔子曰、諾、吾将仕矣。

陽貨《やうくわ》孔子《こうし》を見《み》んと欲《ほつ》す。孔子《こうし》見《み》ず。孔子《こうし》に豚《ゐのこ》を帰《おく》る。孔子《こうし》其《そ》の亡《な》きを時《とき》として、往《ゆ》きて之《これ》を拝《はい》す。諸《これ》に塗《みち》に遇《あ》ふ。孔子《こうし》に謂《い》ひて曰《いは》く、来《きた》れ、予爾《われなんぢ》と言《い》はん、と。曰《いは》く、其《そ》の宝《たから》を懐《いだ》きて其《そ》の邦《くに》を迷《まよ》はす、仁《じん》と謂《い》ふ可《べ》きか、と。曰《いは》く、不可《ふか》なり、と。事《こと》に従《したが》ふを好《この》みて亟《しばしば》時《とき》を失《うしな》ふ、知《ち》と謂《い》ふ可《べ》きか、と。曰《いは》く、不可《ふか》なり、と。日月逝《じつげつゆ》く。歳我《としわれ》と与《とも》ならず、と。孔子曰《こうしいは》く、諾《だく》、吾将《われまさ》に仕《つか》へんとす、と。

陽貨が孔子に会おうと望んだ。孔子は会わなかった。そこで孔子に子豚の丸焼きを贈った。孔子は陽貨が不在の時を見計らって、赴《おもむ》いて拝礼しようとした。ところがその途中で陽貨に遭遇してしまった。陽貨は孔子に向かって言った。「来られよ、私はあなたと語り合いたい。」そして言った。「宝をだいていながら国を混迷のままに放置しておられる、これを仁《じん》と言えますか。」孔子が言った。「言えませんね。」陽貨はまた言った。「政治に従事することを好みながらしばしば時をのがしておられる、これを知と言えますか。」孔子は言われた。「言えませんね。」更に陽貨は言った。「日月は流れていきます。歳月は我々を待ってはくれませんよ。」孔子が言われた。「そうです。私は仕えようとしているのです。」

○陽貨　朱子は彼の諱《いみな》を虎と言うが、劉宝楠は、諱は貨で字《あざな》が虎と言う（『論語正義』）。季孫氏（季氏）の家臣だったが、定公五年（孔子四十八、四十七歳）に季桓子《かんし》を囚《とら》え、同八年に反乱を起こし、国政を専《もっぱ》らにした。本章の件はこの頃までのことだと言われている。後に三桓氏殺害に失敗し、斉《せい》に逃れ、その後に宋《そう》、晋《しん》を転々とした。**○豚**　子豚の丸焼き。**○帰**　贈る。**○拝**　このような場合は拝礼に赴くのが礼であった。『孟子』滕文公《とうぶんこう》下に載《の》せる孟子の語に、本章と同じ孔子の陽貨への対応が言及されているが、そこで孟子は「大夫《たいふ》が士に贈り物をして家で受け取ることができなかった場合は、士は大夫の門にお礼にゆくものだ（往きて其の門に拝す）」と言う。また『礼記《らいき》』玉藻《ぎょくそう》に「大夫が直接に士に物を賜《たま》う場合、士は拝礼して受け、その上でその室（家）に拝礼しに行く。衣服の場合はそれを着ないで拝礼する。敵者（身分が同じ贈り先）が家にいなければ、贈られた側は、贈ってくれた人の家に拝礼しに行く（大夫親しく士に賜ふに、士は拝して受け、又其の室に拝す。衣服は服せず以て拝す。敵者在《あ》らざれば、其の室に拝す）」とある。○**諸**　これ。「之於」に同じ。○**事に従ふ**　政治に従事する。○**亟**　しばしば。

補説「爾と言はん」以下を王引之《おういんし》『経伝釈詞《けいでんしゃくし》』は、陽貨の自問自答とする。それに従って訳すと次のようになる。「宝をだいたまま国を混迷のままに放置しておられる、これを仁と言えますか。言えませんよね。政治に従事することを好みながらしばしば時をのがしておられる、これを知と言えますか。言えませんよね。」自問自答で「曰く」を使用する言い方は古代の文献にも見られるが、ここでは一般と同じく孔子とのやりとりとして訳した。

後に孔子が諸国を遊歴していた時に、陽貨（陽虎）の容貌が孔子に似ていたのでその狼藉《ろうぜき》にあった匡《きょう》の人々が孔子一行を包囲したという話がある（『史記』孔子世家、三一八頁の「匡」の注）。白川静は孔子と陽貨を同類の存在であったとするが（『孔子伝』中央公論社、一九七二）、孔子にも渡り政客としての面が皆無ではなかったものの、軍事力を持たぬ思想家であり、またあくまでも思想をもって君主への接近を図っているので、陽貨とは決定的に性格を異にする。ただ本章で陽貨が「仁」と「知」という孔子の常用語を持ち出していることからすると、孔子の思想に対する知識があった可能性もある。もっともこの二語は孔子に限らず当時かなり使用されていたとも考えられ、その二語に新たな思想的意味を付与したのが孔子であったという面が多分にある。

第二章

子曰、性相近也。習相遠也。

子曰《しいは》く、性《せい》は相近《あひちか》きなり。習《ならひ》は相遠《あひとほ》きなり、と。

先生が言われた。「生まれつきは似たり寄ったりである。しかし後天的に習得したもので非常な差が出る。」

○性　生まれつき。○近　全く同一ではないがほとんど同じであること。○習　教育、学習、環境によって、後天的に獲得したもの。○遠　非常に差があること。

補説　人は生まれつきの素質は似たり寄ったりであるが、教育を受けたり学習することによって非常な差が出るということを言っているので、人間の持つ可能性の平等性と教育や学習の重要性を説いた章である。なお孔子の性についての姿勢については一八五頁の補説。

第三章

子曰、唯上知与下愚不移。

子《し》曰《いは》く、唯《ただ》上知《じやうち》と下愚《かぐ》とは移《うつ》らず、と。

先生が言われた。「智が高い者と愚《おろ》かな者は相互に移動することが無い。」

補説　冒頭の「子曰く」を衍文《えんぶん》とし、前章と合わせて一章とするのは、朱子が引く「あるひと」や、伊藤仁斎の説である。ここの「上知」と「下愚」は素質的なものであるように見えるが、後天的に得たものも含めている可能性も無いわけではない。いずれにしても前章や「教有《けうあ》りて類無《るいな》し（教育があるだけで、もともとの差があるわけではない）」とあるように（五九九頁）、圧倒的多数は素質の差が似たりよったりと孔子が考えていたことに変わりはあるまい。後世は性説として先天的要素と後天的要素をめぐって抽象的かつ精緻な議論が各種展開されていくが、孔子の場合は経験的に知り得る人間の心の状況に即した議論であり、ここから体系的哲学を構築し主張していくというものではなかった。高弟の子貢《しこう》が「先生が人の本性と天の道について語ったのは聞くことができない（夫子《ふうし》の性と天道とを言ふは、得《え》て聞く可《べ》からず）」と言っていることも思い合わせるべきである（一八四頁）。

第四章

子之武城、聞弦歌之声。夫子莞爾而笑曰、割鶏焉用牛刀。子游対曰、昔者偃也、聞諸夫子。曰、君子学道、則愛人、小人学道、則易使也。子曰、二三子、偃之言是也。前言戯之耳。

子《し》武城《ぶじやう》に之《ゆ》き、弦歌《げんか》の声《こゑ》を聞《き》く。夫子《ふうし》莞爾《くわんじ》として笑《わら》ひて曰《いは》く、鶏《にはとり》を割《さ》くに焉《いづく》んぞ牛刀《ぎうたう》を用《もち》ひん、と。子游《しいう》対《こた》へて曰《いは》く、昔者《むかし》偃《えん》や、諸《これ》を夫子《ふうし》に聞《き》けり。曰《いは》く、君子《くんし》道《みち》を学《まな》べば、則《すなは》ち人《ひと》を愛《あい》し、小人《せうじん》道《みち》を学《まな》べば、則《すなは》ち使《つか》ひ易《やす》きなり、と。子《し》曰《いは》く、二三子《にさんし》、偃《えん》の言《げん》是《ぜ》なり。前言《ぜんげん》は之《これ》に戯《たはむ》れしのみ、と。

先生が武城に行ったところ、弦歌の音が聞こえた。先生は苦笑して言われた。「鶏をさばくのにどうして牛用の包丁を使用する必要があろうか。」子游がお答えして言った。「昔、私はこう先生から聞いております。「君子が道を学べば人を愛し、小人が道を学べば使役しやすくなる」。」先生が言われた。「お前たち、偃（子游）の言葉は正しい。前言は冗談として言ったまでだ。」

○武城 魯《ろ》の小さな邑《ゆう》（地方都市）。二二三頁の「武城の宰《さい》」の注。**○弦歌** 弦楽器（琴や瑟《しつ》）を奏《かな》でながら歌う。正式な音楽。もともと学芸に長じていた子游は村人に音楽まで教えた。**○莞爾** 小さく笑うこと。**○牛刀** 牛をさばくための大きな包丁。武城のような小さい地方都市を治めるのに何と大げさなという比喩。**○子游** 孔子の弟子。八三頁の注。当時、武城の長官をしていて人材登用にも励んでいた（二二三頁）。**○偃** 子游の諱《いみな》。**○君子、小人** この場合は為政者と庶民の意。朱子も位について言うとする。つまり庶民が礼楽を学べば使役しやすくなるということ。**○二三子** お前たち。ここでは呼びかけの言葉。一三九頁の注。

補説 本章は、孔子が思わず口走った言葉に正面から反応した弟子と、最後は冗談だよと苦笑しながら弟子の姿勢を認める孔子の間の生き生きとしたやりとりとして味わうべきで、何でも見通す聖人としての孔子像から、わざと子游をためしたといった無理な解釈をすべきではない。

第五章

公山弗擾以費畔。召。子欲往。子路不説、曰、末之也已。何必公山氏之之也。子曰、夫召我者、而豈徒哉。如有用我者、吾其為東周乎。

公山弗擾《こうざんふつぜう》費《ひ》を以《もっ》て畔《そむ》く。召《め》す。子《し》往《ゆ》かんと欲《ほっ》す。子路《しろ》説《よろこ》ばず、曰《いは》く、之《ゆ》くこと末《な》きのみ。何《なん》ぞ必《かなら》ずしも公山氏《こうざんし》に之之《これゆ》かん、と。子《し》曰《いは》く、夫《そ》れ我《われ》を召《め》す者《もの》にして、豈《あに》徒《いたづら》ならんや。如《も》し我《われ》を用《もち》ふる者有《ものあ》らば、吾其《われそ》れ東周《とうしう》を為《な》さんか、と。

公山弗擾が費を拠点にして謀反を起こした。その時に先生を招聘《しようへい》した。先生は行こうとした。子路はそれを喜ばないで、こう言った。「行くには及びません。どうして公山氏のもとに行く必要があるのですか。」先生が言われた。「私を招くというからには、どうして無意味な話であろうか。もし私を登用してくれる者がいれば、私は東方の周王朝を実現してみようか。」

○**公山弗擾**　姓は公山、諱《いみな》は弗擾、字《あざな》は子洩《しせつ》。『春秋左氏伝』では「公山不狃《こうざんふぢう》」。季孫氏の宰、陽虎（陽貨）と共に季桓子を捕らえ、費に本拠をおいて謀叛を起こした。○**費**　季孫氏の領地の地名。いかなる土地かは二一八頁、四一七頁の注。○**畔**　そむく。○**子路**　孔子の弟子。九四頁の注と補説。直情径行《ちよくじようけいこう》のゆえに孔子にこのような直接的な質問をした。○**之くこと末きのみ**　「末」は、無。古注では「行くべきところが無ければ、それまでです（之《ゆ》くこと末《な》ければ已《や》む）」という意味に取る。○**徒**　無意味に。○**東周**　東方に周王朝の道を実現すること。

補説 孔子は、本章の公山弗擾以外にも、六三八頁の晋の仏肸《ひっきつ》の誘いにも応じようとしている。六二八頁の陽貨のほのめかしにはさすがに乗っていないが、出仕自体の意欲は語っている。子路をはじめ弟子たちが謀反人政権の参画に反発するのは当然であった。また「東周」と言っていることも問題で、現にまだ存在している周王朝と別個の周王朝なのか、東方に周王朝の制度や文化を体現した政権を作り、それによって周王朝を補佐することなのか不明である。おそらくは後者ではあろうが、だからといって謀反人に加担することが君臣関係の破壊につながるのではないかという疑問を払拭《ふっしょく》できるものではない。真徳秀《しんとくしゅう》『西山読書記』三四上に引く蘇軾《そしょく》（蘇《そ》東坡《とうば》）や、伊藤仁斎が言うように、孔子を呼ぶからには、公山弗擾は謀反人とはいえ善への志向があったとか、周王や魯侯への忠誠はゆるぎないとし、荻生徂徠《おぎゅうそらい》のように、斉《せい》の管仲《かんちゅう》と同じく王室を尊《たっと》んで天下に号令しようとしたのであり、魯の三桓氏を抑えることになるとか、いろいろと説が立てられているが、いずれも苦心の議論である。

ただもともと本章は事実では無いという説もある。『春秋左氏伝』によると、定公十二年の夏に公山不狃（公山弗擾）と叔孫輒《しゅくそんちょう》が費《ひき》の人々を率いて攻めこんで来て季武子の築いた台の上の定公にまで迫った時、孔子が申句須《しんくしゅ》、楽頎《がくき》に命じて、台を下りて応戦させ敗走させたとあり、時に孔子は魯の司寇《しこう》になっていたことからも、公山弗擾が孔子を招くというのはありえないと言うのである（崔述《さいじゅつ》『洙泗考信録《しゅしこうしんろく》』、趙翼《ちょうよく》『陔余叢考《がいよそうこう》』）。ともかくも孔子の政治への意欲の強さが見える諸章である。

第六章

子張問仁於孔子。孔子曰、能行五者於天下為仁矣。請問之。曰、恭寛信敏恵。恭則不侮、寛則得衆、信則人任焉、敏則有功、恵則足以使人。

子張《しちやう》仁《じん》を孔子《こうし》に問《と》ふ。孔子《こうし》曰《いは》く、能《よ》く五者《ごしや》を天下《てんか》に行《おこな》ふを仁《じん》と為《な》す、と。之《これ》を請《こ》ひ問《と》ふ。曰《いは》く、恭《きよう》寛《くわん》信《しん》敏《びん》恵《けい》。恭《きよう》なれば則《すなは》ち侮《あなど》られず、寛《くわん》なれば則《すなは》ち衆《しゆう》を得《え》、信《しん》なれば則《すなは》ち人任《ひとにん》じ、敏《びん》なれば則《すなは》ち功有《こうあ》り、恵《けい》なれば則《すなは》ち以《もつ》て人《ひと》を使《つか》ふに足《た》る、と。

子張が仁について孔子におたずねした。孔子が言われた。「五項目を天下に向かって行えれば仁だね。」それについて教えを請うた。先生が言われた。「恭、寛、信、敏、恵だ。恭であれば人から侮られず、寛であれば人心を得、信であれば人からまかされ、敏であれば結果が出、恵であれば人を使役《しえき》できるに足る。」

○**子張**　孔子の弟子。九六頁の注。○**天下**　ここで天下が持ち出されているのは、仁の道徳を社会に向かって発揮した時の効果を語っているからであろう。○**恭、寛、信、敏、恵**　謙虚、寛容、信義を守る、鋭敏に行動する、恵み深い。

補説　仁について、具体的心構えと、それが持つ社会的効果が説かれている。極めて実践的な教えであり、仁という全体的な道徳は、このような日常の心構えを維持し続けることで達成すべきものなのである。同門の弟子たちから外面は堂々としていたが内面の修養に不十分な点があったと評された子張に対する教えであるがゆえに、謙虚、寛容などの自己主張をやわらげる五者があげられたのであろう。仁とは基本的に具体的場で教えられ実践するものであり、あらゆる状況で適正に振る舞えるようになったとき、完成するのである。

なお七一五頁にも堯《ぎょう》が舜《しゅん》に教えた内容として、「寛なれば則ち衆を得、信なれば則ち民任ず。敏なれば則ち功有り、公なれば則ち説《よろこ》ぶ」という似た語が出てくる。

第七章

仏肸召。子欲往。子路曰、昔者由也、聞諸夫子。曰、親於其身為不善者、君子不入也。仏肸以中牟畔。子之往也、如之何。子曰、然、有是言也。不曰堅乎、磨而不磷。不曰白乎、涅而不緇。吾豈匏瓜也哉。焉能繫而不食。

仏肸《ひっきつ》召《め》す。子往《ゆ》かんと欲《ほっ》す。子路《しろ》曰《いは》く、昔者《むかし》由《いう》や、諸《これ》を夫子《ふうし》に聞《き》く。曰《いは》く、親《みづか》ら其《そ》の身《み》に於《おい》て不善《ふぜん》を為《な》す者《もの》には、君子《くんし》は入《い》らず、と。仏肸中牟《ひっきつちゅうぼう》を以《もっ》て畔《そむ》く。子《し》の往《ゆ》くや、之《これ》を如何《いかん》、と。子曰《しいは》く、然《しか》り、是《こ》の言有《げんあ》るなり。堅《かた》しと曰《いは》ずや、磨《ま》すれども磷《うすろ》がず。白《しろ》しと曰《いは》ずや、涅《でつ》すれども緇《くろ》まず、と。吾豈匏瓜《われあにはうくわ》ならんや。焉《いづくん》ぞ能《よ》く繫《かか》りて食《くら》はれざらん、と。

仏肸が先生を招聘した。先生は行こうとした。子路が言った。「以前私はこのような言葉を先生から聞いています。「自分が手をくだして不善を行う者のところには、君子は入って行かない。」仏肸は中牟を拠点にそむきました。先生が行かれるのは、どういうわけですか。」先生が言われた。「そうだ、そう言ったことがある。ただ堅いと言わないであろうか、磨《みが》いても薄くならないものを。白いとは言わないであろうか、黒く染めても黒くならないものを。私は苦瓜《にがうり》であろうか。せっかく一箇所にぶらさがっていられるのにどうして食べてもらえないでよいものか。」

○仏肸　晋の大夫の趙簡子《ちょうかんし》の邑宰《ゆうさい》（所轄する都市の長官）と古注は言う。趙簡子は晋の政権を壟断《ろうだん》した家老たちの一人。ただ『春秋左氏伝』哀公五年に「夏《か》に趙鞅《ちょうおう》（趙簡子）が衛を伐ったのは、衛が范氏《はんし》を助けたためである。かくて中牟を包囲した（夏趙鞅《てうあう》衛を伐つは、范氏の故《ゆゑ》なり。遂《つい》に中牟を囲む）」とあり、仏肸は中牟にいたのだから、趙簡子ではなく范昭子の家臣で、趙簡子に攻められたので応戦した可能性がある（劉宝楠『論語正義』では『史記』孔子世家によって范氏、中行氏の家臣と言う）。ちなみに趙簡子は、晋に流れ着いた陽貨（陽虎、六二九―三〇頁の注と補説）を庇護《ひご》した。○**子路**　孔子の弟子。九四頁の注と補説。○**由**　子路の諱《いみな》。○**諸**　これ。「之於」と同じ。次の語を指す。○**君子**　立派な人。○**入らず**　その場に入らない。○**中牟**　今の河南省にある。趙簡子の領地とされるが、むしろ范昭子の領地である。○**畔**　そむく。趙簡子に謀反を起こしたということなのだが、上記の『春秋左氏伝』によると、謀反を起こしたのではなく、范氏のために防衛戦を展開したことになる。○**之を如何**　どうなのか。ここでは「何如」と同じ意味に使用。文型については九九頁の注。○**磷**　薄くする。ここの比喩は、志操堅固な者は状況によって変わることが無いことを言う。○**涅**　黒く染める。○**緇**　黒。○**匏瓜**　苦瓜。○**食はれざらん**　匏瓜を食べないこととして、「（苦瓜のように）食べてもらえないでよいものか」と訳した。植物の中でわざわざ食べられない苦瓜を持ち出しているのがその理由である。南宋の饒魯《じょうろ》、明の楊慎《ようしん》をはじめ幾人もの学者がこの解釈を取る。もちろん登用されることが無くてよいものかという意味である。古注や朱子は匏瓜自体が飲食しないという意味に取る。その場合は「どうして匏瓜がぶらさがって食べなくてもすんでいるようなものであろうか」という意味になる。

【補説】注に記したように仏肸が謀反人かどうかは問題として残る。『史記』孔子世家の叙述の順序や『春秋左氏伝』哀公五年の記事をもとにすると孔子が遊歴中に衛を立ち去った直後ということになるが、ともかくも本章や、公山弗擾《こうざんふつじょう》に招かれたという六三五頁などは、どこまで史実なのかが判然としない。たとえ史実ではなくとも、かかる話が伝えられたこと自体が検討の対象になろう。

第八章

子曰、由也、女聞六言六蔽矣乎。対曰、未也。居、吾語女。好仁不好学、其蔽也愚。好知不好学、其蔽也蕩。好信不好学、其蔽也賊。好直不好学、其蔽也絞。好勇不好学、其蔽也乱。好剛不好学、其蔽也狂。

子《し》曰《いは》く、由《いう》や、女《なんぢ》六言《りくげん》の六蔽《りくへい》を聞《き》くや、と。対《こた》へて曰《いは》く、未《いま》だし、と。居《を》れ、吾《われ》女《なんぢ》に語《つ》げん。仁《じん》を好《この》みて学《がく》を好《この》まざれば、其《そ》の蔽《へい》や愚《ぐ》。知《ち》を好《この》みて学《がく》を好《この》まざれば、其《そ》の蔽《へい》や蕩《たう》。信《しん》を好《この》みて学《がく》を好《この》まざれば、其《そ》の蔽《へい》や賊《ぞく》。直《ちょく》を好《この》みて学《がく》を好《この》まざれば、其《そ》の蔽《へい》や絞《かう》。勇《ゆう》を好《この》みて学《がく》を好《この》まざれば、其《そ》の蔽《へい》や乱《らん》。剛《がう》を好《この》みて学《がく》を好《この》まざれば、其《そ》の蔽《へい》や狂《きやう》、と。

先生が言われた。「由よ、お前は六つの教えの言葉の六つの弊害のことを聞いたことがあるか。」お答えして言った。「まだです。」先生が言われた。「座りなさい。私はお前に告げよう。仁を好んで学を好まなければ、その弊害は愚かだ。知を好んで学を好まなければ、その弊害は散漫だ。信を好んで学を好まなければ、その弊害は損害だ。正直を好んで学を好まなければ、その弊害は硬直だ。勇を好んで学を好まなければ、その弊害は混乱だ。剛を好んで学を好まなければ、その弊害は逸脱だ。」

○**由**　孔子の弟子の子路の諱《いみな》。九四頁の注と補説。○**女**　なんじ。○**蔽**　遮《さえぎ》り掩《おお》うこと。学を好まなければこれらの徳が覆《おお》われてむしろ弊害を生ずる。○**居**　座ること。礼に、君子が新たな質問を始めた場合には、起立してお答えするとあるが、孔子は起立した子路を元通り席に座らせてから説明を始めた。○**蕩**　限りなく散漫になる。○**賊**　見当違いの信義は相手を損なう結果をもたらす。○**直**　正直。○**絞**　硬直。○**乱**　混乱を引き起こす。○**狂**　常軌を逸脱すること。

補説　二八七頁に「勇《ゆう》にして礼無ければ則《すなは》ち乱《みだ》す。直《ちょく》にして礼無ければ則ち絞《かう》す」と類似の語が見える。本章は徳を発揮する際の必須の条件として学があげられているが、二八七頁の方は礼がそれに当たっている。学と礼を孔子は教え、それは徳を徳として機能させるために無くてはならぬものであった。もっとも本章には、朱子が引く范祖禹《はんそう》が言うように、勇猛果敢、直情径行な子路への戒《いまし》めという要素もあるかもしれない。

第九章

子曰、小子、何莫学夫詩。詩可以興、可以観、可以群、可以怨。邇之事父、遠之事君、多識於鳥獣草木之名。

子《し》曰《いは》く、小子《せうし》、何《なん》ぞ夫《か》の詩《し》を学《まな》ぶこと莫《な》きや。詩《し》は以《もつ》て興《きよう》す可《べ》く、以《もつ》て観《み》る可《べ》く、以《もつ》て群《ぐん》す可《べ》く、以《もつ》て怨《うら》む可《べ》し。之《これ》を邇《ちか》くしては父《ちち》に事《つか》へ、之《これ》を遠《とほ》くしては君《きみ》に事《つか》へ、多《おほ》く鳥獣草木《てうじうさうもく》の名《な》を識《し》る、と。

先生が言われた。「お前たちは、どうして詩を学ぶことが無いのかね。詩は、それによって感情を事物になぞらえて表現することができ、それによって人情の機微を見ることができ、それによって人々と連帯感を得られ、それによって政治に対する不満を吐露《とろ》できる。身近なことではその習得によって父に仕え、離れた場ではその習得によって君に仕え、しかも鳥獣草木の名を広く知るようすがともなる。」

○**小子**　若者。ここでは弟子への呼びかけ。○**詩**　学ばれるべき正統な詩。『詩経』に収められている類の詩。○**興**　人間の感情を種々の情景や風物になぞらえて表現することとして訳した。『詩経』を構成する要素をまとめた六義《りくぎ》の一つに「興《きょう》」がある。これは一種の枕詞のようなもので、ある情景や風物を詠ずることで、それが暗示する本題を引き起こす比喩の技法である。以上は古注に引く孔安国《こうあんこく》の路線による解釈であるが、朱子のように、人の感情を喚起するという意味の可能性も捨てきれない。〇**観**　人情を見る。〇**群**　詩がもたらす感興《かんきょう》によって、人々との連帯感を得られる。ただ人々と共に唱和することとも考えられる。〇**怨**　政治への不満を詩に託して吐露できること。人一般に対する怨《うら》みではなく、特に政治についてであると思われるのは、詩から政治への不満を読み取ることが多くなされるからである。〇**邇**　近い。

補説　本章はいろいろと補わない限り解釈できないので、この訳もあくまで試訳の域を出ない。孔子が詩に道徳的意味を読み取っていたのは確かであるが、後の『詩経』の読法が当時既に牢乎として存在していたかは疑問の余地がある。

第十章

子謂伯魚曰、女為周南召南矣乎。人而不為周南召南、其猶正牆面而立也与。

子《し》伯魚《はくぎょ》に謂《い》ひて曰《いは》く、女《なんぢ》周南《しうなん》 召南《せうなん》を為《まな》びたるか。人《ひと》にして周南《しうなん》 召南《せうなん》を為《まな》ばざれば、其《そ》れ猶正《なほただ》しく牆《しやう》に面《めん》して立《た》つがごときか、と。

先生が伯魚に向かって言われた。「お前は、『周南』、『召南』の諸詩を学んだかね。人であって『周南』、『召南』を学ばなければ、真正面に塀《へい》に面して立っているようなものだ。」

○伯魚　孔子の子の鯉《り》。三九二頁の「鯉」の注。○女　なんじ。○周南、召南　『詩経』の最初にある二つのブロック。合わせて「二南」と言われ、ことのほか重視された。各地の詩を集めた「国風」に属す。「周」は周公、「召」は召公が、文王が岐山《きざん》から豊《ほう》に遷都した時に文王からあたえられた都の故地、「南」はこの両者の徳化が伝わった地域で、文王の子の武王の時代になりこれらの土地の詩を集めたと言われたりしたが（鄭玄《じょうげん》『詩譜』）、本来の意味は不明。もとは男女や家族の情愛の詩が中心であるが、周王朝と関係づけて解釈された。ここでは『詩経』の象徴としてあげられているが、孔子も周公と召公に関係づけて解釈していた可能性が高い。また「周南」冒頭の「関雎《かんしょ》」の詩を讃《たた》えた語が一三〇頁にある。○為　学ぶ。○牆に面して立つ　塀に面して立つとは、至近の地であっても、一物も見えず、一歩も行けないのを言う。

補説　六二三頁でも孔子は伯魚（鯉）に詩を学んだかと聞いている。

第十一章

子曰、礼云礼云。玉帛云乎哉。楽云楽云。鐘鼓云乎哉。

子《し》曰《いは》く、礼《れい》と云《い》ひ礼《れい》と云《い》ふ。玉帛《ぎょくはく》を云《い》はんや。楽《がく》と云《い》ひ楽《がく》と云《い》ふ。鐘鼓《しょうこ》を云《い》はんや、と。

先生が言われた。「礼だ礼だと言っても、玉帛を言うのであろうか。音楽だ音楽だと言っても、鐘鼓を言うのであろうか。」

○**玉帛**　儀礼用の玉の工芸品と絹のたば。祭祀や外交や朝廷への参内《さんだい》などで用いた。○**鐘鼓**　音楽の楽器としての鐘と太鼓。

補説　礼楽は道具よりも精神が重要だということである。

第十二章

子曰、色厲而内荏、譬諸小人、其猶穿窬之盗也与。

子《し》曰《いは》く、色厲《いろれい》にして内荏《うちじん》なるは、諸《これ》を小人《せうじん》に譬《たと》ふれば、其《そ》れ猶穿窬《なほせんゆ》の盗《たう》のごときか。

先生が言われた。「為政者で外貌が厳粛で内心が柔弱《にゆうじやく》なのは、これを庶民に例を取れば、こそどろのようなものだ。」

○**色**　外貌。○**厲**　威厳。○**荏**　柔弱。○**諸**　これ。「之於」と同じ。○**小人**　庶民。伊藤仁斎が言うように、為政者への戒めであろう。そこでわざわざ庶民に喩《たと》えを取っているのである。○**穿窬**　こそどろ。「穿」は、壁に穴をあける。「窬」は、屛を越える。

第十三章

子曰、郷原徳之賊也。

子《し》曰《いは》く、郷原《きやうげん》は徳《とく》の賊《ぞく》なり。

先生が言われた。「地元の人気取りは、徳を損なう者だ。」

○**郷原**　地元の人々に迎合する人気取り。朱子は、「郷」は田舎、「原」は実直風なことと言う。古注では、その地方に行っては土地の人情をはかって自分に都合良く振る舞う人間、あるいは人に迎合する人間と言う。

補説 『孟子』尽心下では、本章の語をこのように説明する。万章が質問した。「一郷（村中）がみな原人（実直な人）と称するということは、どこへ行っても原人として見なされるでしょうに、孔子が徳の賊としたのはどうしてですか。」孟子が言った。「非難しようにも取り上げる欠点が無く、譏《そし》ろうとしても譏るような問題点が無く、流俗に同化して汚世《おせい》に調子を合わせる。姿勢は忠信に似、実践は廉潔《れんけつ》に似ている。人々はみな彼のことを好み、自分も正しいと思っているが、ともに聖人たる堯舜《ぎょうしゅん》の道に入ることなどできない。それゆえ徳の賊と言うのだ。孔子が言われた。「似て非なる者を憎む。……郷原を憎むのは、徳を乱すことを危惧《きぐ》するからだ。」」なお四九四頁では、子貢が、郷人がみな好意を持ったり嫌ったりするのはどうかと質問したのに対し、孔子がまだよいとは言えないと答え、更に郷人のうちの善人が好意を持ち、善《よ》からぬ人が嫌うのには及ばないと説いている。

第十四章

子曰、道聽而塗説、徳之棄也。

子《し》曰《いは》く、道《みち》に聴《き》きて塗《みち》に説《と》くは、徳《とく》を之《これ》棄《す》つるなり、と。

先生が言われた。「道ばたで聞いたことをそのまま路上で説くなどは、徳を棄てるものだ。」

○塗　道と同意。

第十五章

子曰、鄙夫可与事君也与哉。其未得之也、患得之、既得之、患失之。苟患失之、無所不至矣。

子《し》曰《いは》く、鄙夫《ひふ》は与《とも》に君《きみ》に事《つか》ふる可《べ》けんや。其《そ》の未《いま》だ之《これ》を得《え》ざるや、之《これ》を得《え》んことを患《うれ》ひ、既《すで》に之《これ》を得《う》れば、之《これ》を失《うしな》はんことを患《うれ》ふ。苟《いやしく》も之《これ》を失《うしな》はんことを患《うれ》ふれば、至《いた》らざる所《ところ》無《な》し、と。

先生が言われた。「俗物とはともに主君に仕えることができるだろうか。まだ位を得ていない場合は得られるかどうかを心配し、位を得てからは失うことを心配する。少しでも位を失うことが心配になると、どんなことでもやるようになる。」

○鄙夫　俗物。○与に　黄式三《こうしきさん》『論語後案』が引く王伯申《おうはくしん》は「以て」と同じとする。もしそうであれば、単に「俗物は主君に仕えることができるだろうか」ということになる。○得んことを患ふ　得られるかどうかを心配する。古注で何晏《かあん》は、「之を得んことを患ふ」は「得られないのを心配する（之を得ること能はざるを患ふ）」であり、「楚《そ》の俗言」であると注す。楚の地方のことわざということについては疑問も呈せられ、「得」を漢文に見られる反訓（一つの語が肯定と否定の両方の意味を持つ）と見なす議論や、「不」の字が抜けているという説もあるが、いずれにしても結果的には同じ意味になる。

第十六章

子曰、古者民有三疾。今也或是之亡也。古之狂也肆、今之狂也蕩。古之矜也廉、今之矜也忿戾。古之愚也直、今之愚也詐而已矣。

子曰《しいは》く、古者《いにしへ》民《たみ》に三疾《さんしつあ》有り。今《いま》や或《あるい》は是之亡《これこれな》きなり。古《いにしへ》の狂《きやう》や肆《し》、今《いま》の狂《きやう》や蕩《たう》。古《いにしへ》の矜《きよう》や廉《れん》、今《いま》の矜《きよう》や忿戾《ふんれい》。古《いにしへ》の愚《ぐ》や直《ちよく》、今《いま》の愚《ぐ》や詐《さ》なるのみ、と。

先生が言われた。「昔は民に三つの注意すべき病弊《びようへい》とされているものがあった。今はこれすらも無くなっている場合もある。昔の狂は奔放《ほんぽう》だったが、今の狂はたがはずれているだけである。昔の矜は潔癖であったが、今の矜は怒りにまかせるだけである。昔の愚は率直だったが、今の愚は偽《いつわ》るだけだ。」

○**疾** 病弊。○**或は是之亡きなり** 原文の「或是之亡也」は「或亡是（あるいはこれなし）」を「之」によって倒置している形。「或」はそのような場合もあるということ。○**狂** 進取に富むが常軌を逸している。一九八頁の補説。○**肆** 細かいことにとらわれない。○**蕩** 守るべきものを踏み越えている。○**矜** 自重から来る自負。○**廉** 潔癖ゆえに角がある。○**忿戾** 無分別な憤怒《ふんぬ》。○**直** 融通がきかない率直。○**詐** 私心から行うでたらめ。

補説 昔は狂、矜、愚の行き過ぎが注意すべき点であったが、今はそれらがどうしようもない段階にまで至っているということである。

第十七章

子曰、巧言令色、鮮矣仁。

子《し》曰《いは》く、巧言令色《こうげんれいしよく》、鮮《すくな》きかな仁《じん》、と。

先生が言われた。「言葉を巧《たく》みにし、表情を飾るのは、少ないね、仁が。」

補説 五〇頁に同文がある。

第十八章

子曰、悪紫之奪朱也。悪鄭声之乱雅楽也。悪利口之覆邦家者。

子《し》曰《いは》く、紫《むらさき》の朱《しゆ》を奪《うば》ふことを悪《にく》むなり。鄭声《ていせい》の雅楽《ががく》を乱《みだ》すことを悪《にく》むなり。利口《りこう》の邦家《はうか》を覆《くつがへ》す者《もの》を悪《にく》む、と。

先生が言われた。「紫が朱の色の地位を奪うことを憎む。鄭の国の音楽が正統な雅楽を乱すことを憎む。口上手が国家を転覆させることを憎む。」

○紫 間色。潘維城《はんいじよう》『論語古注集箋《しゆうせん》』に、江永《こうえい》『群経補義《ぐんけいほぎ》』を引き、紫色が競《きそ》って使われるようになった状況を背景にした語とする。**○朱** 原色。正統の色とされた。**○鄭声** 鄭の国の音楽は退廃的とされた。五七六頁に「鄭の地域の音楽を追放し、……鄭の地域の音楽はわいせつで（鄭声を放《はな》ち、……鄭声は淫《いん》にして）」とある。**○雅楽** 正規の荘重《そうちよう》な音楽。**○利口** 口がうまく如才《じよさい》ない。

○邦家　国家。

第十九章

子曰、予欲無言。子貢曰、子如不言、則小子何述焉。子曰、天何言哉。四時行焉、百物生焉。天何言哉。

子《し》曰《いは》く、予《われ》言《い》ふこと無《な》からんと欲《ほっ》す、と。子貢《しこう》曰《いは》く、子《し》如《も》し言《い》はずんば、則《すなは》ち小《せう》子《し》何《なに》をか述《の》べん、と。子《し》曰《いは》く、天《てん》何《なに》をか言《い》はんや。四時《しいじ》行《めぐ》り、百物《ひやくぶつ》生《しやう》ず。天《てん》何《なに》をか言《い》はんや、と。

先生が言われた。「私は語らないようにしようと思う。」子貢が言った。「先生がもし語られないのであれば、我々は何を伝えたらよいのでしょうか。」先生が言われた。「天は何を語っているというのか。四季はめぐり、万物は生じていく。天は何を語っているというのか。」

○**子貢**　孔子の弟子。六一—二頁の注と補説。○**小子**　もとは若輩《じゃくはい》のことだが、ここでは我ら門人の意。○**述**　ここでは、孔子の言葉を祖述《そじゅつ》すること。○**四時**　四季。○**行**　めぐる。

第二十章

孺悲欲見孔子。孔子辞以疾。将命者出戸。取瑟而歌、使之聞之。

孺悲《じゆひ》孔子《こうし》に見《まみ》えんと欲《ほっ》す。孔子《こうし》辞《じ》するに疾《やまひ》を以《もつ》てす。命《めい》を将《おこな》ふ者《もの》戸《こ》を出《い》づ。瑟《しつ》を取《と》りて歌《うた》ひ、之《これ》をして之《これ》を聞《き》かしむ。

孺悲が孔子に面会を望んだ。孔子は病気を理由に断った。口上を伝える者が戸口から出た。孔子はそこで瑟を取って歌い、それが聞こえるようにした。

○**孺悲**　魯の人。以前、魯の哀公が孔子から士の喪礼《そうれい》を学ばせたことがあると伝えられている。「恤由《じゆつゆう》の喪《も》に際して、哀公は孺悲に孔子のもとに行って士の喪礼を学ばさせた。士喪礼はそこで記されることになった（恤由の喪に、哀公、孺悲をして孔子に之《ゆ》きて、士の喪礼を学ばしむ。士喪礼是《ここ》に於《お》いてか書せらる）」（『礼記《らいき》』雑記下）。○**命を将ふ者**　主人と客人の間の言葉のやりとりを伝える。「命」は口上。「将」は行う。五六一頁の「命を将ふ」の注。○**瑟**　大型の琴。四〇二頁の注。

補説　本章では、孔子が面会を拒否したことを瑟の音を聞かせることで相手に伝えている。

これは朱子が引く程顥《ていこう》（程明道）によると、『孟子』告子下の「私が教えるのをいさぎよしとしないのも、一つの教え方なのだ（予之《われこれ》が教誨《けうくわい》を屑《いさぎよし》とせざる者、是《これ》も亦之《またこれ》を教誨するのみ）」という語、つまり「その人を拒否することによってその人に反省させる教え方」にあたるということになる。

第二十一章

宰我問、三年之喪、期已久矣。君子三年不為礼、礼必壊。三年不為楽、楽必崩。旧穀既没、新穀既升、鑽燧改火。期可已矣。子曰、食夫稲、衣夫錦、於女安乎。曰、安。女安則為之。夫君子之居喪、食旨不甘。聞楽不楽。居処不安、故不為也。今女安則為之。宰我出。子曰、予之不仁也、子生三年、然後免於父母之懐。夫三年之喪、天下之通喪也。予也有三年之愛於其父母乎。

宰我《さいが》問《と》ふ、三年《さんねん》の喪《も》は、期《き》にして已《すで》に久《ひさ》し。君子《くんし》三年礼《さんねんれい》を為《な》さずんば、礼必《れいかなら》ず壊《やぶ》れん。三年楽《さんねんがく》を為《な》さずんば、楽必《がくかなら》ず崩《くず》れん。旧穀既《きうこくすで》に没《つ》きて、新穀既《しんこくすで》に升《みの》り、燧《すゐ》を鑽《き》りて火《ひ》を改《あらた》む。期《き》にして可《か》なるのみ、と。子曰《しいは》く、夫《か》の稲《いね》を食《くら》ひ、夫《か》の錦《にしき》を衣《き》るは、女《なんぢ》に於《おい》て安《やす》きか、と。曰《いは》く、安《やす》し、と。女安《なんぢやす》くば則《すなは》ち之《これ》を為《な》せ。夫《そ》れ君《くん》子《し》の喪《も》に居《を》るに、旨《うま》きを食《くら》へども甘《あま》からず。楽《がく》を聞《き》けども楽《たの》しからず。居処安《きよしよやす》からず、故《ゆゑ》に為《な》さざるなり。今女安《いまなんぢやす》くば則《すなは》ち之《これ》を為《な》せ、と。宰我《さいが》出《い》づ。子曰《しいは》く、予《よ》の不仁《ふじん》なるや、子《こ》生まれて三年《さんねん》、然《しか》る後《のち》に父母《ふぼ》の懐《ふところ》を免《まぬが》る。夫《そ》れ三年《さんねん》の喪《も》は、天下《てんか》の通喪《つうさう》なり。予《よ》や三年《さんねん》の愛《あい》を其《そ》の父母《ふぼ》に有《あ》らんか、と。

宰我がおたずねした。「三年の喪は、一年間でももうかなり長いわけです。君子が三年の間通常の礼を実践しなければ、礼は必ず崩壊することでしょう。三年の間音楽を慎《つつし》めば音楽は必ず崩壊するでしょう。古い穀物を食べ尽くし、新たな穀物がもう実っていたら、木をこすりあわせて新たな火を起こすものです。ですから一年間でよいはずです。」先生が言われた。「日常にもどって稲を食べたり、錦を着たりするのは、お前にとっては平気なことなのか。」宰我がお答えした。「平気です。」先生が言われた。「お前が平気ならばやればよいだろう。そもそも君子は喪に服している時には、うまい物を食べてもおいしくはない。音楽を聞いても楽しくはない。通常の生活に安住できないから、それゆえこういうことをしないのだ。いまお前が平気ならばやればよいだろう。」宰我が退出した。先生が言われた。「予（宰我）は薄情だな、子は生まれてから三年たって、その後で父母の懐から巣立つ。そもそも三年の喪は、天下共通の喪なのだ。予（宰我）にも父母から三年の愛を受けただろうに。」

○宰我　孔子の弟子。一三二―三頁の注と補説。**○三年の喪**　親に対して行う特別な喪で、他の喪に比べて最も長い。実際には二十五箇月あるいは二十七箇月、要するに足かけ三年行われる。君主も服するのがたてまえだが、実際に行うと政治が機能しなくなるという問題が起こるので種々の対処が説かれたりする（五五六頁の補説）。なお君主逝去《せいきょ》の際に臣下に求めている例も無いわけではない。**○期**　一年間。**○君子**　立派な人。**○没**　尽きる。**○升**　実る。**○燧を鑽りて**　火を起こす木をこすり合わせる。**○火を改む**　古注に『周書月令』を引き、季節ごとに木を変えて火を起こしたと言う。一年でそれが一周する。**○期にして可なるのみ**　「期にして已《や》む可《べ》し（一年で終えてかまわない）」とも読める。**○女**　なんじ。**○旨**　うまい。**○予**　宰我の諱《いみな》。**○不仁**　ここの「仁」には愛という意味が強く見られる。薄情だねということ。**○懐を免る**　抱かれているのが終わる。**○天下の通喪**　天下中誰でも常に行うべき共通の喪。『礼記《らいき》』三年問《さんねんもん》に、三年の喪は天下の達喪《たつそう》であるという孔子の語をのせる。**○三年の愛を其の父母に有らんか**　三年間の愛を父母という場で持ったということ。親から三年の愛を受けたということと思われるが、親に対して三年分の愛があるはずだという意味にも取れる。

補説　三年の喪は、中国と朝鮮では空間と時間を超えて行うべき不変の礼として最重要視された。もっとも日本では古代から近世まで一年程度とするのが目立ち、ここに日本儒教の特性が見られてきた。

実はもともと期（一年）の喪があり、それが至尊《しそん》の親が対象ということで倍加され再期（二年）の喪となり、三という聖なる数との調停で足かけ三年になったのではないかという説がある。これは三年の喪の理論づけをしている『荀子《じゅんし》』礼論（『礼記』三年問と重複）で「再期の喪」ということで三年という期間を説明しているからである。つまり「期の喪」という考え方は宰我の勝手な考えではなく、通常の発想からしてもありえた可能性がある（郭明昆「儀礼喪服考」『中国の家族制及び言語の研究』所収、東方学会、一九六二、初出は一九三二）。ちなみに『孟子』滕文公《とうぶんこう》上でも孟子の提案を受け入れた世子（文公）が定公のために三年の喪を行おうとしたところ、父兄百官がみな先例が無いとして望まなかったという記事が見える。本章は宰我の薄情を示すものとされることが多いが、三年の喪を説く孔子らが特殊で、宰我はむしろ常識的立場を代弁したという面もあったのかもしれない。

本章では三年間という期間が要請される理由として親のふところに抱かれるという点を持ち出すが、他の文献では、無限に続く追慕の情と社会生活への復帰との調和点ということなどで理論化されている。本章は孔子が親子の情愛を起点に考えていたことをよく示している。またいかにも宰我らしい率直な物言いと、それに対する孔子の反発も本章の印象を深くしている。

第二十二章

子曰、飽食終日、無所用心、難矣哉。不有博弈者乎。為之猶賢乎已。

子《し》曰《いは》く、飽食終日《ほうしょくしゅうじつ》、心《こころ》を用《もち》ふる所《ところ》無《な》ければ、難《かた》きかな。博弈《ばくえき》なる者《もの》有《あ》らずや。之《これ》を為《な》すは猶已《なほや》むに賢《まさ》れり、と。

先生が言われた。「一日中飽食して、心を働かせなければ、ろくな結果をもたらすまい。すごろくや囲碁《いご》というものもあるではないか。これをするのは何もしないよりはましだよ。」

○**難きかな**　困難な状況を呼び起こすということであろう。新注が引く李郁《りいく》は、心を働かせないことの不可を極言していると言う。なお心を働かせないということは難しいという意味に取る説もある。○**博弈**　「博」は、すごろく。「弈」は、囲碁。

第二十三章

子路曰、君子尚勇乎。子曰、君子義以為上。君子有勇而無義、為乱。小人有勇而無義、為盗。

子路《しろ》曰《いは》く、君子《くんし》は勇《ゆう》を尚《たふと》ぶか、と。子《し》曰《いは》く、君子《くんし》は義《ぎ》以《もつ》て上《じやう》と為《な》す。君子《くんし》勇有《ゆうあ》りて義無《ぎな》ければ、乱《らん》を為《な》す。小人勇有《せうじんゆうあ》りて義無《ぎな》ければ、盗《たう》を為《な》す、と。

子路が言った。「君子は勇を尊びますか。」先生が言われた。「君子は、義をそれより上位のものと見なす。君子に勇があっても義が無ければ騒乱を起こす。小人に勇があっても義が無ければ盗みを働く。」

○子路　孔子の弟子。九四頁の注と補説。**○君子**　立派な人という意味であれば義の所有者のはずだから、ここは為政者のことであろう。朱子は位（身分）について言うとする。**○小人**　庶民。

補説　勇者であった子路ならではの質問である。

第二十四章

子貢曰、君子亦有悪乎。子曰、有悪。悪称人之悪者。悪居下流而訕上者。悪勇而無礼者。悪果敢而窒者。曰、賜也亦有悪乎。悪徼以為知者。悪不孫以為勇者。悪訐以為直者。

子貢《しこう》曰《いは》く、君子《くんし》も亦悪《またにく》むこと有《あ》るか、と。子曰《しいは》く、悪《にく》むこと有《あ》り。人《ひと》の悪《あく》を称《しょう》する者《もの》を悪《にく》む。下流《かりう》に居《ゐ》て上《かみ》を訕《そし》る者《もの》を悪《にく》む。勇《ゆう》にして礼無《れいな》き者《もの》を悪《にく》む。果敢《くわかん》にして窒《ふさ》がる者《もの》を悪《にく》む、と。曰《いは》く、賜《し》も亦悪《またにく》むこと有《あ》るか、と。徼《うかが》ひて以《もつ》て知《ち》と為《な》す者《もの》を悪《にく》む。不孫《ふそん》にして以《もつ》て勇《ゆう》と為《な》す者《もの》を悪《にく》む。訐《あば》きて以《もつ》て直《ちよく》と為《な》す者《もの》を悪《にく》む、と。

子貢が言った。「君子も憎むことがありますか。」先生が言われた。「憎むことがある。他人の悪をあげつらう者を憎む。川下にいて上にいる者を誹《そし》る者を憎む。勇気はあるが礼が無い者を憎む。大胆であるが行き詰まる者を憎む。」先生が言われた。「お前も憎むことがあるかね。」子貢がお答えした。「人の考えをかすめ取ってそれを知とする者を憎みます。不遜《ふそん》でそれを勇とする者を憎みます。暴《あば》き立ててそれを正直とする者を憎みます。」

○**子貢**　孔子の弟子。六一―二頁の注と補説。○**君子**　立派な人。○**人の悪を称する者を悪む**　他人の悪を言い立てる。○**下流**　漢の石経《せっけい》には「流」の字が無い。衍字《えんじ》ではないかと疑う者が多く、程樹徳は晩唐以後に「流」の字が誤って入ったとする（『論語集釈』）。○**訕**　譏る。○**果敢**　大胆。○**窒**　塞《ふさ》がる。○**賜**　子貢の諱《いみな》。○**徼**　古注では「鈔（かすめとる）」とする。人の考えを盗むこと。○**訐**　古注では、人が隠していることを暴露することとする。

補説　本来なら「賜也亦有悪乎」の後に「子貢曰」の類の語があるはずである。ちなみに皇《おう》侃《がん》本は「曰、賜也亦有悪乎」が疑問文ではなく「曰、賜也亦有悪也」となっており、これ以下を全て子貢の言葉とする。つまり「子貢が言った。「私もまた憎むことがあります。……」」という意味に取る。

第二十五章

子曰、唯女子与小人、為難養也。近之則不孫。遠之則怨。

子曰《しいは》く、唯女子《ただぢよし》と小人《せうじん》とは、養《やしな》ひ難《がた》しと為《な》すなり。之《これ》を近《ちか》づくれば則《すなは》ち不孫《ふそん》。之《これ》を遠《とほ》ざくれば則《すなは》ち怨《うら》む、と。

先生が言われた。「女性と小人は、扱いにくいものだ。近づければ不遜《ふそん》になるし、遠ざければ怨むようになる。」

○女子　女性一般とされることが多いが、限定がついているのかもしれない（補説参照）。○小人　くだらない人。ただ下男《げなん》という意味の可能性もある（補説参照）。

補説　これだけでは一般論として言っているのか、何か女性にまつわる事件がおきた時に思わず発せられた語かわからない。

朱子はここの「小人」とは奴僕《ぬぼく》や下人を言うとし、君子（主人）が「臣妾《しんしょう》」に対して威厳をもって臨《のぞ》み（五九四頁）、慈愛で養えば、不孫とか怨みとかは無いとする。「臣妾」という語は、

『易経』の遯《とん》の卦《か》の九三に「臣妾を畜《やしな》ふに吉」と見え、程頤《ていい》（程伊川《いせん》、『易伝』）や朱子はこの『易経』の「臣妾をやしなう」を本章の「小人と女子を養う」に引っかけて説明している（「答潘子善《はんしぜん》三」、『朱子文集』六十）。「臣妾」という語は『春秋左氏伝』、『孝経』などにも見え、男女の奴婢《ぬひ》の類を指している。本章も「婢（下女）と奴《ど》（下男）は扶養し難い」という意味である可能性を否定できない。

第二十六章

子曰、年四十而見悪焉、其終也已。

子《し》曰《いは》く、年《とし》四十《しじふ》にして悪《にく》まるれば、其《そ》れ終《おは》るのみ、と。

先生が言われた。「四十歳になって憎まれるようでは終わりだね。」

補説　四十歳は孔子が惑わなくなった年齢である（七六頁）。また三三八頁に「四十歳、五十歳になって名が知られることが無いのであれば、畏怖《いふ》するには足りない（四十五十にして聞《きこ》ゆること無《な》きは、斯亦《これまた》畏《おそ》るるに足《た》らざるのみ）」とあるように孔子は四十歳を社会的評価が固まる時期と見ていた。孔子が他人の評価をどう考えていたのかについては三三九頁の補説。

微子《びし》第十八

隠者の孔子批判が複数あり、また孔子の語か否か不明なメモのような章も含んでいる。

第一章

微子去之、箕子為之奴、比干諫而死。孔子曰、殷有三仁焉。

微子《びし》之《これ》を去《さ》り、箕子《きし》之《これ》が奴《ど》と為《な》り、比干《ひかん》諫《いさ》めて死《し》す。孔子《こうし》曰《いは》く、殷《いん》に三仁《さんじん》有《あ》り、と。

微子は去り、箕子は奴隷となり、比干は諫めて死んだ。孔子が言われた。「殷には三人の仁者がいた。」

○**微子**　殷の紂《ちゅう》王の異母兄。「微」は、国の名、「子」は、子爵。紂を諫めたが聞き入れられなかったので、そこを去った。周王朝になってから殷の後裔《こうえい》として宋《そう》の国の始祖になった。○**箕子**　殷の紂王の叔父。「箕」は、国の名、「子」は、子爵。紂王を諫めたが聞き入れられなかったので、狂気を装って奴隷になった。周王朝になって朝鮮に封ぜられたと伝える。○**比干**　殷の紂王の叔父。紂王を諫めたが、紂王から聖人の心臓には七つの穴があるはずだと言われ、胸を割《さ》かれて殺された。

第二章

柳下恵為士師、三黜。人曰、子未可以去乎。曰、直道而事人、焉往而不三黜。枉道而事人、何必去父母之邦。

柳下恵《りうかけい》士師《しし》と為《な》りて、三《み》たび黜《しりぞ》けらる。人曰《ひといは》く、子《し》未《いま》だ以《もつ》て去《さ》る可《べ》からざるか、と。曰《いは》く、道《みち》を直《なほ》くして人《ひと》に事《つか》ふれば、焉《いづ》くに往《ゆ》くとして三《み》たび黜《しりぞ》けられざらん。道《みち》を枉《ま》げて人《ひと》に事《つか》ふれば、何《なん》ぞ必《かなら》ずしも父母《ふぼ》の邦《くに》を去《さ》らん、と。

柳下恵は士師となって、三回罷免《ひめん》された。ある人が言った。「あなたはまだ国を去らないのですか。」柳下恵は言った。「生き方に正直に人に仕えるのであれば、結局はどこにいっても三回罷免されることになりましょう。生き方を曲げて人に仕えるのであれば、罷免されることも無いのですから父母の国を去る必要がありましょうか。」

○**柳下恵**　五七九頁の注。○**士師**　司法官。○**黜**　免職。○**道**　自分の信じる道に従った生き方。○**焉**　どこに。○**枉**　曲げる。

補説　道を直くしようと枉げようと、どちらにしても国を去る理由が無いと柳下恵はしているのである。この柳下恵について、孟子は「聖の和なる者（聖のうちの調和の徳を持っている者）」とする一方で（『孟子』万章下）、その出処進退の姿勢についてはこのようにも言う。柳下恵は良からぬ君に仕えても恥じず、低い位の官にいても卑下せず、積極的に振る舞い自分の賢を隠さず、必ず自分の信じる道によった。君から捨てられても怨《うら》まず、困窮にも憂えなかった。……引いて位に止まらせれば止まった。引いて位に止まらせれば止まったということは、位を去るのをいさぎよしとしなかったのである。そしてこう批評する。「伯夷は偏狭で、柳下恵は不恭だった。偏狭と不恭は、君子が拠《よ》る道ではない。」（以上は『孟子』公孫丑上《こうそんちゅう》）かかる柳下恵を孔子がどう見ていたかが問題になるが、朱子が引く胡寅《こいん》（胡致堂《どう》）は、本章には最後に孔子の批評があったはずだがそれが失われていると言う。確かに本章の文言だけでは孔子と関係なく、なぜ『論語』にあるのか不明である。

第三章

斉景公待孔子曰、若季氏、則吾不能。以季孟之間待之。曰、吾老矣。不能用也。孔子行。

斉《せい》の景公《けいこう》孔子《こうし》を待《とど》めて曰《いは》く、季氏《きし》の若《ごと》くするは、則《すなは》ち吾能《われあた》はず。季孟《きまう》の間《かん》を以《もつ》て之《これ》を待《ま》たん、と。曰《いは》く、吾老《われお》いたり。用《もち》ふること能《あた》はざるなり、と。孔子行《こうしさ》る。

斉の景公が孔子を留めようとして言った。「季氏のような待遇は、私にはできない。季氏と孟氏の中間ぐらいで待遇しよう。」また言った。「私は老いた。登用することはできない。」孔子はそこを去った。

○**斉の景公**　暗君とされることが多いが、晏嬰《あんえい》を宰相にし、その力もあって斉は栄えた。四四三頁に孔子との問答があり、他にも景公への言及がある。四四四頁の注と補説。○**待**　「止」と同じ。黄式三《こうしきさん》『論語後案』では、『史記』孔子世家では「止」になっていること、後の「行」との対応、また「止」と「待」を同義とすることは『爾雅《じが》』などに見え、両字は通用することなどから、「留める」という意味とする。ただ待遇しようとするとも解釈できる。○**季氏**　魯《ろ》の家老の季孫氏。八一頁の補説。○**季孟の間**　魯の家老の季孫氏と孟孫氏。魯の家老の三つの家（三桓氏《さんかんし》）の中で季孫氏は上卿《じょうけい》、孟孫氏は下卿《かけい》で、季孫氏が最も権力があった。八一頁の補説。

補説　本章は、孔子が三十六歳（三十五歳）の時に魯から斉に亡命した昭公のあとを追って斉に行った時とされる。しかしその時期の孔子は、いかに昭公に従った臣下が多くはなかったとはいえ、魯の家老と同等の待遇を受けるという話が出るほどの存在であったであろうか。孔子が魯の官界、政界で存在感を増すのはもっと後である。そこで伊藤仁斎は、もっと後年にこのような機会があったとし、後の「曰く」以下を孔子の語とする。孔子が「私は老いたから任官は無理だ」ということになるわけである。確かに「曰く」を二つとも景公の語とするのは不自然のようであるが、普通は『史記』孔子世家をもとに、景公が孔子をそれなりに待遇しようとしたところ斉の大夫《たいふ》たちが孔子を害しようとし、そこで景公が登用を取りやめにしたので、この二つの「曰く」には時間差があるということで解釈する。ちなみに景公がこの時点で自分のことを「老いた」というのは年齢的に不自然ではない。また朱子は、ここの景公の語は臣下を通して孔子に伝えたものだとする。いずれにしても、どこまで史実通りか疑問も残る。

第四章

斉人帰女楽。季桓子受之。三日不朝。孔子行。

斉人《せいひと》女楽《ぢよがく》を帰《おく》る。季桓子《きくわんし》之《これ》を受《う》く。三日朝《さんじつてう》せず。孔子《こうし》行《さ》る。

斉の国の政府の人たちが、女性の舞楽隊を魯の国に送り込んできた。季桓子がこれを享受《きようじゆ》し、三日参内《さんだい》しなかった。孔子は魯の国を去った。

○**女楽**　女性の舞楽隊。○**帰**　贈る。○**季桓子**　魯の国で最も権勢を誇った家老の季孫氏の当主。○**朝**　参内して政務を取る。

補説　『史記』孔子世家によればこういう経緯である。魯の定公の十四年、孔子（当時五十七歳あるいは五十六歳）は魯の法務大臣となって、宰相を代行し、治績《ちせき》をあげた。斉の人々は恐れ、それを阻止すべく斉の国の美女八十人の舞楽隊を魯君に贈った。舞楽隊は魯の首都の南の高門の外で演舞したところ、季桓子はお忍びで再三見に行き、魯君をも周遊を口実に誘い、かくて政治に支障を来《きた》した。季桓子は結局舞楽隊を受け入れ、三日の間参内せず、祭肉のおさがりも礼の規定通りに大夫たちに頒布《はんぷ》しなかったので、孔子は魯を去った。ただ伊藤仁斎は、『孟子』告子下には祭肉の事は出てくるが女子舞楽隊の件は見えず、『荘子《そうじ》』山木、譲王《じようおう》、盗跖《とうせき》、漁父《ぎよほ》に孔子は再び魯を追われたとあることから、別の時のことではないかと言う。なお孔子が魯を去り遊歴を開始したのがいつかについては、定公十四年（『史記』孔子世家）、定公十二年

（『史記』十二諸侯年表、魯周公世家）、定公十三年（『史記』衛康叔《こうしゅく》世家）の三説がある。狄《てき》子奇《しき》『孔子編年』、江永『郷党図考』、蟹江義丸『孔子研究』（三六頁の注（2）の前掲書）は定公十三年を正答とし、この説を取る者が比較的多いのは、例えば孔子が魯に帰国したのは哀公十一年（『春秋左氏伝』哀公十一年、時に孔子六十九歳あるいは六十八歳）で、「孔子世家」に「孔子は魯を去ってから十四年で魯にもどった」とあることから計算すると定公十三年になるからである。

第五章

楚狂接輿歌而過孔子。曰、鳳兮鳳兮、何徳之衰。往者不可諫、来者猶可追。已而已而。今之従政者殆而。孔子下、欲与之言。趨而辟之。不得与之言。

楚《そ》の狂接輿《きやうせつよ》歌《うた》ひて孔子《こうし》を過《す》ぐ。曰《いは》く、鳳《ほう》よ鳳《ほう》よ、何《なん》ぞ徳《とく》の衰《おとろ》へたる。往《ゆ》く者《もの》は諫《いさ》む可《べ》からず、来《きた》る者《もの》は猶追《なほお》ふ可《べ》し。已《や》みなん已《や》みなん。今《いま》の政《せい》に従《したが》ふ者《もの》は殆《あやふ》し、と。孔子《こうし》下《お》りて、之《これ》と言《い》はんと欲《ほっ》す。趨《はし》りて之《これ》を辟《さ》く。之《これ》と言《い》ふことを得《え》ず。

楚の狂者の接輿が歌いながら孔子の車の前をよぎった。その時に言った。「鳳よ鳳よ、何とその徳が衰微してしまったことか。過ぎ去ったことを正すことはできないが、これから起こることにはまだ追いつける。もうやめようもうやめよう。今の政治に従事する者は危うい。」孔子は車を降りて語り合おうとした。しかし孔子を避けて小走りに行ってしまったので、語り合うことはできなかった。

○**楚**　南方の大国。○**狂接輿**　「狂」については、一九八頁の補説。ただここの狂は進取の気性に富むというより常軌を逸したという意味が強い。古注も朱子も、この接輿という人物はそれを装っていたとする。楚の人という。皇甫謐《こうほひつ》『高士伝』や皇侃《おうがん》は、姓は陸、諱《いみな》は通、字《あざな》は接輿とする。なお「接輿」を「セフヨ」と読んでいる本があるが、これはむしろ「接」の日本漢字音が本来「セフ」なので、それが促音化して「セツ」と読むのが慣用になったということ。○**過**　孔子の車の前をよぎる。○**鳳**　よい瑞祥《ずいしょう》として現れる霊鳥。三二三頁の注。なお「鳳」の後の「兮」は調子を整える語で意味は無く、楚など南方の地方で用いられた。○**徳の衰へたる**　鳳がその徳を発揮できるような世の中ではなくなってしまった。この鳳が太平の世に出る文字通りの鳳か、諸注が言うように孔子をなぞらえたかは、どちらとも取れる。三二三頁では「鳳鳥至らず」という孔子の嘆きの声をのせる。○**諫**　諫めて正す。○**追ふ可し**　隠遁《いんとん》するにはまにあう。○**已みなん**　政治にかかわることはやめよう。古注では、世は乱れてもう終わりだとするが、朱子は、去ろうということと言う。○**下**　車からおりる。陸徳明『経典釈文《けいてんしゃくもん》』に引く鄭玄《じょうげん》の注では堂からおりて門から出ることとする。

補説　『史記』孔子世家では、孔子の遊歴中に、楚の昭王が孔子を招こうとしたが、子西《しせい》の反対で思いとどまり、その秋に昭王は没したという話の後に本章を引く。朱子は、孔子が楚に行こうとした時の事で、接輿は隠逸《いんいつ》できない孔子を批判したとするが、荻生徂徠《おぎゅうそらい》は、霊鳥の鳳を持ち出していることからも知られるように接輿は孔子を批判しているのではなく、楚に行くのを止めたまでだとする。ただこの話の作り方からすると、やはり接輿は隠者であろう。『論語』では隠者たちが孔子と直接語り合わないことを、三〇一頁の補説所引の楠山論文が指摘している。なお『荘子《そうじ》』人間世《じんかんせい》にも本章と同じ話がやや詳しく見える。

第六章

長沮桀溺耦而耕。孔子過之。使子路問津焉。長沮曰、夫執輿者為誰。子路曰、為孔丘。曰、是魯孔丘与。曰、是也。曰、是知津矣。問於桀溺。桀溺曰、子為誰。曰、為仲由。曰、是魯孔丘之徒与。対曰、然。曰、滔滔者、天下皆是也。而誰以易之。且而与其従辟人之士也、豈若従辟世之士哉。耰而不輟。子路行以告。夫子憮然曰、鳥獣不可与同群。吾非斯人之徒与而誰与。天下有道、丘不与易也。

長沮《ちやうそ》　桀溺《けつでき》耦《ぐう》して耕《たがや》す。孔子《こうし》之《これ》を過《す》ぐ。子路《しろ》をして津《しん》を問《と》はしむ。長沮曰《ちやうそいは》く、夫《か》の輿《よ》を執《と》る者《もの》を誰《たれ》と為《な》す、と。子路《しろ》曰《いは》く、孔丘《こうきう》と為《な》す、と。曰《いは》く、是魯《これろ》の孔丘《こうきう》か、と。曰《いは》く、是《これ》なり、と。曰《いは》く、是《これ》ならば津《しん》を知《し》らん、と。桀溺《けつでき》に問《と》ふ。桀溺曰《けつできいは》く、子《し》を誰《たれ》と為《な》す、と。曰《いは》く、仲由《ちゆういう》と為《な》す、と。曰《いは》く、是《これ》魯《ろ》の孔丘《こうきう》の徒《と》か、と。対《こた》へて曰《いは》く、然《しか》り、と。曰《いは》く、滔滔《たうたう》たる者《もの》は、天下《てんか》皆是《みなこれ》なり。而《しか》して誰《たれ》と以《とも》にか之《これ》を易《か》へん。且《か》つ而其《なんぢそ》の人《ひと》を辟《さ》くるの士《し》に従《したが》はん与《よ》りは、豈世《あによ》を辟《さ》くるの士《し》に従《したが》ふに若《し》かんや、と。耰《いう》して輟《や》めず。子路《しろ》行《ゆ》きて以《もつ》て告《つ》ぐ。夫子《ふうし》憮然《ぶぜん》として曰《いは》く、鳥獣《てうじう》は与《とも》に群《むれ》を同《おな》じくす可《べ》からず。吾斯《われこ》の人《ひと》の徒《と》と与《とも》にするに非《あら》ずして誰《たれ》と与《とも》にせん。天下《てんか》道有《みちあ》らば、丘与《きうとも》に易《か》へざるなり、と。

長沮と桀溺が並んで耕していた。孔子がそこを通り過ぎた。子路に渡し場の場所をたずねさせた。長沮が言った。「あの車の馬の手綱を取っている人は誰かね。」子路が言った。「孔丘（孔子）です。」長沮が言った。「魯の孔丘かね。」子路が言った。「そうです。」長沮が言った。「それなら渡し場くらい知っているだろう。」そこで桀溺にたずねた。桀溺が言った。「お前は誰かね。」子路が言った。「仲由（子路）です。」桀溺が言った。「それなら魯の孔丘の徒か。」子路がお答えして言った。「そうです。」桀溺が言った。「滔滔と流れ去って行くものは天下みなそうである。それを誰といっしょに変えようというのか。それにお前にとって、人をえり好みして避ける人物に従うのは、どうして世の中を避ける人物に従うのに及ぼうか。」そして種に土をかぶせるのをやめなかった。子路は孔子のもとに行ってこのやりとりを告げた。先生は落胆して言った。「鳥や獣とはともに群れることはできない。私はこの人々とともにではなくて、誰とともにするというのか。天下に不変の道がある以上は、私はともにする相手を変えはしない。」

〇**長沮、桀溺**　隠者の名。子路が長沮に孔子のことを「孔丘」と諱《いみな》で紹介し、桀溺に答える時に上位者に対する「対」の字が使われていることからすると、老齢者、あるいは人々の敬意を受ける雰囲気の所有者なのであろう。〇**耦**　並んで耕作する。〇**子路**　孔子の弟子。九四頁の注と補説。〇**津**　渡し場。〇**輿を執る者**　元来は子路が馬を御して手綱を取っていた。それが今馬車から降りて渡し場の場所を問うた。それゆえ孔子が子路に替わったのである。〇**孔丘**　孔子。〇**是ならば津を知らん**　あちこち巡っていれば、当然渡し場を知っているはずだということ。〇**仲由**　子路。「仲」は姓、「由」は諱《いみな》。〇**滔滔**　流れてもどらない。〇**以**　ともに。〇**而**　なんじ。〇**人を辟くるの士**　人をえり好みして避ける人物。孔子のこと。〇**与りは、豈～に若かんや**　「与A豈若B」は、AとBを比較すると、AはどうしてBに及ぼうか、という意味。〇**世を辟くるの士**　世を避ける隠者。長沮、桀溺ら自身がこれにあたる。〇**耰**　種に土をかける。〇**輟**　やめる。〇**憮然**　落胆する。〇**天下道有らば、丘与に易へざるなり**　「天下道有らば、丘与《ため》に易へざるなり（天下に道が行われているのであれば、私は別に世を変えようとはしないものを）」と読むことが多いが、伊藤仁斎が、天下には不変の人間関係があるのだから、私は人に関わることを変えることは無いと解釈しているのを参考にし、更に「ともに」を活かして試訳してみた。

第七章

子路従而後。遇丈人以杖荷蓧。子路問曰、子不見夫子乎。丈人曰、四体不勤、五穀不分。孰為夫子。植其杖而芸。子路拱而立。止子路宿。殺鶏為黍而食之、見其二子焉。明日子路行以告。子曰、隠者也。使子路反見之。至則行矣。子路曰、不仕無義。長幼之節、不可廃也。君臣之義、如之何其廃之。欲潔其身、而乱大倫。君子之仕也、行其義也。道之不行、已知之矣。

子路《しろ》従《したが》ひて後《おく》る。丈人《ぢやうじん》の杖《つゑ》を以《もつ》て蓧《あじか》を荷《にな》ふに遇《あ》ふ。子路《しろ》問《と》ひて曰《いは》く、子《し》夫子《ふうし》を見《み》ざるか、と。丈人曰《ぢやうじんいは》く、四体《したい》勤《つと》めず、五穀《ごこく》分《わか》たず。孰《たれ》をか夫子《ふうし》と為《な》す、と。其《そ》の杖《つゑ》を植《た》てて芸《くさぎ》る。子路《しろ》拱《きよう》して立《た》つ。子路《しろ》を止《とど》めて宿《しゆく》せしむ。鶏《にはとり》を殺《ころ》し黍《しよ》を為《つく》りて之《これ》に食《くら》はしめ、其《そ》の二子《にし》を見《まみ》えしむ。明日《めいじつ》子路《しろ》行《ゆ》きて以《もつ》て告《つ》ぐ。子曰《しいは》く、隠者《いんじや》なり、と。子路《しろ》をして反《かへ》りて之《これ》を見《み》しむ。至《いた》れば則《すなは》ち行《さ》る。子路曰《しろいは》く、仕《つか》へざれば義《ぎ》無《な》し。長幼《ちやうえう》の節《せつ》、廃《はい》す可《べ》からざるなり。君臣《くんしん》の義《ぎ》、之《これ》を如何《いかん》ぞ其《そ》れ之《これ》を廃《はい》せん。其《そ》の身《み》を潔《きよ》くせんと欲《ほつ》して、大倫《たいりん》を乱《みだ》る。君子《くんし》の仕《つか》ふるや、其《そ》の義《ぎ》を行《おこな》ふなり。道《みち》の行《おこな》はれざるは、已《すで》に之《これ》を知《し》れり、と。

子路が孔子のお供をしていておくれた。杖に通した竹かごをかついでいる老人に出会った。子路がたずねて言った。「あなたは先生を見ませんでしたか。」老人が言った。「体を使って労働せず、穀物の区分もできないような者の誰が先生なのかね。」杖を立てて草取りを始めた。子路はその横で威儀を正して立った。老人は子路を引き止めて自宅に泊めた。鶏をしめて黍《きび》ごはんを作ってふるまい、二人の子を会わせた。翌日子路は孔子のもとに行ってこの事を告げた。先生が言われた。「隠者だね。」子路にもどらせて会わせようとした。子路がついてみると丈人は農作業に出ていた。子路は留守宅にこのように言い残した。「仕えなければ義はありません。長幼の節は廃すべきではないですよね。それなら君臣の義は、どうして廃せましょうか。ご老人は自分の身を高潔に保とうとして、大事な人間の秩序を乱しています。君子が仕えるのは、この義を行うためです。道が行われていないことなどは、承知のうえのことです。」

○**子路**　孔子の弟子。九四頁の注と補説。○**丈人**　老人。○**蓧**　竹の籠。○**四体**　両手両足で体のこと。○**五穀**　五種類の穀物。○**分**　穀物の種別をする。『春秋左氏伝』成公十八年に「菽《しゆく》（豆）麦を弁ずる（区別する）こと能《あた》はず」とある。王夫之《おうふうし》『四書稗疏《はいそ》』では、いくら農業に疎《うと》くても穀物の区別程度はできるから、種の特質を弁別することだと言う。また皇侃《おうがん》は種をまくとし、『礼記《らいき》』

王制の「百畝《ほ》の分」に対する鄭玄《じょうげん》の注では「糞（肥料をやる）」と解釈する。ちなみに孔子は樊遅《はんち》が孔子に農業について質問した時、孔子は自分は老練な農民には及ばないと答えている（四六八頁）。○**孰**　誰。そのような人物の、誰をいったい先生と言えるのか。○**植**　立てる。古注に引く孔安国《こうあんこく》は「倚《よ》る（よりかかる）」とする。ちなみに漢の石経《せっけい》では「置く」になっている。○**芸**　草を除去する。○**拱**　両手を胸の前で組んで敬意を表す。○**宿**　宿泊する。○**黍**　もちきび。きびご飯を作る。○**行**　去る。丈人一家が立ち去ったということだと、次の子路の言葉の相手が誰だかわからなくなるので、とりあえず古注を参考に、丈人が既に農作業に出、子どもあたりが家に残っていたということで訳してみた。ただいずこともなく立ち去っていたというのも余韻がある。○**子路曰く**　誰に向かって言ったのかは不明。古注では丈人の二人の子に言付《ことづ》けしたと言う。また朱子は、福州に宋初の写本があり、そこでは「路」の下に「反子」の二字があり「子路反《かへ》る。子曰く（子路反る。子曰く）」となっていたと言う。これによれば丈人が去ってしまっていたので子路は孔子のもとに帰ったところ孔子がかく言ったということになり、意味は通りやすい。○**長幼の節、廃す可からざるなり**　ご老人も長幼の序は廃すべきではないと思っておられる、ということ。この老人は子路に対して自分の子どもたちに挨拶させるなど、長幼の序の意義を認めているので、このように言ったと解釈することが多い。○**之を如何ぞ**　どうして。四一三頁の注。○**大倫**　社会を成立させる道徳的秩序。『孟子』滕文公《とうぶんこう》上では、「人倫」として「父子親有り、君臣義有り、夫婦別有り、長幼序有り、朋友信有り」という基本的人間関係と、そこに成立する価値があげられている。○**君子**　立派な人。○**已に**　すでに。「己」の字とし、自分はわかっているという意味とする解釈もある。

補説 「四体勤めず、五穀分たず……」は孔子を指すとするのが順当であるが、他に朱子のように子路のこととして続く「孰をか夫子と為す」を「そんな身で誰を先生として探しているのか」と解釈したり、丈人側のこととし「働かないでおられようか、五穀に肥料をやらないでおられようか、この忙しいのに先生が誰かなど知らないね」と反語的に読む説も無いわけではない。ちなみに前章のように、ここでも隠者と孔子は直接対面していず、これが一種の説話の型であることも感じさせる。

第八章

逸民、伯夷、叔斉、虞仲、夷逸、朱張、柳下恵、少連。子曰、不降其志、不辱其身、伯夷叔斉与。謂柳下恵少連、降志辱身矣、言中倫、行中慮。其斯而已矣。謂虞仲夷逸、隠居放言、身中清、廃中権。我則異於是、無可無不可。

逸民《いつみん》は、伯夷《はくい》、叔斉《しゆくせい》、虞仲《ぐちゆう》、夷逸《いいつ》、朱張《しゆちやう》、柳下恵《りうかけい》、少連《せうれん》。子曰《しいは》く、其《そ》の志《こころざし》を降《くだ》さず、其《そ》の身《み》を辱《はづかし》めざるは、伯夷《はくい》 叔斉《しゆくせい》か。柳下恵《りうかけい》 少連《せうれん》を謂《い》ふ。志《こころざし》を降《くだ》し身《み》を辱《はづかし》むるも、言《げん》は倫《りん》に中《あた》り、行《かう》は慮《りよ》に中《あた》る。其《そ》れ斯《これ》のみ。虞仲《ぐちゆう》 夷逸《いいつ》を謂《い》ふ。隠《いん》居《きよ》して放言《はうげん》するも、身《み》は清《せい》に中《あた》り、廃《はい》は権《けん》に中《あた》る。我則《われすなは》ち是《これ》に異《ことな》り、可《か》とすることも無《な》く不可《ふか》とすることも無《な》し、と。

清廉《せいれん》な隠逸者では、伯夷、叔斉、虞仲、夷逸、朱張、柳下恵、少連。先生が言われた。「志を低くせず、自分を辱めなかったのは、伯夷、叔斉であろうか。」柳下恵、少連について言われた。「志を低くし自分を辱めながらも、言うことは道義にあたり、行為はめぐらした思慮に一致した。これ一本であった。」虞仲、夷逸について言われた。「隠居して言いたい放題であったが、身はまさに清く、世の捨て方は状況に合わせたものであった。私となると彼らとは異なる。それがよいとも決めつけず、それがよくないとも決めつけない。」

○**逸民**　清廉であるために世の中からはずれた者。古注は、節行が超逸している者、朱子は位が無く忘れられた者とする。○**伯夷**　一九九―二〇〇頁の注と補説。○**叔斉**　一九九―二〇〇頁の注と補説。○**虞仲**　周の太王の子で、太伯《たいはく》（泰伯）の弟の仲雍《ちゅうよう》。太王が弟の季歴を跡継ぎに望んでいたので、その気持ちを実現させるために、兄の太伯とともに荆蛮《けいばん》へと出奔《しゅっぽん》した。この太伯が呉《ご》の太伯であり、太伯には子が無かったので、弟の仲雍が跡を継いで呉の仲雍となった（以上は、『史記』呉太伯世家）。なお『史記』周本紀では、仲雍が「虞仲」になっている。ただ伊藤仁斎は、仲雍は太伯の位を継いだのであるから逸民とは言えず、また伯夷よりも前の人であるから叔斉の下にあるのはおかしいので、たぶん別人であろうとし、荻生徂徠《おぎゅうそらい》もそれに賛同する。○**夷逸**　未詳。○**朱張**　未詳。○**柳下恵**　五七九頁の注。『孟子』公孫丑《こうそんちゅう》上、万章下では、柳下恵について「遺佚《いいつ》せられて怨《うら》みず」と言われている。○**少連**　『礼記《らいき》』雑記下で、孔子が「東夷《とうい》（東の未開人）の子なり」と言う。そこでは孔子の言葉として、彼がきちんと喪《も》に服し、三日間は怠らず、三箇月間はだれず、一年たっても悲哀の念を持ち、三年間憂悶《ゆうもん》の気持ちを維持したことを評価している。**○其れ斯のみ**　このような姿勢を貫くだけであったという意味に取ったのは、後文で孔子が自己の柔軟な姿勢を言うこととの対比による。**○放言**　朱子が引く謝良佐《しゃりょうさ》は、意のままに語ったので、言葉は先王の法に合致しないことが多かったと言うから、「言をほしいままにし」ということで解釈したのであろう。古注では、置くとし、言を置く（政務を語らなかった）こととする。**○廃**　世を捨てるか、あるいは官を辞すること。**○権**　状況に応じて適切に対応すること。後に本筋の道徳行為である「経《けい》」に対する概念として理論的に整備されていく。溺れた嫂《あによめ》の手を取って救出するのを「権」とする『孟子』離婁《りろう》上の用例が有名（この場合は「権」を「礼」と対置する）。**○可とすることも無く不可とすることも無し**　『孟子』公孫丑《こうそんちゆう》上では、孟子が伯夷や伊尹《いいん》と対比しながら、仕えるべきであれば仕え、止まるべきであれば止まり、ゆっくりすべきであればゆっくりし、速くすべきであれば速くしたのが孔子であると言う。朱子はこれが「それがよいとも決めつけず、それがよくないとも決めつけない」ということの意味であるとする。また万章下にも孔子のこととしてのせるが、語順が異なる。一五一頁の「適無く、莫《ばく》無し」を想起させる表現である。

補説　ここにあげられているのは儒家的な逸民である。つまりやむなく世を逃れたり、下位に甘んじていても、社会で活動するのを本旨とする立場であり、後の道家的（特に荘子《そうじ》的）な社会自体の意義を否認するものとは基本的に異なる。最後の孔子の言葉は種々に解釈できるが、ここにあげられている逸民が潔癖至上主義になりがちなのに対して、たとえ社会に問題があってもあえてそこにふみとどまって世直しを図る道もあるという主張が含まれている。

第九章

大師摯適斉。亜飯干適楚。三飯繚適蔡。四飯欠適秦。鼓方叔入於河。播鼗武入於漢。少師陽撃磬襄入於海。

大師《たいし》の摯《し》は斉《せい》に適《ゆ》く。亜飯《あはん》の干《かん》は楚《そ》に適《ゆ》く。三飯《さんはん》の繚《れう》は蔡《さい》に適《ゆ》く。四飯《しはん》の欠《けつ》は秦《しん》に適《ゆ》く。鼓《こ》の方叔《はうしゆく》は河《か》に入《い》る。播鼗《はたう》の武《ぶ》は漢《かん》に入《い》る。少師《せうし》の陽《やう》 撃磬《げきけい》の襄《じやう》は海《うみ》に入《い》る。

大師の摯は斉に行ってしまった。亜飯の干は楚に行ってしまった。三飯の繚は蔡に行ってしまった。四飯の欠は秦に行ってしまった。鼓の方叔は黄河の方に消えてしまった。播鼗の武は漢水の方に消えてしまった。少師の陽と撃磬の襄は海の方に消えてしまった。

○大師の摯　楽官の長の摯。三〇二頁に彼の名演奏が述べられている。**○斉**　魯に隣接する大国。
○亜飯の干、三飯の繚、四飯の欠　「亜飯」以下は、食事の時に音楽を演奏する官。「干」、「繚」、

「欠」はみな人名。まず「亜飯」は、二番目の食時演奏係で、「亜」は次の意。朱子は『論語或問《わくもん》』の本章の部分で、『白虎通《びゃっこつう》』礼楽《れいがく》に、王は平旦《へいたん》の食、昼食、晡《ほ》食、暮食と一日に四食であるが、諸侯は三飯、卿大夫《けいたいふ》は再飯だけなのは尊卑の差であるというのを引いたうえで、魯の楽官は亜飯以下の合計三飯であったと言う。つまり魯君は諸侯であるから、三食の時に亜飯以下がそれぞれ奏楽するのである（ただ当時は、一日二食、一説には三食が普通であったとも言う）。荻生徂徠《おぎゅうそらい》は、食事ごとに亜飯、三飯、四飯があり、一日の食事の順ではないとし、初飯が無いのは、すすめる必要が無いからであり、亜飯以下は、祭の時に尸（かたしろ）に食をすすめる官であるとする。また古注に引く包咸《ほうかん》は、三飯、四飯は楽章の名でそれを奏する者がそれぞれ異なると言う。○**楚**　南方の大国。○**蔡**　今の河南省にあった国。○**秦**　西方の大国。○**鼓の方叔**　「鼓」は太鼓を叩く者。「方叔」は名。○**河**　河内。古代の魏《ぎ》（今の山西省）の地と言われるが、程樹徳は諸家の議論をもとに否定する。たぶん黄河の方ということであろう。○**入**　国に行ってそこで活動した場合は「適く」が使われ、河や海の方へ行きその後の活動が曖昧な場合は「入る」が使われているのであろう。○**播鼗の武**　「播」は、揺らす。「鼗」は、小鼓。両脇に耳がついていて、その柄《え》を持って揺らせば、脇の耳が今度はおのずと太鼓を撃つ。「武」は人名。○**漢**　漢水の上流。今の陝西省南部から湖北省北部にかかる。○**少師の陽**　「少師」は楽官の補佐。「陽」は人名。○**撃磬の襄**　「撃磬」は、磬を打つ楽士。「磬」は、「へ」の字形の石板を並べた打楽器。ちなみに五五三頁では孔子が演奏している。「襄」は人名。この襄が「孔子、鼓琴《こきん》を師襄子に学ぶ」（『史記』孔子世家）とある師襄子であれば、孔子は彼から鼓琴を学んだことになる。○**海**　海の中の島とも言われるが、海の方ということであろう。

【補説】孔子の時代に魯が衰亡し、楽士も四散したということであろう。なお『漢書』古今人表では殷の末期にこの八人を連ね、同「礼楽志」でも同時期に楽官が四散して諸侯のもとや河海に流れたとしていたとあることから、前章の逸士とからめる議論もあるが、特に説得力があるわけではない。

第十章

周公謂魯公曰、君子不施其親。不使大臣怨乎不以。故旧無大故、則不棄也。無求備於一人。

周公《しゅうこう》 魯公《ろこう》に謂《い》ひて曰《いは》く、君子《くんし》其《そ》の親《しん》を施《す》てず。大臣《たいしん》をして以《もち》ひられざることを怨《うら》みしめず。故旧大故《こきうたいこ》無《な》ければ、則《すなは》ち棄《す》てず。備《そな》はるを一人《いちにん》に求《もと》むこと無《な》し、と。

周公が子の魯公に向かって言った。「君子はその親族を捨てはしない。大臣が自分を用いてくれないことを怨まないようにする。古なじみは、悪逆が無ければ、見捨てない。完備していることを一人に求めない。」

○周公　周王朝を開いた武王の弟で、武王を補佐し、孔子の故国の魯に封ぜられた。周の制度や文化を確立したとされる。二四九頁の注。〇**魯公**　周公の子の伯禽《はくきん》。『史記』魯周公世家によると、「そこで結局、成王の宰相となってその子の伯禽に代りに魯に行って治めさせた。その時周公は伯禽を戒めてこう言った、……（是に於いて卒《つひ》に成王に相《しやう》たりて其の子の伯禽をして代りに魯に就封せしむ。周公、伯禽を戒めて曰く、……）」と、周公が成王の宰相となり、自分の代わりに伯禽を魯に封じた時に、彼を戒めている。〇**君子**　立派な人と為政者の意味が重ねられている。以下は、為政者たるものはかくあるべしということ。〇**親**　親族。〇**施**　遺棄する。陸徳明『経典釈文』では「弛」の字になっている。〇**以**　用いる。〇**故旧**　古なじみ。〇**大故**　悪逆。

第十一章

周有八士。伯達、伯适、仲突、仲忽、叔夜、叔夏、季随、季騧。

周《しう》に八士《はつし》有《あ》り。伯達《はくたつ》、伯适《はくくわつ》、仲突《ちゆうとつ》、仲忽《ちゆうこつ》、叔夜《しゆくや》、叔夏《しゆくか》、季随《きずい》、季騧《きくわ》。

周に八士がいた。伯達、伯适、仲突、仲忽、叔夜、叔夏、季随、季騧である。

補説　古注、朱子とも、一人の母が四回のお産で八人の子を生み、みな立派な人になったと言う。二人ずつに伯、仲、叔、季と兄弟の順を示す語がつけられ、しかも名前が一組ずつ押韻《おういん》しているから、双子が四組と推測されるのである。（「随」の上古音 diuar は、「騧」の上古音の一つの kuăr と同韻である。）鄭玄《じょうげん》は成王（武王の子）の時とし、劉向《りゅうきょう》、馬融《ばゆう》はともに宣王（周の厲王《れいおう》の暴政の後に即位し、中興の政治を行った）の時とする（邢昺《けいへい》『論語注疏』）。伊藤仁斎は、四度のお産で八人を生んだというのは信じられないから、当時の人材の多さを言ったとする。また荻生徂徠《おぎゅうそらい》は、本章は『論語』の内容との関係は無く、古人がたまたま古人の一、二言を得て記録しておこうと思い、『論語』篇末の空《あ》いている箇所に書きとどめたのであろうと言う。要するに本章の意図は不明である。

子張《しちやう》第十九

孔子の門人の語をのせた篇である。まず子張の語、それから子張と子夏の門人との対話、そして子夏の語に移り、その後に子夏と子游《しゆう》のやりとりがあり、それから子游の語になるというように、弟子たちが尻取り式に登場するという構成を持つ(このような構造を持つことを指摘しているのは、佐藤一郎「論語子張篇研究——論語の原典批判　その一」『日本中国学会報』一〇、一九五八)。

第一章

子張曰、士見危致命、見得思義、祭思敬、喪思哀、其可已矣。

子張曰《しちやういは》く、士《し》は危《あやふ》きを見《み》ては命《いのち》を致《いた》し、得《う》るを見《み》ては義《ぎ》を思《おも》ひ、祭《まつり》には敬《けい》を思《おも》ひ、喪《も》には哀《あい》を思《おも》はば、其《そ》れ可《か》なるのみ、と。

子張が言った。「士は人の危難を見ては命がけで助け、利得を見ては道義を考慮し、祭祀の時には敬虔《けいけん》さを心掛け、喪に服す時には哀惜《あいせき》の情を心掛ければ、それでよいのだ。」

〇**子張** 孔子の弟子。九六頁の注。〇**命を致し** 命を差し出す。五一七頁の「危きを見ては命を授《さづ》け（人の危難を見ては命がけで助け）」と同義。〇**得るを見ては義を思ひ** 五一七頁の「利を見ては義を思ひ（利を前にしては義のことを考え）」と同義。

補説 礼には敬が、喪には哀が求められるのは、儒教の伝統になっていく。

第二章

子張曰、執徳不弘、信道不篤、焉能為有、焉能為亡。

子張曰《しちやういは》く、徳《とく》を執《と》ること弘《ひろ》からず、道《みち》を信《しん》ずること篤《あつ》からずんば、焉《いづくん》ぞ能《よ》く有《あ》りと為《な》さん、焉《いづくん》ぞ能《よ》く亡《な》しと為《な》さん、と。

子張が言った。「徳を培《つちか》ってもその感化を広げず、道を信じてもその程度が厚くなければ、いてもどういう意味があろうか、いなくてもどういう問題があろうか。」

○子張　孔子の弟子。九六頁の注。**○徳を執ること弘からず**　五九一頁の「人《ひと》能《よ》く道《みち》を弘《ひろ》む」という語から、徳による感化を広げないということで試訳した。幅広く徳を培《つちか》わないという解釈もありうる。**○焉ぞ能く有ると為さん、焉ぞ能く亡しと為さん**　どうして存在を意味づけられようか、どうして不在を問題にする必要があろうか、ということ。つまりいてもいなくても同じということ。

第三章

子夏之門人、問交於子張。子張曰、子夏云何。対曰、子夏曰、可者与之、其不可者拒之。子張曰、異乎吾所聞。君子尊賢而容衆、嘉善而矜不能。我之大賢与、於人何所不容。我之不賢与、人将拒我、如之何其拒人也。

子夏《しか》の門人《もんじん》、交《まじはり》を子張《しちやう》に問《と》ふ。子張曰《しちやういは》く、子夏《しか》何《なに》をか云《い》へる、と。対《こた》へて曰《いは》く、子夏曰《しかいは》く、可《か》なる者《もの》は之《これ》に与《くみ》し、其《そ》の不可《ふか》なる者《もの》は之《これ》を拒《ふせ》ぐ、と。子張曰《しちやういは》く、吾《われ》の聞《き》ける所《ところ》に異《ことな》り。君子《くんし》賢《けん》を尊《たふと》びて衆《しゆう》を容《い》れ、善《ぜん》を嘉《よみ》して不能《ふのう》を矜《あはれ》む。我《われ》の大賢《たいけん》ならんか、人《ひと》に於《おい》て何《なん》の容《い》れざる所《ところ》あらん。我《われ》の不賢《ふけん》ならんか、人将《ひとまさ》に我《われ》を拒《ふせ》がんとす、之《これ》を如何《いかん》ぞ其《そ》れ人《ひと》を拒《ふせ》がん、と。

子夏の門人が交際について子張にたずねた。子張が言った。「子夏は何を言ったかね。」門人はお答えして言った。「問題無い者とはつきあい、問題がある者は拒否しなさいと言われました。」子張が言った。「私の聞いた内容と異なっている。君子は賢人を尊んで人々を包みこみ、善人をほめ、できない者に同情する。私が大賢であったならば、人に対して包み込まないことがあろうか。私が不賢であったならば、人の方が私を拒否しようとするから、こちらが人を拒否するまでもあるまい。」

〇**子夏**　孔子の弟子。五六頁の注。〇**子張**　孔子の弟子。九六頁の注。〇**与**　くみす。〇**聞**　孔子から聞いたか、あるいは道を学ぶことによって聞き得たということ。〇**君子**　立派な人。〇**矜**　憐れむ。同情するということであろう。〇**之を如何ぞ其れ人を拒がん**　どうして人を拒否しようか。つまりこちらが拒否する前に、人の方がこちらを拒否してくるということ。「之を如何ぞ」については、四一三頁の注。

補説　子夏と子張の両者の気性の差が見える。四〇三頁で子貢が孔子に両者の優劣を質問した時に、孔子は、子張は行き過ぎで子夏は及ばないから、似たようなものだと言っている。子張は大言の風があり、子夏は慎重に過ぎた。本章での両者の交差から、次章以後は子夏の語に移る。

第四章

子夏曰、雖小道、必有可観者焉。致遠恐泥。是以君子不為也。

子夏曰《しかいは》く、小道《せうだう》と雖《いへど》も、必《かなら》ず観《み》る可《べ》き者有《ものあ》り。遠《とほ》きを致《いた》さば泥《なづ》まんことを恐《おそ》る。是《ここ》を以《もつ》て君子《くんし》は為《な》さざるなり、と。

子夏が言った。「どんな狭い分野であっても、必ず見るべきものがある。ただその分野で遠くまで行き着こうとすると泥みすぎる懸念が生ずる。それゆえ君子はしないのだ。」

〇子夏　孔子の弟子。五六頁の注。**〇小道**　具体的に何を指すのかははっきりしない。古注は異端とし、それ以後も諸子百家としたりされるが、孔子の時代はこれらがあったはずがなく、適切とは思えない。それに対して朱子が農学、医学、卜筮《ぼくぜい》の類とするのは、君子は個別的な技能を売り物にするのではないという考えからであろう。「君子は一つの用途しかない器のようなものではない（君子は器ならず）」（八九頁）のである。**〇君子**　立派な人。

補説 「遠きを致さば泥まんことを恐る」を、身近な小道を軽視して高遠なものばかりを求めれば、その途上で足をとられる懸念があるという意味に取ることも不可能ではない。

第五章

子夏曰、日知其所亡、月無忘其所能、可謂好学也已矣。

子夏曰《しかいは》く、日《ひび》其《そ》の亡《な》き所《ところ》を知《し》り、月《つきづき》其《そ》の能《よ》くする所《ところ》を忘《わす》るること無《な》きは、学《がく》を好《この》むと謂《い》ふ可《べ》きのみ、と。

子夏が言った。「毎日自分が知らなかったことを知るようにし、毎月そうして身につけられたものを忘れないようにするのは、学を好むと言うことができる。」

○子夏　孔子の弟子。五六頁の注。

補説 荻生徂徠《おぎゆうそらい》は一箇所に「亡」と「無」が出てくる場合、両者の区別があるはずだから、「亡」は諸儒が言うような「無い」ということではなく失うことだとする。もしそうだとすると、「毎日自分が失ってしまったものを反省し、毎月できるようになったことを忘れないようにする」ということになる。

第六章

子夏曰、博学而篤志、切問而近思。仁在其中矣。

子夏《しか》曰《いは》く、博《ひろ》く学《まな》びて篤《あつ》く志《こころざ》し、切《せつ》に問《と》ひて近《ちか》く思《おも》ふ。仁《じん》其《そ》の中《うち》に在《あ》り、と。

子夏が言った。「学問は広く志は篤くし、切実に問い自分に即して考える。仁はその中にある。」

○子夏　孔子の弟子。五六頁の注。**○切に問ひて近く思ふ**　観念的にならず自分自身に即して切実に問い考えるということ。

第七章

子夏曰、百工居肆以成其事。君子学以致其道。

子夏《しか》曰《いは》く、百工《ひやくこう》は肆《し》に居《ゐ》て以《もつ》て其《そ》の事《こと》を成《な》す。君子《くんし》は学《まな》びて以《もつ》て其《そ》の道《みち》を致《いた》す、と。

子夏が言った。「工人は工房にいて仕事を完成する。君子は学んで道を極める。」

○子夏　孔子の弟子。五六頁の注。○百工　工人。○肆　工房。○君子　立派な人。

第八章

子夏曰、小人之過也必文。

子夏《しか》曰《いは》く、小人《せうじん》の過《あやま》つや必《かなら》ず文《かざ》る、と。

子夏が言った。「小人は、過つと必ずそれを粉飾する。」

○子夏　孔子の弟子。五六頁の注。○小人　くだらない人。

補説　七〇六頁の子貢の語に、君子が誤る場合は日食や月食のように包み隠さないとあるのと対蹠《たいしょ》的な内容である。

第九章

子夏曰、君子有三変。望之儼然、即之也温、聴其言也厲。

子夏《しか》曰《いは》く、君子《くんし》に三変《さんぺん》有《あ》り。之《これ》を望《のぞ》めば儼然《げんぜん》、之《これ》に即《つ》くや温《をん》、其《そ》の言《げん》を聴《き》くや厲《はげ》し、と。

子夏が言った。「君子には三つの側面がある。望めば荘重、接すれば柔和、言葉は厳格である。」

○子夏 孔子の弟子。五六頁の注。**○君子** 立派な人。**○三変** 三つの側面。全体が変化するということではなく、君子はこの三つを同時に所有していて、場面に応じてそれぞれが目立つということ。皇侃《おうがん》が引く李充《りじゅう》や朱子が引く謝良佐《しゃりょうさ》がこの説。**○儼然** 外貌が荘重。**○温** 顔つきが柔和。**○厲** 言葉が厳格。

第十章

子夏曰、君子信而後労其民。未信則以為厲己也。信而後諫。未信則以為謗己也。

子夏《しか》曰《いは》く、君子《くんし》は信《しん》ぜられて後《のち》に其《そ》の民《たみ》を労《らう》す。未《いま》だ信《しん》ぜられざれば則《すなは》ち以《もつ》て己《おのれ》を厲《やや》ましむと為《な》す。信《しん》ぜられて後《のち》に諌《いさ》む。未《いま》だ信《しん》ぜられざれば則《すなは》ち以《もつ》て己《おのれ》を謗《そし》ると為《な》す、と。

子夏が言った。「君子はまず民に信じられてからその後で民を使役する。信じられていなければ、民は自分たちを苦しめる者と見なす。また君子は主君に信じられてからその後で主君を諌める。信じられていなければ、主君は自分を謗《そし》るものと見なす。」

○**子夏**　孔子の弟子。五六頁の注。○**君子**　後の「民」との対応からすると上に立つ者のことだが、後半は主君を諌める事なので、具体的には主君と民の間の士大夫《しだいふ》を指すことになろう。○**厲**　苦しめる。

第十一章

子夏曰、大徳不踰閑、小徳出入可也。

子夏《しか》曰《いは》く、大徳《だいとく》閑《のり》を踰《こ》えざれば、小徳《せうとく》は出入《しゆつにふ》するも可《か》なり、と。

子夏が言った。「大原則についてその規範を逸脱しなければ、小さな節義については出入りがあっても問題は無い。」

○**子夏**　孔子の弟子。五六頁の注。○**大徳**　大原則。朱子は大節と言う。○**閑**　規範を指す。古注は法、朱子は動物が勝手に出入りするのを防ぐ柵とする。○**小徳**　小さい節義。朱子は小節と言う。

補説　朱子に従って訳した。朱子の念頭には、『荀子《じゅんし》』王制に見える次の孔子の語がある。大節にも小節にもあたっているのは上君、大節にはあたっているが小節に出入するのは中君、大節にはずれていれば、小節にあたっていても、自分はそれ以上見る気はしない。なお『晏子《あんし》春秋』雑上には礼について、「大者不踰閑、小者出入可也」という語がある。一方皇侃《おうがん》によれば、本章は「大徳は閑を踰えず。小徳は出入するも可なり」と読み、「大徳の持ち主（上賢以上）は規範を超えない。小徳の持ち主（中賢以下）は規範から出入りしても、しかたがない」という意味とする。

第十二章

子游曰、子夏之門人小子、当洒掃応対進退、則可矣。抑末也。本之則無。如之何。子夏聞之曰、噫、言游過矣。君子之道、孰先伝焉、孰後倦焉。譬諸草木区以別矣。君子之道、焉可誣也。有始有卒者、其惟聖人乎。

子游《しいう》曰《いは》く、子夏《しか》の門人小子《もんじんせうし》は、洒掃応対進退《さいさうおうたいしんたい》に当《あた》りては、則《すなは》ち可《か》なり。抑《そもそも》末《すゑ》なり。之《これ》を本《もと》づくるは則《すなは》ち無《な》し。之《これ》を如何《いかん》せん。子夏《しか》之《これ》を聞《き》きて曰《いは》く、噫《ああ》、言游《げんいう》過《あやま》てり。君子《くんし》の道《みち》、孰《いづれ》をか先《さき》に伝《つた》へ、孰《いづれ》をか後《のち》に倦《う》まん。諸《これ》を草木《さうもく》の区《く》にして以《もつ》て別《べつ》あるに譬《たと》ふ。君子《くんし》の道《みち》は、焉《いづく》んぞ誣《し》ふ可《べ》けんや。始有《はじめあ》り卒有《をはりあ》る者《もの》は、其《そ》れ惟聖《ただせい》人《じん》か、と。

子游が言った。「子夏の門人たちは、掃除接待、立ち居振る舞いについてはけっこうだ。しかしそもそも末梢《まつしょう》的なことだ。その根本となるとできていない。それをどうしようというのか。」子夏がそれを聞いて言った。「ああ、言游（子游）は誤っている。君子の道は、どれを優先させて伝え、どれを後回しにして満足するというのか。このことは草木が種別次第で個性を持っているのに喩《たと》えることができよう。君子の道はそれぞれ意味があり、どうしてないがしろにできようか。始めから終わりまで全うしている者は、聖人だけであろう。」

○**子游**　孔子の弟子。八三頁の注。○**子夏**　孔子の弟子。五六頁の注。○**門人小子**　門弟たち。小子は親しみをこめた言い方。○**洒掃応対進退**　「洒掃」は拭《ふ》き掃除と掃《は》き掃除。「応対」は客などへの応接。「進退」は立ち居振る舞い。○**之を本づくる**　礼儀作法を基礎づける根源的な学問修養。○**之を如何せん**　ここでは、どうしようというのかということ。文型については九九頁の注。○**噫**　深い嘆息。○**言游**　子游。「言」は姓。○**孰**　どれ。○**後に倦まん**　「後」は、子游が言った「末」の語を意識しているのであろう。「倦」は、飽きる。ここでは、満腹感を得るということか。つまり最後の仕上げをして満足するということ。○**諸**　これ。「之於」と同じ。○**区にして以て別ある**　それぞれの種別があり、それにそって個性があること。○**君子**　立派な人。○**誣**　ないがしろにする。洒掃応対進退であれ、より根本的な領域のことであれ、君子の道とされているものにはそれぞれ意味があり、どちらもないがしろにできないということで解釈した。○**卒**　終わり。

第十三章

子夏曰、仕而優則学。学而優則仕。

子夏曰《しかいは》く、仕《つか》へて優《いう》なれば則《すなは》ち学《まな》ぶ。学《まな》びて優《いう》なれば則《すなは》ち仕《つか》ふ、と。

子夏が言った。「仕えて余力があれば学ぶ。学んで余力があれば仕える。」

○子夏　孔子の弟子。五六頁の注。○優　余力がある。

補説　古注では、五五頁で孔子が、親孝行や目上への弟《てい》（悌）の道徳を尽くし、行いを慎み人には誠実、人々を愛し、仁者に親しみ、それらを実践して余力があれば、そこで古典を学ぶ、と言っているのを引く。

第十四章

子游曰、喪致乎哀而止。

子游《しいう》曰《いは》く、喪《も》は哀《あい》を致《いた》して止《や》む、と。

子游が言った。「喪は哀しみを尽くして全うされる。」

○子游　孔子の弟子。八三頁の注。

補説　一一〇頁に孔子の言葉として「喪は外形を整えるくらいならむしろ心を痛めた方がよ

い」があり、『礼記《らいき》』檀弓《だんぐう》上には子路の言葉として「私はこれを先生（孔子）から聞いた。喪礼に際して哀しみが足りなくて礼が余りがあるのは、礼が足りなくて哀しみが余りがある方に及ばない」があり、六八六頁には子張の言葉として「喪に服す時には哀惜《あいせき》の情を心掛ける」があある。孔子一門には礼儀の形式を尊ぶ以上に真情重視の姿勢があった。

第十五章

子游曰、吾友張也、為難能也。然而未仁。

子游《しいう》曰《いは》く、吾《わ》が友張《ともちやう》や、能《よ》くし難《がた》きを為《な》すなり。然《しか》れども未《いま》だ仁《じん》ならず、と。

子游が言った。「我が友の子張は、普通の人ができないことができる。しかしまだ仁ではない。」

○**子游**　孔子の弟子。八三頁の注。○**張**　孔子の弟子の子張。九六頁の注。○**未だ仁ならず**　朱子は、誠実慈愛の気持ちが少ないことと言う。内面性に問題を残していた。

補説　程樹達は、王闓運《おうかいうん》『論語訓』をもとに、「吾の張を友とするは、能《よ》くし難《がた》きを為す、然《しか》れども未《いま》だ仁《じん》ならず」（私が子張を友とするのは、普通はできないことができる才能があるからだが、私にそれがあっても仁ということでは彼には及ばない）」と、むしろ子張賛美と取る。そこでは『大戴礼《だたいれい》』衛将軍文子で、孔子が子張を評価しているのを引いて傍証としている。

第十六章

曽子曰、堂堂乎張也、難与並為仁矣。

曽子《そうし》曰《いは》く、堂堂《だうだう》たるかな張《ちやう》や、与《とも》に並《なら》びて仁《じん》を為《な》し難《がた》し、と。

曽子が言われた。「堂堂たるものだな子張は。ただ一緒に仁を実践することは難しい。」

○**曽子**　孔子の弟子の曽参《そうしん》。五二一三頁の注と補説。○**張**　孔子の弟子の子張。九六頁の注。

補説　前章と同じく程樹達は王闓運《おうかいうん》『論語訓』をもとに、「堂々たるものだな子張は。私などは彼には及ばず、とても彼と一緒に仁を実践することなどできない」という子張賛美の意味に取る。ちなみに荻生徂徠《おぎゆうそらい》も、本章の曽参の語は、自分が子張の隣国で仁政を行うならば、必ず子張には及ばないという意味であるとする。前章と本章が子張批判か賛美かどちらかと言えば、孔子が子張を「行き過ぎ」と評した点からも（四〇三頁）、内的な修養に欠けるという批判の方が正しいのではないかと思われる。

第十七章

曽子曰、吾聞諸夫子。人未有自致者也。必也親喪乎。

曽子《そうし》曰《いは》く、吾《われ》諸《これ》を夫子《ふうし》に聞《き》く。人《ひと》未《いま》だ自《みづか》ら致《いた》す者《もの》有《あ》らざるなり。必《かなら》ずや親《おや》の喪《も》か、と。

曽子が言われた。「私はこう先生（孔子）から聞いている。人は普通は自分の気持ちを究極まで尽くさない。ただあるとすればそれは必ずや親の喪であろう。」

○曽子　孔子の弟子の曽参《そうしん》。五二一三頁の注と補説。**○諸**　これ。「之於」と同じ。**○致**　朱子は、真情を尽くすことと言う。**○必ずや親の喪か**　この言い方については一一五頁の「必ずや射か」の注。

補説　孝の思想家曽参らしい語である。

第十八章

曾子曰、吾聞諸夫子。孟荘子之孝也、其他可能也。其不改父之臣、与父之政、是難能也。

曾子《そうし》曰《いは》く、吾《われ》諸《これ》を夫子《ふうし》に聞《き》く。孟荘子《まうさうし》の孝《かう》や、其《そ》の他《た》は能《よ》くす可《べ》きなり。其《そ》の父《ちち》の臣《しん》と父《ちち》の政《せい》とを改《あらた》めざるは、是《これ》能《よ》くし難《がた》きなり、と。

曾子が言われた。「私はこう先生（孔子）から聞いている。孟荘子のような親孝行は、次の事以外はすることは可能だ。孟荘子が父の臣下と政治を改めなかったことはなかなかできることではないのだ。」

○**曾子**　孔子の弟子の曾参《そうしん》。五二―三頁の注と補説。○**諸**　これ。「之於」と同じ。○**夫子**　孔子。○**孟荘子**　仲孫速《ちゅうそんそく》。魯《ろ》の大夫《たいふ》。家老の三桓氏《さんかんし》のうちの孟孫氏（八一頁の補説）。諱《いみな》は速。孔子が幼児の時に没す。○**其の父**　孟献子《もうけんし》（仲孫蔑《べつ》）。孟荘子の父。諱《いみな》は蔑。『礼記《らいき》』檀弓《だんぐう》上に、孟献子は礼を守ることに関しては人よりも一段上だという孔子の語をのせる。○**臣**　『国語』晋語に、趙簡子《ちょうかんし》が、孟献子には闘臣《とうしん》が五人いるが自分には一人もいないと言う。○**政**　孟献子は優《すぐ》れた政治家としても知られた。『礼記《らいき》』大学に孟献子の語として「民を苛斂誅求《かれんちゆうきゆう》する臣下がいるよりも、主君の財貨を盗む臣下がいた方がましだ（其の聚斂《しゆうれん》の臣有らん与《よ》りは、寧《むし》ろ盗臣有らん）」という有名な語をのせる。

第十九章

孟氏使陽膚為士師。問於曽子。曽子曰、上失其道、民散久矣。如得其情、則哀矜而勿喜。

孟氏《まうし》陽膚《やうふ》をして士師《しし》為《た》らしむ。曽子《そうし》に問《と》ふ。曽子《そうし》曰《いは》く、上《かみ》其《そ》の道《みち》を失《うしな》ひて、民《たみ》散《さん》ずること久《ひさ》し。如《も》し其《そ》の情《じやう》を得《え》ば、則《すなは》ち哀矜《あいきよう》して喜《よろこ》ぶこと勿《なか》れ、と。

孟氏が陽膚を司法官にならせた。陽膚が曽子に心構えをたずねた。曽子が言われた。「上に立つ者が道を失って、民がばらばらになってから久しい。もしお前が担当した犯罪の実情を把握したなら、憐憫《れんびん》の情を持ち、喜んではならない。」

○**孟氏**　魯の家老の三桓氏の一つの孟孫氏。八一頁の補説。○**陽膚**　曽子（曽参《そうしん》）の弟子。○**士師**　司法官。○**曽子**　孔子の弟子の曽参。五二―三頁の注と補説。○**散**　民心が離れ、求心力が無くなる。朱子は実情と道義が分離することと言う。○**情**　実情。○**哀矜**　哀しみ憐れむ。

補説 『書経』周書・呂刑《りょけい》に、呂侯が司寇《しこう》（司法長官）に任命された時の穆王《ぼくおう》の語として「哀しみ慎む心で判決を慎重にせよ（哀敬して獄を折《せっ》す）」という語がある。

第二十章

子貢曰、紂之不善、不如是之甚也。是以君子悪居下流。天下之悪皆帰焉。

子貢《しこう》曰《いは》く、紂《ちう》の不善《ふぜん》、是《かく》の如《ごと》く之甚《これはなはだ》しからざるなり。是《ここ》を以《もつ》て君子《くんし》は下流《かりう》に居《を》ることを悪《にく》む。天下《てんか》の悪皆帰《あくみなき》す、と。

子貢が言った。「紂個人の不善は、あのようなひどいものではなかった。それゆえ君子は下流にいることを嫌うのである。天下の悪がみなそこに流れ込んでくる。」

○**子貢**　孔子の弟子。六一―二頁の注と補説。○**紂**　殷《いん》王朝の最後の王。悪逆非道で有名で、周の武王に滅ぼされた。○**君子**　立派な人。○**天下の悪皆帰す**　悪人や悪行が集まってくる。また天下の種々の悪行がみな紂の事とされ、彼の悪名が肥大化するという解釈もある。

補説　紂といえば、夏《か》王朝の桀《けつ》とともに悪逆非道の王の代表と言われるが、その常識と本章がどう関係するかが問題になる。朱子は、紂は決して罪が無くて無実の悪名をこうむっているわけではないと強調する。荻生徂徠《おぎゆうそらい》は集まってくる悪人を受け入れたのだから、やはり紂は悪人だと言う。

第二十一章

子貢曰、君子之過也、如日月之食焉。過也人皆見之、更也人皆仰之。

子貢《しこう》曰《いは》く、君子《くんし》の過《あやまち》や、日月《じつげつ》の食《しょく》の如《ごと》し。過《あやま》つや人皆之《ひとみなこれ》を見《み》、更《あらたむ》るや人皆之《ひとみなこれ》を仰《あふ》ぐ、と。

子貢が言った。「君子が過《あやま》つ場合は、日食や月食のようなものだ。過《あやま》つと人々がみなこれを見、改めると人々がみなこれを仰ぐ。」

○**子貢**　孔子の弟子。六一―二頁の注と補説。○**君子**　立派な人。○**日月の食**　日食と月食。○**更**　あらためる。

補説 「君子」を為政者とする解釈もありうる。『孟子』公孫丑《こうそんちゆう》下には、周公が兄の管叔《かんしゆく》の謀反を見抜けずに殷の監督をさせたことに関して、陳賈《ちんか》が古《いにし》えの君子も過《あやま》つのかという質問に、孟子が答えた語の中に本章と同様の語が見える。六九三頁の子夏の語に、小人が誤ると必ず粉飾するとあるのと対比すると、そこの小人が庶民とは解釈しづらいので、やはり本章の君子は立派な人という意味であろう。立派な人は粉飾など隠し立てしないのである。

第二十二章

衛公孫朝問於子貢曰、仲尼焉学。子貢曰、文武之道、未墜於地、在人。賢者識其大者、不賢者識其小者。莫不有文武之道焉。夫子焉不学、而亦何常師之有。

衛《えい》の公孫朝《こうそんてう》子貢《しこう》に問《と》ひて曰《いは》く、仲尼焉《ちゆうぢいづく》にか学《まな》べるか、と。子貢曰《しこういは》く、文武《ぶんぶ》の道《みち》、未《いま》だ地《ち》に墜《お》ちずして、人《ひと》に在《あ》り。賢者《けんじや》は其《そ》の大《だい》なる者《もの》を識《しる》し、不賢者《ふけんじや》は其《そ》の小《せう》なる者《もの》を識《しる》す。文武《ぶんぶ》の道有《みちあ》らざること莫《な》し。夫子焉《ふうしいづく》にか学《まな》ばざらん、而《しか》して亦何《またなん》の常師《じやうし》か之有《これあ》らん、と。

衛の公孫朝が子貢にたずねて言った。「仲尼（孔子）はどこで学んだのですか。」子貢が言った。「文王や武王の道はまだ地に墜ちてはおらず、人の記憶の中にあります。賢者はそのうちの重要なものを記憶し、賢者でない者も一部分を記憶しております。ですので文王や武王の道が失われたということは無いのです。先生（孔子）は学ばなかった場所などありましょうか。またどんな固定した師匠がいたというのでしょうか。」

○**衛**　今の河南省にあった国。○**公孫朝**　衛の大夫。○**子貢**　孔子の弟子。六一―二頁の注と補説。○**仲尼**　孔子。○**焉**　どこで。○**文武の道**　周の文王と武王の道。孔子はその復興を図った。○**識**　記憶する。○**常師**　固定した特定の師匠。

補説　孔子にとって自分に役立つことを言ってくれた人は全て師であり、特に固定した先生はいなかった。二六六頁には「三人いっしょに歩けば、その中には必ず自分の先生がいるものだ」という孔子の語がある。『論語』でも孔子の先生の具体名は登場しない。孔子の師の問題については四一頁の注（4）所引の土田健次郎「講経「何の常師か之《これ》有らん」―孔子の師―」。

第二十三章

叔孫武叔語大夫於朝曰、子貢賢於仲尼。子服景伯以告子貢。子貢曰、譬之宮牆。賜之牆也及肩。窺見室家之好。夫子之牆数仞。不得其門而入、不見宗廟之美、百官之富。得其門者或寡矣。夫子之云、不亦宜乎。

叔孫武叔《しゆくそんぶしゆく》　大夫《たいふ》に朝《てう》に語《つ》げて曰《いは》く、子貢《しこう》は仲尼《ちゆうぢ》よりも賢《まさ》れり、と。子服景伯《しふくけいはく》以《もつ》て子貢《しこう》に告《つ》ぐ。子貢曰《しこういは》く、之《これ》を宮牆《きゆうしやう》に譬《たと》ふれば、賜《し》の牆《しやう》や肩《かた》に及《およ》べり。室家《しつか》の好《よ》きを窺《うかが》ひ見《み》ん。夫子《ふうし》の牆《しやう》は数仞《すうじん》なり。其《そ》の門《もん》を得《え》て入《い》らざれば、宗廟《そうべう》の美《び》、百《ひやく》官《くわん》の富《とみ》を見《み》ざらん。其《そ》の門《もん》を得《う》る者或《ものあるい》は寡《すくな》し。夫《か》の子《し》の云《い》ふこと、亦宜《またうべ》ならずや、と。

叔孫武叔が政庁で役人たちに向かって言った。「子貢は仲尼（孔子）よりも優《すぐ》れている。」子服景伯がそのことを子貢に告げた。子貢が言った。「屋敷の塀《へい》に喩《たと》えると、私の塀は肩の高さです。ですから建物のよさがうかがえます。しかし先生の塀は数仞の高さです。門に入ることができなければ、父祖のみたまやの壮麗さや、官吏のいならぶ豪華さを見られません。門に入れる者はあるいは少ないのでしょう。ですからあのお方が言われることも、もっともではないでしょうか。」

○**叔孫武叔**　魯の大夫。魯の家老の三桓氏の一つの叔孫氏（八一頁の補説）。諱は州仇《しゆうきゆう》。諡《おくりな》は武。次章でも孔子をけなしている。○**大夫**　ここでは役人たちということ。○**朝**　政庁。○**子貢**　孔子の弟子。六一―二頁の注と補説。○**仲尼**　孔子。○**子服景伯**　五四九頁の注。五四九頁でも公伯寮《こうはくりよう》が子路のことを季孫に讒言《ざんげん》したおりにそのことを孔子に告げ、自分が力になれると申し出ている。○**宮牆**　お屋敷の塀。○**賜**　子貢の諱。○**室家**　建物。○**夫子の牆**　ここの「夫子」は孔子のこと。○**仞**　両腕を広げた長さ。○**宗廟**　父祖のみたまや。○**百官の富**　多くの官吏が集まっている豪華さ。○**夫の子**　「彼《か》の子《し》（あの方）」で、叔孫武叔を指す。

補説　七一二頁でも陳子禽《ちんしきん》が子貢に向かって、子貢の方が孔子よりも賢である旨《むね》を言っている。子貢はその才能と実績のゆえに当時から有名人であった。『春秋左氏伝』には彼の外交活動が散見し、また『史記』仲尼弟子列伝には、斉《せい》に圧迫されていた魯を救うために、越《えつ》と呉《ご》を戦わせるようにしむけ、そこに斉をからませることでその軍事力を削《そ》いだという話が出ている（『墨子』非儒下では孔子の差し金のような書き方がされているが、この篇は儒家批判が目的なのでそのまま信用できない）。呉越の話はどこまで史実か疑問も残るが、司馬遷《しばせん》が、孔子の名が天下に広まった原因として子貢が孔子を称揚したことをあげるのは（『史記』貨殖《かしょく》列伝）、その可能性も無いとは言えない。

第二十四章

叔孫武叔毀仲尼。子貢曰、無以為也。仲尼不可毀也。他人之賢者丘陵也。猶可踰也。仲尼日月也。無得而踰焉。人雖欲自絶、其何傷於日月乎。多見其不知量也。

叔孫武叔《しゅくそんぶしゅく》　仲尼《ちゅうぢ》を毀《そし》る。子貢曰《しこういは》く、以《もっ》て為《な》すこと無《な》かれ。仲尼《ちゅうぢ》は毀《そし》る可《べ》からざるなり。他人《たにん》の賢者《けんじゃ》は丘陵《きうりよう》なり。猶踰《なほこ》ゆ可《べ》きなり。仲尼《ちゅうぢ》は日月《じつげつ》なり。得《え》て踰《こ》ゆること無《な》し。人自《ひとみづか》ら絶《た》たんと欲《ほっ》すと雖《いへど》も、其《そ》れ何《なん》ぞ日月《じつげつ》を傷《やぶ》らんや。多《まさ》に其《そ》の量《りやう》を知《し》らざることを見《み》るなり、と。

叔孫武叔が仲尼（孔子）を謗《そし》った。子貢が言った。「そうなさらないように。仲尼は譏ることはできません。他の人で賢者といってもいわば丘陵です。まだ越えられます。しかし仲尼は日月です。越えることなどできません。自分の方が縁を切ろうとしても、どうして日や月を傷つけることができましょうか。はからずも自分の程度がわかっていないことを見せるだけです。」

○**叔孫武叔**　七〇九頁の注。○**仲尼**　孔子。○**子貢**　孔子の弟子。六一―二頁の注と補説。○**丘陵**　土が高いのが「丘」、高い丘が「陵」。○**多**　はからずもまさに。

第二十五章

陳子禽謂子貢曰、子為恭也、仲尼豈賢於子乎。子貢曰、君子一言以為知、一言以為不知。言不可不慎也。夫子之不可及也、猶天之不可階而升也。夫子之得邦家者、所謂立之斯立、道之斯行、綏之斯来、動之斯和、其生也栄、其死也哀。如之何其可及也。

陳子禽《ちんしきんし》 子貢《しこう》に謂《い》ひて曰《いは》く、子《し》は恭《きよう》を為《な》すなり、仲尼《ちゆうぢ》豈《あに》子《し》より賢《まさ》らんや、と。子《し》貢《こう》曰《いは》く、君子《くんし》は一言《いちげん》以《もつ》て知《ち》と為《な》し、一言《いちげん》以《もつ》て不知《ふち》と為《な》す。言《げん》慎《つつし》まざる可《べ》からざるなり。夫子《ふうし》の及《およ》ぶ可《べ》からざるや、猶天《なほてん》の階《かい》して升《のぼ》る可《べ》かざるがごときなり。夫子《ふうし》の邦家《はうか》を得《う》れば、所謂之《いはゆるこれ》を立《た》つれば斯《ここ》に立《た》ち、之《これ》を道《みちび》けば斯《ここ》に行《ゆ》き、之《これ》を綏《やす》んずれば斯《ここ》に来《きた》り、之《これ》を動《うご》かせば斯《ここ》に和《わ》す。其《そ》の生《い》くるや栄《さか》え、其《そ》の死《し》するや哀《かな》しむ。之《これ》を如何《いかん》ぞ其《そ》れ及《およ》ぶ可《べ》けんや、と。

陳子禽が子貢に向かって言った。「あなたは謙遜《けんそん》しておられる。仲尼（孔子）がどうしてあなたより優れているものか。」子貢が言った。「君子は一言で知者ともされるし、一言で知者ではないともされるものだ。言葉は慎まなくてはならない。先生（孔子）が及ぶことができないのは、天にはしごで登ることができないようなものだ。先生が国政をまかせられれば、「民を自立させれば自立し、導けばその通りに進み、慰撫《いぶ》すれば慕《した》い集まり、動員すれば調和を保ち、その人が生きている時は仰ぎ見られ、死すれば人々から哀しまれる」いう語のようになる。どうして及ぶことなどできようか。」

○陳子禽　六一頁の「子禽」の注。**○子貢**　孔子の弟子。六一－二頁の注と補説。**○仲尼**　孔子。**○君子**　立派な人。**○階**　はしご。**○邦家**　「邦」は諸侯の治める国、「家」はその国に仕える大夫の領地。**○得**　古注は諸侯やそれに仕える卿大夫《けいたいふ》になることと言うが、国政をまかせられるということであろう。**○所謂～**　以下は当時あった言葉であろう。**○綏**　安らかにする。**○之を如何ぞ**　どうして。四一三頁の注。

補説　七〇九頁と同じく、孔子よりも子貢の方が優れているという評価が当時あったことを示している。その箇所と同じく本章でも子貢はそれを強く否定している。子貢は、孔子の没後、孔子への追悼《ついとう》の念をひときわ深く持った弟子であった（六二頁の補説）。

堯曰《げうゑつ》第二十

最初の長文の章に孔子が登場しない。続く二章は孔子の語であるが、全体としてはまとまりが無く、つけたしのようにも見える篇である。

第一章

堯曰、咨爾舜、天之暦数在爾躬。允執其中。四海困窮、天禄永終。舜亦以命禹。曰、予小子履、敢用玄牡、敢昭告于皇皇后帝。有罪不敢赦。帝臣不蔽。簡在帝心。朕躬有罪、無以万方。万方有罪、罪在朕躬。周有大賚。善人是富。雖有周親、不如仁人。百姓有過、在予一人。謹権量、審法度、修廃官、四方之政行焉。興滅国、継絶世、挙逸民、天下之民帰心焉。所重民食喪祭。寛則得衆、信則民任焉。敏則有功、公則説。

堯曰《げういは》く、咨《ああ》爾《なんぢ》舜《しゅん》、天《てん》の暦数《れきすう》爾《なんぢ》の躬《み》に在《あ》り。允《まこと》に其《そ》の中《ちゅう》を執《と》れ。四海困窮《しかいこんきゅう》すれば、天禄《てんろく》永《なが》く終《を》へん、と。舜《しゅん》も亦《また》以《もつ》て禹《う》に命《めい》ず。曰《いは》く、予小子《われせうし》履《り》、敢《あへ》て玄牡《げんぼ》を用《もち》ひて、敢《あへ》て昭《あきら》かに皇皇《くわうくわう》たる后帝《こうてい》に告《つ》ぐ。罪有《つみあ》るは敢《あへ》て赦《ゆる》さず。帝臣《ていしん》は蔽《おほ》はれず。簡《えら》ぶこと帝《てい》の心《こころ》に在《あ》り。朕《ちん》が躬《み》に罪有《つみあ》らば、万方《ばんぱう》を以《もつ》てすること無《な》からん。万方《ばんぱう》に罪有《つみあ》らば、罪《つみ》は朕《ちん》が躬《み》に在《あ》り、と。周《しう》に大賚有《たいらいあ》り。善人是富《ぜんじんこれと》む。周親有《しうしんあ》りと雖《いへど》も、仁人《じんじん》に如《し》かず。百姓《ひやくせい》過《あやまち》有《あ》らば、予一人《われいちにん》に在《あ》り。権量《けんりやう》を謹《つつし》み、法度《はふど》を審《つまびらか》にし、廃官《はいくわん》を修《をさ》むれば、四方《しはう》の政《せい》行《おこな》はる。滅国《めつこく》を興《おこ》し、絶世《ぜつせい》を継《つ》ぎ、逸民《いつみん》を挙《あ》ぐれば、天下《てんか》の民心《たみこころ》を帰《き》す。重《おも》んずる所《ところ》は民食喪祭《みんしよくさうさい》。寛《くわん》なれば則《すなは》ち衆《しゅう》を得《え》、信《しん》なれば則《すなは》ち民《たみ》任《にん》ず。敏《びん》なれば則《すなは》ち功有《こうあ》り、公《こう》なれば則《すなは》ち説《よろこ》ぶ。

堯が言った。「ああ、舜よ、天の命運の順に従い、帝位は汝《なんじ》の身にある。しっかりと的確な規範を維持せよ。天下が困窮すれば、天から受けた地位も永久に終わろう。」舜もまた同じ内容を禹に申し渡した。（時代は降《くだ》り、殷の湯《とう》が）言った。「私は、恐れ多くも黒い雄牛をささげて大いなる天の神にはっきりと申し上げます。罪がある者を赦すことはいたしません。あなたの臣下であった桀《けつ》はその罪を隠し立てのしようもありませんでした。誰が王位につくかを選ぶことは天の神の御心《みこころ》にあります。私の身に罪があれば、万民のせいとお考えにならないように。万民に罪があれば、その罪は私の身にあるのです。」（更に時代が降って周の武王はこう言った。）「周には大きな贈り物がある。善《よ》い人にめぐまれたことである。身近な親族がいても、仁なる人には及ばないものだ。人民に過《あやま》ちがあれば、その責は私一人の身にあるのだ。はかりを厳格に規定し、法律を明確にし、廃止された必須の役職に人の手当をすれば、天下に政治がゆきわたる。滅んだ国を再興し、絶えていた家を継承させ、野にある賢人を登用すれば、天下の民の心が帰順する。重んずるものは民と食と喪礼と祭祀。寛容であれば民衆の心を得、信義を守れば民衆は安心して委任してくれる。すみやかに行えば成果があがり、公平であれば民が喜ぶ。」

○堯 伝説上の聖王。二四二頁の注。**○咨** ああ。感嘆の声。**○爾** なんじ。**○舜** 堯から位を譲られた伝説上の聖王。二四二頁の注。**○天の暦数** 帝王が位を継承する順序。暦は帝王が司《つかさど》ることから、帝王の使命というようにも解釈しうる。**○允** まことに。**○中** 的確な規範。「中」には過不及が無いことと、的《まと》にあたっていることの両義が重ねられている。**○四海困窮すれば、天禄永く終へん** 「四海」は、天下、「天禄」は、天から賦与された俸禄《ほうろく》で、帝王の地位を言う。ここは朱子に従って訳した。古注によると次のようになる。「この世界の果てまでも極め尽くせ、それは天禄がとこしえに続くもとになろう。」**○禹** 舜から位を譲られた伝説上の聖王。三〇六頁の注。**○命** 申し渡す。**○予** われ。**○小子履** 「小子」は、謙辞。「履」は、殷の湯の諱《いみな》。湯は禹が開いた夏《か》王朝が桀の時代になって暴政を行うようになったので、武力で滅ぼして殷王朝を開いた。孔子らは湯を聖王と見なす。ここで湯の諱が出てくることからすると、この箇所は湯の言葉ということになる。

それゆえ朱子は「曰く」の前にはもとは「湯」の字があったとする。なお『墨子』兼愛下には類似の語が見え、そこでは「湯曰く」と明記されている（本章の補説）。〇**玄牡**　黒い雄牛。殷王朝は白色を尊ぶが、この時点ではまだ黒を基調とする夏王朝の礼にならったのである（古注、朱子など）。『礼記《らいき》』檀弓《だんぐう》上に「夏后氏は黒を尚《たふと》ぶ。……殷人白を尚ぶ。……周人赤を尚ぶ」とある。〇**昭かに皇皇たる后帝**　「昭」は、明らか。「皇皇」は、大いなる。「后帝」は、天の神。〇**罪有る**　暗に湯が討伐した桀を指す。〇**帝臣は蔽れず**　「帝臣」は、天帝（天の神）の臣下で、古注は桀を指すと言う。朱子は、天下の賢人はみな上帝の臣であるから、自分は賢人たちの善行を覆《おお》い隠すようなこともしないと解釈する。〇**簡**　審査選別をする。〇**朕**　私。後に帝王の自称となる。〇**万方**　万民。〇**周**　周王朝。なおこれ以下の文は内容から見ると周の武王についてのものだが、その前にそれを明示する語が無い。またこの箇所が、朱子が言うように武王の事跡の叙述なのか、それとも武王が天とか諸侯とか民とかに発した語なのか、あるいはそれらの組み合わせなのかもさだかではない。ここでは天下への決意表明としてとりあえず訳しておいた。武王は悪逆非道の殷の紂を武力で滅ぼし、周王朝を開き、孔子らによって聖王と見なされた。〇**賚**　贈り物。〇**善人是富む**　人材にめぐまれた（古注、三〇八頁にもとづく）。朱子は、善人に贈り物をあたえ、富ませたと解釈する。〇**周親有りと雖も、仁人に如かず**　「周親」は、極めて身近な親族。親族があっても、仁なる人には及ばないということで、周が人材を得たこと。この解釈は古注による。そこでは親族は謀反を起こした管叔《かんしゆく》、蔡叔《さいしゆく》、仁なる人は殷《いん》の遺民でありながら登用した賢人の微子《びし》や箕子《きし》を指している。なお朱子は殷王朝には親族が豊富だったが、周の人材の豊かさには及ばなかったことを言うとする。この場合は、殷の紂には六六四頁にあげられているような賢人の親族（微子、箕子、比干《ひかん》）がおり、紂を滅ぼした周には三〇八頁にあるように多くの優れた家臣がいたことが念頭にあるのであろう。○**百姓**　人民。○**予一人に在り**　私一人の責任である。○**権量**　秤《はかり》の錘《おもり》と、ます。○**法度**　法律、制度。○**廃官を修む**　必要な官職で廃止、あるいは無人になっているものに人を手当すること。○**滅国を興し、絶世を継ぎ**　滅んだ国を再興し、絶えた血筋を継がせる。歴代の王者の子孫を各地に封じたこと。『礼記《らいき》』楽記《がくき》に「武王が殷に勝利して殷の都の商に入り、まだ車をおりないうちに、黄帝《こうてい》の子孫を薊《けい》に封じ、帝堯の子孫を祝《しゅく》に封じ、帝舜の子孫を陳に封じ、車をおりてから夏后氏の子孫を杞《き》に封じ、殷の子孫を宋《そう》に送り込んだ（武王殷に克《か》ちて商に反《およ》びて、未《いま》だ車を下るに及ばずして、黄帝の後を薊《けい》に封じ、帝堯の後を祝に封じ、帝舜の後を陳に封じ、車を下りて夏后氏の後を杞《き》に封じ、殷の後を宋に投ず）」とある。○**逸民**　仕えていない賢人。朱子は殷の王族で狂人を装い、奴隷となった箕子を商容（礼楽の官）に復帰させたりしたことと言う。○**民食喪祭**　古注は、民と食と喪礼と祭祀の四つとする。朱子は、『書経』周書・武成に「民に対して重んじたのは五教と、食と喪礼と祭祀であった」とあるのを引用するが、この『書経』の箇所は偽作である（補説参照）。○**民任ず**　民が自分を為政者にまかせる。○**説**　喜ぶ。

補説　孔子にとって聖王と言えば、堯、舜、禹、湯、文王、武王であり、本章はそのうち堯、湯、武王の言葉を記しているのだが、孔子がこの記述とどう関わっているのかの明記は無い。ともかく整備されていないか、あるいは欠落のある章である。本章の文をもとにして東晋《とうしん》の時代に『書経』の文章が偽作された（いわゆる偽古文《ぎこぶん》）。この書に対しては歴代疑いを持つ者がおり、朱子もその一人であったが、疑古文の一部を自己の哲学の典拠としたために全面否定にまではふみきれなかった。それが、日本では伊藤仁斎の本章の注（『論語古義』）、中国では閻若璩《えんじゃくきょ》『尚書古文疏證《しょうしょこぶんそしょう》』がとどめをさした形で、偽作であることはもはや常識になった。本章の解釈の際に、今でもこの偽古文と、そこに付せられている孔安国《こうあんこく》の伝（伝とは注釈のこと、これも偽作なので「偽孔伝《ぎこうでん》」と呼ばれる）も参考にすることがなされるが、あまり意味が感じられない。ただ『書経』の偽古文の各篇が本章のどの箇所をそのまま使用したのかを具体的に列挙しておく。

『書経』虞書《ぐしょ》・大禹謨《だいうぼ》

天之歴数在汝躬、汝終陟元后。人心惟危、道心惟微、惟精惟一、允執厥中。……四海困窮、天禄永終。（『荀子《じゅんし》』解蔽《かいへい》の「故道経曰、人心之危、道心之微」も利用されている）。

『書経』商書・湯誥《とうこう》

惟簡在上帝之心。其爾万方有罪、在予一人。予一人有罪、無以爾万方。

『書経』周書・泰誓《たいせい》中

雖有周親、不如仁人……姓有過、在予一人。

『書経』周書・武成

重民五教、惟食喪祭。

なお『墨子』兼愛下には本章と類似の語が見える。それは、「湯曰く」として、「惟予小子履、敢て玄牡を用ひて、上天后に告げて曰く」としたあとで、「……善有るは敢て蔽はず、罪有るは敢て赦さず、簡ぶこと帝の心に在り。万方罪有らば、即ち朕の身に当る。朕の身に罪有らば、万方に及ぶこと無からん」という語をのせるものである。

第二章

子張問於孔子曰、何如斯可以従政矣。子曰、尊五美、屛四悪、斯可以従政矣。子張曰、何謂五美。子曰、君子恵而不費、労而不怨、欲而不貪、泰而不驕、威而不猛。子張曰、何謂恵而不費。子曰、因民之所利而利之。斯不亦恵而不費乎。択可労而労之。又誰怨。欲仁而得仁。又焉貪。君子無衆寡、無小大、無敢慢。斯不亦泰而不驕乎。君子正其衣冠、尊其瞻視、儼然人望而畏之。斯不亦威而不猛乎。子張曰、何謂四悪。子曰、不教而殺、謂之虐。不戒視成、謂之暴。慢令致期、謂之賊。猶之与人也、出納之吝、謂之有司。

子張《しちやう》孔子《こうし》に問《と》ひて曰《いは》く、何如《いか》なるをか斯《これ》以《もつ》て政《せい》に従《したが》ふ可《べ》しとす、と。子《し》曰《いは》く、五美《ごび》を尊《たふと》び、四悪《しあく》を屛《しりぞ》くるを、斯《これ》以《もつ》て政《せい》に従《したが》ふ可《べ》しとす、と。子張《しちやう》曰《いは》く、何《なに》をか五美《ごび》と謂《い》ふ、と。子《し》曰《いは》く、君子《くんし》恵《けい》にして費《つひや》さず、労《らう》して怨《うら》まれず、欲《ほつ》して貪《むさぼ》らず、泰《たい》にして驕《おご》らず、威《ゐ》ありて猛《まう》ならず、と。子張《しちやう》曰《いは》く、何《なに》をか恵《けい》にして費《つひや》さずと謂《い》ふ、と。子《し》曰《いは》く、民《たみ》の利《り》する所《ところ》に因《よ》りて之《これ》を利《り》す。斯亦《これまた》恵《けい》にして費《つひや》さざるにあらずや。労《らう》す可《べ》きを択《えら》びて之《これ》を労《らう》す。又誰《またたれ》をか怨《うら》まん。仁《じん》を欲《ほつ》して仁《じん》を得《え》たり。又《また》焉《いづくん》ぞ貪《むさぼ》らん。君子《くんし》は衆寡《しゆうくわ》と無《な》く、小大《せうだい》と無《な》く、敢《あへ》て慢《あなど》ること無《な》し。斯亦泰《これまたたい》にして驕《おご》らざるにあらずや。君子《くんし》は其《そ》の衣冠《いくわん》を正《ただ》しくし、其《そ》の瞻視《せんし》を尊《たふと》くし、儼然《げんぜん》として人望《ひとのぞ》みて之《これ》を畏《おそ》る。斯亦威《これまたゐ》ありて猛《まう》ならずにあらずや、と。子張曰《しちやういは》く、何《なに》をか四悪《しあく》と謂《い》ふ、と。子曰《しいは》く、教《をし》へずして殺《ころ》す、之《これ》を虐《ぎやく》と謂《い》ふ。戒《いまし》めずして成《な》るを視《み》る、之《これ》を暴《ばう》と謂《い》ふ。令《れい》を慢《みだり》にして期《き》を致《いた》す、之《これ》を賊《ぞく》と謂《い》ふ。之《これ》を猶《ひと》しくし人《ひと》に与《あた》ふるも、出納《すゐたふ》の吝《やぶさか》なる、之《これ》を有司《いうし》と謂《い》ふ、と。

子張が孔子におたずねして言った。「どういうのを政治に従事できるとするのでしょうか。」先生が言われた。「五美を尊び、四悪を退《しりぞ》ける、これを政治に従事できるとするのだ。」子張が言った。「何を五美と言うのでしょうか。」先生が言われた。「君子は、恵みをあたえるが費用をかけず、使役するが怨まれず、働きかけはするが貪らず、ゆったりしていて驕らず、威厳があるが獰猛《どうもう》ではないということだ。」子張が言った。「どんなことを「恵みをあたえるが費用をかけず」と言うのですか。」先生が言われた。「民が既に利益を得ていることに沿《そ》って利益があがるようにしてあげる。これなどが「恵みをあたえるが費用をかけず」ではないかね。使役すべき事を選択して使役する。そうすれば民は誰を怨むであろうか。仁を求めて、その仁を実現するまでだ。どうして民に対して貪る気持ちを持とうか。君子は多い少ないとか、大きい小さいとかにかかわらず、軽くあしらうなどという気持ちは持たぬものだ。これなどが「ゆったりしていて驕《おご》らず」ということではないかね。君子は衣冠を正しくつけ、まなざしを厳粛に保ち、荘重《そうちょう》で人々はそれを望んで畏敬《いけい》の念を持つ。これなどが「威厳があるが獰猛ではない」ではないかね。」子張が言った。「どのようなのを四悪と言うのですか。」先生が言われた。「教化もしないで死刑にする、これを残虐と言う。戒めもしないでそれが実現すると検閲する、これを唐突と言う。いきなりいい加減な命令を出しておいて期限を切る、これを賊害と言う。平等に人々にあたえることになるのに、出費をけちけちする、これを小役人と言う。」

○**子張**　孔子の弟子。九六頁の注。○**何如なるをか斯**　「何如なれば斯」などと訓読されることが多いが、四五三頁、四八七頁、四九八頁にある同型の用例、また本章の後文で内容についての質問に対して「斯不亦~乎」で答える形を繰り返していることから、このように訓読した。○**屏**　しりぞける。○**君子**　立派な人。○**泰にして驕らず**　四九六頁に孔子の語として「君子は泰にして驕らず」とある。○**威ありて猛ならず**　二八三頁に孔子の風姿《ふうし》として「威《ゐ》ありて猛《まう》ならず」であったと言う。○**民の利する所に因りて之を利す**　民がそれで利益を得ている仕事を尊重して、その利益があがるようにしてあげる。○**仁を欲して仁を得たり**　二五七頁で、伯夷《はくい》、叔斉《しゆくせい》について孔子が「仁を求めて仁を得たり」と言っている。**○瞻視を尊くし**　まなざしを厳粛にする。「瞻」も「視」もみることで、ここではまなざし。**○儼然として人望みて**　六九四頁に、君子の三変として「之《これ》を望《のぞ》めば儼然《げんぜん》」という子夏《しか》の語を記す。**○教へずして殺す、之を虐と謂ふ**　「虐」は、残虐。四五二頁で、季康子《きこうし》が道にはずれた人間を殺すことを言った時に、孔子は殺人を否定し、まず自分が善を望む姿勢で人々を感化させよと言っている。**○戒めずして成るを視る**　教戒をきちんとしないでおきながら、いきなり結果を裁くこと。**○暴**　唐突。無謀ににわかにということ。**○期を致す**　期限を限る。**○賊**　ひどく害する。朱子は、前にはゆるやかであるが後で急に厳しくして、民を誤りに落とし入れてから処刑するのは、民を痛めつけるものであると言う。**○之を猶しくし人に与ふるも、出納の吝なる、之を有司と謂ふ**　「猶」は、均しくする（朱子）。古注はこの箇所を「財物はみな人にあたえるべきなのに……」ということとする。「出納」は出し入れすることだが、ここでは支出を言う。「吝」は、惜しんでけちけちする。「有司」は、官吏。朱子は、「結局は同じように人に物をあたえることになるのに、それを出す時になって、惜しんで果たさなければ、それは官僚的というもので、本来の政治のあり方に合致していない」と注する。

第三章

孔子曰、不知命、無以為君子也。不知礼、無以立也。不知言、無以知人也。

孔子《こうし》曰《いは》く、命《めい》を知《し》らざれば、以《もっ》て君子《くんし》と為《な》ること無《な》きなり。礼《れい》を知《し》らざれば、以《もっ》て立《た》つこと無《な》きなり。言《げん》を知《し》らざれば、以《もっ》て人《ひと》を知《し》ること無《な》きなり、と。

孔子が言われた。「天命を知らなければ、君子となることは無い。礼を知らなければ、自立することは無い。言葉のあやがわからなければ、人を知ることは無い。」

○**孔子**　朱子などのテキストには「孔」の字が無い。○**命**　天から自己にあたえられた使命。○**君子**　立派な人。○**立つ**　自立する。礼の効果として次のように「立つ」ことが言われる。二九五頁に「礼に立ち（礼の講習で一人前になり）」とあり、六二四頁に「礼を学ばざれば以て立つこと無し（礼を学ばなければ独り立ちできない）」とある。○**言**　言葉のことであるが、言葉にはそれを発する人間の内面や邪正が現れるから、「言を知る」とはそれを読み取ることであろう。

あとがき

『論語』の訳注は、中国思想の研究者であれば、生涯一度は試みてみたい仕事ではなかろうか。解説にも記したが、錚々《そうそう》たる学人が訳注を作成している。『論語』の文面は一見平易だが複数の解釈が可能な章がいたるところにあり、そう簡単な仕事ではない。ただどのような解釈を採用してもなんとも言えない滋味が味わえる不思議な書である。『論語』の各章の理解には解釈者の経験、人生観が反映されがちになる。つまり自分の心の映し鏡のようなところがある。ただこのことは、本訳注が筆者の人生観の反映ということを意味してはいない。本書が目指したのは、『論語』読解のための正確な知識をわかりやすく提供するということである。それをもとに読者諸氏が自分なりの『論語』味読をしていただければ幸いである。ちなみに筆者なりの『論語』味読は、『論語二十四講』（明徳出版社、二〇二一）で示した。

筆者が『論語』そのものに接したのは中学生の時であった。同時に下村湖人の『論語物語』なども愛読した。高校生になって読んだ中島敦の小説『弟子』や小林秀雄が評論の中で見せる孔子への言及も、『論語』への関心に拍車をかけた。大学に入学して、一年の時に受けた授業の一つに孔子の最古の伝記である『史記』孔子世家の講読があった。丹念に原文を読みながら、『論語』も随時参照していくというものであった。担当は楠山春樹先生で、受講生が少なかったため毎回訳読させられ、先生とのやりとりも毎時間できたかなり贅沢な授業であった。清朝の「抹殺屋」崔述《さいじゅつ》の容赦無い文献批判もその時に知り、何となく『論語』を読めばすむものではないということを痛感させられた。またこの授業を通して武内義雄、津田左右吉の研究を読むことになり、研究の蓄積と奥行きを知らされることになった。

以後、『論語』を読み続けた。またその注釈書の研究も行い、朱子の『論語集注』の全訳注も刊行した。この書には朱子の哲学が強く反映されていて、『論語』そのものの理解となると、全面的に受け入れられるものではないが、歴代の注釈書では最も多くの人に読まれたものであり、その歴史的意義は限りなく大きい。それにそもそも朱子にとって『論語』注釈の作業は、自己の思想の正当性の証明なのであり、朱子の思想を理解するためにも必読文献なのである。私が刊行した全訳注には伊藤仁斎と荻生徂徠の注釈の要旨も付したが、仁斎は朱子の、徂徠は朱子と仁斎の両方の、それぞれ注とその背後にある思想の超克を目指していて、『論語』注釈学がいかに思想的な営為であったかがこれらを対比することから浮かび上がることも期待したものであった。もちろん今回の作業は注釈書を対象としているのではなく、『論語』そのものの原義に遡るものである。これは私にとっては十分すぎるほど挑戦に値する仕事であり、終始それに従事できる喜びを感じることができた。

今回の訳注のお話を筑摩書房編集部の北村善洋氏からいただいたのは六、七年くらい前だったであろうか。以後少しずつ作業し半ば近くまで進んだが、拍車をかけることができるようになったのは、三年半前に定年退職を迎えた後で、以後の一年間はほぼ毎日この作業に取り組んだ。おりからコロナ騒ぎで外出自粛が要請されたが、自宅でこの作業に邁進していた筆者にとってはこの要請があろうとなかろうと、同じことであった。かくて二年半前に一応の成稿を見ることができたが、それ以後も折に触れて修訂を試みてきた。ここ数年、入院を含め病院の行き来が生活の中心となっている身としては、そこに張りをあたえてくれたこの仕事に感謝している。末尾ながら企画から完成まで種々お世話になった北村氏に謝意を表したい。

二〇二三年七月二十日

土田健次郎

本書は、ちくま学芸文庫のために新たに訳出されたものである。

思考のための文章読本　花村太郎

本物の思考法は偉大なる先哲に学べ！　先人たちの思考を10の形態に分類し、それらが生成・展開していく過程を鮮やかに切り出す、画期的な試み。

「不思議の国のアリス」を英語で読む　別宮貞徳

このけたはずれにおもしろい、奇抜な名作を、いっしょに英語で読んでみませんか――『アリス』の世界を原文で味わうための、またとない道案内。

さらば学校英語　実践翻訳の技術　別宮貞徳

英文の意味を的確に理解し、センスのいい日本語に翻訳するコツは？　日本人が陥る誤訳の罠は？　達人ベック先生が技の真髄を伝授する実践講座。

漢文入門　前野直彬

漢文読解のポイントは「訓読」にあり！　その方法はいかにして確立されたか、歴史も踏まえつつ漢文を読むための基礎知識を伝授。（齋藤希史）

精講漢文　前野直彬

往年の名参考書が文庫に！　文法の基礎だけでなく、中国の歴史・思想や日本の漢文学をも解説。漢字文化の多様な知識が身につく名著。（堀川貴司）

改訂増補　古文解釈のための国文法入門　松尾聰

助詞・助動詞・敬語等、豊富な用例をもとに語意を吟味しつつ、正確な古文解釈に必要な知識を詳述。多くの学習者に支持された名参考書。（小田勝）

考える英文法　吉川美夫

知識ではなく理解こそが英文法学習の要諦だ。簡明な解説と豊富な例題を通して英文法の仕組みを血肉化させていくロングセラー参考書。（斎藤兆史）

わたしの外国語学習法　ロンブ・カトー　米原万里訳

16ヵ国語を独学で身につけた著者が明かす語学学習の秘訣。特殊な才能がなくても外国語は必ず習得できる！　という楽天主義に感染させてくれる。

英語類義語活用辞典　最所フミ編著

類義語・同意語・反意語の正しい使い分けが、豊富な例文から理解できる定評ある辞典。学生や教師・英語表現の実務家の必携書。（加島祥造）

陶淵明全詩文集　林田愼之助訳注

中国・六朝時代最高の詩人、陶淵明。農耕生活から生まれた数々の名詩は、人生や社会との葛藤を映し出し、今も胸に迫る。待望の新訳注書、遂に成る。

和訳 聊斎志異　蒲松齢　柴田天馬訳

中国清代の怪異短編小説集。仙人、幽霊、妖狐たちが繰り広げるおかしくも艶やかな話の数々。日本の文豪たちにも大きな影響を与えた一書。（南條竹則）

フィレンツェ史(上)　ニッコロ・マキァヴェッリ　在里寛司／米山喜晟訳

権力闘争、周辺国との駆け引き、戦争、政権転覆……。マキァヴェッリの筆によりさらにドラマチックに彩られるフィレンツェ史。文句なしの面白さ！

フィレンツェ史(下)　ニッコロ・マキァヴェッリ　在里寛司／米山喜晟訳

古代ローマ時代からのフィレンツェ史を俯瞰することで見出された、歴史におけるある法則……。マキァヴェッリの真骨頂が味わえる一冊！（米山喜晟）

ギルガメシュ叙事詩　矢島文夫訳

ニネベ出土の粘土書板に初期楔形文字で記された英雄ギルガメシュの波乱万丈の物語。「イシュタルの冥界下り」を併録。最古の文学の初の邦訳。

メソポタミアの神話　矢島文夫

「バビロニアの創世記」から「ギルガメシュ叙事詩」まで、古代メソポタミアの代表的神話をやさしく紹介。第一人者による最良の入門書。（沖田瑞穂）

北欧の神話　山室静

キリスト教流入以前のヨーロッパ世界を鮮やかに語り伝える北欧神話。神々と巨人たちとが織りなす壮大な物語をやさしく説き明かす最良のガイド。

漢文の話　吉川幸次郎

日本人の教養に深く根ざす漢文を歴史的に説き起こし、その由来、美しさ、読む心得や特徴を平明に解説する。贅沢で最良の入門書。（興膳宏）

「論語」の話　吉川幸次郎

人間の可能性を信じ、前進するのを使命であると考えた孔子。その思想と人生を「論語」から読み解く中国文学の碩学による最高の入門書。

貞観政要
呉兢
守屋洋 訳

大唐帝国の礎を築いた太宗が名臣たちと交わした政治問答集。編纂されて以来、帝王学の古典として屹立する。本書では、七十篇を精選・訳出。

初学者のための中国古典文献入門
坂出祥伸

文学、哲学、歴史等「中国学」を学ぶ時、必須となる古典の基礎知識。文献の体裁、版本の知識、図書分類他を丁寧に解説する。反切とは？ 偽書とは？

詳講 漢詩入門
佐藤保

二千数百年の中国文学史の中でも高い地位を占める古典詩。その要点を、形式・テーマ・技巧等により系統だてて、初歩から分かりやすく詳しく学ぶ。

シュメール神話集成
杉勇
尾崎亨 訳

「洪水伝説」「イナンナの冥界下り」など世界最古の神話・文学十六篇を収録。ほかでは読むことのできない貴重な原典資料。豊富な訳注・解説付き。

エジプト神話集成
杉勇
屋形禎亮 訳

不死・永生を希求した古代エジプト人の遺した、ピラミッド壁面の銘文ほか、神への讃歌、予言、人生訓など重要文書約三十篇を収録。

宋名臣言行録
朱熹 編
梅原郁 編訳

北宋時代、総勢九十六名に及ぶ名臣たちの言動を大儒・朱熹が編纂。唐代の『貞観政要』と並ぶ帝王学の書であり、処世の範例集として今も示唆に富む。

資治通鑑
司馬光
田中謙二 編訳

全二九四巻にもおよぶ膨大な歴史書『資治通鑑』のなかから、侯景の乱、安禄山の乱など名シーンを精選。破滅と欲望の交錯するドラマを流麗な訳文で。

十八史略
曾先之
今西凱夫 訳
三上英司 編

『史記』『漢書』『三国志』等、中国の十八の歴史書をまとめた『十八史略』から、故事成語、人物にまつわる名場面を各時代よりセレクト。（三上英司）

アミオ訳 孫子
（漢文・和訳完全対照版）
守屋淳 監訳・注解
臼井真紀 訳

最強の兵法書『孫子』。この書を十八世紀ヨーロッパに紹介したアミオによる伝説の訳業がついに邦訳。その独創的解釈の全貌がいま蘇る。（伊藤大輔）

概説文語文法　改訂版　亀井孝

傑出した国語学者であった著者が、たんに作品解釈のためだけではない「教養としての文法」を説く。国文法を学ぶ意義を再認識させる書。（屋名池誠）

レポートの組み立て方　木下是雄

正しいレポートを作るにはどうすべきか。『理科系の作文技術』で話題を呼んだ著者が、豊富な具体例をもとに、そのノウハウをわかりやすく説く。

中国語はじめの一歩〔新版〕　木村英樹

発音や文法の初歩から、中国語の背景にあるものの考え方や対人観・世界観まで、身近なエピソードとともに解説。楽しく学べる中国語入門。

深く「読む」技術　今野雅方

「点が取れる」ことと「読める」ことは、実はまったく別。ではどうすれば「読める」のか？　読解力を培い自分で考える力を磨くための徹底訓練講座。

議論入門　香西秀信

議論で相手を納得させるには5つの「型」さえ押さえればいい。豊富な実例と確かな修辞学的知見をもとに、論証や反論に説得力を持たせる論法を伝授！

どうして英語が使えない？　酒井邦秀

『でる単』と『700選』で大学には合格した。でも、少しも英語ができるようにならなかった「あなた」へ。学校英語の害毒を洗い流すための処方箋。

快読100万語！ペーパーバックへの道　酒井邦秀

辞書はひかない！　わからない語はとばす！　すぐ読めるやさしい本をたくさん読めば、ホンモノの英語が自然に身につく。奇跡をよぶ実践講座。

さよなら英文法！多読が育てる英語力　酒井邦秀

「努力」も「根性」もいりません。愉しく読むうちに豊かな実りがあなたにも。人工的な「日本英語」を棄て真の英語力を身につけるためのすべてがここに！

古文読解のための文法　佐伯梅友

複雑な古文の世界へ分け入るには、文の組み立てや語句相互の関係を理解することが肝要だ。「佐伯文法」の到達点を示す、古典文法の名著。（小田勝）

中国の歴史　岸本美緒

中国とは何か。独特の道筋をたどった中国社会の変遷を、東アジアとの関係に留意して解説。初期王朝から現代に至る通史を簡明かつダイナミックに描く。

大都会の誕生　喜安朗／川北稔

都市型の生活様式は、歴史的にどのように形成されてきたのか。この魅力的な問いに、碩学がふたつの都市の豊富な事例をふまえて重層的に描写する。

兵士の革命　木村靖二

キール軍港の水兵蜂起から、全土に広がったドイツ革命。軍内部の詳細分析を軸に、民衆も巻き込みながら帝政ドイツを崩壊させたダイナミズムに迫る。

女王陛下の影法師　君塚直隆

ジョージ三世からエリザベス二世、チャールズ三世まで、王室を陰で支えつづける君主秘書官たち。その歴史から、英国政治の実像に迫る。（伊藤之雄）

共産主義黒書〈ソ連篇〉　ステファヌ・クルトワ／ニコラ・ヴェルト　外川継男訳

史上初の共産主義国家〈ソ連〉は、大量殺人・テロル・強制収容所を統治形態にまで高めた。レーニン以来行われてきた犯罪を赤裸々に暴いた衝撃の書。

共産主義黒書〈アジア篇〉　ステファヌ・クルトワ／ジャン＝ルイ・マルゴラン　高橋武智訳

アジアの共産主義国家は抑圧政策においてソ連以上の悲惨を生んだ。中国、北朝鮮、カンボジアなどでの実態は我々に歴史の重さを突き付けてやまない。

ヨーロッパの帝国主義　アルフレッド・W・クロスビー　佐々木昭夫訳

15世紀末の新大陸発見以降、ヨーロッパ人はなぜ次々と植民地を獲得できたのか。病気や動植物に着目して帝国主義の謎を解き明かす。（川北稔）

民のモラル　近藤和彦

統治者といえど時代の約束事に従わざるをえなかった18世紀イギリス。新聞記事や裁判記録、ホーガースの風刺画などから騒擾と制裁の歴史をひもとく。

台湾総督府　黄昭堂

清朝中国から台湾を割譲させた日本は、新たな統治機関として台北に台湾総督府を組織した。抵抗と抑圧と建設。植民地統治の実態を追う。（檜山幸夫）

江戸の想像力　田中優子

平賀源内と上田秋成という異質な個性を軸に、江戸18世紀の異文化受容の屈折したありようとダイナミックな近世の〈運動〉を描く。（松田修）

日本人の死生観　立川昭二

西行、兼好、芭蕉等代表的古典を読み、「死」の先達から「終(しま)い方」の極意を学ぶ指針の書。日本人の心性の基層とは何かを考える。（島内裕子）

鏡のテオーリア　多田智満子

天然の水鏡、銅鏡、ガラスの鏡——すべてを容れる鏡は古今東西の人間の心にどのような光と迷宮をもたらしたか。テオーリア（観照）はつづく。

魂の形について　多田智満子

鳥、蝶、蜜蜂などに託されてきた魂の形象。夢のようでありながら真実でもあるものに目を凝らし、想念を巡らせた詩人の代表的エッセイ。（金沢百枝）

頼山陽とその時代(上)　中村真一郎

江戸後期の歴史家・詩人頼山陽の生涯は、病による異変とともに始まった——。山陽や彼と交流のあった人々を活写し、漢詩文の魅力を伝える傑作評伝。

頼山陽とその時代(下)　中村真一郎

江戸の学者や山陽の弟子たちを眺めた後、畢生の書『日本外史』をはじめ、山陽の学藝を論じて大著は幕を閉じる。芸術選奨文部大臣賞受賞。（揖斐高）

定家明月記私抄　堀田善衛

美の使徒・藤原定家の厖大な日記『明月記』を読みとき、大乱世の相貌と詩人の実像を生き生きと描く名著。本篇は定家一九歳から四八歳までの記。

定家明月記私抄　続篇　堀田善衛

壮年期から、承久の乱を経て八〇歳の死まで。乱世を生きぬき宮廷文化最後の花を開いた藤原定家の人と時代を浮彫りにする。（井上ひさし）

都市空間のなかの文学　前田愛

鷗外や漱石などの文学作品と上海・東京などの都市空間——この二つのテクストの相関を鮮やかに捉えた近代文学研究の金字塔。（小森陽一）

ちくま学芸文庫

論語《ろんご》

二〇二三年十一月十日　第一刷発行

訳注者　土田健次郎（つちだ・けんじろう）
発行者　喜入冬子
発行所　株式会社　筑摩書房
東京都台東区蔵前二―五―三　〒一一一―八七五五
電話番号　〇三―五六八七―二六〇一（代表）
装幀者　安野光雅
印刷所　大日本法令印刷株式会社
製本所　株式会社積信堂

ISBN978-4-480-51195-9 C0110